新编21世纪研究生系列教材·国际商务硕士（MIB）

国际金融与国际贸易案例分析

王晋斌　范志勇　王孝松　徐晓云 / 编著

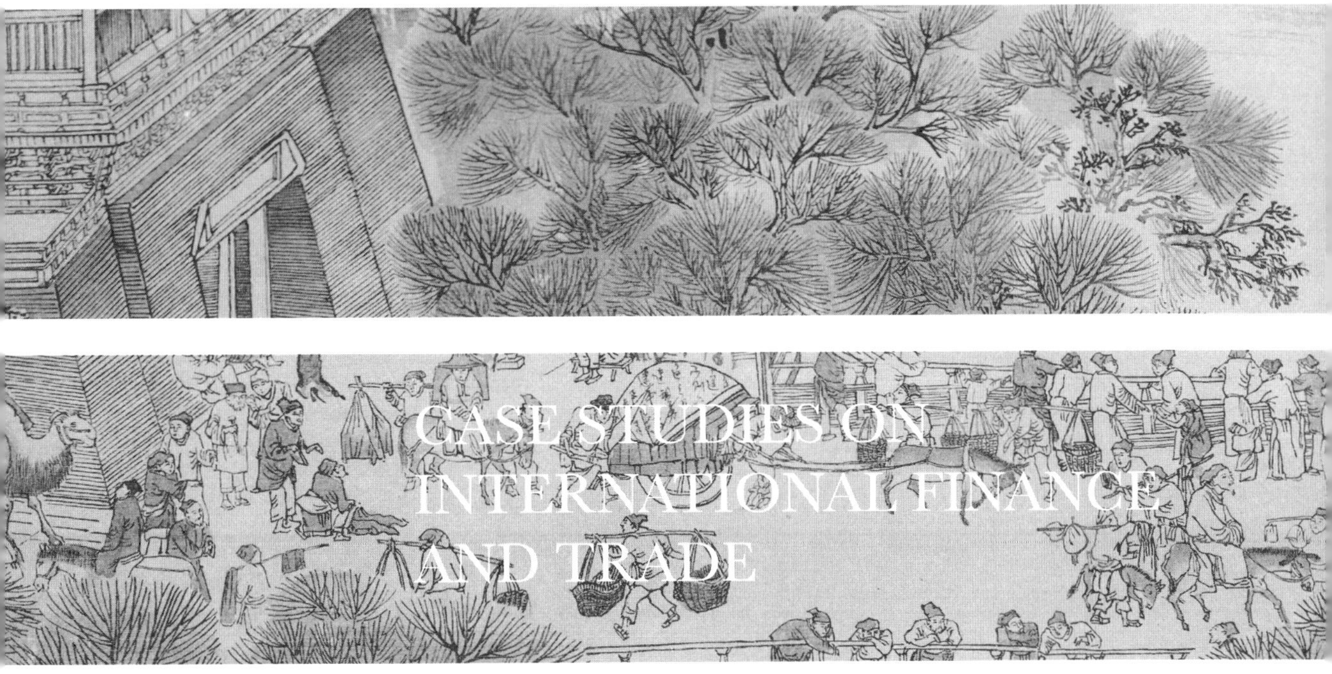

中国人民大学出版社
·北京·

探索学术研究案例化教学 提高专业硕士综合素质

王晋斌

随着中国特色社会主义进入新时代，我国专业学位研究生教育进入了新发展阶段。2020年国务院学位委员会、教育部印发《专业学位研究生教育发展方案（2020—2025）》，指出专业学位研究生培养要坚持问题导向，突出高层次应用型人才培养特征，全面提升专业学位研究生培养质量。

百年未有之大变局要求国际商务专业硕士学生必须了解世界经济、金融和贸易格局的变化，在国际商务上具有全球视野。同时，就业岗位日益强调综合技能的掌握和运用，要求专业学位学生具有扎实的专业知识，拥有更高的综合素质，能够创造性地从事实际工作。

国际商务专业学生培养强调案例研究，尤其是微观企业案例研究，这是专业学位学生培养的基础工作。在日益复杂的全球化形势下，学生需要更好地掌握国际金融和贸易格局变化的综合知识，以应对国际商务中的不确定性。学生非常有必要了解、掌握国际金融和贸易领域的重大问题或者事件，专业学位硕士案例化的教学方式值得进一步探讨和深化。

本教材探索学术研究案例化的教学研究方法，推动国际商务专业硕士“企业研究案例+学术研究案例”的双案例研究和教学范式，发挥学术研究案例化教学的作用。我们强调微观层面的企业案例研究，同时也强调国际金融和贸易重大案例和事件研究，后者提供了开放经济条件下重要的知识储备，扩展了学生分析问题、解决问题的全球化视野，也能更好地促进并提升企业案例的研究。

本教材选择了国际金融市场和国际贸易领域相关的重大问题，这些重大问题大多是学术性研究的热点问题，有众多学术性研究成果。本教材所做的工作是将学术问题研究案例化，淡化理论模型的推导和计算，把学术问题逻辑化、通俗化，探索、形成学术问题案例化的教学方式，提高专业学位学生对国际金融和贸易领域重大事件的把握和理解，提高学生基于历史经纬的视角和逻辑承担当今国际商务工作所需要的综合素质。这与基于“田野调查”的微观企业研究形成互补作用和协同作用，能够全面推动学生综合素质的提升。

本教材侧重于近些年来国际市场发生的重大事件。事件的选择具有主观性，难免会出现一定的遗漏或者不足，未来我们将不断补充、完善和修正。

感谢我的同事范志勇、王孝松和徐晓云老师，我们共同努力完成了本教材的编写。本教材初次写作设计了 16 讲，王晋斌写作案例 1 至案例 9，范志勇写作案例 10 至案例 12，王孝松写作案例 13 至案例 15，徐晓云写作案例 16。①

① 由于案例选取视角有一定相似性，因此部分阐述内容有重复。

目录

案例 1

2020 年全球金融大动荡：一个极简分析框架

本案例教学目标：

1. 理解金融市场恐慌指数；
2. 理解金融市场风险类别及风险类别与资产价格之间的变动关系；
3. 理解流动性危机与正常市场交易情况下资产价格变动的差异；
4. 理解市场风险演变的分析框架。

按照教科书给出的知识，这里采用一个极简的风险演变框架来复盘和解读国际金融市场 2020 年 3 月爆发金融大动荡的风险演变过程。

这个极简的风险演变框架分为五个阶段：投资者情绪//追逐避险资产//流动性风险爆发//基本盘风险//投资者意见分歧阶段。这个极简框架并不始终是单向的，即并不是始终从投资者情绪开始，所以我们用“//”来区分不同阶段。

在不同金融市场爆发问题的场景中，引发的因素不同，起始点也就不同。比如金融市场上首先是房价大跌，那么这个极简框架就会变为另一种分析逻辑：基本盘风险//流动性风险爆发//追逐避险资产。投资者情绪就不能再作为识别市场逐步变差的信号了，因为投资者情绪已经在瞬间崩溃了。一个国家或者区域财富的基本盘出了大问题，那就是“覆巢之下焉有完卵”的结局了。典型的是 2008 年次贷危机，房价崩溃带来的就是金融市场上的一系列崩溃。在金融大动荡场景下，投资者情绪的价值体现在：需要逐步酝酿和表现才能对识别市场未来的变化有价值。

按照这一次全球金融大动荡的爆发逻辑，我们采用了五阶段的分析框架，做一个简洁的复盘和思考，尽力把到目前为止的全球金融大动荡故事讲得简单明了。

一、市场风险第一阶段：市场投资者情绪的变化

山雨欲来风满楼。某些金融市场投资者对市场未来大变化的嗅觉总是出人意料的灵敏。VIX（芝加哥期权交易所波动率）是表示投资者嗅觉变化的核心指标，在研究跨国金融周期中的资本流动和金融市场恐慌问题上被广泛运用。图 1－1 给出了 2020 年 2 月 20 日—4 月 3 日 VIX 的变化情况。2020 年 2 月 20 日，VIX 开始出现明显的上升态势，一直上升到 3 月 16 日的阶段最高点 82.69，此后出现了下降，到 4 月 3 日 VIX 为 46.8。

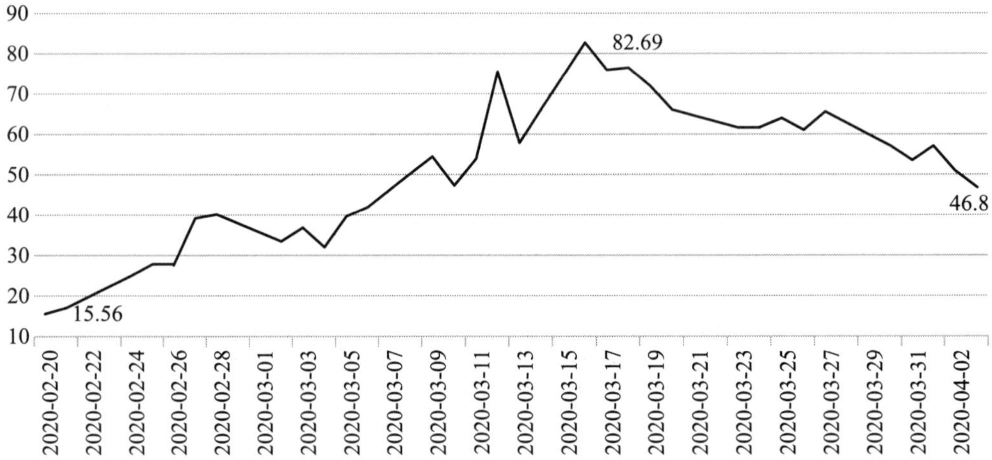

图 1－1 VIX（芝加哥期权交易所波动率）（2020 年 2 月 20 日—4 月 3 日）

注：除非特别说明，本案例所有的价格或者指数均以日收盘价表示。所有数据均来自 WIND。

二、市场风险第二阶段：追逐避险资产

VIX 开始出现上升趋势，表明市场恐慌程度正在增加，市场投资者风险偏好发生变化，开始追求无风险资产，黄金和美国国债成为国际投资者的首选。当然，某些外围资产也可能成为避险资产，比如日元，但比起黄金和美国国债来说，日元只能是边际意义上的避险替补资产。

图 1－2 给出了 2020 年 2 月 19 日—4 月 3 日的黄金价格走势，尽管中间有所波动，但黄金价格还是从 2 月 19 日的 1 614.6 上升到 3 月 9 日的阶段性高点 1 680.6。

图 1－3 给出了最具有代表性的 10 年期美国国债的收益率变化，可以看出美国 10 年期国债从 2 月 24 日开始一直下降到 3 月 9 日的 0.54％。

3 月 9 日是关键节点。黄金价格达到阶段性高点、美国 10 年期国债收益率达到阶段性低点。市场基本走完了典型的追求无风险资产的阶段。

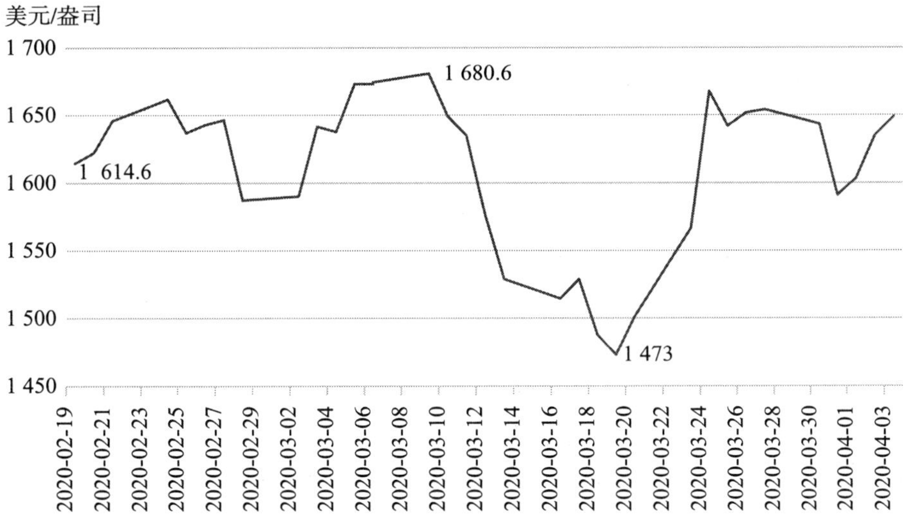

图1-2 纽约商品交易所黄金价格的变化（2020年2月19日—4月3日）

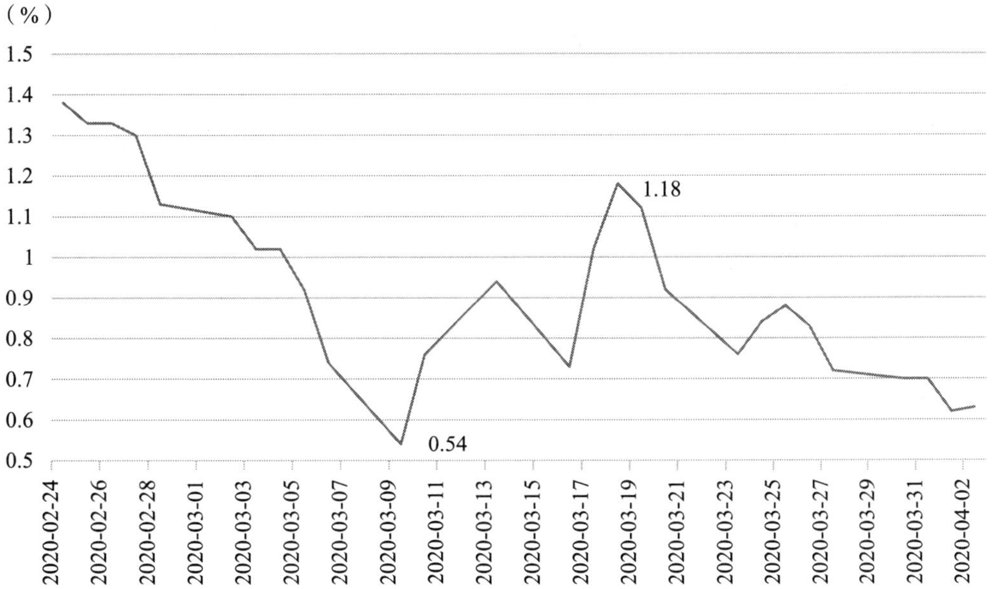

图1-3 10年期美国国债收益率

三、市场风险第三阶段：流动性风险爆发

从2020年3月9日开始，市场风险开始向流动性风险演变，导火索是沙特阿拉伯的油价战。油价战带来的直接结果就是国际油价暴跌，从而引发其他资产价格随之暴跌。

图1-4给出了2020年3月6日—4月3日ICE（伦敦国际石油交易所）布油和ICE WTI（西得克萨斯中间基）原油的价格走势。我们看到3月6日—9日国际市场原油价格有一个剧烈的下挫。3月9日的ICE布油和ICE WTI原油的收盘价比前一个交易日3月6日分别下跌了26.55%和21.36%。

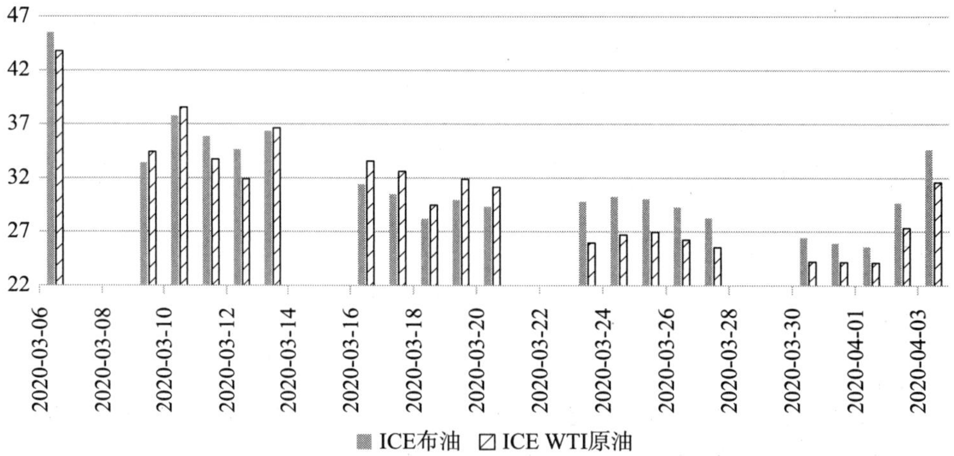

图 1-4 ICE 布油和 ICE WTI 原油近期价格走势

原油价格急剧下挫引发了资产价格的急剧下跌。美国股市出现了历史上从来没有过的“熔断周”。图 1-5 给出了 2020 年 3 月 9 日—4 月 3 日美国三大股指收盘价较前一个交易日收盘价的波动幅度。3 月 9 日道琼斯指数、标准普尔 500 指数和纳斯达克（NASDAQ）指数分别下挫 7.79%、7.60%和 7.29%。3 月 10 日油价大幅度反弹，ICE 布油和 ICE WTI 原油分别上涨了 13.0%和 11.9%（图 1-4），美股三大指数均出现了 5%左右的反弹。

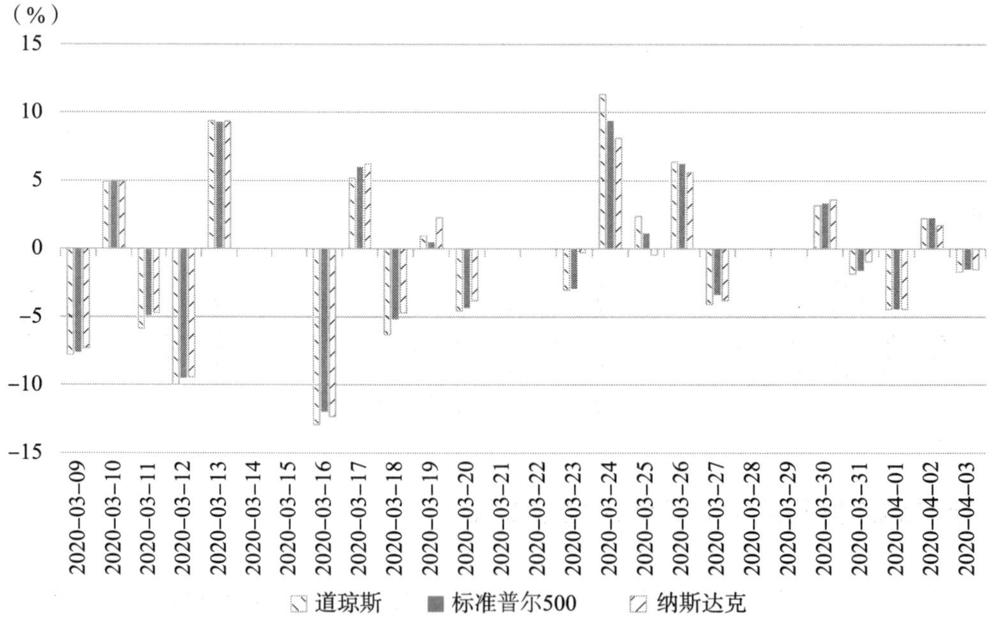

图 1-5 美国三大股指收盘价较前一个交易日的波动幅度

在油价谈判扑朔迷离和美联储“托底”政策的强烈刺激下，从 3 月 9 日到 3 月 26 日这两周国际金融市场呈现出上下巨震的局面，但总体上依然呈现出下行态势。

黄金价格从3月9日的阶段性高点1 680.6一直跌到3月19日的阶段性低点1 473。美国10年期国债收益率从3月9日的阶段性低点0.54%一直上升到3月18日的阶段性高点1.18%。

从3月6日到3月19日国际金融市场的大类资产价格是什么样的？金融市场大类资产价格呈现出“泥沙俱下”的态势，甚至有“飞流直下三千尺”的感觉。整个金融市场步入了流动性恐慌阶段，这个阶段没有任何工具可以对冲风险，因为找不到可交易的对手盘。

从图1-6可以看出，黄金价格下跌了12.35%、美国10年期国债收益率下跌幅度达到118.5%、ICE布油和ICE WTI原油下跌幅度分别为34.13%和27.14%、道琼斯指数下降了22.34%，纳斯达克下跌了16.62%、标准普尔500下跌了18.94%。

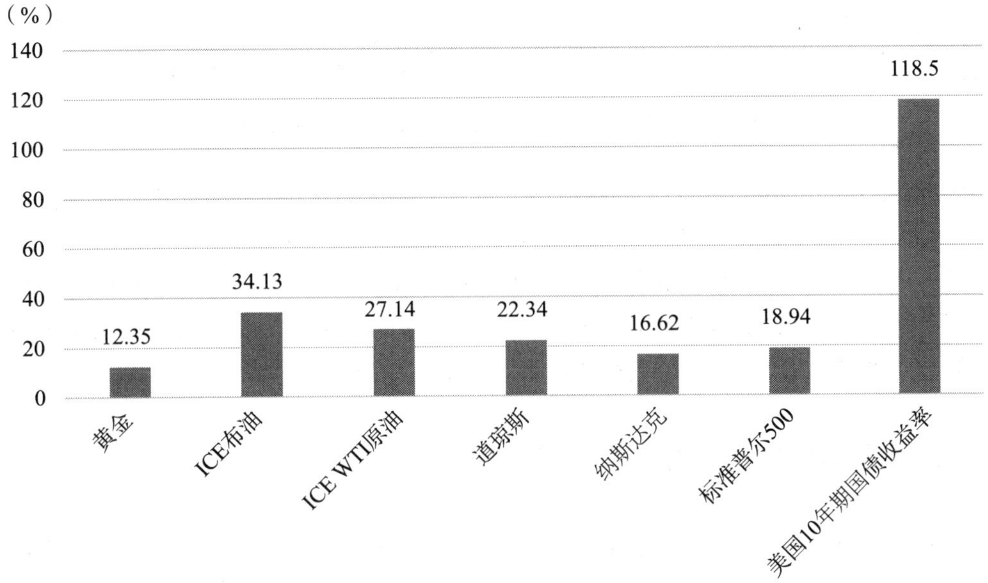

图1-6　大类资产价格下跌的幅度（2020年3月6日—19日）

全球流动性恐慌局面立即在美元指数上得到了充分的反应，图1-7可以看出美元指数从3月9日的阶段性低点95.06一直上升到3月19日的阶段性高点102.69，上升幅度达到8.03%。

2020年3月6日—3月19日左右是国际市场金融风险的高爆期，也是“泥沙俱下”时期，是典型的流动性恐慌时期。随后3月23日美联储出台了让全球投资者瞠目结舌的货币政策：零利率+无上限宽松政策。很多政策直击市场痛点，美联储的坚决做多，也带来了次日美国股市的向上熔断。随之而来的是美元指数开始掉头向下，一直跌至3月27日的98.31。美元指数的下跌表示市场流动性恐慌的态势得到了难得的缓解，投资者情绪也得到了平复。

投资者情绪得到了平复的显著标志是：大类资产价格开始出现分化。这种分化对市场能够正常运转来说是唯一的检验标准：投资者可以至少在大类资产价格的变化中寻找到一定的对冲工具，来控制组合的风险。

我们看到在3月20日之后，美国10年期国债收益率在下降，黄金价格有明显的上

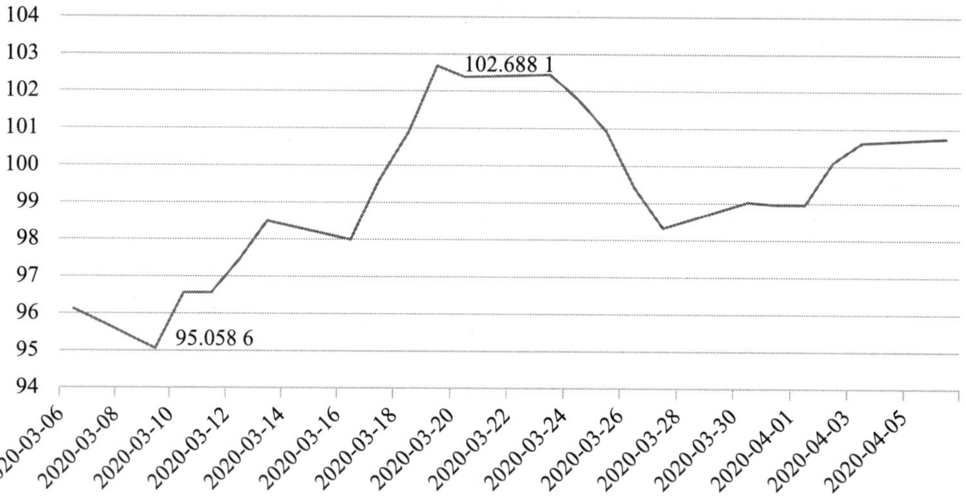

图 1-7 美元指数的变化（2020 年 3 月 6 日—4 月 6 日）

涨，油价随着沙特阿拉伯、俄罗斯和美国三大产油国不时传来的“吵闹”有涨有跌，美国股市也出现了较小范围内的上涨或者下跌。

3 月 20 日至今的大类资产价格变化不再出现同一趋势，对市场来说有两个重要的含义：一是市场度过了可怕的流动性恐慌时期；二是投资者情绪随着国际市场原油政策和疫情防控政策变化而不断变化，恰如行进在“资产海洋中的一条船”那样，有起有伏。

四、市场风险第四阶段：基本盘风险

虽然 2020 年年初至 4 月底道琼斯、纳斯达克和标准普尔 500 指数分别下跌了 26.23%、17.83%和 22.97%，但目前风险没有达到基本盘风险的水平。未来大概率也不会达到。

五、市场风险第五阶段：投资者意见分歧（市场逐步平复阶段）

大类资产不再同向变动，市场本身可以找到对冲风险的工具。美国金融市场流动性风险得到了明显的缓解。2020 年 4 月 24 日，美联储表示从 4 月 27 日—5 月 1 日，国债日回购规模为 100 亿美元，比上周每日减少 50 亿美元。

六、对未来的思考

（一）关于市场美元的流动性

我们看到 4 月 2 日美元指数再次回到 100，这是个不好的信号。随后美联储在前期货币互换的基础上，再次推出美债回购业务。美债回购业务对当前市场最急迫要表达的信息是：美国还有办法向外围市场提供流动性。美国这次对外围国家提供美元流动性也是充分考虑到各种复杂因素的，到目前为止推出的顺序是：首先是选择性的货币互换协议，接下来是美债回购协议，不能确定是否还有下一步。也许其他没有美国国债的经济体就是通过国际货币基金组织（IMF）采取的各种应急方式来解决。

美债回购协议应该还有其他含义。例如，除了提供流动性功能外，如果持有者认为美国国债在市场上不好卖，可以以回购的形式卖给美国政府。如果这层含义成立，那么美债回购协议实际上可能包括了三重含义：一是提供美元流动性；二是防止市场大面积卖出国债对美国金融市场带来的冲击；三是为进一步发行更大规模或者更长期的国债计划作铺垫，因为美国政府会回购国债，市场投资者就不用担心其风险。

（二）关于未来资产价格的波动

流动性恐慌一旦被遏制住，投资者就会冷静下来选择基本面来重新审视金融市场上的资产价格，投资者的意见就会发生分歧，这是确保金融市场能够正常运转的基础。投资者的意见分歧决定了市场不存在坚决做空带来剧烈下挫的风险，也避免了坚决做多带来资产价格泡沫的风险。

图1-8给出截至2020年4月3日全球主要股票市场的市盈率（P/E）水平，我们可以看到除了纳斯达克的市盈率还比较高以外（纳斯达克市值占美国股市市值的36.6%），其余的市盈率均处在可以接受的范围，而且有些失常的市盈率已经比较低了。像恒生指数的市盈率只有8.8，而市净率只有0.9，价格已经跌破净资产了。

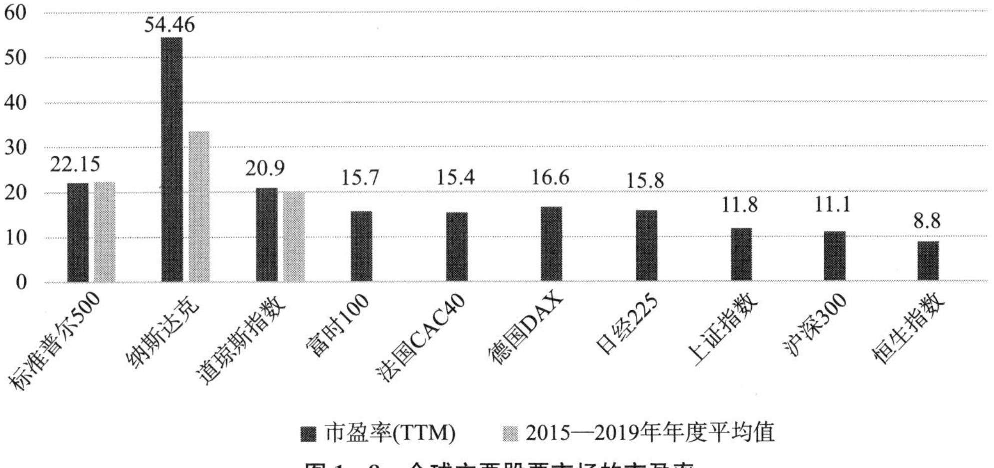

图1-8　全球主要股票市场的市盈率

但必须要注意：图1-8只是给出了代表性市场指数的平均水平，不能完全代表行业，更不能代表个股。由于疫情对不同行业和企业负面冲击的力度不同，因此，在不发生进一步恐慌性持续下跌的大势下，行业、个股的涨跌会出现“大分化”。

随着全球主要经济体疫情防控的升级和推进，这些经济体的疫情拐点或许不久会出现，如果真是如此，对于金融市场的稳定是重大利好。而造成这次全球金融大动荡的国际原油价格这根导火索仍然没有熄灭。市场传来了下周原油产油国开会的消息，也传来了特朗普又拿出他最喜欢的关税作为谈判筹码的讯息。情况应该不会让市场那么失望吧？毕竟美国股票市场上能源企业数量占6.55%，市值占5.77%，高收益债券市场上能源企业市值占15%，标准普尔500指数中能源股的股息率是一骑绝尘的（目前为7.74%，是排名第二的电信企业的149.1%），更不用说还能提供那么多就业岗位了。

2月初，投资者恐慌情绪开始滋生，VIX开始上升；2月中旬—3月8日是追逐避险资产阶段；3月9日—3月19日左右，是流动性恐慌时期，也称金融资产价格泥沙俱下时期，是金融市场最困难的时期，也就是流动性风险爆发阶段；3月20日以后基本是投资者意见分歧时期，市场波动幅度大幅度减小，也是投资者情绪受国际市场原油政策和疫情防控政策变化而不断变化的时期，大类资产价格涨跌分化，资产价格恰如行进在“资产海洋中的一条船”那样，处于有起有伏时期。到目前为止，市场还没有真正进入基本盘风险时期，未来大概率也不会进入该时期，也就大概率不会爆发全球性的金融危机。

参考文献

[1] 王晋斌，2020全球金融大动荡及未来金融变局的思考．中国宏观经济论坛（CMF），2020-07-06.

[2] 王晋斌，国际金融市场风险：一个极简框架的复盘与思考．中国宏观经济论坛（CMF），2020-04-06.

案例 2

美元指数：国际货币体系利益格局的政治经济学

本案例教学目标：

1. 了解美元指数的编制方法及其在贸易、投资中的参考作用；
2. 理解美元指数与贸易指数的差异；
3. 理解美元指数与美元体系之间的关系；
4. 理解美元指数代表的利益格局运行机制；
5. 理解美元指数体现的国际货币体系利益格局。

美元指数本质上是一个排他性的国际货币体系利益集团。美元指数不是美国贸易一篮子货币，而是国际金融市场的货币汇率指数，本身具有超主权货币的定价性质。美元指数的构成基本反映了七国集团操控的国际货币体系利益格局的政治经济学。国际货币体系治理改革具有实质性的一步是改革美元指数的构成，纳入更多重要的货币，从而使得国际货币体系的构成及运行能够反映更多重要货币共同参与全球货币体系治理的需要，以适应世界经济越发多极化发展的新格局，匹配货币的生产与货币代表的交换关系。

仅理解美元不足以理解美元霸权体系，美元指数货币篮子与美元之间绑定了集体相对定价关系，美元指数也因此成为美元的对外“代言人”：美元指数上涨，美元走强；美元指数下跌，美元走弱。因此，深入理解美元指数、运行逻辑以及美元指数代表的国际货币体系利益格局，才能更深入地理解美元霸权体系。美元指数作为美元的对外“代言人”，本质上体现了部分发达经济体把持的国际货币体系利益格局的政治经济学。

在美元指数的相对定价中，存在两种相对价格形成机制。对美元来说，其正向的货币相对价格形成机制为：美国国内的宏观政策决定美元利率和流动性，影响国际金融市场上美元相对于美元指数中 6 种货币的走势，从而决定了美元指数的走势；美元指数的走势又影响其他货币以及国际大宗商品价格的走势。当然，也存在逆向的货币相对价格形成机制：美元指数中的6种货币构成了美元名义相对价值的定价篮子“锚”，尤其是欧元占据了57.6%的权重，欧元区的利率和流动性影响金融市场上欧元相对于美元的走势，从而在较大程度上影响美元指数的走势，也因此影响其他货币和大宗商品价格的走势。从历史上看，由于美国货币政策具有显著的外溢性，绝大多数研究也是关注美联储货币政策的外溢性，所以其基本上都是关注美元正向价格形成机制。不管是正向还是逆向价格形成机制，美元指数的变动对其他经济体的货币和国际大宗商品价格走势的影响路径是一致的。

因此，美国国内的经济周期决定了美国国内的宏观政策，美国国内的宏观政策在很大程度上决定了美元相对于美元指数中其他货币的走势，从而决定了美元指数的走势，再通过美元指数的走势对全球其他经济体的货币和国际大宗商品价格产生辐射性的影响，进而影响全球金融市场及世界经济的运行。

对于国际货币体系的讨论我们需要高度关注美元指数，因为美元对世界经济和国际金融市场运行的影响是通过美元指数来集体发生辐射影响的，仅通过了解美元来了解美元霸权是片面的。美元指数本质上是一个排他性的国际货币体系利益集团。一旦我们认识到这一点，我们就会发现仅把美元指数当作一个全球性的金融产品，仅知道从美元指数的走势来判断全球金融资产价格的变化就显得有些表面了，因为这忽略了美元指数构成背后代表的国际货币利益集团，以及这个货币利益集团所代表的国际货币体系利益格局的政治经济学。

因此，只有深入理解美元指数及其定价运行的逻辑，我们才能更好地看清楚现有的国际货币体系是如何运行的、利益格局是如何安排的，也因此可以提出新的、有创意的国际货币体系改革方案，而不再局限于国际货币基金组织主导下的特别提款权（SDR）之类非实质性的国际货币体系改革方案。

一、客观理解美元指数

从美元指数的构成和编制来看，它具备两大基本特征：首先，美元指数是排他性的国际货币体系利益集团；其次，美元指数不代表美国贸易一篮子货币，更多是代表全球货币的金融汇率指数。

1. 美元指数代表的是一个排他性的国际货币体系利益集团

为了维持美元的信用，美元需要保持与主要货币之间相对稳定的汇率，形成美元对外的货币相对价格“锚”。金本位崩溃后不久，1973年3月美元用6种主要货币编制了美元指数，定期100。当时美元无疑是全球主导性的货币，美元指数就成为反映全球主要货币强弱的标志，影响着全球物价（尤其是大宗商品价格）和国际金融市场的走势。历史上，美元指数货币篮子也进行过调整。在1999年1月1日欧元出现后，纽约棉花交易所对美元指数期货合约的标的物进行了调整，从10个经济体减少为6个经济体，欧元成为权重最大的货币，形成了目前的美元指数。美元指数赋予欧元57.6%的权重，其余5种发达经济体的货币权重分别是日元13.6%，英镑11.9%，加拿大元9.1%，瑞典克朗

4.2%，瑞士法郎 3.6%。美元指数编制中不包括任何新兴经济体的货币。因此，美元指数本质上是一个排他性的货币利益集团。美元指数中货币的组成本质上体现了七国集团操控的国际货币体系治理结构和集团性利益。德国、法国和意大利都使用欧元，再加上日本、英国和加拿大的货币一起构成了美元指数，只有占 7.8%份额的瑞士法郎和瑞典克朗不属于七国集团货币，但瑞士和瑞典也是欧洲发达经济体或国际金融中心之一。依据 IMF《世界经济展望报告》（WEO）的数据，1999 年七国集团经济总量占全球经济总量的 65.58%，2020 年这一比例下降至 45.69%，2021 年进一步下降至 45.20%。从区域地理分布来说，欧洲的货币占据了美元指数构成中 77.3%的权重，北美洲加拿大的加拿大元占据了 9.1%的权重，亚洲日本的日元占据了 13.6%的权重。因此，美元指数基本是反映美欧之间的货币相对价值关系，是一个区域性货币构成，但主导了全球货币体系的格局及其运行。从经济总量来看，美元指数货币构成中的国内生产总值（GDP）占全球 GDP 的比例也是不断下降的。1999 年欧元诞生时，美元指数中 6 个经济体的 GDP 占全球 GDP 的比例为 73.92%，2020 年下降至 52.68%。依据 IMF 的数据，2021 年该比例将进一步下降至 52.31%（图 2－1）。因此，GDP 总量只占全球一半多一点的经济体的货币主导了国际货币体系的运行，经济总量与货币占比之间的不平衡状态越发严重。

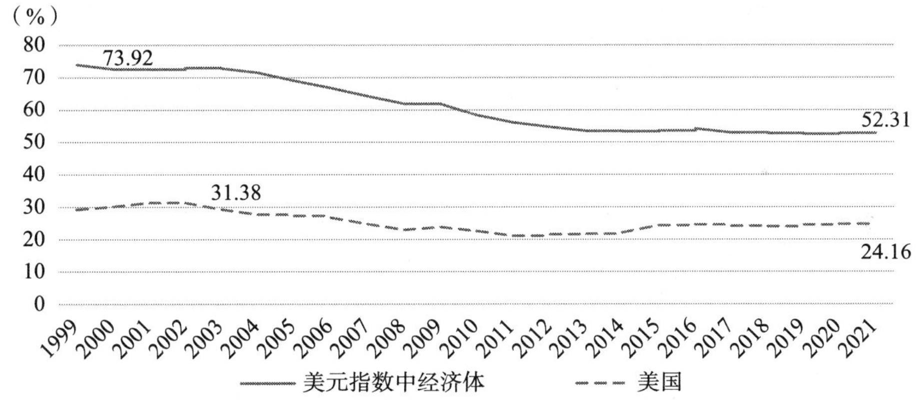

图 2－1 美元指数中经济体总量及美国占全球经济总量的比例

注：作者依据 IMF《世界经济展望报告》（2021 年 4 月版）提供的数据计算。GDP 以美元当前价格计算。

从美国经济总量占全球经济总量来看，2001 年达到阶段性高点 31.38%，2011 年达到阶段性低点 21.14%，2020 年这一比例上升至 24.76%，依据 IMF《世界经济展望报告》的预测，2021 年该比例将下降至 24.16%。因此，美元通过绑定美元指数构成中经济体货币之间的相对价值，比单一的美元在世界经济中的影响力要大得多，因为美元指数构成的经济体经济总量占全球经济总量的比重超过 52%。

2. 美元指数不代表美国贸易一篮子货币，更多具有全球金融汇率指数的性质

国际清算银行（BIS）编制的窄口径美元有效指数货币构成从 1990 年以来就没有变化过，但权重每几年会有一次调整。2019 年 4 月公布的最近一次 2014—2016 年的美元有效指数窄口径贸易货币和权重分别为：澳大利亚（1.3%）、加拿大（18.4%）、中国台湾（3.5%）、丹麦（0.5%）、欧元区（26.9%）、中国香港（0.4%）、日本（11.1%）、韩国（6.0%）、墨西哥（21.0%）、新西兰（0.2%）、挪威（0.3%）、新加坡（1.8%）、瑞典

(0.9%)、瑞士 (2.6%) 和英国 (5.1%)，总共有包括中国台湾和中国香港在内的15个经济体的货币。美元有效指数宽口径的贸易货币和权重分别为：阿根廷 (0.3%)、澳大利亚 (0.7%)、巴西 (1.4%)、加拿大 (11.7%)、智利 (0.3%)、中国 (23.3%)、中国台湾 (2.2%)、哥伦比亚 (0.3%)、捷克 (0.4%)、丹麦 (0.3%)、欧元区 (17.0%)、中国香港 (0.3%)、匈牙利 (0.3%)、印度 (2.1%)、印度尼西亚 (0.7%)、以色列 (1.0%)、日本 (7.1%)、韩国 (3.8%)、马来西亚 (1.4%)、墨西哥 (13.3%)、新西兰 (0.1%)、挪威 (0.2%)、秘鲁 (0.2%)、菲律宾 (0.5%)、波兰 (0.5%)、罗马尼亚 (0.2%)、俄罗斯 (0.6%)、沙特阿拉伯 (0.5%)、新加坡 (1.1%)、南非 (1.1%)、瑞典 (0.6%)、瑞士 (1.7%)、泰国 (1.3%)、土耳其 (0.5%)、阿拉伯联合酋长国 (0.4%) 和英国 (3.2%)，还包括阿尔及利亚、保加利亚、克罗地亚和冰岛的权重为零的4种货币，总共有包括中国台湾和中国香港在内的40个经济体的货币。

对比国际货币体系中的美元指数与国际清算银行的美元有效指数，就会发现由于美元指数是以贸易权重加总起来的指数，因而是不客观的，更不用说准确了。美元指数不是一个贸易有效汇率指数，而是一个金融汇率指数。更准确地说，美元指数是一个国际货币治理体系利益集团的国际金融汇率指数，对全球金融市场的货币相对价格和大宗商品价格产生直接的影响。

二、美元指数强弱难以准确刻画美元主导的国际货币体系的强弱

1. 美元指数变动的区间远大于美元储备占比变动的区间

表达美元强弱的美元指数是由其他6种货币组成的，美元指数的强弱有几点值得关注。第一，欧元的强弱在很大程度上决定美元弱强。第二，美元指数的货币篮子没有发展中经济体的货币。除了上述6种货币以外，其他的货币强弱都难以直接在金融市场上通过定价影响美元的弱强。第三，美元及美元指数中的货币在全球外汇储备中占比超过90%。依据IMF的官方外汇储备货币构成（COFER）提供的数据，截至2021年第1季度，全球已分配的外汇储备中，除了美元占比59.54%外，欧元占比20.57%、日元占比5.89%、英镑占比4.70%、加拿大元占比2.11%、瑞士法郎占比0.17%。也就是说，美元和组成美元指数的货币在国际储备货币中的占比为92.98%。进一步考虑国际贸易结算的货币，美元和欧元的占比大约为80%。可见，美元指数不论走强还是走弱，其占据国际外汇储备约93%的份额和全球贸易结算80%以上的份额就决定了其他非美元指数中的货币很难通过美元指数的强弱来较大幅度地替代这个体系。

美元指数的强弱直接对应的是欧元、日元等货币的弱强。美元指数走弱并不能代表美元主导的货币体系受到了明显的冲击。美元强弱主要是受到美国和组成美元指数经济体的经济状况、货币和财政政策状况以及美国与其他经济体汇率政策协调的影响。从历史上的美元指数走势来看，它具有很宽的域。美元指数强弱也不能完全代表美元信用，世界上几乎没有任何货币会一直走强，也几乎没有任何货币会永远走弱。由于欧元在美元中占据了一半以上的份额，当今国际货币体系是美元主导、欧元跟随的国际货币体系，国际货币体系的货币定价具有价格领导模型的属性。

图2－2显示了美元指数波动幅度很大，在1995—2021年第2季度这个时期，美元指数波动的区间基本在70和120之间。在1995—2001年美元指数上升区间，美元外汇储备的占比有明显的上升，大约为10个百分点，美元在全球外汇储备占比超过70％，高点达到71.51％（见图2－3）。在2011年底到2017年美元指数的上升区间，美元储备占比大约上升了4.5个百分点，从61％左右上涨至65.5％左右。因此，美元走强有利于提高美元在全球外汇储备中的占比，因为美元相对于美元指数货币篮子更值钱了。2021年第1季度美元储备占全球已分配外汇储备的59.54％，这一数据与1995—1996年之间的水平大致相当。换言之，25年间美元指数呈现出较大的波动，但美元储备占全球外汇储备的比例基本没有变化。

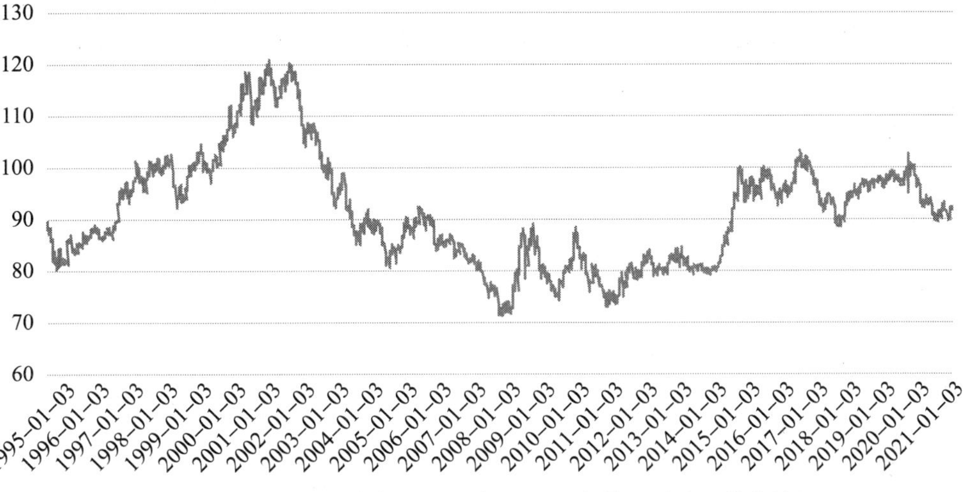

图2－2　美元指数走势（1995年—2021年第2季度，收盘价）

资料来源：WIND.

2002年之后美元在国际储备货币中占比的下降主要与欧元有关，欧元在1999年底占比为17.9％，到了2003年底上升到25.03％，减少了美元作为储备货币的份额。2021年第1季度欧元在全球储备货币中的占比为20.57％，美元和欧元占全球外汇储备的比重超过了80％，这也说明了全球货币体系是美元主导、欧元跟随的国际货币体系。从图2－3的趋势来看，从2015年开始美元储备占全球外汇储备的比例是下降的，5年期间大约下降了5个百分点。

未分配的外汇储备（unallocated reserves）占比自2014年以来不断缩小，这说明近些年全球外汇储备数据的透明度提高了。未分配的外汇储备包括非IMF成员所持有的外汇储备以及没有对外公布的外汇储备。图2－4显示，2013年底，未分配的外汇储备占比高达近47％。因此，即使美元在分配储备中占比达到65％，这一数据也极有可能高估或者低估美元在全球储备货币中的占比，因为很难判断非IMF成员部分和未公布的部分是否为美元。但在2018年之后，已分配外汇储备的占比高达90％以上，可以比较准确地判断美元在全球储备货币中的占比。应该说，目前美元在全球外汇储备中的占比大约为60％具有一定可信度。

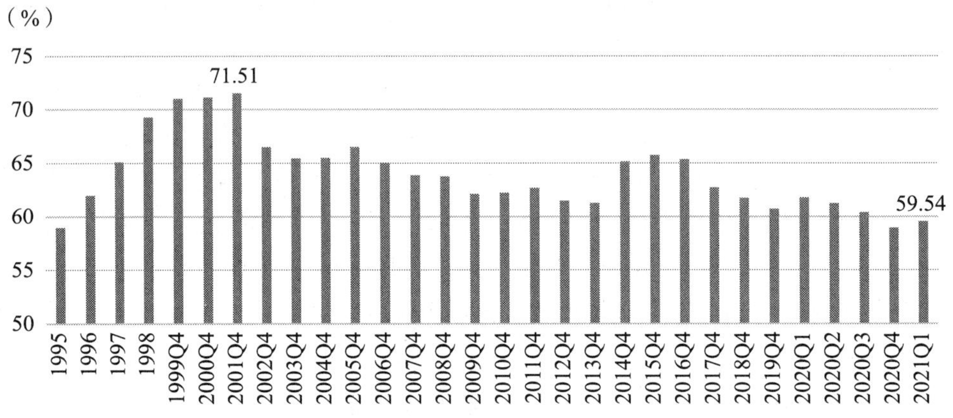

图 2-3 美元在全球已分配外汇储备中的占比(1995 年—2021 年第 1 季度)

注：Q4 指第 4 季度，后同。

资料来源：IMF，World Currency Composition of Official Foreign Exchange.

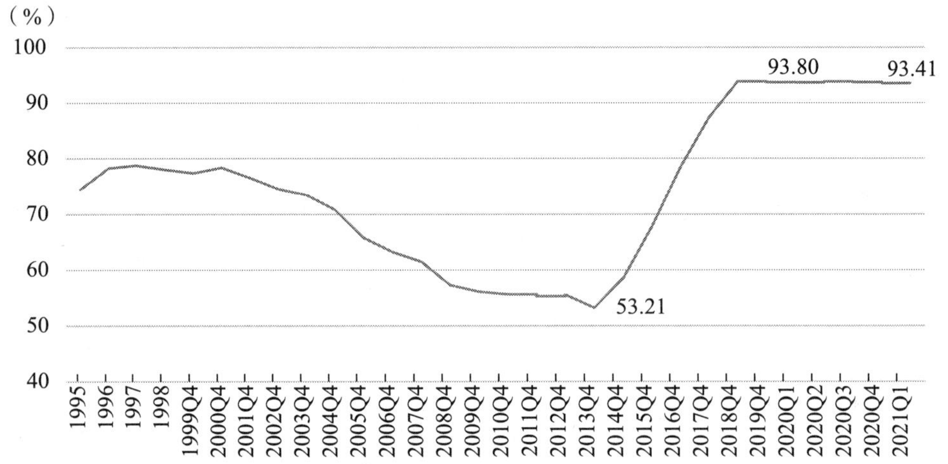

图 2-4 已分配外汇储备在全球外汇储备中的占比(1995 年—2021 年第 1 季度)

资料来源：IMF，World Currency Composition of Official Foreign Exchange Reserves.

2. 美元指数的波动性远大于美元占全球外汇储备比例的波动性

美元占外汇储备比例波动的幅度比美元指数波动的幅度要小得多。1999 年第 4 季度—2021 年第 1 季度，以季度数据为例，美元在全球外汇储备中占比的季度波动性（标准差）为 2.94。我们以季度末的美元指数为例，1999 年第 4 季度—2021 年第 1 季度，美元指数的季度波动性为 11.33。因此，美元指数变化的波动性要远大于美元在全球外汇储备占比变化的波动性。

总体上，美元指数与美元作为储备货币之间的关联性并不明显。主要原因是，美元指数反映的是国际金融市场流动性的松紧，尤其是美国离岸美元市场流动性的松紧。如果市场上美元富余，投资者形成美元贬值预期，做空美元，美元指数就会下降；反之，若国际金融市场上美元紧缺，投资者就会追逐美元，美元指数就会上升。不管是做多美元，还是做空美元，美元都是标的，说明市场上美元的投资者很多，也体现了美元的主导地位，体现了美元在国际金融市场上的交易深度和广度。在金融危机或者金融市场出现大的动荡时，美元就成为追逐的对象，美元指数就会走强。历史上这样的例子并不少见。比如，在 2020 年 3 月中下旬的全球金融大动荡中，美元指数就明显表现出了较大幅度的上涨。

三、美元指数代表的利益格局运行机制

在国际市场上，美元指数代表的利益格局运行机制主要由四个方面组成，包括集体定价权、集体储备权、金融市场优先定价权和支撑该体系运转的底层安全资产。

1. 美元货币相对定价权的集体捆绑优势

美元指数通常是反映国际金融市场流动性的核心指标，因为它反映了美国及美元指数中货币区域或国家的经济状态和宏观政策。美元采取美元指数这种集体捆绑定价的好处是：决定了美元指数的相对稳定性（趋势性交易不明显）以及美元的相对强势性。

从美国 GDP 占美元指数中各经济体 GDP 之和及全球 GDP 的比例来看，依据 IMF 提供的数据，1999 年美国 GDP 占美元指数中各经济体 GDP 之和的比例为 65.57%，2020 年为历史高点 88.68%，2021 年预测的数据为 85.82%；反观美国 GDP 在全球 GDP 中的占比则呈现出缓慢的下降趋势，1999 年为 29.27%，2020 年为 24.76%，2021 年预测的数据为 24.16%（图 2-5）。

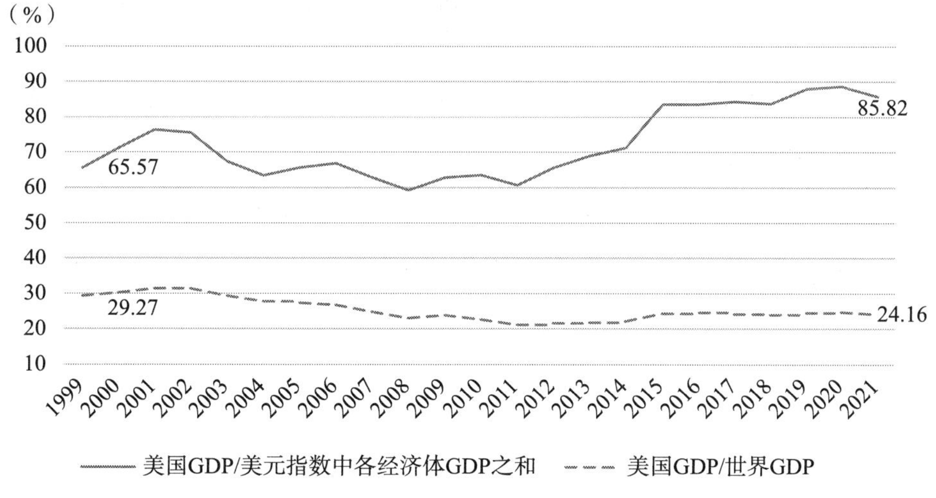

图 2-5 美国 GDP 占美元指数中各经济体 GDP 之和与世界 GDP 的比例

注：GDP 按照市场汇率计算。

资料来源：作者依据 IMF《世界经济展望报告》(2021 年 4 月版）的数据计算。

可以看出，美国 GDP 在美元指数中各经济体 GDP 之和中的占比是不断上升的，1999—2020 年上升了 23.11 个百分点。换言之，美元对美元指数中各经济体的影响力是不断增加的，这突出了美元与美元指数中各经济体货币集体捆绑定价的优势是不断扩大的。1999—2020 年美国 GDP 占全球 GDP 的比例下降了 4.51 个百分点，尽管美国仍然是全球第一大经济体，美国对全球经济的影响力在下降，但其货币几乎与美元指数之外的

货币定价并无直接关联。

由于美国经济总量在美元指数中经济体的经济总量中占比是不断上升的，这也意味着美国经济增长速度整体上高于欧元区、日本、英国、加拿大以及瑞士和瑞典的经济增长速度。由于在经济总量及增速上美国相对于这些经济体具有上升的优势，美元采取这种选择性集体捆绑相对定价的方式，就决定了美元指数的相对稳定性和相对强势。当前的美元指数几乎与 1999 年初一致，保持在 93 左右的水平。美联储的资产负债表在 2008 年次贷危机和 2020 年新冠疫情冲击下采取了大规模的扩表，但仍保持了较高的美元指数。2008 年 8 月底美联储总资产为 0.91 万亿美元，次贷危机后一直到 2014 年底，美联储总资产扩张到 4.51 万亿美元；2020 年 3 月初美联储总资产为 4.24 万亿美元，截至 2021 年 7 月底美联储总资产爆表到 8.22 万亿美元。这就是美元货币相对定价的集体捆绑权优势，因为美元指数中各经济体央行也采取了大规模的扩表。比如，为应对 2020 年疫情冲击，欧洲央行的资产负债表从 2020 年 3 月初到 2021 年 7 月底扩张了约 3.29 万亿欧元，总资产达到约 7.99 万亿欧元，预计很快突破 8 万亿欧元。美国经济总量在美元指数各经济体的经济总量中占比的上升以及美元指数中其他央行的大规模扩表，共同决定了美元指数的相对稳定性和相对强势，这是美元指数相对定价权的集体捆绑优势。

2. 集体储备权的优势

从 2018 年以来，全球已分配的外汇储备份额（shares of allocated reserves）占全球储备数量的比例在 93%以上，从全球已分配的外汇储备占比来看，美元、美元及美元指数中各货币在全球外汇储备中的占比是不断下降的。1999 年第 4 季度，美元、美元及美元指数中的货币在全球外汇储备中的占比分别为 71.01%和 98.40%。换言之，全球外汇储备基本都是美元和美元指数中的货币，其他储备货币占比仅为 1.60%。总体上，美元、美元及美元指数中各货币占全球外汇储备的比例都是下降的。到 2021 年第 1 季度，美元、美元及美元指数中各货币在全球外汇储备中占比分别下降至 59.54%和 90.88%（图 2-6）。

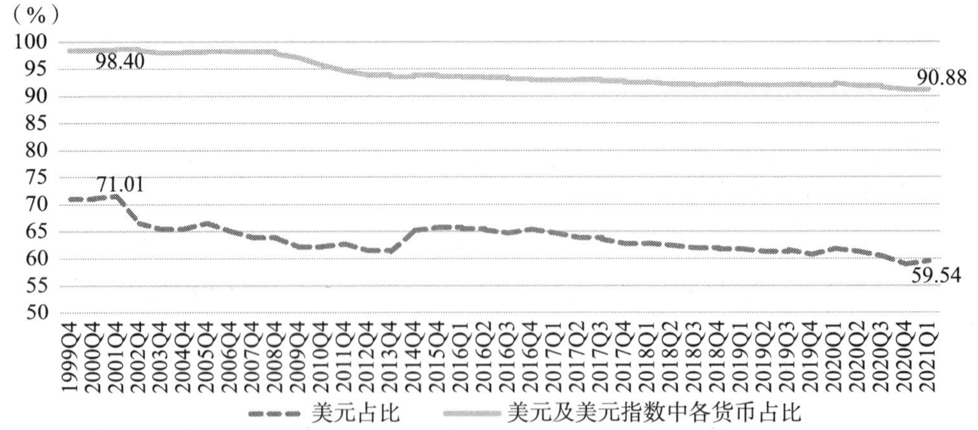

图 2-6　美元、美元及美元指数中各货币占全球外汇储备的比例

资料来源：IMF，COFER.

对比美元、美元及美元指数中各货币在全球外汇储备中占比下降的幅度，可以看出美元占比下降的幅度要大得多，1999 年第 1 季度到 2021 年第 1 季度大约下降了 11.47 个百分点，而美元及美元指数中各货币在全球外汇储备中占比仅下降了 7.52 个百分点。我们发现，尽管美元储备出现了较大幅度的下降，但美元及美元指数中各货币占全球外汇储备的比例下降得明显要慢一些，两者相差大约 4 个百分点。这 4 个百分点不是小数目，在现有的国际货币体系中，相当于在美元、欧元、日元和英镑之后排名第五的国际储备货币。

因此，美元通过美元指数绑定了集体国际货币储备权。由于美国的经济总量在美元指数货币构成中各经济体经济总量中的比例保持了上升的态势（图 2－5），对这些经济体的经济和货币保持了相对强势，所以尽管美元储备占比出现了较大幅度的下降，但美元的影响力还是通过美元指数的辐射性作用对全球金融体系及运行产生了重大的影响，这就是集体储备权的优势。

3. 美元定价优先选择权：发达的美元国际金融市场

美元首先是和国际金融市场上主要货币之间定价，然后决定美元指数。因此，任何货币在国际金融市场上的交易深度和广度在很大程度上都决定了该货币对美元的汇率水平。交易深度是指市场在承受大额交易时币值不出现大幅波动的能力，货币的流动性是关键。换言之，该货币在金融市场上需要有足够的数量。交易广度是指市场交易者类型的多样性。交易广度决定了投资者对该货币的各种偏好存在差异，需要有多样化的货币产品对应多样化的投资者，市场的交易价格被少数投资者或者利益集团操控的可能性就较小。

因此，在金融市场上，当一种货币具备足够的交易深度和交易广度时，美元首先会选择与该货币定价，因为金融市场上需要该货币的投资者多；其次，该货币与美元之间的定价出现过大偏离的可能性就会变小。如果金融市场上美元一家独大，任何一种货币交易的深度和广度都与美元交易的深度和广度有巨大的差距，那么该货币对美元定价的影响力就小，主要是美元对该货币实施定价。一旦美元对某种货币具有决定性的定价权，美元就可以操纵该货币的定价。方法是通过极少的投资者来做多或者做空该货币，使该货币出现大幅升值或者贬值。

从国际清算银行提供的全球金融市场流动性数据来看，美元利率衍生品明显占据全球金融市场的主导地位。从全球交易所交易的利率衍生品来看，2021 年第 1 季度全球货币利率期货与期权金融存量为 82.30 万亿美元。其中，美元利率期货与期权的存量在全球金融市场上的占比达到 66.74%，英镑的占比为 15.07%，超过了欧元的占比 13.55%。英镑利率期货与期权的存量超过欧元，主要得益于英国是重要的国际金融中心之一。美元、英镑和欧元在国际金融市场货币利率期货与期权产品存量中的占比高达 95.36%，这说明全球利率衍生品交易的货币基本上是这三种货币。美元指数中占据了全球利率衍生品交易 1%以上份额的还有加拿大元，其他货币占比很小（图 2－7）。从利率衍生品存量来看，美元及美元指数中的货币占比 2019 年 12 月为 95.71%，2020 年 12 月为 95.80%，2021 年 3 月为 97.33%。因此，国际金融市场上利率衍生品基本上是由美元及美元指数中的货币控制的。

从国际金融市场利率衍生品日交易量来看，2021 年 3 月平均日交易量为 7.85 万亿美元，高于 2020 年日均交易量 6.685 万亿美元，低于 2019 年的 8.948 万亿美元。美元及

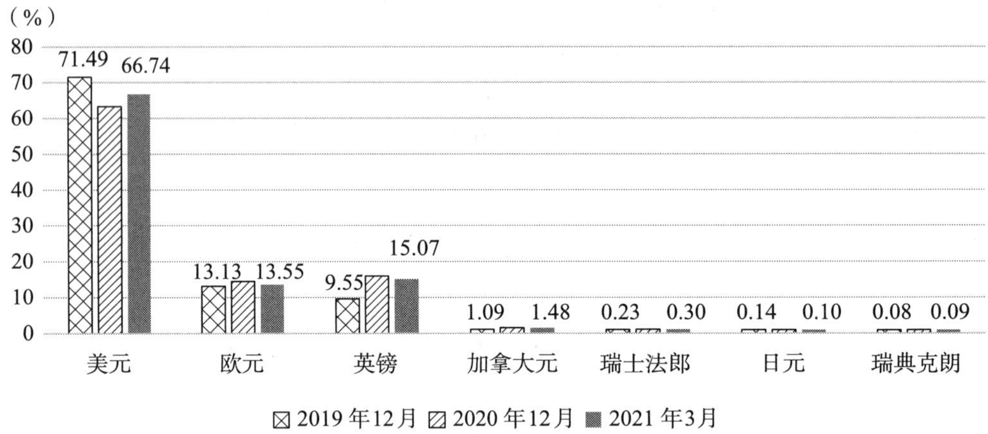

图 2-7 美元及美元指数中货币利率期货与期权在全球交易存量中占比

资料来源：BIS，Exchange-traded futures and options，by currency.

美元指数中货币利率衍生品日交易量占全球日交易量的比例基本稳定在 97%。其中，美元、欧元和英镑占比高达 95%左右，美元占比达到了 67.49%（图 2-8）。因此，不论是从存量还是从日交易量来看，美元、欧元和英镑主宰了国际金融市场上的利率衍生品市场。

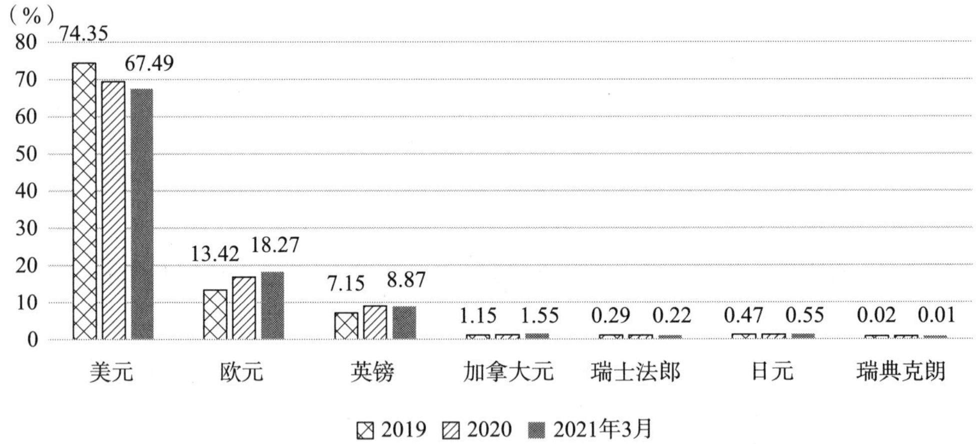

图 2-8 美元及美元指数中货币利率期货与期权在全球日交易量中占比

资料来源：BIS，Exchange-traded futures and options，by currency.

从全球衍生品场外市场（OTC）外汇合约交易来看（外汇合约的工具主要包括远期和外汇掉期、货币互换和期权），依据国际清算银行提供的全球衍生品场外市场数据，2020 年下半年全球货币外汇合约场外市场的本金余额（notional amounts outstanding）高达 195.11 万亿美元，其中，美元、欧元、日元、英镑、加拿大元、瑞士法郎和瑞典克朗 7 种货币的占比达到了 80.03%，而美元外汇合约的场外市场大约占全球市场的 44%。从全球衍生品场外市场利率合约交易来看（利率合约主要包括远期利率协定、利率互换和期权），2020 年下半年全球货币利率合约场外市场的本金余额高达 523.96 万亿美元，其中，美元、欧元、日元、英镑、加拿大元、瑞士法郎和瑞典克朗 7 种货币的占比达到了85.61%，而美元利率合约的场外市场大约占全球市场的33%。

因此，不论是从交易所交易的货币利率期货与期权数量，还是从场外交易的外汇合约和利率合约的数量来看，美元及美元指数中各货币主宰了全球金融市场衍生品的交易。美元是单个货币占比最大的，美元外汇合约和利率合约在场外交易中仅占略多于1/3的比例，但美元在全球交易所交易的货币衍生品占比达67%左右，占据了主导性的地位，而交易所交易市场是流动性最高的市场，对场外市场交易定价有显著的影响。

理论上，其他非美元指数篮子中的货币能直接影响美元走势或通过影响美元指数篮子中其他货币的方式来影响美元指数的走势，但这种影响有限。原因有二：首先，美元指数是一个货币篮子，单个非美元指数篮子中的货币要影响国际货币篮子存在力量的不对称性，作用有限；其次，在国际金融市场上非美元指数篮子的货币交易量小，流动性不足，很难影响美元指数的走势。事实上也是如此，美元及美元指数中的货币基本主宰了整个国际金融市场交易所和场外市场的货币衍生品交易。

从非银行类借款者的跨境借贷来看，美元和欧元主导了跨境货币借贷业务。截至2021年第1季度，美国以外的非银行类跨境借贷美元存量高达13.06万亿美元，其中31.19%流向了新兴市场经济体；欧元区以外的非银行类跨境借贷欧元存量为3.49万亿欧元，其中22.76%流向了新兴市场经济体；日本以外的非银行类跨境借贷日元存量为46.54万亿日元，其中16.45%流向了新兴市场经济体。美元、欧元和日元成为全球非银行类借款者跨境借贷数量最大的三种货币，其中美元占据了显著的优势，在这三种货币中的占比超过76%。因此，美元及美元指数中各货币主导了整个国际金融市场非银行类主体的跨境货币借贷交易。

4. 安全资产：支撑国际货币体系资金循环形成闭环的底层资产

世界经济很少会在外部平衡的状态下运行，不平衡是常态。尤其是美国的对外贸易赤字自1990年以来出现了明显的扩大趋势。按照IMF提供的数据，1990—1991年美国货物和服务贸易基本保持平衡。从1992年开始，美国对外货物和服务贸易赤字不断扩大，到了2006年达到赤字高点7 635.33亿美元，次贷危机爆发后，2009年美国货物和服务贸易赤字收窄至3 947.72亿美元，此后又进一步扩大，2020年达到了6 766.85亿美元（图2-9）。

美国如此巨大的货物和贸易逆差导致美元大规模流出。有贸易盈余的经济体获取美元之后，积累了外汇储备，需要投资场所。在国家参与结汇售汇的制度下，国家主权财富基金的兴起就是贸易不平衡的结果。这些外汇储备投资到哪里？

现实表明，持有外汇储备的国际投资者非常重视投资的安全性，并力求在安全性和收益性之间取得平衡。国际投资者为什么要持有这种低收益率的安全资产？原因之一是随着全球金融一体化，金融周期会对世界其他经济的外汇市场造成动荡，对许多新兴市场经济体来说，保持金融稳定要求拥有足够的美元储备，以支付国内金融体系的美元流动性负债；或者说，新兴经济体需要外汇储备，目的是通过一种自我保险机制（self-insurance）来增加美元流动性供给，以减少汇率波动等风险，而不是等待IMF基于双边互换或者区域安排来提供流动性。1998—1999年亚洲金融危机之后，积累官方储备成为亚洲经济体的普遍现象。储备对于外汇市场的稳定来说是至关重要的。在开放宏观经济

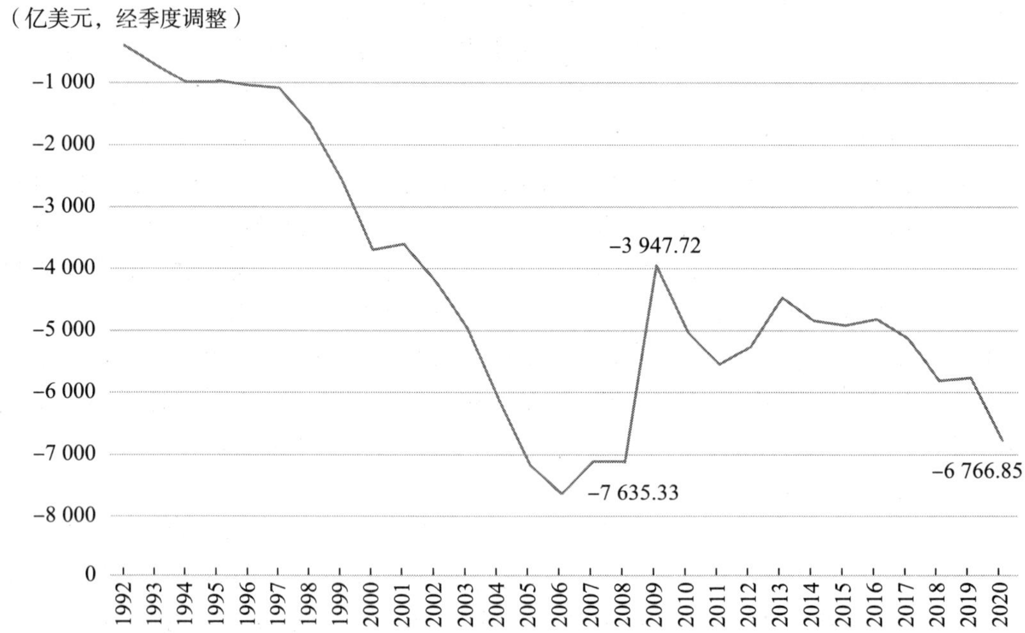

图 2-9 美国货物和服务贸易赤字

资料来源：Federal Reserve Bank of St. Louis.

学的分析框架中，储备与汇率稳定之间的关系也是一个重要的研究课题。

什么是安全性资产？所谓安全性，就是当一切正常时，你使用某个东西的时候没有太多想法，只是一种习惯性的使用；当遇到大的风险或者大的不确定性时，你首先会想到它，并强烈地想拥有更多这种东西。这种东西就叫安全性，它能给你带来安全感。当这种东西是一种资产时，那就是安全性资产。

能够提供高等级安全性的资产，其收益率应该较低，因为不需要风险溢价补偿。换言之，某个资产提供了较高的收益率，在很大程度上还不能算是完整意义上的安全资产，因为该资产收益率包含了风险溢价补偿。这并不是说收益率较高的资产不能成为安全性资产。只有被更多的人使用，这种资产才具有广义上的安全性。要吸引更多的人使用，就需要提供足够高的收益率。当每一个使用者使用该资产的边际收益不断递减时，收益率会自然下降，直到成为安全性高、流动性强、收益率低的资产。

从当前的国际金融市场来看，大量的研究表明美元及美元指数中的货币大多具有避险货币的属性：具有避险功能和对冲功能。因此，这些经济体基于国家主权发行的债券和高质量的具有政府“隐形担保”的债券一般被视为安全性资产。比如国债和抵押支持债券（MBS）。美联储自身的行为也一直在为美国国债和抵押支持债券背书，其资产负债表的扩张主要是通过购买美国国债和抵押支持债券来实现的。欧洲央行由于法律限制无法直接购买欧元区经济体发行的政府债券，但欧元区的经济体自行发行的政府债券也是安全性资产。典型的就是在国债收益率为负的条件下，国债还能够被市场投资者追逐。图 2-10 给出了欧元区国债 2019 年以来的收益率，从 2019 年 5 月中旬开始，10 年期欧元区国债的收益率就变为负值，而 1 年期国债收益率从 2014 年 6 月中旬至今一直是负值。

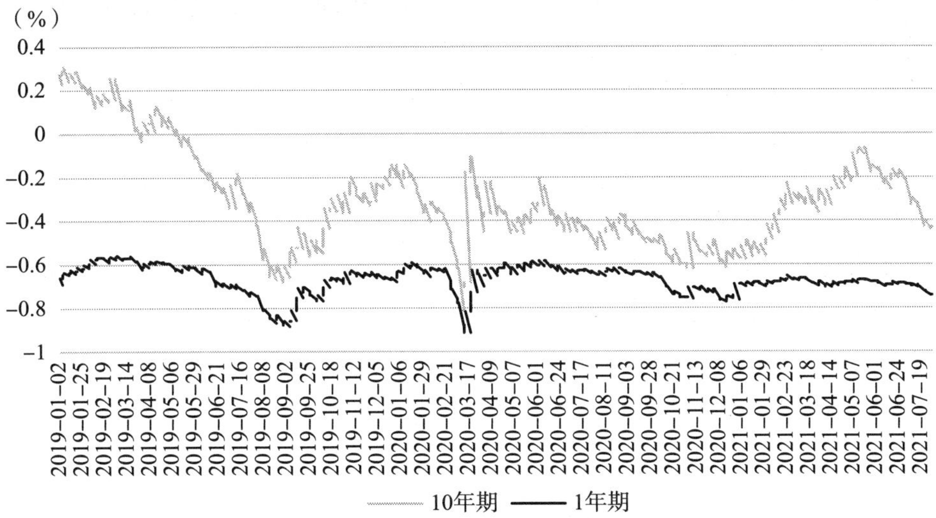

图 2-10　欧元区 10 年期和 1 年期国债的收益率

资料来源：WIND.

即使是负收益率，欧元区国债仍有投资者购买。我们可以简单地用零息债券做个对比说明，负收益率债券意味着市场投资者对零息债券的追逐导致了过高的价格，需要用负的贴现率才能维持净现值为零，差别在于付息债券保留了债券的久期风险管理功能。在贴现率上的含义是类似的：对国债的追逐导致了过高的价格，以致需要大幅降低收益率（贴现率）才能保持定价的平衡。

因此，这种具有高安全性、高流动性和低收益率的资产作为金融市场的底层资产，是金融市场上风险资产定价的基础，形成了资金国际大循环的闭环，支撑着整个金融市场的运行。

四、美元指数体现的国际货币体系利益格局

美元指数体现的国际货币体系利益格局主要表现在四个方面：发行货币获取国际铸币税、实施低成本的财政赤字货币化、通过国际资金大循环来获取投资收益以及降低货币错配的风险。

1. 央行“爆表”获取国际铸币税

国际货币最大的优势之一是可以通过发行货币获取国际铸币税。如果一个货币不是国际货币，其发行就受到疆域的影响，因为发行的货币都在国内，当国内经济增长和资产化不能够吸纳新发行的货币时，就会带来物价上涨的压力，铸币税就会大幅下降。国际货币可以通过贸易逆差或者借贷流出本国或者本区域，在获取铸币税的同时，减轻本国或本区域的物价上涨压力，这就是国际铸币税。

次贷危机之后，美联储和欧洲央行都实施了大规模的扩表，尤其是 2020 年 3 月以来，为了对冲新冠疫情冲击，发达经济体都采取了大规模的扩表，实施了激进的宏观政策。图 2-11 显示了自 2008 年 8 月底以来美联储及美元指数中各货币央行的总资产变

化。可以看出，到2014年底（2015年美联储开始首次加息），这些央行都经历了一轮扩表。从此轮扩表的增幅来看，美联储的扩表增幅是最大的，大约为396%；其次是英国央行和瑞士央行，扩表增幅分别约为336%和328%；日本央行、瑞典央行、加拿大央行和欧洲央行的扩表幅度分别约为174%、133%、73%和49%。2020年3月至2021年7月（瑞士为截至2021年6月）期间，扩表幅度最大的是加拿大央行，其总资产增幅达到了约308%；其次是美联储，约为94%；再次为欧洲央行，约为73%；瑞典央行、英国央行、日本央行和瑞士央行的扩表幅度分别约为54%、50%、23%和22%。在两轮反危机中，这些经济体央行的总资产都出现了爆炸式的大规模增长。

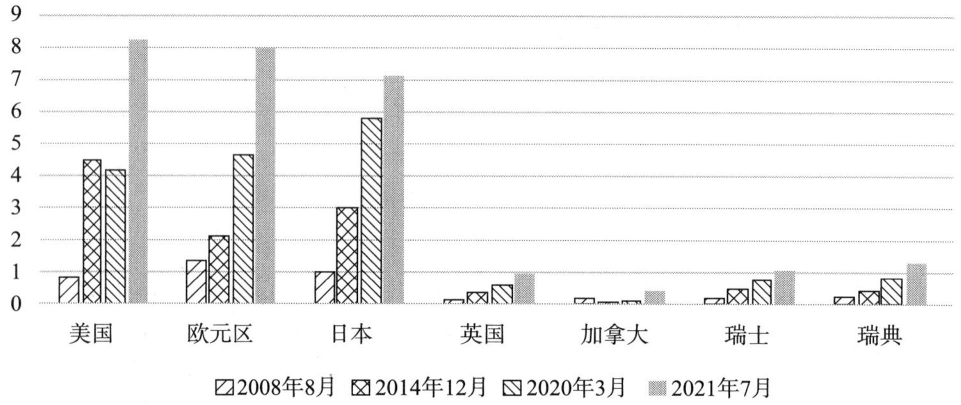

图2-11 美国及美元指数中各货币央行的总资产变化

注：瑞士的最新数据是2021年6月的数据，其余数据为2021年7月。

美国的单位：万亿美元；欧元区的单位：万亿欧元；日本的单位：百万亿日元；英国的单位：万亿英镑；加拿大的单位：万亿加拿大元；瑞士的单位：万亿瑞士法郎；瑞典的单位：万亿瑞典克朗。

资料来源：各央行网站。

从全球最重要的两个国际货币美元和欧元来看，2008年以来其资产负债表的扩张速度是惊人的。美联储从0.91万亿美元扩到了8.22万亿美元，欧洲央行从1.44万亿欧元扩到了7.99万亿欧元，增长幅度分别高达803.3%和454.9%。相对于这两家央行总资产来说，除了日本央行，其他央行总资产的规模要小得多。因此，全球流动性急剧增长主要是美联储和欧洲央行的扩表行为所致（当然也包括日本央行），美联储和欧洲央行获取了最多的铸币税。当然，美元指数中其他央行也获取了铸币税，央行总资产增长幅度也很大，但总量相对较小。

2. 维持低利率，降低财政赤字货币化的成本

次贷危机后，发达经济体的利率水平有明显的下降趋势。在这个利率下降的过程中，发达经济体央行的资产负债表均出现了大规模的扩表。同时，政府债务水平不断上升。央行通过购买政府债券的方式实施量化宽松政策，财政赤字货币化成为发达经济体的普遍现象。美国及美元指数中各经济体的政府债务水平均出现了攀升的态势。

依据美联储的资产负债表，2021年7月底美联储持有5.264万亿美元的政府债券，占美联储总资产的64.02%；而在2008年8月底美联储只持有大约0.48万亿美元的政府债券，占当时美联储总资产的52.77%。十几年的时间，美联储为美国财政赤字融资了

大约 4.78 万亿美元。尤其是 2020 年 3 月初至 2021 年 7 月底不到 1 年半的时间，美联储为美国财政赤字融资了大约 2.76 万亿美元，大约占美国政府债务增量的 55%。可见，美国的财政赤字货币化现象极其严重。

依据日本央行网站公布的数据，从 2020 年 2 月底至 2021 年 7 月底，日本央行总资产中持有的政府债券数量增加了 40.126 万亿日元。依据英国央行网站的数据，2009 年 11 月至 2020 年 11 月期间，英国央行购买了价值高达 8 950 亿英镑的债券，其中 8 750 亿英镑是英国政府发行的债券，只有 200 亿英镑是英国的公司债券。依据加拿大央行网站公布的数据，2021 年 6 月大约 0.477 万亿加拿大元总资产中的 81.2%是政府债券，而 2020 年 2 月这一比例为 66.6%。

除了欧洲央行之外（法律不允许），美国及美元指数中的这些经济体，凭借其货币是国际货币，都不同程度地实施了财政赤字货币化，债务存量不断增长。为了债务的滚动管理，利率成本的下降减轻了政府债务偿还压力。

2001 年 1 月底，美国国债付息平均成本为 6.594%，截至 2021 年 6 月底，美国国债付息平均成本仅为 1.609%。美国国债付息平均成本出现了明显的长期下降趋势。2002 年底后跌破 5%，2008 年 6 月后跌破 4%，2010 年 6 月后跌破 3%，2020 年金融大动荡后进入 2%的区间（图 2-12）。

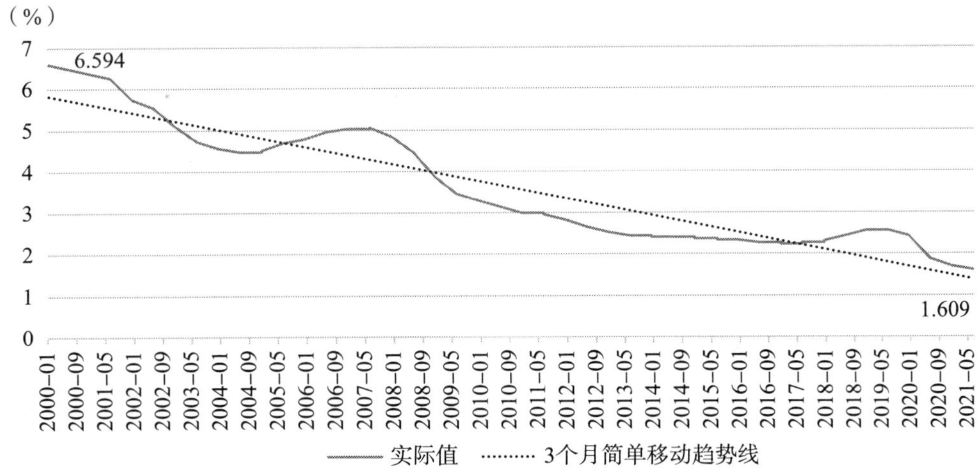

图 2-12　美国政府债务平均利率水平

资料来源：美国财政部。

欧元区、日本、德国等国的政府债务利率成本也随着债务总量的不断增长，出现债务利率成本不断下降的情况。我们只要观察金融市场国债收益率即可看出这一点。依据 WIND 提供的数据，截至 2021 年 8 月 2 日，欧元区、日本、德国、法国 10 年期国债收益率分别为−0.432 2%、0.022%、−0.48%和−0.102%；只有 10 年期英国国债收益率保持在 0.648%，显著低于 10 年期美国国债 1.24%的水平。可见，这些经济体的政府债务利率成本比美国国债的债务成本还要低。

3. 通过国际资金大循环获取国际投资收益

当下比较流行的全球不平衡 DFG 模型——布雷顿森林体系Ⅱ，讲述了美元国际大循环的逻辑：新兴发展中外围国家（主要是亚洲国家）采取币值低估并钉住美元实施出口导向型的发展战略以促进增长和就业，并通过吸收对外直接投资（FDI）来提高资源配置效率，同时使用美元储备来干预外汇市场维持币值低估；金融中心国家（美国）使用外围国家大量的美元储备进行低成本融资，同时从 FDI 的高回报率中获取收益，并享受来自外围国家价格低廉的消费品。上述资金的国际大循环可以分为两种形式：国际投资净头寸为负的风险资本家形式和国际投资净头寸为正的全球投资者形式。主要是美国在全球扮演风险资本家角色，美元指数中部分其他经济体在扮演国际投资者的角色。

（1）美国在全球扮演着风险资本家角色。

依据美联储的数据，截至 2021 年第 1 季度美国对外国际投资净头寸高达－14.32 万亿美元。2006 年初，这一数字约为－1.66 万亿美元。从 2011 年第 2 季度开始，美国对外负国际投资净头寸的绝对值不断增大，尤其是 2018 年之后，出现了加速增大的态势（图 2－13）。美国靠借钱在全球获取相对高的投资收益，就能够在一定程度上弥补经常账户逆差，或者至少能够延缓其外部不平衡调整的时间。上述情况能够顺利实施需要一个发达的全球美元资本市场（包括美元在岸市场和离岸市场），需要通过国际资本市场这个平台才能完成。

图 2－13 美国国际投资净头寸

资料来源：Federal Reserve Bank of St. Louis.

这就是现实版的美元国际货币体系运行的基本逻辑和架构，或者说是美元国际大循环的基本逻辑和架构。由于美元被视为低风险货币，美国从外部资产获得的收益高于其支付外部负债的成本。而其他经济体的资产很多投资到美国等低风险国家的主权债券，收益率较低，这种差异称为美元的“过分特权”（exorbitant privilege）。

非美元经济体大规模地持有美国国债，而美国国债的收益率是不断下降的。2008 年以来，10 年期美国国债固定到期利率就没有超过 4%，2018 年 11 月底之后，10 年期国债固定到期利率就没有超过 3%。2019 年 7 月之后，10 年期国债固定到期利率就没有超过 2%。截至 2021 年 8 月 2 日，10 年期美国国债利率仅为 1.20%（图 2－14）。

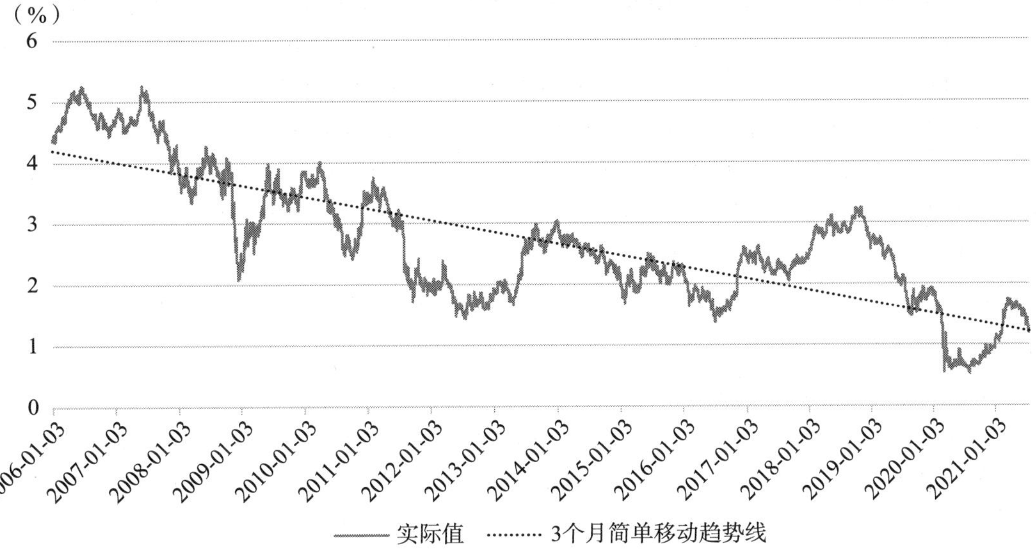

图 2－14　10 年期美国国债固定到期利率

资料来源：Federal Reserve Economic Data.

依据美国财政部网站公布的数据，截至 2021 年 5 月，美国国债持有量最大的国际投资者是中国，中国大陆持有 1.078 万亿美元，中国台湾和中国香港分别持有 2 363 亿美元和 2 241 亿美元，持有数量总计高达 1.538 万亿美元，占全部国际投资者持有美债的 21.56%。美国国债第二大国际投资者是日本，持有 1.266 万亿美元，占全部国际投资者持有美债的 17.75%。

美国是一个净债务国，依靠美元国际货币体系全球借钱，投资风险资产。截至 2021 年 3 月 31 日美国总外部债务高达 21.76 万亿美元，其中政府债务约 7.14 万亿美元。截至 2021 年 6 月 23 日，美国官方储备头寸只有 1 399.5 亿美元。由于美元是主导性的国际货币，美国不需要通过外汇储备来预防对外债务风险。

尽管美国是一个净借款国，但它的净收入一直是正的，并且持续增加。也就是说，它从资产中获得的回报高于它为负债支付的成本，美国的国际净投资流量为正。依据美国经济分析局（BEA）的数据，2021 年第 1 季度美国经常账户下的投资收益是 2 600.33 亿美元，高于 2020 年季度均值 2 378.40 亿美元。

至此，美元的全球资金大循环的过程是：美国发行美元，美元以贸易逆差或借贷的形式流向全球先获取全球铸币税，然后美国再从全球把这些钱借回来，而且美国从别人手上借的美元比美国借给别人的钱多（净头寸为负值），美国再用借来的钱到世界各地投资，赚取比借钱成本更高的收益率。美国依靠美元国际货币体系获取全球铸币税；依靠美元发达的国际金融市场赚取投资收益。美联储每发行 1 美元，美元完成从国内到国外，再借回国内并转入国外的过程，美国人赚了两遍钱。美国在全球资金大循环中扮演了全球风险资本家角色。英国的情况有些类似，但规模要小很多。

（2）美元指数中部分其他经济体扮演着国际投资者的角色。

从欧元区情况看，欧元区金融账户的对外投资净头寸从2020年5月以来保持了正值，但规模并不大。依据欧洲央行提供的数据，截至2021年5月，欧元区（19国）金融账户对外投资净头寸为339.37亿欧元。从日本央行2020年8月提供的国际收支（BOP）金融账户来看，日本对外投资净头寸为正值，2018年存量为341.4万亿日元，2019年存量为364.5万亿日元，日本是对外净投资国，而且数量高达3万亿美元以上。从加拿大统计局提供的数据来看，加拿大对外投资增长的速度也很快，截至2021年第1季度，加拿大国际投资净头寸达到了1.39万亿美元。

因此，从美国及美元指数中各经济体来看，美国是全球最大的风险资本家，而日本和加拿大是重要的国际投资者。

4. 降低货币错配的风险

如果一个经济体对外贸易、对外投资均使用本币，那么其经济活动不论在内部还是外部都使用本币，就不存在汇率风险。国际货币的好处之一就是降低或者消除在全球经济活动中的汇率风险。如果一个经济体在对外交易中使用外币，那么就存在汇率波动带来的结汇或者售汇过程中的汇率风险。不少新兴经济体都出现过害怕汇率浮动的现象，害怕汇率浮动的背后就是货币错配。并且，有一些经济体对于汇率浮动偏离合意汇率水平同样的幅度还会表现出不对称的损失偏好，升值10%和贬值10%给该经济体带来的损失是不对称的。

如果一个经济体深度参与国际经济活动，自身的货币又不是国际货币，该经济体就面临着货币错配带来的风险。在缺乏金融市场汇率风险管理工具，或者缺乏汇率风险管理人才的背景下，在国际金融市场出现比较大的波动时，货币错配的风险往往很大。

五、国际货币治理体系改革的实质性步骤：改变美元指数货币构成

美元指数作为国际金融市场上的货币汇率指数，本质上是一个利益集团，在很大程度上代表了全球货币体系的治理结构。美元霸权在全球的运行不仅是指美元本身在全球的运行，更是通过美元指数的集体捆绑相对定价权、集体储备权、金融市场优先定价权与提供安全资产形成国际金融市场资金大循环的闭环来共同完成的，但美元在其中扮演了主导性的角色。美元及美元指数中各经济体共同获取了国际铸币税、低利率的债务融资成本、国际投资收益，但美国获取的最多。

以这样的视角来看待美元霸权，就不难理解拜登上台后以七国集团为中心开展的各种外交活动，就是想从二十国集团向七国集团回归。从国际货币体系来说，就是为了维护以七国集团为核心的国际货币治理体系，突出美元在美元指数定价中的相对强势地位，维持全球货币治理体系的垄断性。这种货币治理体系本质上是不公平的，只占全球GDP总量略多于50%的货币主宰了国际金融衍生品市场的运行，主导了跨境货币借贷，主导了全球货币的定价，维持着现有体系的全球风险资本家或者国际投资者的利益。

生产国际货币的经济体，不需要生产那么多商品就可以满足自己“买买买”的消费，这是一种不等价的交换。放在全球大循环的背景下，从商品生产与交换的关系来看，美

元指数代表的国际货币体系本质上是一种不平等的生产-交换关系。

以美元为基础、以美元指数对外发生辐射影响的现有国际货币治理体系本身的运行存在风险。典型的是美国及美元指数中各经济体经济周期的不一致性所致的风险。集体捆绑相对定价权的风险内含于美、欧等经济周期不一致性，会放大美元指数的波动性。美元指数作为美国对外的货币价格“锚”和美国对内的物价“锚”，两者存在内生的冲突：经济周期的非完全同步性决定了美国稳定国内物价水平与美元指数中其他经济体稳定物价水平之间存在冲突，即存在经济周期不一致背景下美国货币政策的显著外溢性，也决定了美元指数的走势会出现较大波动，从而给国际金融市场以及世界经济的运行造成不确定性。

从世界经济多极化的进一步发展趋势来看，现行的美元指数已经不能满足世界经济平稳运行的需要，美国及美元指数中各经济体的经济总量在全球经济总量中的占比在不断下降。在国际货币体系缺乏钉住硬锚的前提下，美元指数只有纳入更多其他的重要货币，才能实现美元指数作为金融资产本身构成的多元化，降低美元指数波动以及这种波动给全球金融市场造成的风险。

因为要维持自身的既得利益，现有的国际货币体系利益集团发生这种实质性变革是极其困难的。更多的是采取一些修补性的措施，典型的是扩大特别提款权的规模。因此，在全球货币无硬锚可钉的情况下，要迫使国际货币体系发生这种变革，前提条件是其他重要的货币必须在国际贸易中被广泛使用，在国际金融市场上有相当的交易深度和交易广度，能够对美元以及美元指数中的货币产生直接的较大影响，以至于如果美元指数不纳入该货币，会使得美元指数在一定程度上脱离美国以及美元指数货币篮子中各经济体的经济基本面状态，从而导致其宏观政策与经济基本面发生一定程度的错配。

因此，贸易结算、货币互换、在岸和离岸金融市场的发展、提供更多的安全资产、使更多的货币成为储备货币，这些都是货币国际化需要逐步完成的路径。但其中有两个是基础性的手段，一是贸易结算，即商品、服务贸易中货币的使用，是实体使用该货币的基础；二是金融市场上的安全资产（甚至优质金融资产），安全资产提供了国际资金大循环形成闭环的基础。

这一切将依赖于该货币经济体持续的营商环境改善、持续的创新、持续高质量的经济总量增长以及持续的高质量开放。只有该经济体的经济和金融对全球经济和金融同时产生足够的外溢性时，该货币才能被更多的国际投资者使用，也因此在国际金融市场具备了主动定价权，或者说对其他货币形成了一定程度的正向价格形成机制，该货币就自然是重要的国际货币，美元指数的编制就会发生改变，国际货币体系治理结构就会发生重大变革。在全球经济日益多极化的背景下，生产国际货币的经济体越平衡，纳入更多重要货币的国际金融市场货币汇率指数代表的货币交换关系就越公平，只有货币的生产力与货币代表的交换关系相匹配，才能出现真正代表国际货币治理利益格局的国际货币体系。在缺乏硬锚的背景下，创造出体现经济多极化的国际金融市场货币汇率指数，就创造出了能反映相对公平的国际货币治理体系的政治经济学。

附录：美元指数的编制

美元指数最初由纽约棉花交易所发布。由于迎合了国际市场的需要，获得了成功，美元指数成为国际市场普遍关注的一个重要货币经济指标。

美元指数期货的计算原则上以世界各主要国家与美国之间的贸易结算量为基础，以加权方式计算出美元相对这些货币的整体强弱程度。美元指数（USDX）是参照 1973 年 3 月六种货币对美元汇率变化的几何平均加权值来计算的，以 100.00 为基准来衡量其价值。

1999 年 1 月 1 日欧元诞生后，货币篮子进行了调整，从 10 个国家减少为 6 个国家，欧元成为权重最大的货币，所占权重达到了 57.6%，日元占 13.6%，英镑占 11.9%，加拿大元占 9.1%，瑞典克朗和瑞士法郎分别占 4.2%和 3.6%。

计算公式采取指数方法：

$$\begin{aligned}USDX = & 50.14348112 \times USDEUR^{0.576} \times USDJPY^{0.136} \times USDGBP^{0.119} \\ & \times USDCAD^{0.091} \times USDSEK^{0.042} \times USDCHF^{0.036}\end{aligned}$$

参考文献

[1] Dooley, Michael P., David Folkerts-Landau, Peter Garber, "An Essay on the Revived Bretton Woods System," NBER *Working Paper*, 2003.

[2] Dooley, Michael P., David Folkerts-Landau, Peter Garber, "The Revived Bretton Woods System: The Effects of Periphery Intervention and Reserve Management on Interest Rates and Exchange Rates Center Countries," NBER *Working Paper*, 2004.

[3] Gourinchas, Pierre-Olivier, Rey Hélène, Nicolas Govillot, "Exorbitant Privilege and Exorbitant Duty," IMES *Discussion Paper Series*, Institute for Monetary and Economic Studies, Bank of Japan, 2010.

[4] Gourinchas, Pierre-Olivier. *Global Imbalances and Global Liquidity*. in Asia's Role in the Post-Crisis Global Economy, *Asian Economic Policy Conference*, R. Glick and M. Spiegel eds. San Francisco Federal Reserve, 2012.

[5] Obstfeld Maurice, Shambaugh C. Jay, Taylor M. Alan, "Financial Stability, the Trilemma, and International Reserves," NBER *Working Paper*, 2008.

案例 3

安全资产：国际货币体系的“锚”变

本案例教学目标：

1. 理解国际货币体系的寻“锚”之旅，我们会认识到国际货币体系的“锚”与我们的经济生活息息相关。

2. 理解美元体系从黄金硬“锚”走向国债等软“锚”，带来了信用的相对性和安全资产供给弹性过大的问题。

3. 理解美国是如何依靠美元国际货币体系获取铸币税，并依靠发达的国际金融市场实现全球美元资金大循环赚取投资收益的。

4. 理解为什么美元主导的霸权体系是不公平的，而其他经济体创造有全球竞争力的安全性资产和非美元的金融市场是约束美元霸权体系放纵的根本性措施。

一、国际货币体系中的“锚”：从布雷顿森林体系到牙买加协议

国际货币体系需要有一个“锚”，因为有“锚”，国际货币的价值才具有确定性，国际投资者使用该货币时不用担心该货币的价值会发生变化，从而体现出使用该货币带来的安全感。从这个角度说，“锚”在国际货币体系中扮演了定海神针的作用。马克思说，“金银天然不是货币，但货币天然是金银”①。1945 年布雷顿森林体系建立的时候，黄金成为全球一般等价物的“锚”，美元与黄金固定兑换比例（35 美元＝1 盎司黄金），确立

① 马克思，恩格斯．马克思恩格斯全集：第十三卷．北京：人民出版社，1962：145.

了金本位下的美元国际货币体系，黄金就扮演了国际货币体系中的硬“锚”角色，其他货币对美元实行固定汇率，只能在法定汇率上下各1%的幅度内波动。美元与黄金挂钩、其他货币与美元挂钩的“双挂钩”货币体系开始运行。1958年底欧洲国家实施了经常账户自由兑换后，这一体制运行的弊端就慢慢暴露出来了。

由于国际贸易的不断增长，国际市场需要的美元越来越多，当外部的美元价值大幅度超过美国储备的黄金价值时，国际投资者不再相信美元与黄金之间还能够维持最初的兑换比例，美元挤兑黄金就成为现实。20世纪70年代初法国等国挤兑黄金的行为是促使金本位制崩溃的重要事件。经济学家特里芬（Triffin）在1960年就预言了金本位制的必然崩溃，特里芬难题说的就是这个故事：任何一个主权货币充当国际货币必然面临流动性和清偿性两难。一方面要通过贸易逆差提供越来越多的国际流动性，满足国际市场对流动性的需求；另一方面作为“锚”，黄金的增长存在重大不确定性，难以维持货币与黄金之间的固定兑换比例。

1971年8月15日，尼克松宣布关闭黄金窗口，停止按35美元兑换1盎司黄金的价格兑换非储备货币国家的美元，布雷顿森林体系基本崩溃。1971年12月，西方十国达成了新国际货币制度协定，也称为史密森协定（Smithsonian Agreement）。主要内容是允许美元对黄金一次性贬值7.89%（38美元=1盎司黄金），并允许其他货币对美元在法定汇率上下各2.25%的幅度内波动，扩大汇率波动范围。史密森协定是一个缓解金本位制国际货币体系崩溃的协定，无法解决特里芬难题。1973年2月，美国宣布美元贬值10%，西方国家相继实行浮动汇率制，史密森协定终止，金本位制彻底崩溃。

1973年全球开始实施浮动汇率制，1976年的牙买加协议是一个事后的确认。牙买加协议的主要内容有三点：一是浮动汇率合法化；二是黄金非货币化；三是提高特别提款权（SDR）的国际储备地位，以替代黄金和美元。牙买加协议希望有一个新“锚”，这个新“锚”是IMF依据授权，在1969年创造出来的SDR（最初由15种货币构成，现在由5种货币构成），也称“纸黄金”。创造SDR是为了补充流动性，是弥补IMF成员之间国际收支逆差的一种账面资产。但SDR难以成为国际货币的主要储备资产，或者成为国际货币体系的“锚”，这与其最初设计的制度有关：SDR只是一种账面资产，依据当时的贸易顺逆差确定的规模太小，至今也只有不足3 000亿。正如兰加拉詹（Rangarajan）等所说，SDR不是一种货币，而且没有设想其成为一种货币。从实际来看，除了SDR本身规模小以外，更重要的是SDR不存在有深度和广度的交易市场，决定了SDR难以成为国际货币，也就难以成为国际货币体系的“锚”。至今在IMF的网站上SDR都是用美元标价的。

牙买加协议的寻“锚”之旅是失败的。因此，1973年之后，国际货币体系从黄金“锚”走向了信用“锚”，国际货币体系也由金本位制走向信用本位制。信用“锚”被称为软“锚”，因为它具有相对性，或者说弹性。

二、美元的再次寻“锚”：软“锚”之旅

1. 美元指数是货币价格“锚”

我们认为美国与美元指数中各经济体的经济周期非完全同步性以及金融周期的冲击，

使得美元指数难以成为国际货币体系稳定的“锚”。

美国为了维持美元的信用，需要让美元与主要货币之间保持相对稳定的汇率，形成美元对外的货币价格“锚”。1973 年 3 月美元用 6 种主要货币编制了美元指数，定期 100。当时美元无疑仍然是全球主导性的货币，美元指数成为反映全球主要货币强弱的标志，影响着全球物价（尤其是大宗商品价格）和国际金融市场的走势。

影响美元指数走势的因素众多，其货币篮子也不断调整。在 1999 年欧元诞生后，美元指数中欧元占据 57.6%的权重，突出了欧元世界第二大货币的地位，这一比例至今未变，已经远远超过当今欧元区与美国的贸易占美国对外贸易的比例，其余 5 种发达经济体的货币及其权重分别是日元 13.6%，英镑 11.9%，加拿大元 9.1%，瑞典克朗 4.2%，瑞士法郎 3.6%；而且美元指数中不包括任何新兴经济体的货币。因此，美元指数不是贸易有效汇率的概念，本质上美元指数是一个排他性的货币利益集团。

无论如何，美元作为主导性的国际货币确实也在再次寻“锚”，这个“锚”是组成美元指数中的主要货币吗？1973 年美元指数为 100，今天的美元指数超过 90。仅从一组长时间序列数据的初始和现状来看，美元指数还算稳定。但问题就在于：美元指数波动很大，而且这还是不断调整美元指数货币篮子和篮子货币权重的结果（图 3－1）。同时，为了维持美元的稳定，美国曾数次与篮子中的主要货币国强制性地讨论或者协商双边汇率，如 20 世纪 70 年代德国马克与美元的汇率争议、日元与美元的汇率问题；1985 年《广场协议》使日元升值；1987 年《卢浮宫协议》采取联合措施阻止当时的美元币值下滑，保持美元汇率的基本稳定，等等。即使如此，1979—1989 年间美元指数波动的幅度还是很大，在 80～170 之间（图 3－1）。

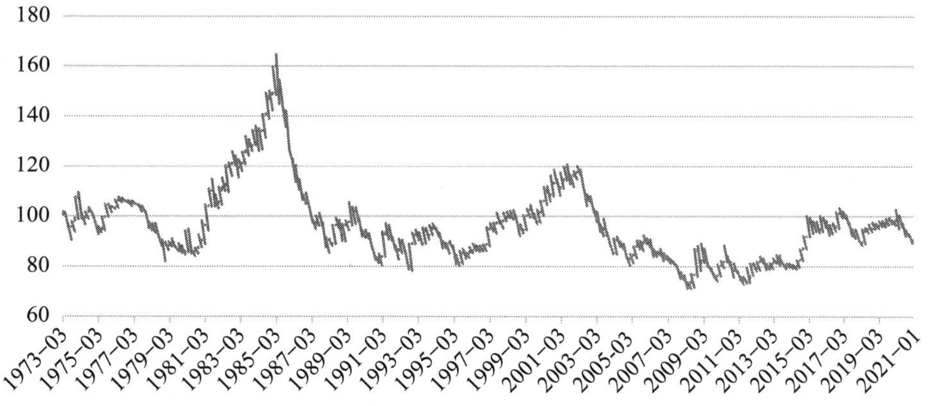

图 3－1 美元指数的走势（1973 年 3 月—2021 年 1 月）

资料来源：WIND.

2008 年次贷危机爆发后，全球宽松的货币政策导致了资金的跨境流动数量往往脱离经常账户需求的数量，金融发展存在“过度金融”的倾向，金融周期开始成为影响世界经济运行的重要因素。正如 Borio 和 Disyatat（2011）所说，次贷危机的根源可以追溯到全球信贷和资产价格积极冒险背后的繁荣，国际货币和金融体系缺乏足够强大的“锚”来防止出现这种不可持续的繁荣，从而导致我们所说的过度弹性。可见，金融全球化背景下，全球跨境信贷逐利以及对金融资产价格的逐利行为导致了美元指数汇率不可能作为国际货币体系的信用“锚”，一方面美元指数本身不稳定，另一方面美国货币政策外溢性带来的金融周期冲击也放大了其他经济体货币汇率的不稳定性。

因此，对美国以外的经济体来说，美国也许想用美元指数来确立美元的信用“锚”，试图维持美元的稳定性。但由于美国自主性的宏观政策等因素产生的美元汇率过大的波动性，其货币政策的外溢性也带来了全球货币汇率波动的风险，同时美元货币指数编制的排他性，导致了美元指数难以成为国际货币体系的货币价格“锚”。

2. 通货膨胀目标制是美元的物价“锚”

对美国内部来说，美联储采取通货膨胀目标制来维持美元在美国国内币值的稳定，形成美元对内的价格“锚”。由于美国是世界第一大经济体，也是最有影响力的经济体，如果美国国内物价始终保持稳定，这有助于维持美元的信用。但即使是国内物价稳定也不代表全球物价稳定，美元也难以作为全球物价的“锚”，因为美元升值或者贬值会通过价格传递导致美元输出通缩或者通胀，历史上美国输出通胀和通缩的例子并不少见。

从美国货币政策历史来看，美联储从来没有公开宣称过通胀目标制，而是采取了隐含的通胀目标制，这与欧洲央行等采取明确的货币政策通胀目标制有一定的差异。图 3-1 中美元指数在 1985 年达到高点，主要原因是时任美联储主席的沃克尔为了控制通货膨胀（1974 年、1978 年两次中东战争导致国际市场上的油价上涨超过 10 倍，这是导致美国经济滞胀的重要原因），把联邦基金利率提高了 20%左右，导致即期金融市场美元大幅度升值，一直到通货膨胀被完全控制住。现任美联储主席鲍威尔在 2020 年修改了通胀目标制，把美联储过去历史上隐含的 2%绝对通胀目标制改为有弹性的平均通胀目标制。这使得市场预期会出现更大的弹性，也使得美国货币政策会进行更多的相机抉择，但如果存在确定的超过 2%的通胀预期，美联储的紧缩政策同样可能带来美元汇率的升值，货币政策依然面临美国国内物价稳定和汇率稳定之间的冲突。当然，尽管没有研究表明美联储加息周期必然是美元升值周期，但确实存在加息周期的美元升值和宽松时期的美元贬值现象（图 3-2）。

因此，不论是用美元指数作为货币价格“锚”，还是采取通胀目标制作为美元的物价“锚”，都会发现美国的对内、对外经济政策存在内在的冲突：提高利率控制通胀可能导致美元升值，美元指数不稳定，也会导致外部物价不稳定；反之，为了刺激经济增长，防止通缩，过于宽松的货币政策则会导致美元贬值，比如 2008 年次贷危机之后的美元指数走势，曾经达到过历史的低点（参见图 3-1 和图 3-2），从而导致大宗商品等价格高涨，给非美元经济体带来美元输出型通胀压力。

从美国的实际通胀来看，20 世纪 80 年代中后期滞胀后再也没有出现过大幅度的持续通胀，但问题是：美国的通胀率与美元指数中货币经济体的通胀率并不能很好地吻合，主要原因在于经济周期的非完全同步性。经济周期的非完全同步性进一步决定了自主性的宏观政策差异，从而可能进一步导致彼此物价水平的波动存在差异。那么不管是自主性的短期宏观政策带来的汇率波动（比如，开放条件下的汇率平价发挥作用），还是长期物价水平导致的汇率波动（比如，开放条件下长期的购买力平价发挥作用），都会导致美国内部稳定物价的经济政策与外部的美元指数稳定政策发生冲突，美元的物价“锚”也是不可信的。

在 2008 年之后，美国货币政策的宽松度和相机抉择度大幅度提高，货币政策规则被

图3-2　历史上美元的7次加息与美元指数之间的关系（1964年1月—2020年12月）

注：美元名义指数是窄口径的美元指数，2010=100；政策性利率是美联储联邦基金利率；所有数据均为月度数据。

资料来源：BIS.

抛弃。著名的泰勒规则在量化宽松（QE）的货币政策和菲利普斯曲线扁平化的背景下，早已被抛弃。货币政策规则基本无迹可寻，在这种状况下，美国国内物价水平变动与美元汇率变动之间的预期关系可能更难以确定。在菲利普斯曲线表达的通胀和就业之间稳定关系发生变异的经验条件下，美联储改为有弹性的通胀目标制，大规模实施以就业为核心目标的量化宽松货币政策，全球过于充裕的流动性会导致美国国内物价水平稳定与全球物价水平稳定之间存在冲突，即存在美元供给输出过多导致的全球通胀预期压力，或者说美国货币政策存在显著的外溢性。而美国经济的价格传递很小，显著低于其他经济体，尤其是显著低于发展中经济体的价格传递，这种价格传递的非对称性是导致美国国内物价稳定和美国以外经济体物价稳定存在冲突的核心原因。这方面有大量的经验性研究提供的证据。

因此，美元指数作为对外的货币价格“锚”和美元对内的物价“锚”，两者存在内生的冲突；经济周期的非完全同步性决定了美国稳定国内物价水平与全球稳定物价水平之间存在冲突，即存在经济周期不一致背景下美国货币政策的显著外溢性。两者决定了美元的价格“锚”是不可信的。

3. 美国国债是安全资产“锚”

我们认为，美国国债扮演了一定的“锚”的角色，但其可信性在逐步下降，主要原因是供给过度弹性，存在供给过多的倾向。

支撑国际货币和金融体系架构的一个关键事实是，霸权货币必须向世界其他地区提供安全资产。成为世界货币霸主最重要的影响之一是在国际货币和金融体系中发行证券的能力，世界其他经济体总是对这些证券有高度需求，这对外部调整进程、国际货币外溢以及最终对国际货币和金融体系的稳定具有深远影响（Gourinchas，Rey，and Sauzet，2019）。上述判断说明了一个简单的道理：美元提供的全球流动性能够到获利的地方去，尤其是在金融高度发展的今天，国际贸易结算的货币量已经远远小于国际金融市场的交易量，需要有金融产品对应超过全球贸易交易所需要的美元。同时，由于贸易交易中的美元存在汇率波动，贸易结算的跨时间、跨地域等因素需要的套期保值手段也需要由相应的金融市场来完成。

从这个角度来理解，我们就不难发现，为什么美国把自己的债市和股市规模搞得那么大！这是在为美元的全球流动提供投资平台，也反过来促进美国经济通过资本市场获取创新与增长的动能。同时，在岸和离岸美元市场为美元相关的金融产品风险管理提供了巨大的交易池。因此，高度发达的金融体系是美元霸权的重要支柱之一。

为什么需要安全资产？安全资产是国际货币体系的“锚”，是货币价值的稳定器。严重的安全资产稀缺迫使经济陷入“安全陷阱”和经济衰退（Caballero，Farhi，and Gourinchas，2017）；安全资产的短缺会导致名义支出减少，从而影响经济复苏（Carey，2014）。那么什么样的资产才是安全资产？一般的观点认为，国际货币体系的储备货币需要满足流动性、安全性和收益性三个特征。在一个充满不确定性和风险的世界上，很少有能很好满足上述三个特征的资产。如果某项资产很好地满足了上述三个特征，我们就称之为“完美资产”。现实世界中的任何资产都是在三个特征中权衡，作为国际货币的资产最主要的特征是安全性。因此，也有人称安全资产为“对信息不敏感”的资产（Dang，et. al，2005）；或称之为在不利事件发生时能够保持其价值的一种简单债券（Caballero，Farhi，and Gourinchas，2017）。安全性是国际储备货币的核心属性，IMF也强调了安全资产具有金融系统基石的作用。

一般意义上说，国债是安全资产。但欧洲债务危机说明不一定所有的国债都是安全资产，所以欧洲开始讨论通过建立在主权债券基础上的欧元区安全资产，即通过多样化和某种形式的优先级措施来限制主权风险（Leandro and Zettelmeyer，2019）。能够提供最高等级安全性的资产，其收益率应该是最低的，因为不需要风险溢价补偿，是全球金融资产底层收益率的基准。因此，从这个角度理解，国债是安全资产的首选；其次是以主权信用或者优质资产为基础的可抵押资产，比如基于主权信用的抵押支持债券等。同时要求有足够大的规模和足够多的使用者，并需要一个有一定广度和深度的交易市场，才能使这种资产具备高流动性。

美元是主导性的国际货币，美国国债自然成为全球的安全资产。但安全资产的供给必须恰到好处，即能够恰好填补全球投资者对美国国债的需求。换言之，安全资产要具备恰到好处的稀缺性，如果供给不受约束，安全资产最终也会遭到国际市场投资者的抛弃，沦为不安全资产。这里也就面临着新特里芬难题（Pozsar，2011）：安全资产太稀缺不能满足需求，导致国际流动性不足；太多会不被信任，甚至被抛弃。

那么美国国债规模和收益率如何？依据美国财政部提供的数据，截至2021年2月11日，美国国债存量高达约27.85万亿美元。1993年4月1日美国国债存量大约为4.23万亿美元，2002年9月30日美国国债首次突破10万亿美元，大约10年时间，美国国债增加了近6万亿美元。2011年11月15日美债存量突破15万亿美元，2017年9月8日美债存量突破20万亿美元，2020年5月5日美债存量突破25万亿美元。可以看出，美债存量上涨5万亿美元所用的时间越来越短。令人惊奇的是，美国国内曾在前几年广泛讨论的财政“悬崖”问题，在美债规模急剧膨胀后，现在几乎不再被讨论。看来即使是美国国内，对美国财政赤字的不断扩大也存在普遍的预期。尤其是2020年新冠疫情大流行后，美国采取了激进的经济救助和经济刺激计划，加上最近美国总统拜登公布的1.9万亿美元的"美国拯救计划"，财政支出的数量超过5万亿美元，占美国GDP的比例超过20%。依据2020年9月21日美国国会预算办公室提供的《2020年长期预算展望》（The 2020 Long-Term Budget Outlook），美国公共债务占国内生产总值的比例预计将从2019年的79%增加到2050年的195%，增幅超过一倍。这明显高于美国历史上任何一次的债务负担，强制性支出（包括债务利息支付）是不断增长的债务负担的唯一驱动力，尽管目前低利率有利于美债的滚动管理。可以预计，美国国债供给数量还会大规模地增长。

如此增长的美债增量会被国际投资者接受吗？答案是存在一定的可能性。从目前情况看，依据美国财政部网站提供的数据，截至2021年2月12日，尽管美债提供了极低的收益率，比如10年期美债收益率为1.20%，但相对于欧洲国债大规模的负收益率来说，还是能够吸引国际投资者。历史上10年期美债大多能够提供3%左右的名义收益率，对国际投资者具有一定的吸引力。依据欧洲央行网站公布的数据，在新型冠状病毒大流行的背景下，欧元区债务证券的年净发行量再创新高，2020年达到了1.337万亿欧元，比2019年增长了155%，政府部门债券占总发行量的74%，接近1万亿欧元。目前欧元区1～10年期的政府债券都是负收益率。从这个角度来说，国际货币体系已经没有绝对"锚"了，只有相对的"锚"。换言之，没有绝对好的信用背书，只有相对好的信用背书，这就是软"锚"。

美债作为全球安全资产，在一定程度上起到了"债锚"的作用。依据美国财政部网站提供的数据，截至2021年11月，全球投资者持有的美债数量大约为7.054万亿美元，国际投资者持有美债的数量大约占美债数量的26%，与十年前34%左右的比例相比，出现了明显的下降。从边际上来说，外国投资者持有的美债数量是急剧下降的。2019年底国际投资者（外国政府）持有美债数量为6.844万亿美元，2020年11月美国国债数量约为27.2万亿美元，相比2019年底增加了4万亿美元，而国际投资者持有量仅仅增加了0.21万亿美元，同期美联储增持了2.3万亿美元。因此，美债过度供给必然会导致美元的"债锚"信用效果下降，那么软"锚"或将变得更软，因为还要取决于竞争性替代品的信用。

三、理解美元国际货币体系运行：美元国际大循环

当前的国际货币体系是一种价格领导模型，与过去几十年相比已经发生了一些变化。1998年亚洲金融危机之后，美国继续了20世纪90年代的强势美元政策，外部不平衡程度进一步扩大；东南亚国家经常账户迅速摆脱了危机前短暂的赤字，贸易盈余开始加速累积。全球经济外部不平衡问题进一步加剧，总体表现为如下特征：一是美元区的不平衡。美国的"双赤字"对应石油输出国的"双盈余"，美国的贸易赤字对应亚洲区（主要是亚洲）的贸易盈余；二是欧元区也有一定盈余，且欧元区内部不平衡，表现为德国的贸易盈余对应意大利、西班牙等国的贸易赤字。因此，全球不平衡主要是美国的赤字对应亚洲区的盈余。正是由于这一点，Dooley，Folkerts-Landau和Garbe（2003，2004a，2004b，2004c）提出了全球不平衡的DFG模型——布雷顿森林体系Ⅱ。其基本含义是：

新兴发展中外围国家（主要是亚洲国家）采取币值低估并钉住美元实施出口导向型的发展战略以促进增长和就业，并通过吸收 FDI 来提高资源配置效率，同时使用美元储备来干预外汇市场，维持币值低估；中心国家（美国）使用外围国家大量的美元储备进行低成本融资，同时从 FDI 的高回报率中获取收益，并享受来自外围国家价格低廉的消费品。DFG 模型认为这一体系中的资金是从发展中国家流向发达国家（即存在卢卡斯悖论），并符合美国和亚洲（尤其是中国）的利益。因此，尽管受到金融危机的冲击，这一体系也将继续运作（Dooley，Folkerts-Landau，and Garbe，2009）。

这种美元国际大循环能够成立的两个条件是：一是美国提供安全资产，能够吸引国际投资者用贸易盈余等投资这种安全资产；二是美国在全球借资金对外投资，保持负的国际投资净头寸，并且投资收益率要高于美国提供安全资产的收益率。依据美联储的数据，截至 2020 年第 3 季度美国国际投资净头寸高达－13.95 万亿美元。美国靠借钱在全球获取相对较高的投资收益，就能够在一定程度上弥补经常账户逆差，或者至少能够延缓美国外部不平衡调整的时间。这就需要一个傲视全球的美元资本市场（包括美国在岸市场和离岸市场），通过资本市场平台使这两个条件得以成立。

这就是现实版的美元国际货币体系运行的基本逻辑和架构，或者说是美元国际大循环的基本逻辑和架构。由于美元被视为低风险货币，美国从外部资产获得的回报高于其支付外部负债的成本。其他经济体的资产很多投资到美国等低风险国家的主权债券，收益率较低；而这些经济体的负债一部分来自外国在本国的直接投资，收益率要求较高，Gourinchas 和 Rey（2007）把这种差异称为美元的“过分特权”。

非美元经济体大规模地持有美债，而美债的收益率是不断下降的。2007 年之后，10 年期国债固定到期利率就没有超过 4%，截至 2021 年 1 月已经下降到 1.08%（图 3－3）。截至 2021 年 11 月美国国债最大的国际投资者是日本，持有 1.261 万亿美元，中国持有 1.063 万亿美元，排名第二。如果加上中国香港和中国台湾地区持有的 2 265 亿美元和 2 223 亿美元，中国则是美债最大的持有者，持有数量高达 1.51 万亿美元，占全部国际投资者持有美债比例的 21.4%。

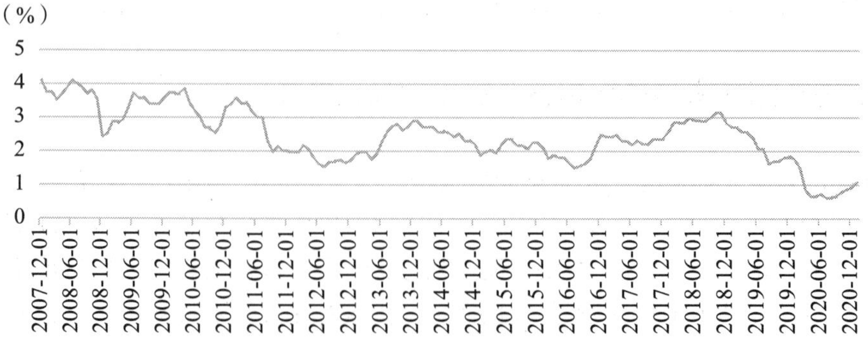

图 3－3　10 年期美国国债固定到期利率

注：10 年期国债固定到期利率，按月计算，不经季节性调整。

资料来源：Federal Reserve Economic Data.

美国是一个净债务国，依靠美元国际货币体系全球借钱，投资风险资产。依据美国财政部网站提供的数据，截至 2020 年 9 月 30 日美国外部债务净头寸为 21.31 万亿美元，其中政府债务约为 6.89 万亿美元。Lane 和 Milesi-Ferretti（2018）使用 1970—2015 年的年度数据计算出美国持有净风险资产/GDP 是正值，持有带有储备性质的安全资产/GDP 是负值；而世界其他经济体持有的净风险资产/GDP 是负值，持有带有储备性质的安全资产/GDP 是正值。因此，美国是一个全球风险资本家。

尽管美国是净借款国，但它的净收入一直是正的，而且不断增加。也就是说，它从资产中获得的回报高于它为负债支付的成本，美国的国际净投资流量为正。Santacreu 和 Kerdnunvong（2016）的研究表明 2008—2014 年美国净投资收益占 GDP 的 1%～1.5%。Gourinchas，Rey 和 Govillot（2017）估计在 1952—2016 年间美国每年对外投资的实际超额收益率约为 2%。

外国投资者为什么要持有这种低收益率的安全资产？重要的原因之一是随着全球金融一体化，金融周期会对世界其他经济的外汇市场造成动荡，对许多新兴市场来说，保持金融稳定要求拥有足够的美元储备，以支付国内金融体系的流动美元负债（Obstfeld，Shambaugh，and Taylor，2008；Gourinchas，2012）。或者说，新兴经济体需要外汇储备强调的是通过一种自我保险机制来强化流动性供给，以减少汇率波动等风险，而不是等待 IMF 基于双边互换或者区域安排来提供流动性。1997—1999 年亚洲金融危机之后，累积官方储备成为亚洲经济体的普遍现象。

美元体系的非对称性带来了美元的“过分特权”：美国可以自行发行美元债务融资，来弥补美国的国际收支赤字，美国还可以自行发行美元来偿还外部债务。美国拥有的这种单方面特权意味着美元不是一种公正的国际交换手段，它是用一个国家的信用来替代全球信用，导致发行储备货币的国家享有超级特权：如果出现赤字，美国不必采取限制性措施，至少不必采取强制性的限制措施。这就是美国总统拜登推出 1.9 万亿美元的“美国拯救计划”背后的逻辑。

只要上述美元运行的逻辑和架构能够成立，美元国际货币体系就还会延续。

四、软“锚”与特里芬边界的扩展：软“锚”软吗

我们从特里芬难题中抽象出了特里芬边界：在物本位下，特里芬边界就是美国储备的黄金数量至少要等于美元-黄金维持固定兑换价格要求的数量；在信用本位下，特里芬边界就是美元信用的最大边界。美元信用就是美国的信用，美债就是信用“锚”。如上所述，美债的过度供给必然会导致美元的“债锚”信用效果下降，软“锚”会变得更软，但这并不意味着美债可以随时被替代。从目前全球货币的竞争格局来看，尚没有出现能够直接挑战美元主导国际货币体系的货币，核心原因是其他货币尚不能提供能被国际市场大规模接受且超越美债这个软“锚”的国际货币体系“锚”。

硬“锚”与软“锚”的差异在于：对美国来说，前者美元发行是硬约束，要受制于黄金的数量；后者美元发行具有软约束的倾向，取决于提供安全资产数量的上限，即国际投资者能够接受的安全资产数量，具有一定的相对性和弹性。

在这里我们不去全面讨论美元霸权的政治、经济、科技和金融四大支柱。我们仅从

金融视角出发，讨论美元体系具备的刚性。但安全资产是金融投资行为，构成了全球资金大循环体系的基础，因此有必要关注全球金融市场的情况，美元利用金融比较优势创造出有深度和广度的金融市场是美元特里芬边界扩展的平台。

与传统的比较优势理论以及动态比较优势理论（Ozawa，1993）不同，美元金融市场的比较优势是利用有深度和广度的金融市场实现风险管理和资金跨时空、跨区域的配置，在金融的功能上具备比较优势，从而实现美国的正净投资收益。传统的比较优势强调生产率差异下的成本差异，从而实现提高双边福利的分工；动态比较优势理论把跨国公司对经济增长的推动作用与开放经济发展理论结合在一起，强调 FDI 产生的积极影响，为技术相对落后的发展中国家提供了赶超机会。相比之下，发展中经济体利用外资带来技术进步，创造动态比较优势，恰恰也是发达经济体的金融比较优势的运用：美国从对发展中国家的 FDI 中获取高收益，发展中国家通过吸收 FDI 提高技术水平，实现实体经济的动态比较优势。这或许存在不对等的交换，但应该是一个双赢的结果，或者说是一个帕累托改进。换言之，发展中经济体利用 FDI 创造动态比较优势与发达经济的金融比较优势在此处是耦合的。

这里要强调的是，不管是比较优势，还是动态比较优势，都有成本的比较，而在某种意义上，金融比较优势没有成本比较，因为储备国家货币发行的成本几乎可以忽略。在这个意义上，金融资本主义获取的是金融霸权垄断利润。

依据国际清算银行（2020）的研究，美元在国际货币金融体系中起着核心作用。它是最重要的融资货币，约有 50%的跨境贷款和国际债务证券以美元计价；大约 85%的外汇交易是对美元进行的①；它是世界主要储备货币，占官方外汇储备的 61%；大约 50%的国际贸易是用美元计价的，大约 40%的国际付款是用美元支付的。从美国国内金融市场来看，美国拥有全球最大的股票市场，市值占全球股票市场市值的一半以上；美国拥有全球最大的债券交易市场，其中政府债券规模高达 27 万亿美元。美国境内发达的金融市场打破了投资证券的本土偏好倾向，也使得大量的美元能够回流美国本土金融市场，找到投资机会。发达的债券市场、发达的股票市场、发达的在岸和离岸美元货币市场，构成了全球金融市场复杂的美元资产交易网络，美元金融资产成为全球最重要的金融资产，美元成为润滑全球金融市场运行最重要的货币。

如此巨大的美元金融市场，为全球提供了流动性支持。这一方面拓展了美元的特里芬边界，可能会促使美国在财政赤字货币化的路上越走越远，提供更多的国债安全资产；另一方面也有可能会促进美国金融市场的创新和发达。因为相当一部分美元储备资产投资于美国金融市场上美国国债以外的工具，美元储备管理人在超国家机构、国家机构甚至大型银行发行的债券中找到了安全资产，这些银行都得到了不同程度的政府支持（Michael and McCauley，2017）。

五、多重货币体系与软“锚”的约束：创造替代品

美元是美国的，问题是世界的。美元体系的弊端已经被世界充分认识，但现有美元

① 按双边计算总比例为 200%。

国际货币体系依然很强，根本原因在于其他经济体尚不能提供大规模的、被国际市场普遍接受的安全资产。换言之，其他经济体尚不具备提供强大的国际货币体系“锚”的能力。如果从历史和经济金融关系看，还有以下几个原因值得思考：其一，大国总是拒绝国际货币体系改革以免丧失国际货币的垄断权（蒙代尔，1994），并总能在实践中通过修修补补来维持现有体系，如增加特别提款权来增加国际流动性；通过债务减免或债务延期安排等措施来缓解债务危机；有限提高全球经济新兴增长极在IMF中的话语权，等等。又比如，脸书（Facebook）计划发行的“天秤币”由于与一篮子货币挂钩，冲击美元体系，被美国管理机构否决，而美联储允许发行的两家数字货币都是一单位货币相当于1美元，是和美元直接挂钩的。其二，国际货币体系的千年史表明，政府总是不愿意看到国际货币关系的剧烈变化带来的不确定性冲击（Eichengreen，B. and Sussman，N.，2000），换言之，人们对国际货币体系的使用具有惯性。其三，当前美元体系作为国际货币体系，当美元走强时，其他国家没有改革国际货币体系的强烈兴趣。美元走强会降低外围国家以美元计价的贸易品价格，提高了外围国家产品出口的竞争力；当外围国家累积的外汇储备越来越多时，美元贬值带来的央行资产负债表上的美元资产损失可能是巨大的，这已经成为减缓国际货币体系剧变的重要因素。而当美元走弱时，美国没有足够的筹码来减少国际货币体系改革的成本。美元走弱降低了美国外债的美元价值，估值效应使得不需要原来数量的资本流入就能够维持外贸账户赤字的可持续性；美元走弱本身也有利于调整美国经常账户的不平衡。而对其他国家来说，由于大多数贸易以美元计价，弱势美元有助于促进外围国家之间的贸易增长（Goldberg and Tille，2008）。因此，从美元对其他货币币值的走势来看，似乎很难找到国际货币体系改革的最佳窗口和时机。因此，即使是美国不愿意对自身的财政赤字政策施加约束，由于国际分工的刚性和现有格局带来的不平衡的结果惯性，以美元为主导的国际货币体系本身也难以在短期发生剧变（王晋斌，2010）。

目前，美元的软“锚”所具有的弹性，导致了美国印钞花钱，全世界买单，美国获取大量铸币税。2020年美联储资产负债表扩大了约3.2万亿美元，美国使用全球资源抗疫，其他经济体分担其成本，这就是霸权货币的特权。除了铸币税之外，在美元主导的国际货币体系下，美国不用担心汇率错配，因为进出口都用美元计价，全球投资也用美元计价，而非美元的经济体则面临着汇率波动带来的各种汇率暴露风险。浮动恐惧（fear of floating）成为新兴经济体外汇市场管理的常态行为（Calvo and Reinhart，2002），这反过来要求新兴经济体累积外汇储备来干预市场，进一步强化了美元储备的作用。只要美元汇率是全球最主要的金融汇率，其他经济体外汇市场的动荡以及对美元的流动性需求就会持续。2020年3月全球金融大动荡，美联储再次与近10家央行启动美元货币互换，提供美元流动性，平抑外汇市场的剧烈波动。

安全资产能够提供市场动荡条件下的安全溢价，动荡时期美元指数会上涨，同时国际金融市场会追逐美债，导致美债收益率下降，安全资产具有明显的避险资产特征，国际金融市场每一次的动荡都强化了美债作为安全资产的特征，这非常类似于美元在向世界其他地区提供保险。令人惊讶的是，美元的主导地位并没有随着时间的推移而显著下降，这种美元主导地位对货币政策从中心向外围的传导有着至关重要的影响，无论是通过改变进出口价格和数量，还是通过影响大型企业的资产负债表，作为主要储备货币的发行国和流动性的全球提供者，美国的外部资产负债表都表现出非常特殊的特征：除了跨境头寸总额庞大，反映了美元在国际投资组合中的重要作用外，美国在风险证券方面有着长期的地位，以对外直接投资和股权的形式进行海外投资，长期持有高风险的外国资产。美国通过持有安全证券的空头头寸，发行大量债券，特别是美国国债，这些债券被世界其他国家作为安全资产持有，美国在历史上一直扮演着世界银行家的角色（Gourinchas，Rey，and Sauzet，2019）。

其他经济体为什么需要这么多美元安全资产来为美国经常账户赤字融资？Bernanke（2005）提出了储蓄过度（saving glut）假说，认为新兴经济体，尤其是亚洲经济体存在过度储蓄行为，导致了美国经常账户赤字。进一步引申，这就意味着美国需要提供金融资产来吸收这些盈余，这听起来似乎是亚洲经济体的储蓄倒逼了美国提供安全资产来满足亚洲经济体的需求。为什么不是美元发行过度（dollar glut）？

随着经济的多极化，当今世界要强化对美元发行软“锚”的约束，就必须找到可以替代的、竞争性的安全资产。当其他经济体以各种货币积累的贸易盈余不再投资美国国债或者美元资产时，美债的发行就受到了严格的约束，美债作为美元体系“债锚”的作用就会大幅度下降。当然，非美元经济体采用双边货币互换，双边货币结算，而不采用美元结算，可以在边际上降低美元在国际货币体系中的地位，但难以对美元国际货币体系造成实质性的冲击，因为这面临着两个问题：其一，并没有创造出安全资产，也就没有创造出具备强竞争力的国际货币体系的“锚”；其二，基于贸易基础的货币互换面临着恰好的“对等双边需求”的约束，其数量是有限的，而且形成了多种货币之间的协议，交易成本相对较高。

对其他经济体来说，重要的是提供竞争性的安全资产和构建非美元交易的国际金融市场网络。值得注意的是，科技金融中的数字货币和区块链技术能否做到去中心化是一个亟待深入研究的问题。从目前央行数字货币发行来说，集中化管理模式并未改变，选择能够去中心化区块链技术发行的少之又少，因为这对任何一个经济体的货币政策本身就是冲击性的挑战。数字货币是一次技术变革，不是信用变革，数字货币使用的背后依然是国家主权信用。换言之，数字货币技术可以降低交易成本，但不能替代主权货币信用。相信没有任何一个经济体在没有获得政府许可的条件下允许民间大规模发行数字货币，冲击国家主权信用货币。但不排除金融市场上出现小规模投资性的“货币”。比如虚拟加密数字货币的比特币，这种非官方数字货币引入去中心化及共识机制，与现有主权信用货币体系有本质的不同，但其本身就是以货币计价交易的（比如美元计价），由于其稀缺性，本身的价格波动幅度巨大，而且不是一般等价物，难以成为真正意义上的货币，更难以成为国际货币体系一般等价物的“锚”。

当前的国际货币体系已经具备了向多极化演变的趋势，多极化的国际货币体系能够减少霸权货币系统的不对称性调整与发行储备资产的过分特权，货币权利应该得到更广泛的分享。多极化的国际货币体系和多币种有全球竞争力的金融市场会为世界提供安全资产需求的多样性和可选择性，也将迫使美国约束财政赤字的货币化，不去承担过多的财政债务，反过来也在一定程度上有利于美元的国际货币地位。美元主导性的国际货币体系中，软“锚”的相对性和弹性决定了特里芬难题从稳定系统到不稳定系统的清晰交叉点很难被识别，因为我们不知道全球投资者还需要并能接受多少美国国债，也不知道美国金融市场还能创新出多少基于国家信用或者优质资产抵押信用的安全资产来满足国际投资者的需要。如果美国单一拥有这种不对称性的特权，美国政府债务的积累必将导致全球金融体系的高风险性和脆弱性；或者美国金融市场始终傲视全球，美国金融市场的风险将给全球经济金融带来重大的潜在风险，一旦出现金融危机就是全球灾难性的。全球其他经济体创造以安全资产和金融市场为依托的多重货币体系，一方面可以创造出相对公平的国际货币体系；另一方面可以约束单一美元软“锚”特权的放纵，降低美元霸权体系给世界经济金融带来的巨大潜在风险。

理解国际货币体系的寻“锚”之旅，我们会认识到国际货币体系的“锚”与我们的经济生活息息相关。“锚”直接影响汇率这个最重要的国际相对价格，从而影响着跨境投资、跨境贸易的所得和所失，影响企业盈利和政府税收，也因此影响着我们每一个人的福利状态。

附录：国际货币体系演变的重大历史事件

时间	国际货币体系	锚	目标	工具	机制	参与主体	变迁的原因
1879—1914	国际金本位	黄金	价格稳定	1盎司黄金＝20.67美元	物价流动机制或利率平价机制	世界上7个大国，英国略强一些，不存在明确的主导性	金本位内生或外生的流动性紧缩；第一次世界大战的冲击
1915—1935	钉住汇率美元本位向金本位的短暂恢复	美元走向黄金	物价稳定	从1盎司黄金可兑换20.67美元上升至1934年的35美元	黄金-货币关系的重新设定	美、英、德、荷兰等	内外部目标的冲突；大萧条的冲击
1936—1944	金本位过渡到钉住美元本位制	黄金	无单一目标	美元钉住黄金，其他货币钉住美元	协议贬值	美、英、法等	美元贬值和第二次世界大战冲击带来的黄金流动
1945—1970	美元本位制（布雷顿森林体系）	黄金	价格稳定	美国黄金储备；美元供给	黄金-美元信用机制	美国主导，多国参与	“特里芬难题”；越南、朝鲜战争和20世纪60年代美国的社会改造等因素
1971—1973	纯粹美元本位制	黄金	价格稳定	美元供给和收缩	美元信用机制	美国单方行动	美国输出通货膨胀
1974—1984	浮动汇率制	无锚	阻断通胀输入	名义汇率变化	央行干预机制	各自为政	美国外部不平衡
1985—1998	美元干预制	美元或美债	降低外部不平衡	美元贬值	“协议性”干预	美、日、德等	美国外部不平衡和打击日元

续表

时间	国际货币体系	锚	目标	工具	机制	参与主体	变迁的原因
1999年至今	美元价格领导制：美元主导，欧元跟随	美债为主，其他高质量债券为辅	消除不平衡	汇率操控、贸易摩擦	无多边机制	美、日、欧元区、中国等	外部不平衡、新特里芬难题、经济以及货币竞争

参考文献

[1] B. 沃尔克，行天丰雄．时运变迁：国际货币对美国领导地位的挑战．北京：中国金融出版社，1996.

[2] 蒙代尔．蒙代尔经济学文集第六卷：国际货币：过去、现在和未来．北京：中国金融出版社，2003.

[3] 王晋斌．论国际货币体系演变特点及现实启示．安徽大学学报（哲学社会科学版），2010（5）.

[4] Bernanke，S. Ben，"The Global Saving Glut and the U. S. Current Account Deficit，" Board of Governors of the Federal Reserve System，2005.

[5] BIS，"US Dollar Funding：An International Perspective，" CGFS Papers，2020，No. 65.

[6] Bordo Michael，McCauley N. Robert，"A Global Shortage of Safe Assets：A New Triffin Dilemma?" *Atlantic Economic Journal*，2017（2）.

[7] Borio Claudio，Piti Disyatat，"Global Imbalances and the Financial Crisis：Link or No Link?"，BIS Working Papers，2011，No. 346.

[8] Caballero J. Ricardo，Farhi Emmanuel，and Gourinchas Pierre-Olivier，"The Safe Assets Shortage Conundrum，" *Journal of Economic Perspectives*，2017（3）.

[9] Calvo，G.，Reinhart，C.，"Fear of Floating，" *Quarterly Journal of Economics*，2002（117）.

[10] Carey Kevin，"The Impact of the Shortage of Safe Assets on the Global Economy，" Western Kentucky University，Working Paper，2014，No. Spring 5 - 16.

[11] Dang，Tri Vi，Gary Gorton，and Bengt Holmström，"Ignorance，Debt and Financial Crisis，" 2005.

[12] Dooley，Michael P.，David Folkerts-Landau，and Peter Garber，"An Essay on the Revived Bretton Woods System，" NBER Working Paper，2003，No. 9971.

[13] Dooley，Michael P.，David Folkerts-Landau，and Peter Garber，"Bretton Woods II Still Defines the International Monetary System，" NBER Working Paper，2009，No. 14731.

[14] Eichengreen，B.，Sussman，N.，"The International Monetary System in the（very）Long Run，" IMF Working Paper，2000，No. 43.

[15] Goldberg Linda S., Tille Cédric, “Macroeconomic Interdependence and the International Role of the Dollar,” NBER Working Paper, 2008, No. 13820.

[16] Gourinchas Pierre-Olivier, Rey Hélène, “From World Banker to World Venture Capitalist: US External Adjustment and the Exorbitant Privilege,” *G7 Current Account Imbalances: Sustainability and Adjustment*, University of Chicago Press, 2007.

[17] Gourinchas Pierre-Olivier, Rey Hélène, and Sauzet Maxime, “The International Monetary and Financial System,” NBER Working Paper, 2019, No. 25782.

[18] Gourinchas Pierre-Olivier, Rey Hélène, and Nicolas Govillot, “Exorbitant Privilege and Exorbitant Duty,” Working paper, 2017.

[19] Gourinchas Pierre-Olivier, “Global Imbalances and Global Liquidity,” in *Asia's Role in the Post-Crisis Global Economy*, Asian Economic Policy Conference, R. Glick and M. Spiegel eds., San Francisco Federal Reserve, 2012.

[20] IMF. *Global Financial Stability Report: The Quest for Lasting Stability*. Washington D. C.: IMF, 2012.

[21] Lane, Philip R., Gian Maria Milesi-Ferretti, “The External Wealth of Nations Revisited: International Financial Integration in the Aftermath of the Global Financial Crisis,” IMF *Economic Review*, Palgrave Macmillan; International Monetary Fund, 2018 (1): 189-222.

[22] Leandro Álvaro, Zettelmeyer Jeromin, “Creating a Euro Area Safe Asset without Mutualizing Risk (Much),” CESifo Working Paper, 2019, No. 7766.

[23] Obstfeld Maurice, Shambaugh C. Jay, and Taylor M. Alan, “Financial Stability, the Trilemma, and International Reserves,” NBER Working Paper, 2008, No. 14217.

[24] Ozawa, Terutomo. *Foreign Direct Investment and Structural Transformation: Japan as a Recycler of Market and Industry*, Business and the Contemporary World, 1993.

[25] Pozsar, Zoltan, “Institutional Cash Pools and the Triffin Dilemma of the U. S. Banking System,” IMF Working Paper, 2011, No. 190.

——, 2004a, “The Revived Bretton Woods System: The Effects of Periphery Intervention and Reserve Management on Interest Rates and Exchange Rates Center Countries,” NBER Working Paper, No. 10332

——, 2004b, “Direct Investment, Rising Real Wages and the Absorption of Excess Labor in the Periphery,” NBER Working Paper, No. 10626.

——, 2004c, “The US Current Account Deficit and Economic Development Collateral for a Total Return Swap,” NBER Working Paper, No. 10727.

案例 4

通货膨胀目标制：美欧货币政策新框架及其潜在的风险

本案例教学目标：

1. 理解通胀目标制的来源；
2. 理解通胀目标制的兴起与问题；
3. 理解通胀目标制的全球最新进展；
4. 理解货币政策对经济和金融市场的影响。

允许通货膨胀较长阶段的超调是美联储货币政策新框架的核心，允许超调的目的在于改变本案例提出的通货膨胀预期顺周期反馈机制，助推美国经济由修复阶段进入扩张阶段，从而创造出货币政策正常化的空间，摆脱利率实际下限约束所致的政策非对称性风险。美国经济一旦进入扩张阶段，走出低通货膨胀环境下的大停滞，进而导致经济过热后，美联储货币政策收紧的力度必须较大，才有可能实现通货膨胀预期顺周期反馈机制向逆周期反馈机制的转变，这是未来几年美联储货币政策调整给全球经济金融带来的重大潜在外溢性风险。

深度理解美联储的货币政策新框架是前瞻性地判断美联储货币政策取向、变化以及给其他经济体带来的重大潜在风险的基础之一。在美国经济产出缺口快速收敛的过程中，美国连续出台宏观刺激政策，这说明了什么？我们需要从哪里寻找答案？我们认为寻找答案的方向包括两个部分：从政治上说，是美国急剧膨胀的全球竞争意识，美国经济想打破次贷危机以来的大停滞周期；从技术上讲，是美联储货币政策的新框架——弹性平均通胀目标制，允许通胀出现较长的阶段性超调。我们重点讨论后者，后者是为前者服务的，但会受到前者的影响，尽管美联储始终强调其货币政策的独立性。

一、美国货币政策新框架

货币政策新框架是要在货币政策相机抉择与规则之间取得平衡，是一种务实的货币政策新框架，不再单边倾向于恪守货币政策规则或拥有货币政策的相机抉择权。新框架的重要目的是打破美国过去十几年以来通胀预期顺周期反馈机制，走出低通胀环境下的大停滞。

弹性平均通胀目标制与过去的通胀目标制之间存在重大差异：通胀目标制意味着当通胀达到货币政策设定的通胀目标值（一般是 2%）时，货币政策就会启动事前的承诺，采取紧缩措施来抑制通胀，确保货币政策的可信度和央行的声誉；而弹性平均通胀目标制允许通胀阶段性超调，即使在设定长期平均通胀目标值为 2%的情况下，由于并未给出平均期限的年限，货币政策也具有很大的相机抉择权，同时由于承诺了长期通胀目标值，因此也具有相对规则性，但这种相对规则性并非指货币理论和政策中的泰勒利率规则、名义收入规则等等。

从货币政策理论上说，与传统的通胀目标制相比，弹性平均通胀目标制最大的特点在于淡化了货币政策的时间不一致性问题，同时兼顾了央行行为的可信度（声誉）以及事先承诺的能力。时间不一致性是指在第 t 期为第 $t+i$ 期制订的行动方案，在第 $t+i$ 期到来时该行动方案将不再是最优的，央行相机抉择性的政策选择不同于预先承诺下的政策选择会导致时间不一致性，在理性预期的条件下，一家能够预先承诺去实现目标的央行比一家在每个时期都重新最优化方案的相机抉择的央行能够产生更好的政策效果（Kydland and Prescott，1977）。如果没有对采取特定政策措施事先做出保证，比如严格的通胀目标承诺，那么央行可能会产生不按原来计划行事的动机，这就导致了货币政策的时间不一致性或动态不一致性，损害央行的可信度或者声誉。

从理论上说，严格的通胀目标制承诺会带来央行的声誉，减少货币政策的时间不一致性问题。但客观事实是：严格执行绝对的通胀目标制，可能会导致在长期低通胀的环境下，投资者对通胀的预期越来越低，甚至会出现放大通胀预期下行的情况。这也许是美联储淡化货币政策时间不一致性带来的理论上非最优货币政策效果的重要现实原因，转而采取了一种务实的货币政策新框架。

从美国经济中的通胀预期数据来看，次贷危机以来，美国经济中的通胀预期始终处于较低的水平。2010 年 1 月—2021 年 4 月，美国经济中 10 年期国债隐含的平均通胀预期为 1.95%，5 年期国债隐含的平均通胀预期为 1.72%，均在 2%的通胀率以下（图 4 - 1）。图 4 - 1 还揭示了一个重要的信息：从 2010 年 1 月至 2020 年 12 月总计 11 年的时间里，5 年期国债隐含的通胀预期值始终低于 10 年期国债隐含的通胀预期值。这表明通胀的期限溢价为正值，也说明了相对短期通胀预期始终低于长期通胀预期会放大通胀预期的下行倾向。因为在相对短期的通胀预期不高的背景下，长期通胀预期也会较低，这是一种顺周期的反馈机制：从经济周期的角度看，如果现在通胀不高，未来的通胀就应该高；但事实是反向的，短期通胀预期低，未来也低。图 4 - 1 也显示了自 2010 年 1 月至 2020 年 12 月长期的预期通胀率和相对短期的预期通胀率之差越来越小，这就是上面说的，相对短期的通胀低也导致长期的通胀走低，从而进一步加剧了长期的低通胀环境，在这里称之为通胀预期的顺周期反馈机制。

图 4-1　美国经济中的中长期通胀预期

资料来源：Federal Reserve Bank of St. Louis.

值得关注的是，从 2021 年 1 月开始，美国经济中 5 年期国债隐含的通胀预期为 2.1%，超过了 10 年期国债隐含的通胀预期 2.08%，连续 4 个月 5 年期国债隐含的通胀率超过了 10 年期国债隐含的通胀率，这也许正是美联储希望看到的。

对比美国经济中的核心 PCE 物价指数（简称 PCE），可以发现在美联储隐含的通胀目标制下，美国经济中的 PCE 明显低于美联储 2%通胀目标值的要求。2010 年 1 月至 2020 年 12 月美国经济中的 PCE 均值为 1.6%，由于 2021 年 3—4 月核心 CPI 较大的涨幅，2021 年 1—4 月均值提高至 1.9%。从 1 年的期限来看，4 月份美国经济中核心 CPI 大幅度上涨至 3.0%，最近 12 个月的均值也只有 1.5%，而 24 个月的移动均值从未触及 2%的通胀目标（图 4-2）。

图 4-2　美国经济中核心 CPI

注：图中的虚线是 24 个月的移动均值。

资料来源：Federal Reserve Bank of St. Louis.

因此，弹性平均通胀目标制是一种务实的货币政策新框架，其重要目的是打破美国过去十几年以来的通胀预期顺周期反馈机制，走出长期低通胀的大停滞，没有任何一种货币政策理论能够单独完整地解释它，它处于政策理论中相机抉择和货币规则两个极端货币政策行为的中间形态。

二、货币政策需要正常化，需要降低利率实际下限的潜在非对称性风险

次贷危机后，2014 年经济政策研究中心（CEPR）专门出版了《大停滞：事实、原因和疗法》（*Secular Stagnation：Facts，Causes and Cures*）一书，以萨默斯（Summers）为代表的经济学家对次贷危机以来的增长模式和宏观政策进行了研究，尽管存在分歧，但得出了三个供参考的基本结论。第一，大停滞的一个可行定义是，负实际利率与充分就业下储蓄等于投资的含义相一致。第二，大停滞使得在低通胀和政策性利率零下限的情况下实现充分就业变得更加困难。第三，判断大停滞是否不仅是旧范式的缓慢增长还为时尚早，但经济学家和决策者应该开始认真思考如果大停滞成为现实，那么应该采取何种措施，并认为旧的宏观经济工具是不够的。

从发达经济体的货币政策实践来看，负利率已经成为现实。不仅是央行政策性名义利率为负值，而且金融市场上国债名义收益率也出现了负值，比如在欧元区和日本。上述的第一结论也是对次贷危机后欧洲一些央行采取负利率的经验描述。第二个结论也是事实，不管是货币政策性利率零下限（ZLB），还是货币政策性利率实际下限（ELB），都存在一个潜在的巨大风险，就是货币政策操作中存在的非对称性风险：当经济进一步衰退时，缺乏利率工具来刺激经济的恢复。或者说，次贷危机以来的非常规货币政策缺乏货币政策空间去刺激经济恢复。

美联储如何实现货币政策的正常化？2007 年底，美联储的总资产只有大约 0.9 万亿美元，次贷危机后到 2014 年底美联储总资产大约为 4.51 万亿美元。2014 年开始美联储逐步缩减资产负债表，到 2019 年底缩减至大约 4.17 万亿美元。2015 年底美联储实施第 1 次加息，经过 9 次加息，到 2019 年上半年维持在接近 2.5%的阶段性高点水平，此后开始降息，在 2020 年新冠疫情暴发前基本维持在 1.5%～1.6%的水平。2020 年新冠疫情暴发引发的国际金融大动荡使得美联储再次把联邦基金利率维持在 0%～0.25%的水平，实际的结果是利率基本维持在 0.1%以下，或称为零利率。

零利率再次使美联储充分意识到利率实际下限潜在的非对称性风险。但问题在于：如果美国经济修复不足，美联储无法提高政策性利率来克服这种潜在的非对称性风险，那么该如何修复经济？一方面，在利率政策基本没有下行空间时，靠激进的财政刺激政策来拉动总需求。从特朗普到拜登，财政刺激政策不断加码，截至目前，总计花费了大约 6 万亿美元，美国经济依靠财政刺激的消费支撑较为快速地收敛其经济的产出缺口。另一方面，在菲利普斯经验曲线扁平化的背景下，美联储把增加就业作为优先的货币政策目标，这就导致了如果没有通胀的阶段性超调，失业率可能很难下降。美联储强调货币政策要实现最大限度的就业，而有些结构性失业靠货币政策是很难克服的，比如社区低收入群体的就业率，再比如，如果财政发放的失业补贴比就业工资还要高，那么低收入群体就会自愿选择失业。

因此，美联储可能认为只有允许通胀的阶段性超调，才能弥补导致政策利率降至零的持续低通胀，并降低失业率。弹性平均通胀目标制不是通过将通胀率推至目标水平以下来弥补高通胀预期，而是要实现通胀的超调预期来弥补过去持续的低通胀预期。

从 2012 年美联储的“对于长期目标和货币政策战略的声明”到 2020 年 8 月的联邦公开市场委员会宣布批准“对于长期目标和货币政策战略的声明”的更新，美联储的货币政策目标在继续强调最大限度的就业是一个基础广泛和包容性的目标外，把通胀目标改为寻求实现长期平均 2%通胀率的新目标，明确承认持续低利率环境将为货币政策带来挑战。2021 年 4 月 14 日美联储副主席克拉里达在对美联储货币政策新框架和价格稳定解释的第四点上，认为“一旦政策正常化的条件得到满足，政策会逐步将通胀率恢复到长期目标，即保持在 2%，但不低于 2%”。这里明确说明了不低于 2%。因此可以认为，至少存在一个通胀持续超过 2%的阶段，美联储不会通过将通胀率推至目标水平以下来反向弥补高通胀预期。

在上述逻辑下，我们就可以理解美联储是渴望适度通胀的，这也是对次贷危机以来大停滞反思的结果。以 PCE 来衡量的 2%通胀率，从长期来看与美联储的法定任务最为一致。按照美联储货币政策委员会的判断，如果长期通胀预期能很好地固定在 2%的水平上，就能保持价格稳定和长期利率的适度性，并增强委员会在面临重大经济动荡时促进最大就业的能力。由于过去的通胀率持续低于 2%，货币政策就会在一个阶段内实现通胀率高于 2%的超调。

可见，美联储当下的行为已经明确表示，之前坚持多年的提前加息以抵御更高通胀的货币政策操作被放弃了。美联储只有看到 PCE 在一个比较长的阶段超过 2%，才会收紧货币政策来抵御通胀。这种货币政策操作行为的转向，其背后的逻辑就是低通胀会带来更低的通胀预期，因此要打破这种低迷的通胀预期反馈循环机制。2021 年 1 月以来美国经济中 5 年期国债隐含的通胀预期超过 10 年期通胀预期就是一个现实版的打破过去低迷通胀预期反馈循环机制的试验。通过短期通胀的超调来实现相对短期的通胀预期对长期通胀预期的逆周期反馈机制。即如果短期通胀高，长期通胀就应该下行。

这样的货币政策操作也是美联储近几个月以来坚持认为通胀是暂时的重要原因之一。除了 2021 年 4 月的通胀以外，“通胀不高，未来也不高”这种顺周期的反馈机制也许是大停滞时期低通胀持续的重要原因之一。美联储现在推高短中期的通胀，未来长期通胀才会下行，实现这种逆周期的通胀反馈机制，才能使美联储提高利率，实现货币政策的正常化，确保货币政策在未来不受政策性利率下限的严重制约。

三、从通胀顺周期反馈机制到逆周期反馈机制转变面临的重大风险

为实现持续的通胀，美国采取了激进的宏观政策，利率下降到零，无上限宽松。即使在 2021 年 4 月核心 PCE 同比 3%增长率的背景下，美联储依然没有改变每月 1 200 亿美元的购债计划，持续向市场投放流动性。

由于多种原因，在流动性充裕的背景下，2021 年以来大宗商品价格出现了较大幅度的上涨，导致生产价格指数（PPI）同比出现了较大幅度的增长。当然存在一些特殊因

素，比如芯片短缺导致二手车价格较大幅度上涨，新冠疫情导致了铜等供需错配等等。那么美联储眼中大宗商品价格较大幅度的上涨，应视为经济修复总需求引起的，还是流动性充裕条件下特殊因素导致的价格扰动？抑或美国有信心通过地缘政治关系来确保以原油为代表的大宗商品价格不至于持续上涨（比如伊朗增加原油产量）？

从目前美联储传递的信息来看，价格扰动也许占据了一定的比例。进一步考虑到美国经济现状，美联储对通胀的短期上涨将具有较大的容忍度。

从 GDP 来看，美国经济仍然处于修复阶段，尚未进入扩张阶段。图 4－3 显示，按季节调整的年率计算，2020 年第 1 季度美国经济实际 GDP 为 19.1 万亿美元，仍未恢复至疫情前的高点。

图 4－3　美国经济中实际 GDP

资料来源：BEA.

从就业来看，依据美国经济分析局的数据，2021 年美国失业率从 3 月的 6.0％上升至 4 月的 6.1％。依据美国劳工部的统计数据，4 月所有私人部门雇员的平均每小时所得为 30.17 美元，创历史新高，但 4 月全员周总工作时数指数仅为 107.8，为疫情前 2020 年 2 月的 96.25％。因此，整个劳工市场在比较强劲地恢复，但仍未达到疫情前的水平。

从生产来看，圣路易斯联邦储备银行提供的美国经济设备使用率显示，2021 年 4 月为 74.87，尚未恢复到疫情前 2020 年 2 月的 76.93；4 月份工业生产总指数为 106.31，也尚未恢复到疫情前 2020 年 2 月的 109.30。

从个人收入和支出来看，2021 年 3 月个人支出环比增加 4.2％，但 2020 年 3 月的环比是－1.0％；3 月个人支出同比增长 11％，但 2020 年 3 月同比是－3.4％。考虑到 2021 年 3 月是美国居民收入由于个人转移支付较大幅度增长的月份，3 月个人可支配收入环比增长了 23.6％（2 月环比增长率为－7.9％），但 3 月私人储蓄率高达 27.6％，远高于 2 月的 13.9％，这说明美国居民个人谨慎性消费行为并没有显著改变。

我们可以判断：美国经济尚处于修复阶段，并未进入扩张阶段。在这种情况下，美联储不会采取紧缩措施来应对其判定的暂时通胀压力。

美联储大概率允许通胀出现一个较长阶段的超调，助推美国经济进入扩张阶段。那么，通胀预期的反馈机制可能会发生变化，实现通胀预期由顺周期反馈机制转变为逆周期反馈机制。然而按照过去的经验，允许通胀超调的阶段越长，累积的通胀预期反转的动力就会减弱（因为存在顺周期反馈机制），若某一天美联储要实现这种通胀预期的反转就需要借助较大力度的货币政策引导，而这种较大力度的货币政策收紧将给全球金融市场带来显著的潜在动荡风险。

接下来我们将面对两个问题：一是判断美联储允许的通胀超调阶段到底有多长；二是其他经济体如何在美联储货币政策收紧之前夯实经济的基本面，降低美联储货币政策负面外溢性的风险。

对于第一个问题，我们认为美联储会允许通胀比较长时间的超调，这个时间阶段应该不会短于1年。2020年1月—2021年4月PCE价格月度均值为1.5%，按照2年的月度移动平均来看，需要2021年5—12月的月度PCE均值达到3%才能够满足两年PCE达到2%。如果允许PCE的2年均值达到2.5%，那么2021年5—12月的月度PCE必须达到4.5%。从这个简单的推算中可得，在允许通胀超调的1年之内美联储通过加息收紧货币政策的概率不大。即使是在2021年三四季度美联储出现缩减购债规模的行为，本质上也是降低宽松的程度，不代表严格意义上的货币政策收紧，这会导致市场收益率的上扬，但金融市场利率上扬的幅度可控，毕竟美联储政策性利率为零，货币政策的负外溢性应该不会较强。

就业优先的货币政策取向导致美联储不断淡化通胀及通胀预期，希望以通胀超调为抓手来实现最大限度的就业这一基础广泛和包容性的目标。这一政策的风险可能会导致美联储面临两难局面：如果通胀过快上扬，突破美联储的容忍度，美联储将被迫紧缩，那么美国经济走出大停滞的愿景将会破灭；如果通胀是暂时的，美联储会提高对通胀的容忍度，允许通胀更长时间的超调，政府债务会进一步累积，宽松的流动性会导致资产价格以及大宗商品价格出现过度上涨的压力。如何在允许通胀超调带来的就业持续改善与资产价格过高可能引发的较大调整风险之间进行平衡就成为现实，同时也带来了推高大宗商品价格所致的全球利益再分配的通胀传递成本问题。

从美国就业市场条件指数来看，2019年1月—2021年2月为1.06，2021年4月为0.09，就业条件指数尚未恢复到疫情前水平。按照美联储的表态，需要观察到经济取得进一步的实质性进展。就业条件动能指数从3月的1.29下降到4月的0.68，就业条件动能指数有所下降，但仍然处于改善状态（图4-4）。按照美国经济分析局提供的数据，美国4月失业率为6.1%。依据美联储官员最近的表态，大约还需要减少800万失业人口。即使每月平均新增50万～100万就业人口，仍需要8～16个月的时间才能完成这一目标。

持续的宽松导致了物价较大幅度的上涨。依据美国劳工部的数据，2021年4月美国经济中CPI同比为4.2%，是次贷危机以来的最高水平，当然也与2020年同期较低的基数有一定的关系；核心CPI同比也达到了3%。2021年4月美国经济中PPI同比上涨6.2%（2020年4月同比为−8.2%），剔除食品和能源的PPI同比也达到了2.3%（2020年4月同比为1.3%），尚未恢复到疫情前2019年1月的高点2.9%。

在物价上涨中，大宗商品价格出现了跳跃性上涨。2021年4月大宗商品的PPI同比高达17.3%，尽管2020年4月同比为−8.2%，但这一涨幅也说明了国际市场上大宗商品的涨幅是相当大的。因此，PPI的上涨具备典型的结构性物价上涨特征，但这种结构

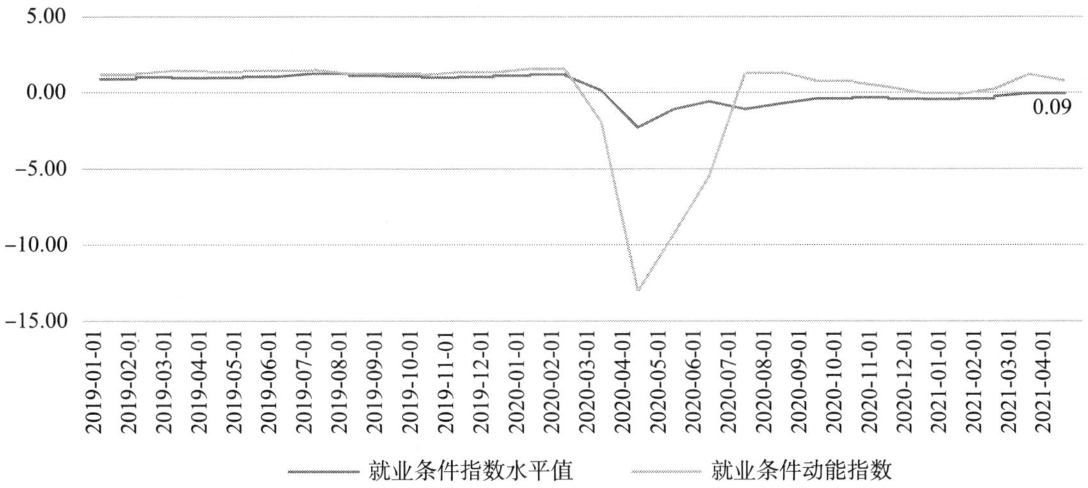

图 4－4　美国劳动力市场就业条件指数及就业条件动能指数的变化

资料来源：Federal Reserve Bank of Kansas City.

性的上涨会带来一个重大问题：在开放条件下，会带来通胀利益和成本的再分配。大宗商品进口国，比如中国将会承担部分大宗商品价格上涨所致的成本。

美联储就业优先的货币政策使得财政赤字货币化问题越发严重。依据美国财政部网站公布的数据，应对新冠疫情的预算资金为 4.2 万亿美元，目前已完成支出的数额为 2.6 万亿美元，已承诺的（法律规定的）支出大约为 3 万亿美元，预算资金还剩下大约 1.3 万亿美元。而大量的资金需要美联储不断购买债券去筹集。截至 2021 年 5 月 13 日，美联储总资产中持有的国债数量约为 5.05 万亿美元，而其在 2020 年 3 月 5 日持有的国债数量约为 2.5 万亿美元。这相当于美联储在大约 14 个月的时间里，为美国财政融资了 2.55 万亿美元。

财政赤字的货币化，使得财政救助成为美国家庭和个人收入的重要来源。仅仅是发放补助，目前已经有三轮。依据美国财政部网站提供的信息，2020 年 3 月《冠状病毒援助、救济和经济安全法案》（CARES 法案）向符合条件的每位成人支付高达 1 200 美元的经济影响费，向 17 岁以下符合条件的每位儿童支付 500 美元的经济影响费。2020 年 12 月下旬颁布的《2020 年 COVID 相关税收减免法案》授权向符合条件的每位成人支付高达 600 美元的额外款项，向 17 岁以下符合条件的儿童支付高达 600 美元的额外款项。2021 年 3 月初颁布的《2021 年美国救援计划法案》规定，符合条件的个人最高可获得 1 400 美元的经济影响费，已婚夫妇共同申请的可获得 2 800 美元的经济影响费，每个符合条件的受抚养人（包括成年受抚养人）可获得 1 400 美元的经济影响费。

由于非持久性收入的增长，居民在消费增长的同时，也累积了大量储蓄。2021 年 3 月美国居民储蓄率高达 27.6%。因此，一旦美国的疫情防控进入尾声，美国就业市场接近目标值，美国居民改变了谨慎性消费行为，消费就有可能成为引发进一步通胀的“火药桶”。

因此，在美元主导的国际货币体系下，美联储就业优先的货币政策是一种自私不负责任的货币政策。大宗商品价格已经达到脱离实体经济需求的水平，因为目前经济的修复状态不能支持如此之高的价格，不管是美国、欧洲还是中国，2021 年第 1 季度的 GDP 增速都不支持大宗商品价格出现超调式上涨。但在宽松流动性的助推下，疫情所致供应链供给不足会导致大宗商品价格随着经济预期的变化出现间歇性的炒作，价格较大幅度的波动或成为常态。如果通胀仅仅是大宗商品价格上涨所致，将会延长全球经济修复的时间，使得全球经济的修复陷于疫情与通胀的双重压力之下。

总体上，美联储就业优先的货币政策将允许通胀超调持续较长的时间，持续的流动性释放带来的宽松货币环境将导致三大风险：一是大宗商品价格上涨倒逼部分经济体由于通胀超过目标值而加息（巴西、俄罗斯等），减缓经济修复的程度；二是大宗商品价格超调式上涨带来全球通胀成本的转嫁，出现通胀利益和成本再分配不公的问题；三是允许通胀超调时间越久，未来的紧缩带来的波动性可能更大，这包括资产价格调整与债务的风险问题。

附录 1：美联储货币政策新框架：弹性平均通胀目标制

2020 年 8 月美联储发布了货币政策的新框架，新框架的要点是把过去的隐含 2%通胀目标修改为寻求实现“长期平均 2%通胀率”的新目标，但并未给出长期的期限是多久。因此，新框架也可以称为弹性平均通胀目标制。同时，新框架延续了 2012 年货币政策框架中强调的最大限度就业是一个基础广泛和包容性的目标。

2021 年 4 月 14 日美联储副主席克拉里达在对美联储货币政策新框架和价格稳定的解释中，提出了五点解释性的说明。第一，联邦公开市场委员会（FOMC）希望推迟启动利率实际下限，直到 PCE 上升到 2%，与持续实现这一目标相一致的其他补充条件也要得到满足。第二，随着通货膨胀率持续低于 2%，美联储将致力于在一段时间内实现适度高于 2%的通货膨胀率，以使长期通胀预期牢牢固定在 2%的长期目标上。第三，公开市场委员会预计在满足政策正常化的条件后，货币政策将在一段时间内保持宽松。第四，一旦政策正常化的条件得到满足，政策会逐步将通胀率恢复到长期目标，即保持在 2%，但不低于 2%。第五，长期平均 2%的通胀率代表了公开市场委员会事前的愿景，但不是事后承诺的时间不一致性（即在通胀率持续低于 2%的时期之后，采取适当的货币政策很可能在一段时间内实现通胀率适度高于 2%的目标）。

上述解释中的第四点明确说明了 PCE 不低于 2%，强调的是需求拉动的通胀，而不仅是供给导致的通胀。因此，可以认为至少存在一个比较长的通胀持续超过 2%的阶段，美联储不会将通胀率推至目标水平以下。新框架简单归纳就是一句话：允许通胀阶段性的超调，要看到实实在在的通胀，并满足一致性的其他补充条件（应该是就业），美联储的货币政策才会正常化，而且正常化后还要保持一段时间的宽松，但保留货币政策的相机抉择权。

附录 2：欧洲央行货币政策新框架：中期平均通胀目标制

2021 年 6 月 8 日，欧洲央行正式公布了货币政策新框架。与 2003 年的货币政策框架相比，新框架采取了中期平均通胀目标制，这一框架将在 2025 年被重新评估。自 2020 年 8 月美联储公布货币政策新框架之后，全球发达经济体最重要的两大央行都修改了自己原有的货币政策框架。至此，平均通胀目标制基本完成了对过去二十年来的绝对通胀目标制的替代。

欧洲央行将货币政策目标绝对通胀率 2%修改为“中期内实现 2%的通胀率”，2%的通胀目标为通胀预期提供了一个明确的锚定，但本质上也是弹性平均通胀目标值，因为欧洲央行允许通胀率阶段性高出 2%，出现阶段性的通胀目标超调。这一新框架主要包括以下七个方面的内容。

第一，货币政策首要目标不变。欧洲央行的首要目标是欧元区的价格稳定。在不影响价格稳定的条件下，欧洲央行将支持《欧洲联盟条约》第 3 条规定的包括平衡的经济增长、以充分就业和社会进步为目标的高度竞争的社会市场经济，以及高度保护和改善环境质量。可见，欧洲央行是典型的采取明确的通胀目标制的央行。

第二，欧洲央行采取的是中期平均通胀目标制，对中期并未有明显的时间期限界定，但下一次评估货币政策是在 2025 年，因此可以推测欧洲央行给出的中期期限大约是 5 年。

第三，欧洲央行在通胀目标损失函数上，采用的是对称性目标损失函数。欧洲央行认为，保持物价稳定的最佳办法是在中期内实现 2%的通货膨胀率，且对这一目标的承诺是对称性的。对称性意味着实际通胀率相对 2%的目标通胀率出现正负偏差都是不合意的。换言之，欧洲央行对通胀目标的正负偏离的厌恶程度是相似的。

第四，欧洲央行监测物价水平的关键指标是调和消费者物价指数（HICP），并考虑将业主自住住房相关成本纳入 HICP，以更好地代表与家庭相关的通货膨胀率。因此，通胀监测篮子可能会发生新变化。

第五，欧洲央行货币政策战略是中期期限的 2%通胀率，体现了货币政策的灵活性和相机抉择性，而不再是死守通胀 2%的货币政策操作。货币政策中期取向的灵活性意味着对通胀偏离目标的适当货币政策反应要考虑导致通胀的具体背景，要充分考虑通胀偏离 2%的驱动因素、偏离幅度及偏离的持续性。

第六，欧洲央行货币政策新框架纳入气候因素影响经济和金融体系的结构和周期变化，并监测这些变化对价格稳定的长期影响。欧洲央行货币政策评估中全面纳入气候变化因素，吻合欧盟的政策重点。欧洲央行会充分考虑气候变化和碳转型对货币政策的影响。

第七，欧洲央行货币政策评估将建立在双因素基础之上。货币政策评估建立在经济分析和货币金融分析这两个相互依存的分析之上。经济分析侧重于实际和名义经济增长；货币金融分析监测货币和金融指标，重点分析了货币传导机制的运行、金融失衡和货币因素对中期物价稳定可能带来的风险。这一新框架反映了欧洲央行经济分析和货币分析从 2003 年货币政策框架制定以来所发生的变化。在校准货币政策工具时，金融稳定是价格稳定的先决条件。换言之，在金融不稳定时，欧洲央行首要考虑的是金融稳定，中期目标是价格稳定。防止金融不稳定成为欧洲央行的核心职责。

欧洲央行采用中期平均通胀目标制的原因在于：2008 年全球金融危机后，欧元区的均衡实际利率呈现出显著的下降趋势。欧洲央行认为，这可能与生产率增长放缓和人口因素有关，也与全球金融危机的遗留问题有关，这些因素共同压低了均衡实际利率，压缩了欧洲央行完全依靠政策利率变化来实现政策目标的空间。

持续的实际利率下降将导致欧洲央行政策性名义利率的有效下限制约货币政策的实施。因此，欧洲央行也需要以通胀为抓手，确认政策利率的有效下限，为货币政策创造出名义利率调整的空间。比如，在经济增长接近下限时，需要采取强有力或持久的货币政策措施，避免通胀目标出现时间过长的负偏差。因此，需要一个时期内的通胀率适度高于中期目标水平 2%，以释放货币政策空间。

欧元区货币政策新框架与美联储货币政策新框架都是弹性平均通胀目标制，且都没有给出各自期限的具体界定，但两者存在一定的差异性。首先，欧洲央行通胀目标是中期 2%，美联储通胀目标是长期 2%；其次，对通胀偏离 2%的厌恶程度，欧洲央行明确表达了对称性损失函数，美联储并未表达；再次，欧洲央行货币政策考虑的范围更广泛，包括把气候变化等因素明确纳入货币政策框架。

尽管存在一定的差异，但这两个新框架本质类似。美联储和欧洲央行修改货币政策框架都是针对 2008 年次贷危机以来，美国和欧元区经济以及全球经济结构深刻变化的反应。其重点是，相对于过去 2%的绝对通胀目标，二者都允许通胀阶段性超调，以通胀为抓手来提升总需求和增加就业，并释放货币政策性利率的空间。

参考文献

[1] Frankfurt am Main, “A New Strategy for a Changing World,” ECB, 2021.

[2] Kydland and Prescott, “Rules Rather than Discretion: The Inconsistency of Optimal Plans,” *The Journal of Political Economy*, 1977.

案例 5

汇率超调案例：原因与成本

本案例教学目标：

1. 理解汇率超调的不同解释；
2. 理解汇率超调的案例设计；
3. 理解测度汇率超调案例的时空关系以及与汇率制度之间的关系；
4. 理解测度汇率超调的成本分析方法。

一、汇率超调案例的研究意义

自 2008 年次贷危机以来，世界经济进入周期性不平衡的修复期，而 2020 年新冠疫情席卷全球，各国金融市场遭遇全球性的经济冲击。面对复杂多变的国际经济金融局势，防范金融风险、维护外汇市场稳定和国家经济金融安全是我国当前的重要任务。

回顾二十多年全球经济发展，随着全球化的深化和金融风险敞口的增大，各国汇率的联动性和波动性程度提高，货币危机呈现周期性频发态势，主要受到冲击的新兴经济体通常在货币危机中面临汇率的大幅贬值。因此，汇率作为一国货币的国际价格在调节经济不平衡中扮演重要的角色，也是国际金融市场上各方力量博弈的焦点。汇率超调通常发生在一国汇率被长期高估后过度回调的过程中，已有大量理论研究证明，一国汇率无论是被过度高估或低估，都会对该国宏观经济造成一定的负面影响，因此汇率超调问题一直是政府调控货币政策与开放宏观经济学界研究的重要课题。

从宏观国家视角来说，大多数经济体都会经历实际汇率的长期升值，而汇率超调通常发生在汇率长期被高估后不成功调整的大幅贬值阶段。此外，历史经验表明汇率的持续高估通常被视为货币危机的一个重要预兆，经济学家发现汇率的持续超调通常与中长期的宏观经济低迷有关。严重的汇率超调往往伴随着经济危机和宏观经济的震荡，以1997年亚洲金融危机为例，泰国等多个亚洲新兴经济体发生大规模的汇率超调，同时产出水平急剧收缩、通货膨胀率大幅变动，给各国经济造成严重的损失。

根据传统的经济理论，货币贬值可能造成通货膨胀，但会对经济起到扩张的作用，促进出口增加、贸易条件改善和产出水平上升。事实上，多国在货币危机中汇率大幅贬值并出现超调，同时遭遇严重经济衰退现象，因此分析汇率超调的国际案例有助于理解开放宏观经济的运行机制。

从微观企业视角来说，汇率超调的负面影响主要体现在对企业的打击方面：从资产负债效应看，当一国的企业拥有大量外债且在货币危机中本币大幅贬值时，企业财务状况迅速恶化造成经济整体衰退；从流动性看，在货币危机过程中，企业的流动性由于短期债务增加和融资环境恶化而大幅下降，对投资和产出产生负面影响，进而导致经济衰退。因此，分析汇率超调的国际案例对企业进出口决策以及跨国公司的运作都有重要的现实意义。

二、案例的背景知识

（一）为什么会发生汇率超调

国外理论研究发展较早且较为成熟，最早分析汇率超调影响的是Dornbusch（1976）提出的汇率超调模型及其拓展模型，同时期发展起来的货币危机理论研究外生冲击下货币危机的发生机制，并且随着现实经济的发展而日趋完善。第一代货币危机模型认为财政政策、货币政策和固定汇率的不一致性将导致汇率制度崩溃，持续的国内信贷扩张会引发对汇率的投机攻击（Krugman，1979；Flood and Garber，1984）。实证研究方面主要集中在对货币危机的历史经验分析上，尤其应注意货币危机频发时期。分析发展中国家在20世纪70年代到90年代期间的货币危机可以得到货币危机与外债、宏观经济指标和外部冲击因素的关系，发现经济增速慢、国内信贷扩张和外债水平高的国家更容易发生货币危机（Frankel and Rose，1996）。Goldfajn和Valdés（2000）认为发生货币危机的重要原因是实际汇率的长期升值，并对实际汇率的动态升值过程及其纠正汇率高估的机制进行研究，在通常情况下长期大幅的升值会伴随汇率超调贬值的逆转。

（二）解释汇率超调现象：汇率超调模型

汇率超调是指汇率对给定扰动（例如货币冲击）做出的短期反应超过其长期均衡值的现象，广义上指汇率相对于均衡水平的过度调整。汇率超调模型由Dornbusch（1976）完整提出。

汇率超调模型假定：（1）资本充分流动，资本市场完全竞争，无交易成本或障碍；（2）采取完全自由浮动汇率制；（3）国内商品价格具有黏性，短期内资本市场的调整速度快于商品市场；（4）国内产出在短期内难以随着货币冲击迅速调整；（5）货币长期为中性。

汇率超调的动态机制如图5-1所示，汇率从初始状态 $\bar{e}$ 跳跃至 e'' 再慢慢回到均衡水平 $\bar{e}'$，当受到正向的货币冲击，如名义货币供给量增加时，资本市场均衡曲线 QQ 右移至 $Q'Q'$，由于价格的黏性，短期内产品价格固定在 $\bar{p}$，长期均衡点由 A 点移至 B 点。名义货币供给量增加导致实际货币供给上升，本国利率下降，资本外流，本币贬值为 e''，此时资本市场与商品市场的均衡点位于 B 点。随着利率下降和本币贬值，商品市场的超额需求导致价格逐渐上涨，推动利率回升，资本回流，本币升值，均衡点达到 C 点，此时均衡汇率为 $\bar{e}'$。在此过程中，货币贬值的幅度将超过长期均衡水平，即出现超调，解释了汇率在动态调整中出现大幅度波动的短期行为。

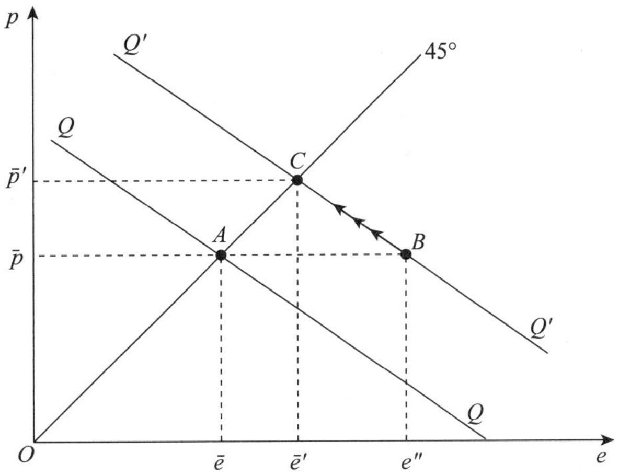

图5-1 汇率超调的动态机制

三、超调案例的设计

（一）货币危机及汇率超调的界定标准与数据

1. 货币危机的界定

广义货币危机的内涵较为丰富，学术研究认为某种货币由于在国际市场上受到投机攻击或由于国内经济受到冲击而发生大幅度贬值，或者金融当局流失大量国际储备或大幅提升利率，就可以认为该国家或地区正在经历货币危机。在具体问题的研究中，学者的研究重点不同时，对货币危机的界定标准会有部分调整和区别。

早期有学者通过衡量对货币汇率的投机攻击成功与否来界定是否发生货币危机，除汇率贬值外，货币危机中通常出现利率和外汇储备的显著变化，因此通过这三个指标加权平均构建指数，以此作为投机攻击的量化标准。而判定发生货币危机的标准可以是超过事先设定的临界值，也可以是超出几倍的标准差（Eichengreen，Rose，and Wyplosz，1996；Kaminsky，Lizondo，and Reinhart，1998）。

但国际储备的变动主要衡量的是政府对外汇市场的干预，同理，大多数政府也对利率进行长时间的调控，因此通过外汇储备和利率变动衡量对货币汇率的投机攻击较为困难，以此为基础界定的货币危机概念相对广泛。也有学者采用狭义的货币危机概念，即纯粹的汇率贬值幅度，强调其突发性和严重性。例如将货币危机界定标准设为该年名义汇率贬值至少超过25%，并且比前一年的贬值幅度超过10%（Frankel and Rose，1996）。这种标准排除了长期高通胀率导致货币持续缓慢贬值，或遭遇投机攻击后被成功抵御的情况。

由于本案例主要研究货币危机中的汇率超调现象，因此本案例中的货币危机只考虑汇率变化，并强调在短期内的汇率贬值幅度大。本案例借鉴Cavallo等（2005）的界定标准对60个经济体的月度名义有效汇率进行测算。定义 dep_{it} 为 i 国第 t 月的三个月名义货币贬值率，$neer$ 为名义有效汇率，即

$$dep_{it}=\left|\frac{neer_{it}-neer_{it-3}}{neer_{it-3}}\right|$$

条件1：$dep_{it}>\alpha$（$\alpha=10\%$；20%；30%）

条件2：$dep_{it}-dep_{it-3}>10\%$

当两个条件同时满足时，$t-3$ 表示危机开始的时期，则界定该60个经济体的样本为货币危机样本。Cavallo 等（2005）将货币危机持续影响时间定义为24个月，据此本案例界定若两个货币危机时期间隔不超过24个月，则认为是同一个货币危机时期。

2. 汇率超调的界定

实证方面，学术界对汇率超调的界定没有统一的划分标准，不同侧重点的研究运用不同的方法进行界定。传统方法运用购买力平价原理测算均衡汇率及汇率超调程度，先设定某一期的经济处于宏观平衡状态作为基期，则该时期的实际汇率可视为其他样本期实际汇率均衡值的估计，测度样本期间的实际汇率与基期的偏离。这种基于购买力平价的测算方法直接、简单，但有较为明显的缺陷：一是购买力平价在现实中并不成立，那么在实证中以此为均衡实际汇率测算的基础会造成偏差；二是这种方法忽略了均衡实际汇率本身的变化，现实经济中的实际均衡汇率从长期看并非一成不变，而是随经济基本面动态变化。基本均衡汇率法（Williamson，1994）的测度逻辑是宏观经济均衡框架，由此倒推出均衡汇率和汇率超调程度。这种方法的主要缺陷在于可操作性差，同时需要众多难以切合实际的参数设定，削弱了该方法的实证意义。

也有界定方法关注实际汇率行为本身的变化，用对实际汇率产生影响的相关经济变量来解释实际观察到的汇率动态行为，即行为均衡汇率法。该标准运用协整方法和中长期汇率决定因素来确定均衡实际汇率是否发生超调，相较而言可操作性强（Clark and MacDonald，1999）。国内学者利用该模型测算人民币汇率的低估时期和高估时期（施建淮和余海丰，2005），但这种方法下的汇率超调常态化，适用于政策当局对基本面变化与实际汇率的动态研究，而非给定冲击下的特殊汇率超调现象。

本案例主要研究的是货币危机过程中的汇率超调现象，同样借鉴 Cavallo 等（2005）的界定标准，在明确各国货币危机时期后，假设一国刚进入货币危机时，该国的实际有效汇率被高估，但危机过后汇率最终会调整到均衡水平。本案例中，基础变化是指实际有效汇率达到货币危机后均衡水平的变化部分，汇率超调是指货币危机发生时超过基础贬值的变化部分。首先需要明确实际有效汇率的均衡水平才能区分出汇率变化的两个部分，即基础变化和汇率超调。由于各国之间汇率稳定前的时间跨度不同，为保持一致性，定义危机发生后24个月的汇率水平为均衡水平。那么基础变化是危机前的汇率水平与危机后汇率的均衡水平的偏离比率，通常为贬值，而汇率超调是指超出均衡贬值的部分，具体由危机开始至之后24个月内实际有效汇率的最低点与均衡汇率的差值表示。

以泰国1997年汇率超调时期为例，其基础贬值和汇率超调如图5－2所示。设发生货币危机时 i 国的实际汇率为 $reer_{i,t}$，货币危机后的均衡汇率为 $reer_{i,t+24}$，汇率超调点

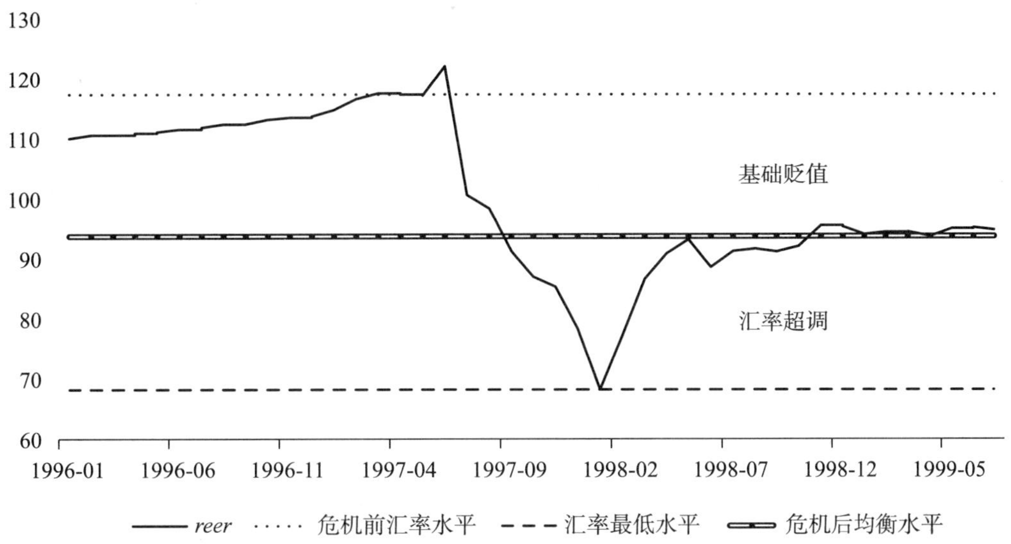

图 5-2 汇率超调的定义：以泰国为例

资料来源：国际清算银行（BIS）。

$reer_{i,over} = min(reer_{i,t}, reer_{i,t+1}, \cdots, reer_{i,t+24})$。

那么在度量货币危机中汇率贬值情况时，基础贬值（*fundamental*）和汇率超调（*overshooting*）两个指标分别为：

$$fundamental = \frac{reer_{i,t} - reer_{i,t+24}}{reer_{i,t+24}}$$

$$overshooting = \frac{reer_{i,t+24} - reer_{i,over}}{reer_{i,t+24}}$$

3. 数据的来源与选取

本案例选取国际清算银行公布的有效汇率指标作为界定货币危机及汇率超调所使用的汇率指标，该指标使用贸易加权法计算有效汇率，因为有效汇率相对于单一的双边汇率能够更好地反映汇率的宏观经济效应。本案例使用的名义有效汇率（*neer*）是双边名义汇率的加权平均指数，实际有效汇率（*reer*）是通过相对价格或成本指标调整名义有效汇率得到的。因此，实际有效汇率的变化既反映名义汇率的浮动，又参考与贸易伙伴的通胀差异，能够衡量实际汇率变化。在汇率分析中，通常将有效汇率作为衡量国际竞争力和国内货币、金融状况的指标，也用于衡量外部冲击的传递程度。

目前新版国际清算银行有效汇率货币篮子包括 60 个经济体货币①，被称为广泛汇率指数，从 1994 年开始计算；旧版货币篮子包括 27 个经济体货币，被称为狭窄汇率指数，从 1964 年开始计算。由于其他经济体在 1994 年之前的汇率、物价和贸易数据十分有限，狭窄汇率指数包含的经济体主要是 OECD 国家；而新版货币篮子的扩大反映了亚洲、中东欧、拉丁美洲等新兴市场经济体在世界贸易中的重要性日益上升。

---

① 原为 61 个经济体，2020 年最新版删除了委内瑞拉的货币汇率数据。

广泛汇率指数所涵盖的60个经济体具有以下特征：(1) 低收入、中等收入、高收入国家（地区）并存，涵盖发达国家和发展中国家；(2) 汇率制度具有多样性，涵盖多种不同类型的汇率制度安排；(3) 资本管制国家与非资本管制国家并存，能够全面地表现世界各经济体的汇率波动情况和特点。因此，本案例使用国际清算银行的广泛汇率指数测算各国货币危机及汇率超调，并分析总结其历史特征及演进趋势。

（二）货币危机下汇率超调的典型事实

1. 汇率超调样本的描述性统计

根据上述货币危机及汇率超调的界定标准，本案例选用1994—2020年的名义有效汇率，测算得到：当α＝10％时，满足货币危机定义的时点有158个，经过合并得到货币危机时期样本60个，发生危机的国家共21个，具体的货币危机样本数据如表5－1所示。同理，当α＝20％时，满足货币危机定义的时点有64个，经过合并得到货币危机时期样本25个，发生危机的国家共13个；当α＝30％时，满足货币危机定义的时点有37个，经过合并得到货币危机时期样本13个，发生危机的国家共10个。具体货币危机样本见附表5－1、附表5－2和附表5－3。

三种标准测算下的样本，其基础贬值、汇率超调平均值以及超调时点距离货币危机开始的时间平均值如表5－1所示，可以看出定义货币危机越严重，平均基础贬值幅度越大，平均汇率超调程度越大，超调时点距离危机开始时间相对越近。

表5－1 样本汇率超调平均情况

α	基础贬值	汇率超调	超调时点（月）
10％	13.17％	15.81％	9.18
20％	15.74％	24.32％	5.88
30％	24.31％	27.96％	6.46

由于α＝10％的样本量较大且发生货币危机的国家具有广泛性，重点研究这一界定标准下的汇率超调情况。由表5－2可见，样本中46.7％货币危机的超调时点距离危机开始的时间在6个月内，平均基础贬值仅为3.5％，汇率超调程度为19.0％；33.3％货币危机的超调时点距离危机开始的时间超过6个月但少于12个月，平均基础贬值20.6％，超调程度为16.7％；20.0％货币危机的超调时间距离危机开始超过12个月，平均基础贬值为23.3％，超调程度为7.0％。这说明货币危机发生后会较快出现汇率超调现象的样本，表现为基础贬值程度低但汇率超调程度高，大部分货币危机会在一年内出现超调现象；而超调点滞后的货币危机样本表现为基础贬值程度高但超调程度低，说明这类样本的货币危机会对汇率产生较为长远的负面影响，货币进入持续的贬值通道而非暂时的偏离。

表5－2 样本汇率超调分时点情况

超调时点	样本数	占比	基础贬值	汇率超调
1～6	28	46.7％	3.5％	19.0％
7～12	20	33.3％	20.6％	16.7％
＞12	12	20.0％	23.3％	7.0％

2. 基于1994—2020年货币危机下汇率超调的典型事实

根据得到的样本，本案例梳理了1994—2020年货币危机中发生汇率超调的历史经验，归纳出以下几点货币危机中汇率超调经济体的典型事实。

（1）空间维度。

由样本数据可以发现汇率超调严重的国家主要集中在东南亚、南美洲和中东欧地区，欧美发达国家的汇率超调程度很低。根据《世界经济展望报告》的分类，汇率超调程度高的国家通常是中低收入国家或者即将迈入高收入国家的行列的新兴经济体，它们既是国际贸易的重要参与者，又容易受到国内外经济冲击的影响。

（2）时间维度。

在1994—2020年的样本时间内，本案例发现全球发生货币危机及汇率超调的频率存在一定的周期性，循环的小周期约为5年时间，大周期约为10年时间。其中，在1997年亚洲金融危机和2008年全球金融危机时达到频率峰值，这与世界经济周期、金融周期以及新兴经济体的债务积累周期有一定的相关性，如图5－3所示。1994—2020年间，货币危机冲击下的汇率超调部分有降低的趋势：以2012年为界，1994—2011年货币危机中的汇率超调程度平均为18.6％，而2013—2020年汇率超调程度平均为9.3％，各国防范金融风险的意识与能力均有所提升，重视汇率稳定和国家金融安全。

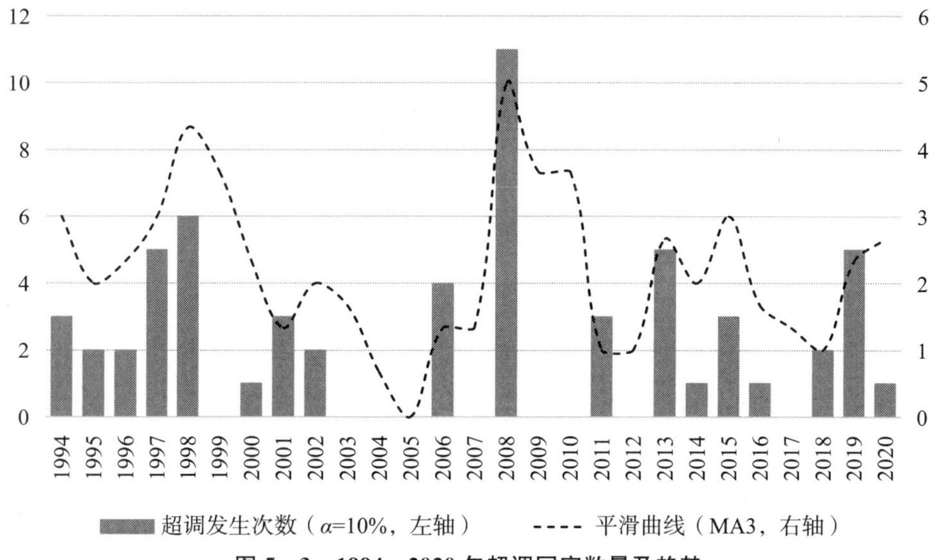

图5－3 1994—2020年超调国家数量及趋势

在汇率超调频率周期性分析的基础上，本案例进一步对汇率超调频率最高、发生最集中的两个危机时期进行对比。1997年亚洲金融危机的受影响经济体有限，主要是东南亚国家，表现出的共同特点是基础贬值大，平均达到26.7％，汇率超调程度高，超调平均值为27.1％；2008年全球金融危机波及经济体更多，地域更广，超调国家分布较为分散，包括欧洲、北美、南美、亚洲、非洲等国家，且基础贬值与超调部分相对比例差异明显，表现出显著的国家异质性。例如冰岛和波兰的基础贬值和超调程度都较大，且基础贬值大于超调程度，表示在全球金融危机的冲击下，汇率下跌主要是基础贬值，从危机前被高估的汇率过渡到较低均衡水平的过程中发生超调；而巴西、哥伦比亚在金融危机中超调程度均超过20%，基础汇率变动较小，表示汇率在冲击下发生短暂而剧烈的超调，之后恢复到原来的水平。

（3）汇率制度。

目前较为常用的汇率制度分类指标有两类，Ilzetzki，Reinhart和Rogoff（2017）（以下简称IRR）提供了1946—2016年194个国家和地区的汇率制度分类数据：一种为15档分类法，即按从固定到浮动分别赋值1～15；另一种为6档分类法，即按照从固定到浮动的程度分别赋值1～6。国际货币基金组织官方汇率制度分类指标按从固定到浮动将汇率制度安排分为4类，分别赋值1～4。前者是按照实际汇率分类指标（De facto），衡量市场汇率或实际汇率的情形；后者是名义汇率分类指标（De jure），基于各国公布的结果而非实际情况能判断货币当局的预期，但往往与一国真正实行的汇率制度存在偏差（王晋斌等，2020）。

根据1994—2019年IMF发布的《汇兑安排与汇兑限制年报》以及Ilzetzki，Reinhart和Rogoff（2017）的分类数据，本案例整理了各国发生货币危机与汇率超调时的汇率制度安排，分析汇率超调与各国汇率制度之间的内在联系。根据IMF的分类，在60个货币危机样本中，大部分样本发生在官方公布为浮动汇率制度的国家[①]，其中部分样本在货币危机发生当年经历汇率制度崩溃，主动或被动地调整其浮动汇率制度。汇率制度崩溃和重新评定的样本集中发生在大型金融危机中，具体如表5-3所示：

表5-3 汇率制度调整情况：IMF标准

国家	调整时间	调整前	调整后
2008年全球金融危机			
冰岛	2008年10月	自由浮动	浮动
墨西哥	2008年10月	自由浮动	浮动
俄罗斯	2009年1月	稳定化安排	其他有管理的安排
1997年亚洲金融危机			
韩国	1997年12月	管理浮动	独立浮动
印度尼西亚	1997年8月	管理浮动	独立浮动
泰国	1997年6月	钉住单一或组合货币	独立浮动

资料来源：《汇兑安排与汇兑限制年报》。

而根据IRR的实际汇率分类标准，大部分货币危机发生在事实上实行钉住汇率制的国家，危机前后发生事实上的汇率制度调整更为频繁，通常出现大幅的贬值后被迫实行汇率浮动制度，整理结果如表5-4所示：

---

① 本案例所指的浮动汇率制度包括自由浮动汇率制度（free floating）、独立浮动汇率制度（independently floating）、管理浮动汇率制度（managed floating）和浮动汇率制度（floating），这是由于IMF发布的《汇兑安排与汇兑限制年报》对汇率制度的定义在不同时期有所不同。2008年IMF运用新的技术标准重新评定汇率制度，之前存在的独立浮动汇率制度和管理浮动汇率制度取消，改为自由浮动汇率制度和浮动汇率制度。

表5-4　汇率制度调整情况：IRR标准

国家	调整时间	调整前	调整后
阿根廷	2001年12月	钉住（货币局制度）	自由落体制度
阿根廷	2015年12月	基于实际的爬行带	自由落体/管理浮动
巴西	1999年1月	事先宣布的爬行带	自由落体/管理浮动
保加利亚	1994年1月	自由落体/自由浮动	自由落体/管理浮动
保加利亚	1997年1月	自由落体/管理浮动	自由落体/钉住（货币局制度）
哥伦比亚	1999年9月	基于实际的爬行带	管理浮动
冰岛	2001年3月	基于实际的爬行带	管理浮动/基于实际的爬行带
印度尼西亚	1997年8月	基于实际的爬行钉住	自由落体/自由浮动
韩国	1997年11月	基于实际的爬行钉住	自由落体制度
马来西亚	1997年8月	基于实际的爬行钉住美元	自由浮动制度
墨西哥	1994年12月	事先宣布的爬行带	自由落体/自由浮动
菲律宾	1997年7月	基于实际的钉住	自由落体/自由浮动
俄罗斯	1998年8月	双重市场	自由落体/双重市场
俄罗斯	2014年11月	基于实际的爬行带	自由落体
泰国	1997年7月	基于实际的钉住	自由落体/自由浮动
土耳其	2001年1月	爬行带 /自由落体	自由落体/自由浮动

资料来源：IRR.

四、超调案例的成本分析

利用上面测算得到的货币危机样本，根据已有文献的理论和实证结论，选取衡量汇率超调成本的经济变量，处理样本国家的相关经济指标数据并对其进行描述性统计。之后本案例拟对不同界定标准的样本国家汇率超调成本进行分析，以货币危机前后经济指标的变动衡量汇率超调对各经济指标的影响，得到关于汇率超调成本的国际经验，并通过统计检验判断不同汇率超调程度的样本，其经济变量是否发生显著的变化。

（一）衡量汇率超调成本的经济变量

1. 经济变量的选取

已有理论大多探讨汇率超调的形成机制，直接探讨汇率超调的经济成本的文献相对较少，Cavallo等（2005）认为汇率超调的成本在于资产负债表效应，构建汇率超调模型论证汇率超调程度与一国外债相关，进而通过资产负债表效应改变一国的预算约束线，使产出大幅收缩，并通过1992—2002年的数据实证检验其理论。国内外学术界关于均衡汇率法测算出的汇率超调的研究成果显示，汇率超调通常对经济增长、进出口、投资等均有显著的负面影响（Cottani，Cavallo，and Khan，1990；Edwards and Savastano，1999；张晓朴，2001；吴丽华和王峰，2006）。而广义上汇率超调可以理解为汇率由于给定冲击波动幅度超出均衡水平，关于汇率波动对通货膨胀率的影响，相关理论有汇率价格传递理论（Goldberg and Knetter，1997）。通常汇率波动对经常账户的影响体现在：本币贬值使外国商品和劳务的价格相对升高，贸易条件恶化，本国商品和劳务的价格更有竞争力，从而减少进口、增加出口，改善经常账户。Jong-Eun Lee（2016）强调 2008 年金融危机后外汇储备对开放经济的必要性，认为外汇储备高的经济体在受到货币冲击后汇率超调程度放大。

此外，相关文献中关于货币危机的经济代价的分析指标也值得我们借鉴。国内外文献中系统研究货币危机经济代价的相对较少，大多是从历史经验中对货币危机的经济后果进行描述性统计，测量的核心指标为危机前后的产出和通货膨胀变化。金洪飞等（2005，2006）分析发展中国家货币危机的经济代价时，从经常账户、外债比例、外汇储备比例、金融开放程度等方面解释货币危机对经济产出的影响。

因此，根据已有理论和文献，本节将从经济产出、通货膨胀、经常账户、外汇储备和外债五个方面来分析汇率超调的成本。

2. 数据的来源及处理方法

经济产出指标为国内生产总值（GDP）增长率，以不变本国货币、按市场价格计算 GDP，数据来自世界银行数据库；通货膨胀指标为消费者价格指数增长率，数据来自 IMF（WEO）；经常账户指标为经常账户余额占 GDP 的比例，数据来自世界银行数据库；外汇储备指标数据同样来自 IMF（WEO）；外债指标为国际债务证券（IDS）①，指在借款人所在国的本地市场以外发行的，包括传统上称为欧洲债券和外国债券的债券，数据来自国际清算银行。

（二）货币危机下汇率超调的成本分析

根据已有文献的分析方法和结论，通过案例探究货币危机下汇率超调的成本并归纳国际历史经验，我们将从经济产出、通货膨胀、经常账户、外汇储备和外债五个方面来衡量汇率超调的成本。本案例运用 $\alpha=10\%$ 和 $\alpha=20\%$ 标准下筛选出的两组样本进行对比分析，相较而言 $\alpha=20\%$ 界定标准更为严格，表示发生更为严重货币危机国家的汇率超调情况。本案例通过对比发生货币危机前后一年、两年、三年选取指标的变动来衡量汇率超调成本，以此分析汇率超调对宏观经济变量的短期影响和长期影响。

若货币危机发生当年为 t 期，以经济产出指标 ΔGDP 为例，前后一年变动指 $\Delta GDP_t-\Delta GDP_{t-1}$，前后两年变动指 $\frac{\Delta GDP_t+\Delta GDP_{t+1}}{2}-\frac{\Delta GDP_{t-1}+\Delta GDP_{t-2}}{2}$，前后三年变动同理，计算结果如表 5-5 所示②：

---

① 指标详情见国际清算银行官网。

② 由于 2020 年经济数据尚未公布，本案例用 2019 年相关数据代替 2020 年，测算过程中剔除 1 个 2020 年货币危机样本。

表 5 - 5　货币危机发生前后经济变量变动

	α=10%			α=20%			α=30%		
	一年	两年	三年	一年	两年	三年	一年	两年	三年
GDP	−1.0%	−2.2%	−1.5%	−1.5%	−3.7%	−2.4%	−0.9%	−3.9%	−2.4%
CPI	2.4%	1.4%	−2.6%	4.2%	3.5%	−2.6%	6.9%	5.4%	−7.1%
CA	0.2%	1.2%	1.3%	−0.04%	1.8%	2.2%	−1.0%	2.1%	2.8%
FR	−19.4%	−9.2%	−6.3%	−24.0%	−8.0%	−4.3%	−28.3%	−0.3%	2.2%
IDS	−9.5%	−10.0%	−9.4%	−11.7%	−12.1%	−11.2%	−11.5%	−14.6%	−16.4%

表 5 - 5 的数据结合汇率超调程度和相应经济变量变动的散点图及趋势线可以具体分析汇率超调的成本。

1. 汇率超调与经济产出（GDP）

货币危机前后通常出现显著的经济衰退，前后一年、两年、三年的 GDP 增速平均变动分别为−1.0%、−2.2%、−1.5%，可见汇率超调对经济的负面冲击会持续一段时间，平均来看危机第二年衰退程度达到最大，从第三年开始逐渐恢复。观察图 5 - 4 可以发现，通常汇率超调程度越大，对经济造成的负面影响越大，当汇率大幅贬值超出均衡水平后，在微观层面会加剧企业的流动性财务困境，在宏观层面市场预期恶化造成自我实现的衰退。从横向比较可以看出汇率超调程度对经济增速的影响在前后一年的变化并不明显，说明在货币危机发生初期，无论汇率超调程度如何均会出现经济衰退，而之后汇率超调大的国家受到负面冲击影响的时间更长，汇率超调程度小的国家能够相对更快地恢复，可能是由于货币危机中汇率超调的影响具有一定的滞后性，且超调程度越大，对经济的负面冲击越大。

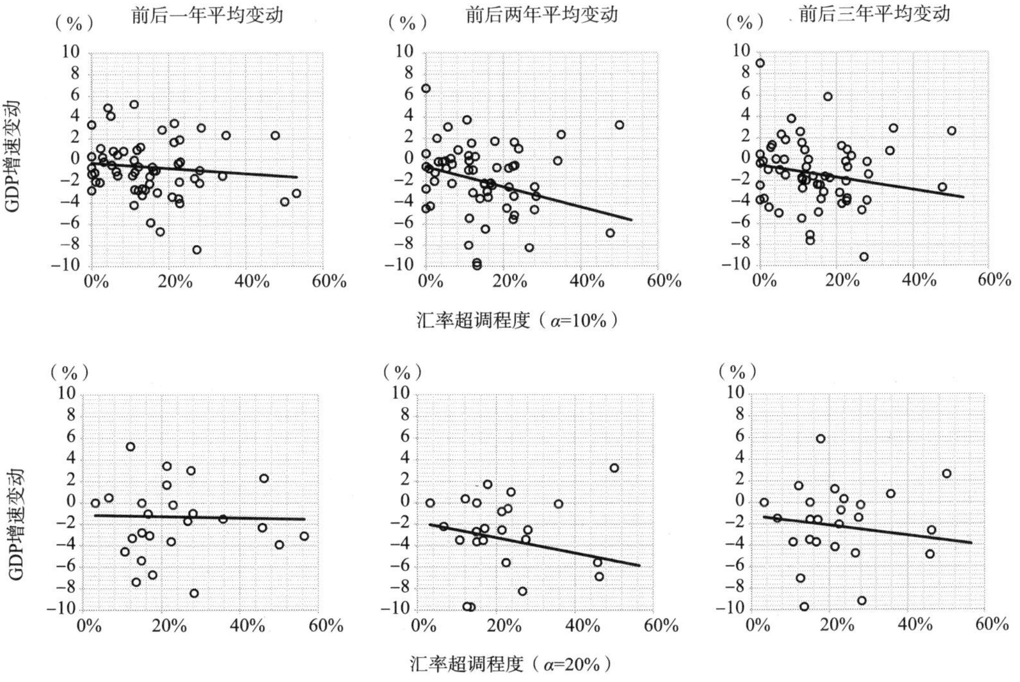

图 5 - 4　汇率超调程度与 GDP 增速变动

纵向对比可以发现，货币危机更为严重的国家样本 GDP 下降的幅度更大，且前后两年与三年变动的拟合线更平缓，说明汇率超调在严重危机中对经济的影响程度有限。值得注意的是，两组样本中的第二年倾斜程度最大，可见汇率超调的影响通常在第二年才显现出来，相比之下更严重的货币危机会对经济造成更明显的负面影响。

2. 汇率超调与通货膨胀率（CPI）

从平均数看，货币危机对通胀率的影响先正后负，前后一年、两年、三年的通胀率平均变动分别为 2.4%、1.4%、−2.6%，货币危机后 1～2 年会出现通胀，通常来看两年后通胀会有一定的缓解。总体而言，货币危机前后通胀率变化与汇率超调程度呈现正相关，即汇率超调程度越大，通胀率越高。横向比较来看（见图 5－5），在货币危机中，汇率超调程度低的国家通胀率相对更快回调，而汇率超调程度高的国家长期看仍存在较强的通货膨胀压力。

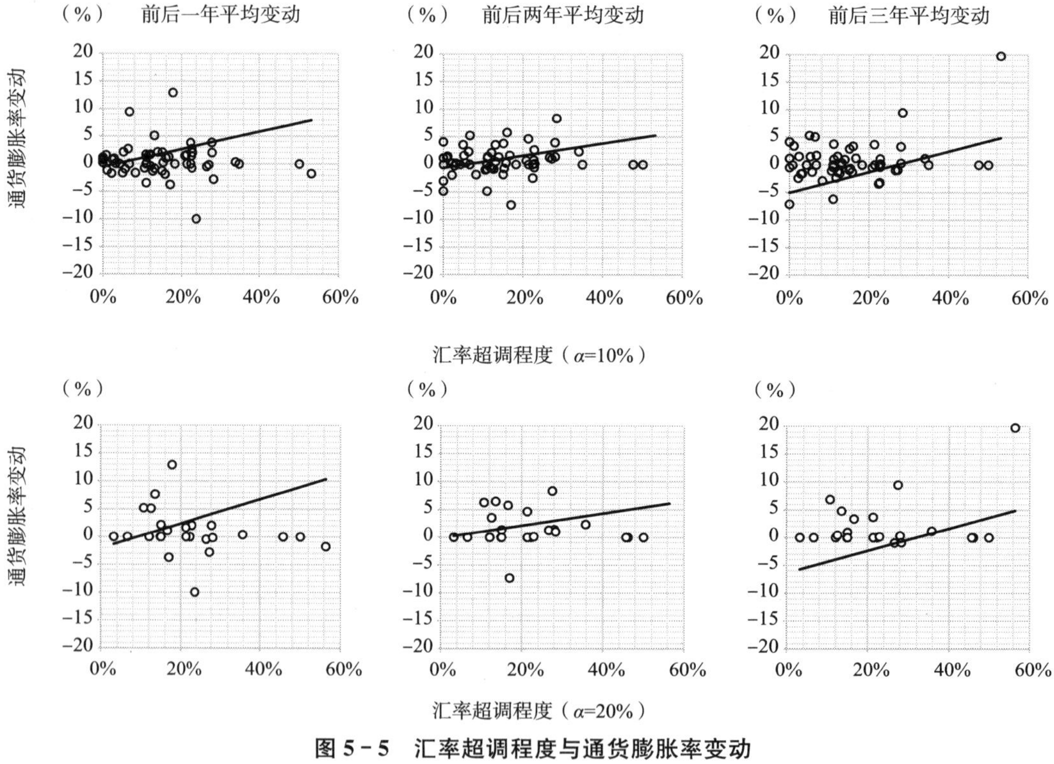

图 5－5　汇率超调程度与通货膨胀率变动

在严重的货币危机中，一国汇率超调程度越大，越可能经历严重的通货膨胀，通胀的负面影响甚至可能超过产出的衰退。依据汇率传递理论，汇率贬值对 CPI 的影响在一定程度上取决于进口商品在 CPI 消费品篮子中的权重汇率。但对于超调程度高的国家而言，汇率贬值程度已明显偏离均衡汇率水平，其通胀不仅来自进口商品价格的上升，还源于经济低迷和贸易收支恶化共同造成的国内物价飞涨，本国货币购买力大幅下降而信誉受损，民众偏好持有外国货币，可能造成恶性通货膨胀，对经济环境的危害极大。

3. 汇率超调与经常账户（CA）

本案例发现，整体而言汇率贬值对经常账户具有小幅的改善作用①，前后一年、两年、三年的经常账户占比平均变动分别为0.2%、1.2%、1.3%，这是由于货币危机国家的汇率贬值后，出口商品的竞争力提升，而本国经济受挫导致购买力下降，进口量收缩，从而明显改善经常账户。

横向比较 $\alpha=10\%$ 的组图（见图5-6），短期汇率超调的程度对经常账户的影响不显著，货币危机发生的当期可能出现经常账户与GDP同比下降，但长期来看，汇率超调程度对经常账户的改善作用更为明显。因为汇率超调使一国货币的贬值幅度更大，其出口改善效应更为显著，经常项目的正向变动幅度更大。这也在一定程度上反映了汇率超调在对经济造成负面影响的同时，可能存在改善经常账户的积极作用，有助于发生货币危机的国家经济复苏和币值回升。纵向比较可以看出，若一国的货币危机更为严重，长期效应上汇率超调对经常账户的改善作用更为明显。

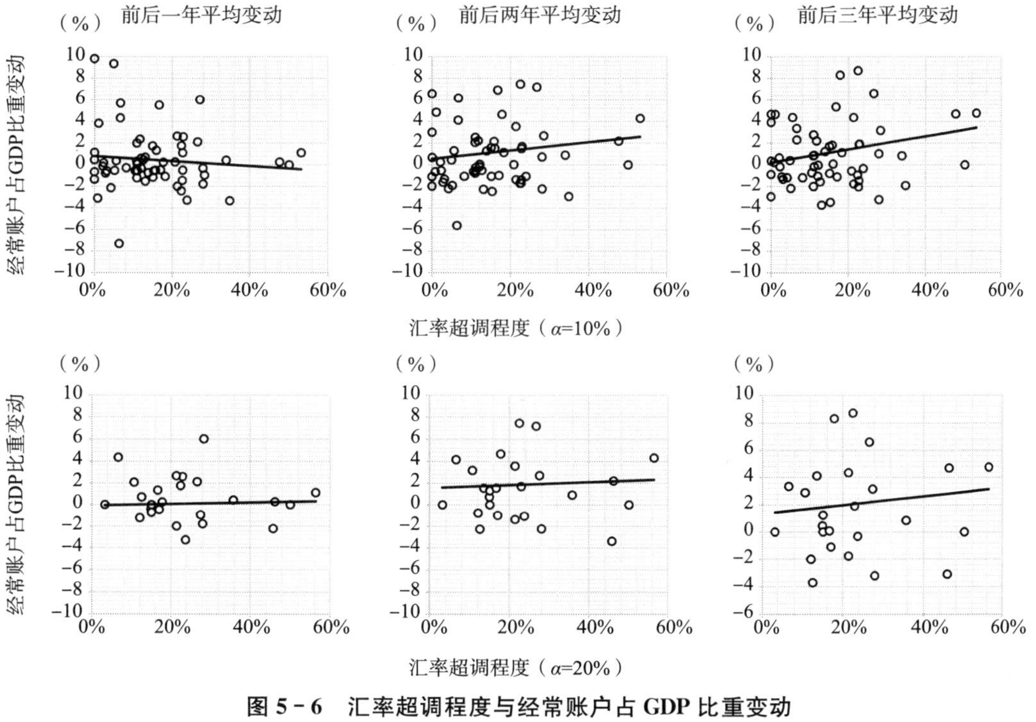

图5-6　汇率超调程度与经常账户占GDP比重变动

4. 汇率超调与外汇储备（FR）

整体而言，货币危机中的汇率贬值对外汇储备有负面的影响，前后一年、两年、三年的外汇储备增速平均变动分别为−19.4%、−9.2%、−6.3%，长期看货币危机对外汇储备的负面影响在逐渐减弱。观察 $\alpha=10\%$ 的组图（见图5-7），前后一年外汇储备拟合线在 $y=0$ 以下且向右下倾斜，说明短期内外汇储备增速下降且汇率超调越大，受到的负面冲击越大。而考察前后两年和三年的变动时发现拟合线在 $y=0$ 附近且向右上倾斜，

① 本案例选用的指标为经常账户占当年GDP比重（CA/GDP），经常账户的改善可能没有体现在绝对值的增速上，而是体现在对GDP贡献的增速上。

表现为汇率超调程度大的国家外汇储备倾向于正向变动。这可能是由于这类国家在货币危机发生前的外汇储备消耗大，前期增速为负，存量不足。

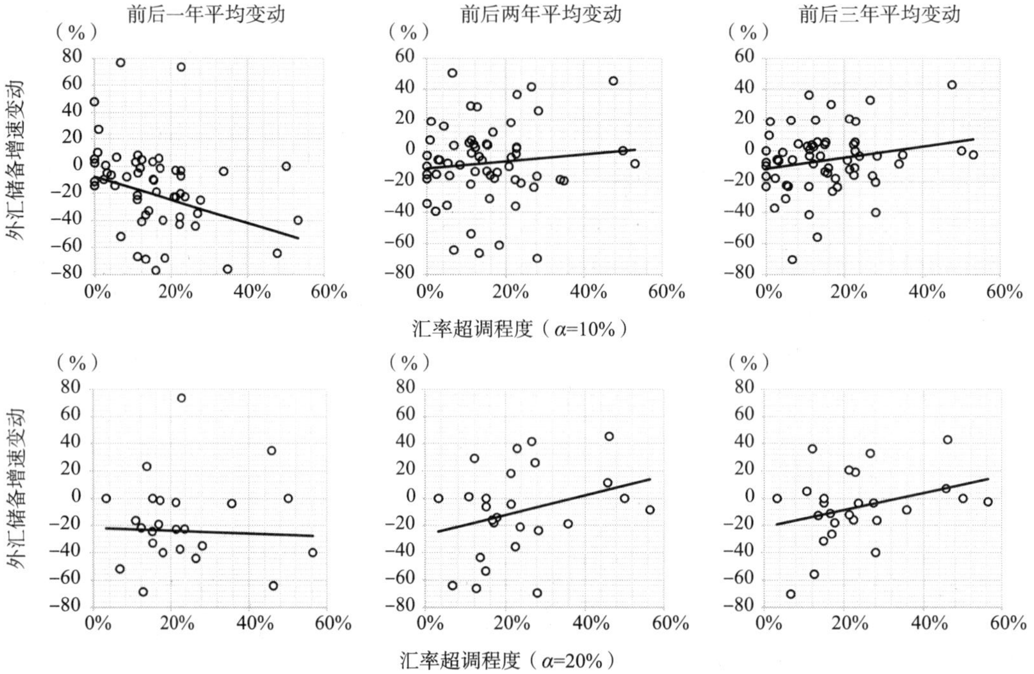

图 5－7 汇率超调程度与外汇储备增速变动

从纵向比较看，不同标准样本下，汇率超调对外汇储备的影响有明显的区别。不同于上组图拟合线向下倾斜趋势明显，下组图 $\alpha=20\%$ 的样本货币危机前后一年外汇储备受到汇率超调程度的影响并不显著，且外汇储备增速的下降幅度明显小于 $\alpha=10\%$ 的样本。而货币危机前后两年、三年拟合线向右上倾斜更为陡峭，说明汇率超调程度小的国家可能出现外汇储备增速的持续下降，因为货币危机中经济衰退造成国力下降，汇率的基础贬值幅度大。而汇率超调程度大的国家可能出现的情况是：一国的外汇储备下降到临界值就会发生固定（钉住）汇率制度的崩溃，危机前由于外汇储备的严重不足导致汇率的大幅超调贬值，危机后外汇储备增速逐渐恢复，如在 1997 年亚洲金融危机中汇率制度崩溃的泰国、印度尼西亚等。

5. 汇率超调与外债（IDS）

本案例发现，整体而言，货币危机后国家持有外债增速受到负面的影响，前后一年、两年、三年的经常账户占比平均变动分别为－9.5%、－10.0%、－9.4%，从平均数看，无论是短期还是长期效应，外债的增速都在降低。通常而言，一国在危机前外债水平过高，国家偿债能力不足导致货币危机爆发，之后的外债水平将持续回调。拟合线趋势总体较为平坦，汇率超调程度对外债增速的影响不明显，但前后一年外债增速变动中表现出汇率超调越大，外债增速下降得越多。

纵向比较发现，在货币危机更为严重的样本中，其外债水平增速的下降更为明显（见图 5－8）。这是由于汇率贬值将通过资产负债表效应导致外债成本上升，外资减少，危机后的外债规模将持续收缩。

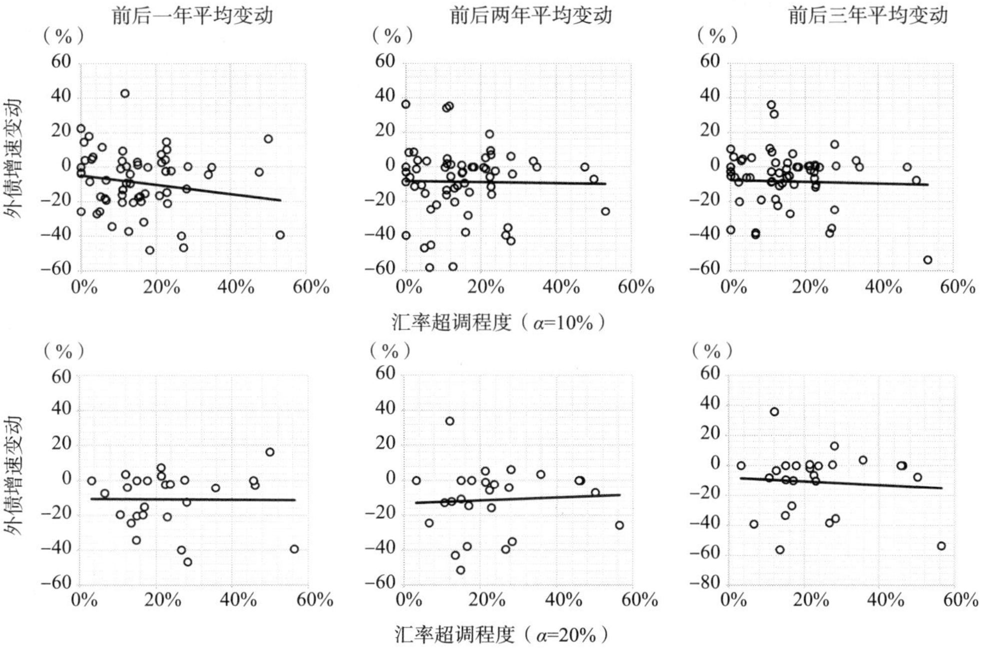

图 5－8　汇率超调程度与外债增速变动

（三）货币危机下汇率超调成本显著性检验：秩和检验

为进一步分析不同汇率超调程度样本的成本，本案例将 $\alpha=10\%$ 界定标准下的样本，依据汇率超调程度的大小，以 10％和 20％为界分为三组，检验不同汇率超调程度样本的经济变量在货币危机前后变化是否显著。借鉴世界银行（2020）研究债务危机前后经济变量变化的方法，运用秩和检验（Wilcoxon rank sum test）对分组样本进行统计分析，检验经济变量在货币危机前后的中位数是否相等。原假设为 x 和 y 中位数相等，双侧假设检验的备择假设表示 x 和 y 有不同的中位数；右尾假设检验的备择假设表明 x 的中位数大于 y 的中位数；左尾假设检验的备择假设表明 x 的中位数小于 y 的中位数。

依据上一节的分析结果，通常汇率超调的成本会在货币危机前后两年的变动中显现，因此选择前后两年的经济变量平均值进行检验。以经济产出指标 ΔGDP 为例，上文分析货币危机后经济增速受到负面的影响，x 表示货币危机前两年的 GDP 平均增速，y 表示货币危机后两年的 GDP 平均增速，检验 x 的中位数是否大于 y 的中位数，因此选择右尾假设检验。

$$Y_i=\frac{\Delta \mathrm{GDP}_{i,t}+\Delta \mathrm{GDP}_{i,t+1}}{2} \tag{5-1}$$

$$X_i=\frac{\Delta \mathrm{GDP}_{i,t-1}+\Delta \mathrm{GDP}_{i,t-2}}{2} \tag{5-2}$$

其他指标同理，表 5－6 为经济变量在货币危机前后变化的检验结果，可以看到在全样本中，GDP 增速、外汇储备增速、外债增速、经常项目占 GDP 比重的变动均显著，符合上文经验分析规律。分组看检验结果，当汇率超调程度小于等于 10％时，经济变量中只有外汇储备增速变动显著；当汇率超调程度介于10%与20%之间时，经济变量中GDP增速、外汇储备增速以及外债增速变动显著；当汇率超调程度大于等于20%时，经济变量中GDP增速、通胀率、经常项目占GDP比重以及外债增速变动显著。据此，本案例发现检验结果与上一节的经验分析相符，总结汇率超调成本的特征有：经济产出衰退是汇率超调的主要成本，当汇率超调程度超过10%时，货币危机前后的GDP增速显著下滑；货币危机中，汇率超调程度大于20%的国家将面临较长时间的通胀压力，超调程度较低的国家通胀率上升的幅度较小，影响时间较短，因此前后两年变动不显著；同样地，汇率超调程度大于20%的国家的经常账户有显著的改善，而超调程度较低的国家经常账户没有明显的改善；外汇储备增速和外债增速的下滑是汇率超调的重要成本，这是因为当受到货币危机的冲击时，一国汇率大幅贬值将导致国力的削弱和国际资本市场对国家信用的不信任。

表5-6 货币危机下汇率超调成本的显著性检验

***All sample*，*OBS*＝60**				
经济变量	**检验类型**	**秩和检验统计量**	**Z统计量**	**P值**
GDP增速	右尾	4 333.5	3.69***	0.000
通货膨胀率	左尾	2 457.5	－1.13	0.130
经常项目占GDP比重	左尾	3 160.5	－1.88**	0.030
外汇储备增速	右尾	3 999.5	2.63***	0.004
外债增速	右尾	3 495	2.64***	0.004
***Subsample*：*overshooting*≤0.1，*OBS*＝17**				
经济变量	**检验类型**	**秩和检验统计量**	**Z统计量**	**P值**
GDP增速	右尾	315	0.59	0.279
通货膨胀率	左尾	248	－0.58	0.280
经常项目占GDP比重	左尾	273	－0.83	0.204
外汇储备增速	右尾	346	1.65**	0.049
外债增速	右尾	298	1.26	0.103
***Subsample*：0.1＜*overshooting*＜0.2，*OBS*＝23**				
经济变量	**检验类型**	**秩和检验统计量**	**Z统计量**	**P值**
GDP增速	右尾	671	2.86***	0.002
通货膨胀率	左尾	397	－0.34	0.368
经常项目占GDP比重	左尾	493	－1.03	0.151
外汇储备增速	右尾	626	1.87**	0.031
外债增速	右尾	538	2.16**	0.015
***Subsample*：*overshooting*≥0.2，*OBS*＝20**				
经济变量	**检验类型**	**秩和检验统计量**	**Z统计量**	**P值**
GDP增速	右尾	504.5	2.54***	0.005
通货膨胀率	左尾	199.5	－1.35*	0.089
经常项目占GDP比重	左尾	315.5	－1.59*	0.056
外汇储备增速	右尾	405.5	1.01	0.157
外债增速	右尾	377.5	1.39*	0.082

五、案例的启示

2020 年新冠疫情席卷全球，各国金融市场遭遇全球性的经济冲击，复杂的国际经济金融局势下各国汇率波动幅度扩大。部分新兴经济体近年来货币危机频发，自身经济基本面较差，存在政治动荡、通胀过高、货币超发等加剧金融脆弱性的问题，如土耳其、阿根廷近年来频发货币危机，通胀率持续走高，外汇储备不足。国内方面人民币国际化和市场化稳步推进，虽然今年人民币汇率整体走势比较稳健，但弹性继续增强，波动率水平有所提高，未来可能延续双向宽幅波动。因此，即使我国近年来未曾出现严重的汇率超调，也需要规避汇率超调造成经济成本的风险，防患于未然。基于案例分析的主要结论，得到如下政策启示：

（1）汇率超调通常是汇率在长期升值通道中持续高估后发生，货币危机引发的大幅度贬值往往是被动调整的结果。因此需要主动调整，保持汇率制度灵活性，控制汇率波动风险，在长期升值后预防汇率大幅贬值，保持较高弹性使汇率平稳回落。

（2）关注外债增速、结构和外汇储备安全。中国实体经济收益率较欧美国家仍具吸引力，加之中国在实体经济和资本市场上加速对外开放，因此能继续吸引外资持续流入。人民币汇率波动幅度扩大是汇率形成机制市场化改革、发挥汇率稳定器功能的自然结果，未来随着短期资本流动规模的增加，应该从保证外汇储备充足、加强货币错配监管、完善金融市场制度等方面做好管理汇率波动风险的准备。

（3）稳定预期，善用汇率与通货膨胀的联动关系。本案例分析新兴经济体在发生汇率超调后可能出现严重的通胀状况，汇率贬值是否导致通货膨胀取决于其持续性、超调的严重程度以及国内消费结构。汇率与通胀率在一定程度上代表了对外与对内的价格水平，我国在实施货币政策中需要兼顾内外平衡，尤其是在当前金融开放持续推进的背景下。国内方面，疫情冲击下我国央行创设直达实体的货币政策工具，加大对实体经济的流动性投放力度，在缓解企业资金问题的同时避免出现严重的通货膨胀。国外方面，在全球超低利率的环境下，中国保持相对正常化的货币政策使人民币持续走强，需要持续关注汇率的调整与通胀率的内外联动关系。

（4）重视经常账户调整的潜在风险，改进进出口结构，利用汇率与经常账户的积极调整改善本国福利。2020 年由于疫情冲击，我国经常项目顺差规模增加，为人民币升值提供基本面支撑，但疫情催化的外贸增长具有不平衡性和不可持续性，经常账户改善的边际动能势必递减。本案例发现小幅汇率超调和适度贬值有利于改善经常账户，后疫情时代要达到稳出口和国际收支自主平衡的要求，可以发挥汇率对经常账户的影响作用。

附表 5-1　汇率超调国家一览表（$\alpha=10\%$）

名称	危机时间	超调时点	基础贬值	汇率超调	名称	危机时间	超调时点	基础贬值	汇率超调
阿根廷	2001 年 11 月	7	122.3%	22.5%	印度尼西亚	2013 年 6 月	6	10.7%	5.2%
阿根廷	2013 年 11 月	5	−5.6%	21.4%	以色列	1998 年 7 月	3	2.2%	11.0%

续表

名称	危机时间	超调时点	基础贬值	汇率超调	名称	危机时间	超调时点	基础贬值	汇率超调
阿根廷	2015年12月	3	7.0%	15.3%	韩国	1997年9月	4	22.5%	26.7%
阿根廷	2018年4月	5	23.8%	14.9%	韩国	2008年7月	7	12.3%	13.9%
阿根廷	2020年5月	6	6.9%	0.0%	马来西亚	1997年6月	7	28.8%	13.1%
澳大利亚	2008年7月	7	2.3%	22.9%	墨西哥	1994年9月	6	25.4%	28.4%
澳大利亚	2013年4月	22	21.4%	0.0%	墨西哥	2008年7月	7	12.0%	11.1%
巴西	1998年10月	4	30.5%	17.0%	墨西哥	2011年7月	11	1.8%	10.5%
巴西	2002年5月	5	18.3%	21.3%	墨西哥	2019年12月	4	6.1%	15.0%
巴西	2008年8月	4	−3.3%	28.0%	菲律宾	1997年6月	16	15.8%	15.7%
巴西	2013年5月	22	21.5%	2.4%	波兰	2008年8月	6	20.5%	12.0%
巴西	2015年6月	3	−6.8%	22.8%	罗马尼亚	1995年8月	18	−12.3%	34.9%
巴西	2019年12月	10	31.6%	3.2%	罗马尼亚	1998年8月	7	5.6%	18.2%
保加利亚	1994年7月	24	15.7%	0.0%	俄罗斯	1994年7月	3	−40.9%	50.0%
保加利亚	1996年9月	3	−35.0%	47.6%	俄罗斯	1998年6月	7	67.9%	17.7%
加拿大	2008年7月	8	−1.0%	15.3%	俄罗斯	2008年10月	4	5.6%	13.1%
哥伦比亚	1998年7月	24	34.5%	0.0%	俄罗斯	2014年8月	18	30.0%	15.9%
哥伦比亚	2002年5月	10	15.3%	8.2%	俄罗斯	2019年12月	10	21.9%	0.8%
哥伦比亚	2006年3月	3	−13.2%	22.8%	南非	1996年1月	10	6.3%	12.6%
哥伦比亚	2008年7月	7	−5.2%	20.8%	南非	1998年4月	3	15.7%	2.2%
哥伦比亚	2015年5月	9	4.4%	15.1%	南非	2001年7月	5	−5.6%	34.0%
匈牙利	1995年1月	11	2.2%	6.7%	南非	2006年3月	24	35.1%	0.0%
匈牙利	2011年8月	3	7.1%	5.6%	南非	2008年7月	5	−17.0%	28.0%
冰岛	2001年3月	8	−5.5%	16.7%	南非	2011年7月	23	27.0%	2.8%
冰岛	2006年1月	5	13.8%	6.4%	南非	2019年12月	4	8.4%	12.1%
冰岛	2008年7月	4	17.3%	13.5%	泰国	1997年4月	9	25.2%	27.2%
冰岛	2018年8月	24	23.0%	0.0%	土耳其	2000年11月	9	21.5%	23.9%
印度	2013年5月	4	−2.2%	11.7%	土耳其	2006年2月	4	−5.3%	22.7%
印度尼西亚	1997年6月	12	41.3%	53.1%	土耳其	2016年10月	23	42.3%	11.1%
印度尼西亚	2008年8月	6	−7.7%	22.4%	土耳其	2019年2月	20	26.1%	1.1%

附表 5-2 汇率超调国家一览表（$\alpha=20\%$）

名称	危机时间	超调时点	基础贬值	汇率超调	名称	危机时间	超调时点	基础贬值	汇率超调
阿根廷	2001 年 11 月	7	122.3%	22.5%	韩国	2008 年 8 月	6	9.7%	15.0%
阿根廷	2013 年 11 月	5	−5.6%	21.4%	墨西哥	1994 年 10 月	5	26.4%	27.5%
阿根廷	2015 年 12 月	3	7.0%	15.4%	墨西哥	2020 年 1 月	3	7.8%	15.0%
阿根廷	2018 年 4 月	5	23.8%	14.9%	罗马尼亚	1996 年 10 月	4	−30.9%	45.7%
澳大利亚	2008 年 7 月	7	2.3%	22.9%	俄罗斯	1994 年 7 月	3	−40.9%	50.0%
巴西	1998 年 10 月	4	30.5%	17.0%	俄罗斯	1998 年 6 月	7	67.9%	17.7%
巴西	2002 年 5 月	5	18.3%	21.3%	俄罗斯	2008 年 11 月	3	7.7%	12.5%
巴西	2008 年 8 月	4	−3.3%	28.0%	俄罗斯	2014 年 9 月	17	25.6%	16.6%
巴西	2020 年 2 月	8	25.2%	3.2%	南非	2001 年 9 月	3	−15.8%	35.8%
保加利亚	1996 年 2 月	10	−15.7%	46.2%	泰国	1997 年 6 月	7	28.3%	28.3%
冰岛	2008 年 7 月	4	17.3%	13.5%	土耳其	2000 年 12 月	8	21.2%	23.7%
印度尼西亚	1997 年 7 月	11	30.5%	56.4%	土耳其	2018 年 5 月	4	11.4%	10.7%
韩国	1997 年 9 月	4	22.5%	26.7%					

附表 5-3 汇率超调国家一览表（$\alpha=30\%$）

名称	危机时间	超调时点	基础贬值	汇率超调	名称	危机时间	超调时点	基础贬值	汇率超调
阿根廷	2001 年 11 月	7	122.3%	22.5%	墨西哥	1994 年 10 月	5	26.4%	27.5%
阿根廷	2015 年 11 月	4	21.2%	13.2%	罗马尼亚	1996 年 10 月	4	−30.9%	45.7%
巴西	1998 年 11 月	3	34.6%	14.4%	俄罗斯	1994 年 7 月	3	−40.9%	50.0%
保加利亚	1996 年 2 月	10	−15.7%	46.2%	俄罗斯	1998 年 6 月	7	67.9%	17.7%
冰岛	2008 年 8 月	3	15.8%	15.4%	俄罗斯	2014 年 9 月	17	25.6%	16.6%
印度尼西亚	1997 年 9 月	9	46.0%	44.1%	土耳其	2000 年 12 月	8	21.2%	23.7%
韩国	1997 年 9 月	4	22.5%	26.7%					

参考文献

[1] 金洪飞，李阳. 发展中国家货币危机的经济代价：基于 1990—2002 年的经验分析. 当代财经，2006.

[2] 金洪飞，李子奈. 资本流动与货币危机. 金融研究，2001.

[3] 施建淮，余海丰. 人民币均衡汇率与汇率失调：1991—2004. 经济研究，2005.

[4] 吴丽华，王锋. 人民币实际汇率错位的经济效应实证研究. 经济研究，2006.

[5] 张晓朴. 人民币均衡汇率研究. 北京：中国金融出版社，2001.

[6] Calvo G., Reinhart C., "Fear of Floating," *Quarterly Journal of Economics*, 2002.

[7] Clark, P., MacDonald R., "Exchange Rates and Economic Fundamentals: A Methodological Comparison of BEERs and FEERs," IMF Working Paper, 1999.

[8] Cottani J. A., Cavallo D. F., and Khan M. S., "Real Exchange Rate Behavior and Economic Performance in LDCs," *Economic Development & Cultural Change*, 1990.

[9] Edwards S., Savastano M. A., "Exchange Rates in Emerging Economies: What Do We Know? What Do We Need to Know?" NBER Working Paper, 1999.

[10] Eichengreen B., Rose A. K., and Wyplosz C., "Exchange Market Mayhem: the Antecedents and Aftermath of Speculative Attacks," *Economic Policy*, 1995.

[11] Frankel J. A., Rose A. K., "Currency Crashes in Emerging Markets: An Empirical Treatment," *Journal of International Economics*, 1996.

[12] Ilzetzki E., Reinhart C. M., and Rogoff K. S., "Exchange Arrangements Entering the Twenty-First Century: Which Anchor will Hold?" *The Quarterly Journal of Economics*, 2019.

[13] Kaminsky G., Lizondo S., and Reinhart C. M., "Leading Indicators of Currency Crises," IMF Working Paper, 1998.

[14] Williamson, "Estimates of FEERs," in J. Williamson: *Estimating Equilibrium Exchange Rates*, Washington, D. C., 1994.

案例 6

“原油宝”爆仓：多方缺位导致的爆雷

本案例教学目标：

1. 了解原油期货负价格事件；
2. 理解中行“原油宝”产品；
3. 理解“原油宝”为什么会爆仓；
4. 理解金融产品风险管理的重要性。

北京时间 2020 年 4 月 21 日凌晨 2：30，芝加哥商品交易所（CME）美国西得克萨斯轻质低硫原油期货 2020 年 5 月合约（记为 WTI 2005），在到期（北京时间 2020 年 4 月 21 日到期）前的最后交易日结算报价为－37.63 美元/桶。油价暴跌并以负值结算出场，造成以这一期货品种作为投资标的的中国银行一款理财产品——“原油宝”出现多头穿仓，给国内投资者造成了惨重的损失。“原油宝”的投资者不仅将全部本金赔光，还额外欠了中国银行一笔钱。一时间，“原油宝”“中国银行”“负油价”等词语刷屏网络，引发热议。经过几个月的发酵，“原油宝”事件的风波以判罚中国银行 5 050 万元收场，发生在国际原油期货市场上的穿仓亏损重挫了以中国银行为首的国内资本市场。

一、负价格结算：历史上第一次

2020 年席卷全球的新冠疫情暴发，停产停工导致原油需求量大幅减少，多起“黑天鹅”事件的爆发，严重冲击了国际金融市场。美国东部时间 2020 年 4 月 20 日，根据芝加哥商品交易所的报价，纽交所（NYMEX）的美国西得克萨斯轻质低硫原油期货 2020 年 5 月合约当日最低价跌至每桶－40.32美元，最终以－37.63美元/桶这样史无前例的负油价结算。① 11月美国商品期货交易委员会（CFTC）公布了4月负油价调查结果，认为负油价是由基本面因素和基数问题等多种因素导致，包括油市供应过剩、病毒导致需求减少、供需不确定、WTI原油出现史诗级价格波动等。这是国际原油期货市场有史以来首次出现负价格，尽管WTI 2005合约价格于翌日就恢复为正，但受此极端事件影响，国际金融市场产生了一系列影响深远的多米诺骨牌效应，其中就包括"原油宝"穿仓事件。

北京时间2020年4月21日，中国银行股份有限公司（下称"中国银行"或"中行"）就这一事件发布解释公告，称将暂停"原油宝"产品中美国原油期货合约交易一天②；4月22日中行再次在官网公告称，将根据芝加哥商品交易所规则，参考－37.63美元/桶的价格进行合约结算。③ 按照这一公告，中行"原油宝"多头客户将承担穿仓带来的巨额损失。根据新浪财经的相关调查，约有6万用户在中行开通"原油宝"业务，除了5%左右的客户持仓方向为空，其余客户全部持有多单，即中行要在外盘对冲掉那九成的多头头寸。当时"原油宝"客户持有的2.4万～2.5万手多单按协议价格结算后，可能会产生约100亿元的损失。④ 这次穿仓事件后，这部分投资者不仅无法拿回原本的42亿元保证金，还倒欠中行共计超过58亿元的保证金。一时间大量投资者通过投诉维权的方式寻求法律的保护，关于客户与中行的责任界定问题也成为热议的焦点。

中国银保监会高度重视"原油宝"事件，于2020年5月中旬按照有关法律开始进行调查，后于12月5日针对中国银行在"原油宝"风险事件中存在的四方面主要问题做出批示，并开出了对包括中行及其分支机构在内的罚款金额合计5 050万元的五张罚单。从"原油宝"事件发生、发酵到罚处，国内各家商业银行相继开始反思自身理财产品，特别是个人账户交易业务中存在的风险管理漏洞。2020年11月底，包括国有五大商业银行和招商银行、平安银行等股份制银行在内的国内近二十家大型银行纷纷向其账户贵金属业务的客户提示相关风险，并暂时停止此类业务个人新开立账户。就目前状况来看，受国际市场影响，我国商业银行这部分业务仍存在较大风险，新客户短时间内较难开启个人账户贵金属签约。在吸取"原油宝"事件的教训后，我国商业银行也应意识到相关业务存在较大的改革完善空间。

自2013年中国工商银行成为国内首家开展账户原油业务的银行开始，多家银行相继推出类似产品，给国内希望间接参与国际原油期货交易并有一定风险承担能力的投资者提供了一种新型投资方式。经过几年的发展，这一商业银行创新理财产品虽然丰富了理财产品投资种类、拓宽了投资渠道，但"原油宝"事件的发生也暴露出了我国诸多理财产品，特别是账户

---

① 目前世界上的原油期货合约主要有4个：纽约商业交易所（NYMEX）的轻质低硫原油即"西得克萨斯中质油"期货合约、迪拜商品交易所（DME）的高硫原油期货合约、伦敦国际石油交易所（ICE）的布伦特原油期货合约和新加坡交易所（SGX）的迪拜酸性原油期货合约。WTI2005是2020年4月22日到期的、采取实物交割的原油期货合约。

② 中国银行股份有限公司．关于我行原油宝产品美国原油合约4月21日暂停交易的公告．中国银行股份有限公司网站，2020-04-21.

③ 中国银行股份有限公司．关于原油宝2020年4月22日合约结算价格的公告．中国银行股份有限公司网站，2020-04-22.

④ 财新：中行原油宝总体损失规模估计不少于90亿元．新浪财经，2020-04-26.

原油业务的不足，如产品相似度和可替代性较高、严重依托国外市场、权利义务界定不清等问题。我国商业银行个人理财要想获得业务质量的提升，必须厘清其中存在的缺陷。

二、诡谲复杂的爆仓故事

（一）负油价产生背景

1. WTI 2005 期货合约

WTI 2005 期货合约是 2020 年 5 月到期的原油期货合约，属于产自美国得克萨斯州的轻质低硫油种。合约协定交割日为美国东部时间 4 月 20 日（北京时间 4 月 21 日），以实物形式进行交割，地点设定为美国俄克拉荷马州的库欣镇。根据芝加哥商品交易所的规定，参与原油期货实物交易必须具备一定条件：在交割地所在州有储存地，且提前三天申报审批，显然中行并不具备这样的资格。而在临近交割日时，原油市场受新冠疫情影响导致供给大过需求，库欣镇库存已满，原油储存成本变得十分高昂，少有贸易商愿意在这时购入原油。此时持有大量多头头寸的中行不得不降低合约价格，寻找愿意购入的短头寸方。而买方显然看准了中行的“不得不”，把合约价格一再拉低以牟取利润。对于此次参与非实物交割的中行来说，这笔交易的损益就等于平仓日的期货价格（−37.63 美元/桶）与最开始买入头寸的价差。

2. 原油价格影响因素

一般来讲，影响原油价格的因素分为长期因素和短期因素。从长期来看，原油价格主要受国际范围内石油的储藏量、石油产量和开采成本等供给侧因素影响，以及世界经济增长、替代能源、能源利用效率和低碳环保政策意识等需求因素影响。从短期来看，原油价格也受到地缘政治、重大突发事件、金融因素（国际主要货币价格）和石油库存等因素的影响。2020 年国际原油价格的巨幅震荡是多种因素共同作用的结果，是在长短不同维度的因素和经济、政治等不同角度的原因合力推动下造成的特殊历史事件。

2020 年国际原油价格暴跌，背后有长期以来国际市场上石油供应关系极其不平衡的原因。从需求方面看，2018 年以来，全球经济处于下行周期，对石油需求的带动动力不足；加之能源消费变得越来越清洁、低碳，替代性能源的消费比例攀升，进一步抑制了石油的消费需求。从供给方面看，由于石油技术不断升级，供给能力不断提高。但是原油市场首次出现负价格，实属罕见，更多的是受到多种短期因素共同作用的冲击。

黑天鹅——新冠疫情全球蔓延。北京时间 2020 年 1 月 31 日凌晨，此次新冠疫情被世界卫生组织定义为“突发公共卫生事件”①，此后全球恐慌情绪指数陡增，引发一连串的金融市场动荡。2 月 24 日，全球股市暴跌；3 月 9 日三大股指跌幅超过百分之七，诱发美股熔断；3 月 12 日，三大股指跌幅超过百分之九，再次触发熔断；3 月 16 日，道琼斯指数创 20 世纪 80 年代末以来的单日最大跌势，美股第三次熔断；3 月 18 日，美股第四次熔断。在这历史性的“黑色一周”中，各类国际金融市场的恐慌情绪传递叠加，股市、债市、大宗商品市场都受到了不同程度的冲击，相互承压。受股市影响，3 月 9 日

---

① 世界卫生组织将新型冠状病毒疫情列为 PHEIC. 人民网，2020 - 01 - 31.

国际油价开盘后即暴跌，当天最低点跌幅超过了开盘价三成，创 20 世纪 90 年代海湾战争以来的单日最大跌势。

导火索——国际原油价格战。在新冠疫情的冲击下，2020 年年初国际原油市场需求端就开始呈现剧烈收紧现象，始终处于供过于求的局面。为刺激经济恢复，部分产油国希望增加原油开采量，3 月 6 日石油输出国组织及盟友（OPEC＋）谈判破裂，原油减产计划暂时无法实现；3 月 8 日沙特阿拉伯宣布原油增产降价，全球最大产油国间的一场没有硝烟的价格战由此拉开帷幕，直接导致了 3 月 9 日油价的暴跌。

助推器——交割地储存空间不足。疫情暴发以来，多国停产停工导致国际原油库存始终处于高位，主要产油国间的价格贸易战又进一步拉高了供给，使油价承压。3 月 18 日，美国能源信息署（EIA）提供的美国原油库存数据显示，美国当周原油库存储备量创前一年第三季度以来新高；4 月 12 日，虽然 OPEC＋达成了大规模的减产协议，但因协议执行滞后，难以扭转原油供应过剩的局面。4 月 15 日，国际能源信息署报告称，预计 2020 年世界范围内的原油需求量平均每天会减少 930 万桶。WTI 原油期货合约的协议交割地库欣镇位于内陆地区，原油需要通过管道运输与存储，处置成本较高。而在临近交割日，库存空间不足的情况下，多头不得不支付高昂的费用寻找仓储，从而使得空头方趁机狙杀油价。

风向标——期货市场交易规则变更。针对原油价格暴跌的情况，芝加哥商品交易所在 2020 年 4 月 8 日发布公告，提出如果主要能源价格在未来几个月继续降至零，芝加哥商品交易所可能实施一个测试计划，以支持潜在的负期货价格的可能性，使市场能够继续正常运行。后又于 4 月 15 日再次发布公告，称近期一些市场行为使纽约商品交易所能源期货合约可能会在零值或负值交易，如果出现上述情形，芝加哥商品交易所的全部交易结算系统运行不会受到影响。芝加哥商品交易所把负油价纳入期货合约交割清算范畴这一举措为负油价的出现提供了制度上的支持。

具体时间点可见图 6 - 1。

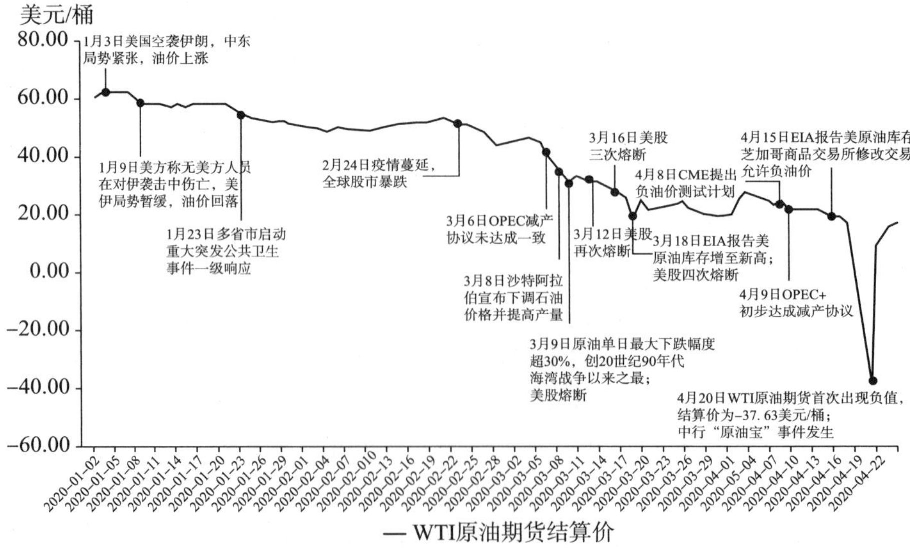

图 6 - 1　负油价背景事件梳理

资料来源：WIND.

（二）“原油宝”穿仓始末

2018年年初，中国银行开通个人账户原油业务，并命名为“原油宝”，旨在向境内无法直接参与境外原油期货交易的个人投资者提供服务，这一产品以国际原油期货价格变动为基础。按照报价的参考对象不同，中行在“原油宝”产品中为国内投资者提供美国和英国两个原油市场的交易服务。个人客户参与“原油宝”交易需缴纳百分之百的保证金，交易中不能加杠杆，交易类型分为“先买后卖”（做多）与“先卖后买”（做空），产品购买成功后只计份额、不提取实物，每笔交易以1桶为最小交易量，按0.1桶增加。交易方向和数目由客户自行决断，中国银行充当做市商角色，及时向客户提供报价并起到风险管理的义务。根据交易协议，“原油宝”的交易时间为每周一至周五，系统从8：00开放到次日凌晨2：00；合约的最后交易日交易时间为当日早8：00到晚22：00。“原油宝”穿仓事件发生的4月21日（美国东部时间4月20日）正是WTI 2005合约的最后交易日①，所以交易在北京时间4月20日晚22：00结束。

“原油宝”在2020年4月20日的穿仓并非偶然事件，其实早在4月3日中行原油交易APP就出现过瘫痪现象，这在一定程度上暴露了“原油宝”交易平台技术支撑不够的问题。4月3日当天油价暴涨后又迅速回落，经历了过山车式的价格波动，这一走势波及了中行交易系统，导致部分投资者未能及时平仓，收益直接损失一半。4月8日和4月15日芝加哥商品交易所的两次公告为负价合约的出现创造了可能性。4月14日、15日工行、建行由于产品设计与中行存在差异，选择在最后交易日的前一周移仓换月，为交易提供了更强的流动性，而中行在设计上选择接近期限移仓，满足了想要临期抄底的客户需求，但无形中也大大增加了流动性风险。中行在4月22日的情况说明中提到，意识到国际油价波动剧烈可能带来的风险，中行自4月6日起通过多种渠道和形式提示“原油宝”持仓客户注意市场波动风险。美国东部时间4月19日18：00，WTI 2005的开盘价为17.73美元/桶，后急剧下挫，4月20日国际原油市场上演了史诗级的“灾难片”，至北京时间4月20日晚22：00“原油宝”账户交易时间结束时，油价已经下跌到了每桶11.7美元，中行下达TAS（结算价交易）指令，将以次日凌晨2：30的结算价成交其持有的原油期货。北京时间4月21日凌晨2：00后，华尔街空军砸盘，原油期货成交价在2：08首次跌为负值。4月21日2：30，原油期货结算报价为－37.63美元/桶。具体时间点可见图6－2。

4月22日9：00左右，中行宣布“原油宝”WTI原油2005期货合约将以－37.63美元/桶结算。该声明一出，顿时引起轩然大波，随后新闻舆论开始发酵。后有“原油宝”客户称陆续收到短信提示，中行要求这些多头持仓者根据当晚平仓价格，补缴平仓带来的损失。“原油宝”之前的协议中规定，当保证金充足率低于最低比例（协议规定为20%）时，中行会进行强制平仓，损失严重的投资者质疑中行未尽到履约义务。当日16：00左右，针对这一质疑中行回应称，4月20日22：00“原油宝”就已经停止交易

① 根据WTI原油期货的规定，当前交割月份的合约须在交割月前一月25日前的第3个营业日终止，如果该月25日不是营业日，那么合约应于25日前一个营业日之前的第3个营业日终止。

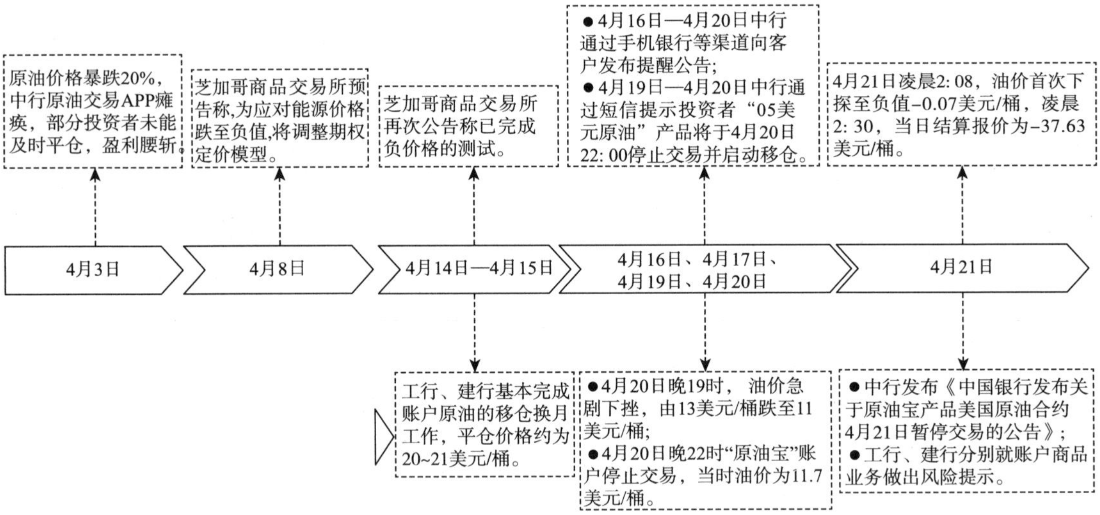

图 6-2 “原油宝”穿仓前奏

了，时价为每桶 11.68 美元，按照设计及约定，“原油宝”市场价格只要为正，就不会触发多头平仓，而当天保证金是 22：00 之后跌至充足率 20%以下的。4 月 22 日 21：00 左右，建行发布公告，将暂停账户原油业务的新开仓操作。当天 22：00 左右，中行再次公告将依法合规处理后续事宜。此后，中行删除了 APP“原油宝”交易界面里的全部数据记录和个人信息情况等信息达 10 小时左右。4 月 13 日交通银行也发布公告，将暂停账户原油业务的新开仓操作。具体时间点见图 6-3。

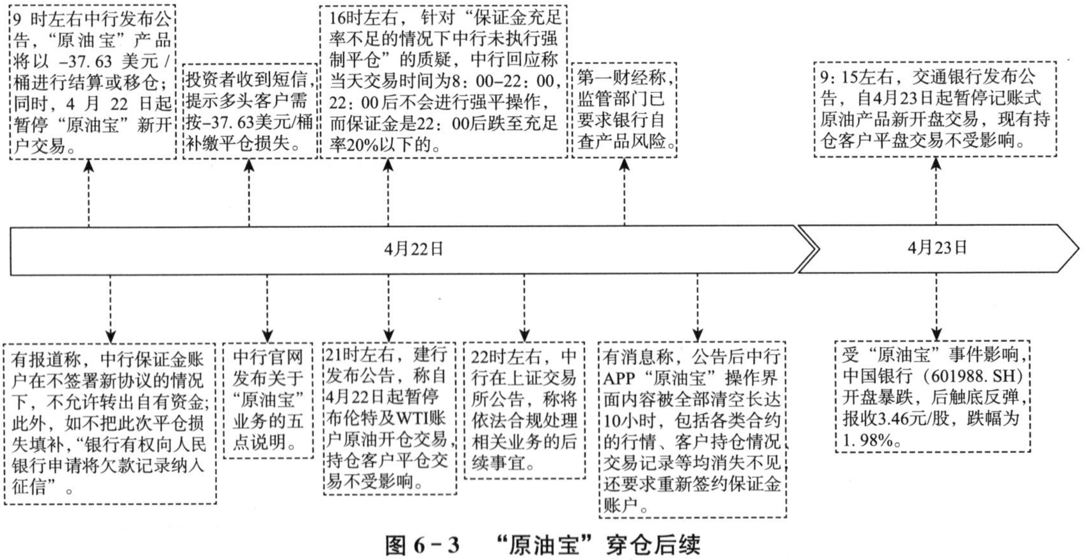

图 6-3 “原油宝”穿仓后续

“原油宝”风险事件发生后，我国监管机构迅速做出反应，要求各家银行进行风险自查。事件之后的一周时间，又有工商银行、浦发银行、建设银行等多家商业银行陆续暂停金属账户、能源账户等产品的开仓操作，截至 2021 年 3 月仍未恢复此类业务的开仓交易。2020 年 4 月 30 日，银保监会称将监督敦促中国银行合规照章处置后续事宜。5 月 5

日，中国银行称正积极与客户沟通，期望在平等自愿的基础上协商和解。5 月中旬，中行方面透露，已与超 80%的客户达成了和解协定。根据和解内容，中行方面将承担全部负价亏损，归还之前扣划的平仓损失，本金 1 000 万元以下的投资者还有机会得到 20%的保证金补偿。针对“原油宝”解决方案的争议，银保监会于 5 月中旬启动了对该案件的调查，并于 12 月初向中国银行开出了 5 张罚单，就中行存在的产品管理不规范、风险管理不审慎、内控管理不健全、销售管理不合规等问题，对中国银行及其分支机构罚款合计 5 050 万元。至此，这一历时半年的纠纷终于落下了帷幕。

三、诡谲复杂故事背后的见微知著

（一）“原油宝”产品设计问题

根据中国银行关于“原油宝”产品的描述，这是一种与国外期货合约价格直接实时连接的、面向个人投资者、在商业银行柜台（OTC）交易的结构性衍生品，中国银行充当做市商的角色，在为客户提供报价、账户清算等服务的同时，还尽到风险管控的职责。实质上，“原油宝”交易的对象并非原油本身，它是中行与国内投资者间进行的柜台交易，对象是参照 WTI 原油期货合约计价的一种虚拟资产，如图 6－4 所示。作为做市商，理论上中行可以通过与所有客户进行对手方交易，轧平“原油宝”多空头头寸，对于净多空头寸则需要中行自己进行风险暴露管理，这部分风险应由中行承担，国内投资者并不一定面临交易风险。对于国内投资者来讲，内盘与外盘相对独立，唯一的联系是“原油宝”产品合约的报价挂钩原油期货合约，中行在外盘原油期货市场穿仓与国内投资者并不发生直接关系，因为国内客户持有的并非原油期货合约的多空头，仅是一种虚拟的金融衍生品。

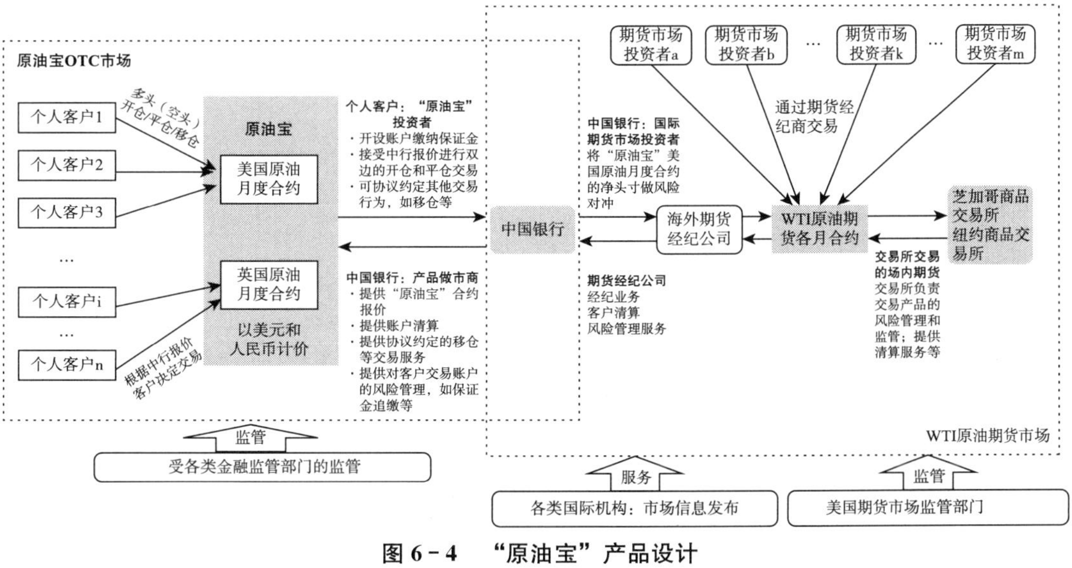

图 6－4 “原油宝”产品设计

除中行外，我国还有工行、建行等多家银行开通了“纸原油”业务，而这些银行并未在此次负油价中遭受特别大损失的原因，是它们在产品设计时提前了移仓换月的期限，为合约交易增加了流动性。而“原油宝”在产品合约设计、产品结算价形成等方面都暴露了一定缺陷。首先，“原油宝”产品的合约是一期结束才开始新一期，相邻两份合约没有时间重叠，如果存在时间窗口且价格发生大幅变动，可能使移仓面临巨大的风险暴露。其次，按照一般规则来讲，前月的合约平仓或移仓不应晚于最后交易时刻，且应提前约定告知投资者，后月合约采取怎样的方式计算移仓结算价。

（二）投资者教育及风险匹配问题

1. 投资者教育

此次“原油宝”风险事件的发生与国内投资者教育不完善密切相关。在原油期货价格暴跌后，投资者受认知偏差影响产生过度自信心理，或是受噪声交易误导产生从众心理，未考虑交割日特有的逼仓风险，也没有关注到芝加哥商品交易所的负价交易规则修改和中行此前的风险提示，没有考虑到油价可能跌为负值的情况，盲目抄底做多，才酿成了后来的巨大风险。

2. 投资者风险匹配

“原油宝”之所以会吸引为数不少的不合格投资者参与，究其原因主要是中行风险评估不足和涉嫌虚假宣传。根据理财产品的不同风险特性，商业银行一般按照五个等级进行分级（见表6-1）：

表6-1 商业银行理财产品风险等级

产品风险等级	风险水平	评级说明	对应产品类型	适用投资者	亏损概率
R1级	保守型 低风险	保证本金兑付，收益稳定	存款类产品、国债、保本型理财、货币基金	C1、C2、C3、C4、C5	零
R2级	稳健型 中低风险	不保证本金的偿付。本金损失风险较小，收益浮动且相对可控	信托产品、债券型基金、银行普通理财	C2、C3、C4、C5	接近零
R3级	平衡型 中等风险	不保证本金的偿付，本金亏损风险小，收益浮动且有一点波动	部分银行理财、债券、混合型基金、净值型理财等	C3、C4、C5	较低
R4级	进取型 中高风险	不保证本金的偿付，本金损失风险较大，收益浮动且波动较大，投资较易受到市场波动和政策法规变化等风险因素影响	股票型基金、指数型基金、阳光私募基金、私募股权基金、股票等	C4、C5	较高
R5级	激进型 高风险	不保证本金的偿付，本金损失风险极大，收益浮动且波动极大，投资较易受到市场波动和政策法规变化等风险因素影响	期货、外汇、贵金属等杠杆型产品	C5	高

按照通用的理财产品风险等级判断，“原油宝”的风险等级应判定为高风险的R5级，

与其对应的投资者应为具有超高风险承受能力的人群，然而中行却将“原油宝”包装成低风险、稳健收益的产品，甚至在宣传中出现“适合投资小白”“原油比水还便宜”等语句，片面强调收益而隐瞒风险，使得不具备相应承受能力和理财知识素养的投资者草率入场，进而造成后期的非理性投资，严重损害了消费者权益。

（三）中国银行风险管理问题

中国银行在此次“原油宝”事件中，从事前设计到事中控制再到事后处理的环节，都存在风险管理方面的问题。首先，中行对于市场的风险评估不足。我们注意到，国内除中行外还有多家银行开通了账户原油交易业务，但并未遭受中行这样大的损失，早在最后交割日期的前一周，工行、建行就已完成了合约的移仓。在国际原油期货市场波动如此剧烈的情况下，中行理应考虑到临近交割日时的流动性短缺问题，不应该暴露如此大的风险敞口。其次，中行在风险控制程序上也不够科学。根据合约规定，当原油价格下跌至损失 80%保证金时会强制平仓。但“原油宝”的交易时间为 8 时到 22 时，在非交易时间内，客户无法通过中行渠道对持仓进行控制，也就是说，在“原油宝”交易时间外至外盘原油期货大跌之间存在很大的时间敞口，加之中行不合理的程序化设定，在期货市场中没有足够对手盘时，系统默认以更低的价格达成交易。最后，中行的风险预警机制缺乏敏感性。显然，“原油宝”的风控设计优化速度没有跟上市场的变化，在 2020 年“黑天鹅”频发、油价剧烈波动、CME 修改交易规则的情况下，中行仍未认识到自身产品的缺陷，并以不恰当的方式营销，使大量不合格投资者进场，无形中聚积的潜在风险导致后来的爆雷。

（四）法律法规及外部监管问题

1. 业务合规性边界模糊

中行“原油宝”是一项商业银行创新业务，建行、工行等多家大型商业银行均有类似产品。国内推出这类产品的商业银行均将其定义为理财产品，但是中行在此次事件中并未主动规避风险，履行投资管理的义务。此外，由于和“纸原油”产品挂钩的是国际原油期货，银行从事的是代客交易还是做市交易较为模糊。

现行《中华人民共和国商业银行法》对商业银行的经营范围规定并不清晰，这导致在实际市场中较难判定某一业务是否合规，因而多家银行推出这种高风险、权利义务难以界定的产品时，相关监管部门并未做出有效限制，且为事情发生后的责任推诿创造了一定真空地带。

2. 监管体系不完善

在之前相当长的一段时间内，我国金融体系的监管执行的是银行、保险、证券分业监管，各类监管机构各司其职的体系。随着金融业混业经营态势的发展，我国监管机构在职能和设置上也做出了相应调整，如 2017 年成立的国务院金融稳定发展委员会、2018 年合并成立的银保监会等。但是，对金融混业经营的监管体制在短时间内仍处于不断探索、完善阶段，仍然避免不了监管真空、监管重叠等问题，特别是对于像“原油宝”这种法律规定不清晰的产品，就容易出现监管失职行为。

四、亡羊补牢，为时未晚

中国银行“原油宝”穿仓事件，虽然给国内金融市场和投资者造成了巨大的损失，但痛定思痛去发现其中存在的漏洞和不足，也不失为一个完善国内金融产品和健全金融市场的契机。

1. 金融机构方面

中行在风险测试过程中存在漏洞，没有客观评估产品的风险等级，虚假宣传并有意隐瞒风险，以至于将“原油宝”包装为一款低风险产品，向风险承受能力不足的客户销售。金融机构在高风险理财产品的设计、测试、营销等方面，应充分借鉴中行的教训，优化结构设计和运行流程，将增强风险意识与提升创新能力作为同等要事来抓，加强投资者适当性管理，提升理财业务专业性。对于容易产生争议的产品业务，应做出通俗性、充分性的信息披露。此外，在事情发生后，中行在面对重大危机事件时，没有做到快速积极有效的舆情处理，导致事后一段时间中行的信誉受损，存贷业务也出现了挤兑现象。这给予金融机构的警示是，不能回避舆情、逃避责任，而应及时提出有力有序的应对方案，最大限度降低信誉风险。

2. 投资者方面

我国金融市场投资者相较于国外来说存在散户多、机构少的情况，缺乏专业知识储备和投资经验的散户投资者在市场上更容易表现出非理性经济心理，影响正确投资判断的做出。“原油宝”风险事件背后，许多投资者是理财“小白”，对国际期货交易一知半解，在油价处于低点时盲目跟风，纷纷抄底，头寸方向过于集中，导致风险敞口扩大。因此，加大我国投资者教育力度势在必行。投资者在投资理财产品前应对合同内容、产品运行机制等有清晰的认识，平时多留意公告信息等的变化，时刻树立风险意识，避免盲目投机。

3. 监管机构方面

之前公众对于“原油宝”产品性质的界定存在争议，这是由于我国监管机构对于这些边缘类产品的监管职责划分不明确，对消费者的权益维护力度不够。在我国商业银行理财产品发展日新月异的当下，各类金融监管当局都应以发展的眼光看待金融监管，做好风险预警，防范化解各类重大金融风险，尽职尽责维护好我国金融市场的稳定。具体来说，对于商业银行理财产品要明确市场准入标准，日常应密切关注商业银行风险动态，并在风险发生后尽快出台应对方案。

4. 法律法规方面

“原油宝”穿仓事件发生后的很长一段时间，都存在中行和投资者在责任认定上的纷争。究其原因，与我国在相关边缘类、创新型金融产品的法律规定上存在空白，法律体系的发展速度落后于商业银行理财产品的迭代速度不无关系。为此，相关立法部门亟需对已有金融产品的漏洞进行修补，此外，还应对未来可能出现的问题提出一些前瞻性的原则性规定，尽可能大范围地覆盖未来的金融交易活动。

2020 年中行“原油宝”风险事件给我国金融机构、投资者、监管部门等各类市场主体都上了极具教育意义的一课。我国在商业银行理财产品市场上仍存在许多问题，怎样吸取这次事件的教训和西方国家的先进经验，制定出更适合我国国情的、更为完善的理财产品风险管理防范措施，是银行和监管机构都需要认真思考的问题。

“原油宝”事件的发生主要暴露出“原油宝”产品设计的问题、投资者教育和风险匹配问题，以及中国银行风险管理上的问题。国外发达国家商业银行理财产品市场和我国相比较为成熟，我们可以吸收其先进经验：培育发达的金融市场、健全完善风险管理机制，并且高度重视投资者的权益保障。就我国理财产品市场而言，既需要营造良好的外部环境，也需要创建有序的内部环境。在商业银行系统之外，需要监管机构完善制度体系，也需要投资者提高自身素质；在银行系统内部，需要国内每一家银行都强化自身全面风险管理、注重从业人员专业素养提升、创新运用金融科技手段，以及牢牢树立市场导向意识和信誉意识。

近年来，我国商业银行理财业务方兴未艾，但繁荣景象下是理财产品的趋同化现象，只有强化市场导向，形成银行自己的核心竞争力，才能在不断满足投资者需求的同时，在银行理财产品的红海竞争中立于不败之地。现阶段，我国金融市场体系已基本形成，整体正朝着更健全、更高效、更透明的高水平目标迈进。但是，随着我国金融不断向市场化、国际化方向推进，其逐渐暴露出与西方发达国家仍存在一定差距。要想真正追赶世界步伐，必须深刻认识到自身的不足，加快创新发展，推动我国金融市场继续深化改革。

参考文献

[1] 部慧，陆凤彬，魏云捷. “原油宝”穿仓谁之过？我国商业银行产品创新的教训与反思. 管理评论，2020 (9).

[2] 蔡钊，张方，陈典友，等. 商业银行信息系统研发风险管控. 北京：机械工业出版社，2015.

[3] 陈冠瑛. 我国商业银行理财产品风险管理研究. 北京：北京交通大学，2011.

[4] 陈兆松. 论我国商业银行个人理财业务风险控制. 贵州社会科学，2007 (8).

[5] 董彪. 金融衍生品风险与责任配置的法律分析：以“原油宝”事件为例. 南方金融，2020 (9).

[6] 林静. 我国商业银行理财产品的风险管理分析. 北京：对外经济贸易大学，2018.

[7] 刘学颖. 银行结构型理财产品设计研究. 天津：天津财经大学，2010.

[8] 陆静. 金融风险管理. 2 版. 北京：中国人民大学出版社，2019.

[9] 陆岷峰，陈志宁. 商业银行理财产品风险特征与管理策略. 哈尔滨金融高等专科学校学报，2009 (4).

[10] 吕楠，苏衍刚，杨舒然. 账户原油：“投资新法宝”. 中国城市金融，2015 (12).

[11] 宋鑫滟，王婧儿. 原油宝：重重迷雾后的博弈与悲哀. 新经济，2020 (7).

[12] 吴程程. 我国商业银行理财产品风险管理研究. 苏州：苏州大学，2018.

[13] 杨长岩，杨敏，郑平，等. 商业银行理财产品风险及其监管研究. 福建金融，2017 (8).

[14] 杨晓东. 金融创新风险与收益匹配问题研究. 北京：中国经济出版社，2015.

［15］杨尧均．县级城市商业银行开展个人理财投资业务的问题与对策．北方经济，2012（14）．
［16］叶伟春．金融营销．北京：首都经济贸易大学出版社，2019．
［17］银行业理财登记托管中心．中国银行业理财市场报告（2019 年）．中国理财网，2020-07-15．
［18］岳姗姗．商业银行理财产品风险管控策略研究．现代营销（下旬刊），2019（7）．
［19］郑钦．中行理财产品创新研究．厦门：厦门大学，2018．
［20］中国银行保险监督管理委员会．中国银保监会依法查处中国银行“原油宝”产品风险事件．中国银行保险监督管理委员会网站，2020－12－05．
［21］中国银行股份有限公司．中国银行关于原油宝业务情况的说明．中国银行股份有限公司网站，2020-04-22．
［22］周漪青．商业银行理财产品风险管理研究．北京：经济科学出版社，2016．
［23］朱亚莉．银行结构理财产品创新与风险控制．北京：大众商务，2010（4）．
［24］Brown G. W.，Cliff M. T.，“Investor Sentiment and Stock Returns，” *Journal of Empirical Finance*，2004（1）．
［25］CME，“CME Clearing Plan to Address the Potential of a Negative Underlying in Certain Energy Options Contracts，” CME Clearing，Advisory Notice，2020．
［26］CME，“Testing Opportunities in CME's ‘New Release’ Environment for Negative Prices and Strikes for Certain NYMEX Energy Contracts，” CME Clearing，Advisory Notice，2020．
［27］Daniel K. D.，Hirshleifer D.，and Subrahmanyam A.，“A Theory of Overconfidence，Self-Attribution，and Security Market Under- and Over-reactions，” *Finance*，2004．
［28］George A. Akerlof，“The Market for ‘Lemons’：Quality Uncertainty and the Market Mechanism，” *The Quarterly Journal of Economics*，1970．
［29］Gumerlock R. S.，“Internal Organisation of Risk Control and Management in a Bank with Large International Operations，” *Financial & Monetary Policy Studies*，1996．
［30］Kupiec Paul H.，“Techniques for Verifying the Accuracy of Risk Measurement Models，” *Journal of Derivatives*，1995．
［31］Russelljones M.，“Financial Risk Management：Derivatives，” *Governance Directions*，2014（2）．
［32］Sarra J. P.，“Risk Management，Responsive Regulation，and Oversight of Structured Financial Product Markets，” *Social Science Electronic Publishing*，2014．
［33］Steinmann H.，Chorafas D. Risk Management with Derivative Financial Products. Risk Management Society Publishing inc，1994．
［34］Vasileiou E.，“Behavioral Finance and Market Efficiency in the Time of the COVID-19 Pandemic：Does Fear Drive the Market?” *International Review of Applied Economics*，2020（1）．

案例 7

可转债：一种“攻守兼备”的看涨期权？

本案例教学目标：

1. 了解可转债的概念和基本条款；
2. 了解可转债的基本特性；
3. 了解可转债的定价机制；
4. 了解可转债的研究框架。

2018 年以来，随着 A 股市场进入一轮典型的熊牛转换期，供给大量扩容的可转债逐渐进入广大投资者的视野。因其所具备的一些特性，可转债这个曾经小众的类固定收益投资品种在这两年不仅转变为固定收益投资领域的胜负手，更是成为散户投资者、投机资金甚至部分权益基金所青睐的资产。那么，可转债究竟是什么？其定价机制如何？潜在风险又如何？

一、可转债的基本概念与条款

可转债全称为“可转换公司债券”，指上市公司发行的可以按照既定的转股价格转换为对应股票（通称正股）的债券。可转债以债的名义发行，通常我们将其理解为“纯债＋股票看涨期权”的组合，继而也赋予了其“进可攻、退可守”的理论特性。

我们来看一个典型的可转债发行条款，以帮助我们理解一些基本要素，见表 7－1。

可转债的一些基本要素包括债底、纯债溢价率、转股平价、转股溢价率、下修条款、回售条款及赎回条款等。一个简易的可转债结构如图 7－1 所示：

表 7-1 可转债发行条款

<table>
<tr><td>发行人</td><td>九州通
(600998.SH)</td><td>发行方式</td><td colspan="5">优先配售、网上定价和网下配售（参与者分别对应原股东、一般投资者和机构投资者）</td></tr>
<tr><td>发行规模</td><td>15 亿</td><td>债券期限</td><td>6 年</td><td>信用评级</td><td>AA+</td><td>担保人</td><td>无</td></tr>
<tr><td>票面利率</td><td colspan="7">累进利率：第一年 0.2%，第二年 0.4%，第三年 0.6%，第四年 0.8%，第五年 1.6%，第六年 2.0%</td></tr>
<tr><td>补偿利率</td><td colspan="7">可转债到期后五个交易日内，公司将按照债券面值的 108%（含最后一期利息）的价格赎回未转股的可转债，即补偿利率为 8%−2%=6%</td></tr>
<tr><td>转股价格</td><td>18.78 元</td><td>转股期</td><td>2016 年 7 月 21 日—2022 年 1 月 14 日</td><td>转股价调整</td><td colspan="3">正股发生送股、转增股本、增发、配股及派送红利时分别对应调整</td></tr>
<tr><td>转股价修正</td><td colspan="7">可转债存续期内，当公司股票在任意连续 20 个交易日中有 10 个交易日的收盘价不高于当期转股价的 85%时，公司董事会有权提出转股价向下修正方案并提交公司股东大会表决，经出席会议股东所持表决权的三分之二以上通过方可实施，表决时持有转债的股东应当回避。修正后转股价不应低于股东大会召开前 20 日股票交易均价和前一交易日均价之间较高者，同时不低于最近一期经审计的每股净资产和股票面值。</td></tr>
<tr><td>赎回期</td><td>同转股期</td><td>赎回条款</td><td colspan="5">在转股期内，若公司股票价格在任何连续 30 个交易日中至少有 20 个交易日的收盘价不低于当期转股价格的 130%（含），公司有权按照债券面值+应计利息赎回全部未转股的可转债。</td></tr>
<tr><td>回售期</td><td>2020 年 1 月 15 日—2022 年 1 月 14 日</td><td>回售条款</td><td colspan="5">在可转债的最后两个计息年度，若公司股票收盘价任意连续 30 个交易日低于当期转股价格的 70%时，持有人有权将其持有的全部或部分可转债按债券面值的 103%回售给公司。</td></tr>
</table>

资料来源：WIND.

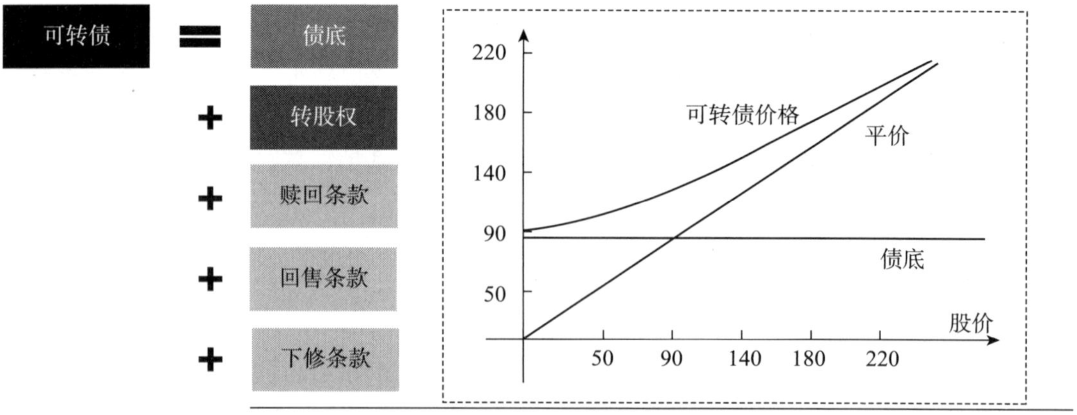

图 7-1 可转债结构示意图

资料来源：中金公司。

所谓债底，也称纯债价值，是指仅考虑可转债的债券属性，将其视作上市公司发行的普通债券，利用市场上同等评级、同等期限的纯债收益率作为贴现率，以该可转债累进利率的票息将其贴现到现在的价格。通常，在不考虑违约风险的情况下，债底可以阶段性地作为转债价格向下跌的“底部”。

纯债溢价率，指当前可转债实际价格相对于其纯债价值（债底）的溢价幅度。可以将其理解为在纯债基础上，我们愿意为可转债这么一份“看涨期权”所付出的期权价格，纯债溢价率越低，期权价格越便宜。一般情况下，纯债溢价率应该为正，但在特定市场情况下，可转债价格也可能因为潜在的违约风险或极度悲观的市场情绪跌破债底。纯债溢价率越低，可转债的防守属性越强。

可转债平价，即可转股价值，是指将可转债按照当前既定的转股价转换为正股后的对应价值，可转股平价＝(当前正股价/当前转股价)×100。

可转股溢价率，也称平价溢价率，指当前可转债实际价格相对于其转股平价的溢价幅度，通常也可以将其理解为我们对未来正股走势的预期。因为有赎回条款的压制，一般平价越高，对应的转股溢价率就会越低，逐渐趋近于零甚至为负数。当转股溢价率较低甚至为负时，我们称该可转债具有强股性，即可转债价格的波动基本完全等同于正股，可转债的防守属性被弱化。

赎回条款为发行人权利，多针对股价已经上涨较多时（通常超过30%），推动投资者转股使用。一般情况下赎回条款的存在限制了可转债投资者的最大收益空间，但发行人可以选择放弃执行该条款。

回售条款为投资者权利，是针对股价表现不佳时的保护。发行人多会尽力避免该条款，因为回售条款一旦执行，则代表可转债这一项类股权的融资失败，发行人需偿还这部分本金（即使票息很低），会面临一定的流动性冲击。投资者通常可以将其与下修条款结合起来讨论。

下修条款，同样为发行人权利，但体现为保护投资者利益，股价表现不佳时通过向下修正转股价可以重塑可转债转股价值（转股平价最高可以回到面值100元），发行人可以选择不执行该条款。发行人向下修正转股价，多数时候是为了规避回售，其他原因包括：(1) 原始股东配售可转债但股价表现不佳，为了维护股东权益；(2) 促使可转股尽快解决转债，有利于后续的再融资；(3) 投资者游说，为了维护公司资本市场形象等。需要注意的是，向下修正议案由董事会提出，须经股东大会表决，持有可转债的股东须回避表决，理论上存在下修议案不通过的可能性，当然此类案例相对较少。

我们利用一个示例更加直观地展示可转债一些常用指标的计算方法，见图7-2。

二、可转债的资产特性

可转债近几年被越来越广泛的投资者认识，并逐渐发展为一个存续规模为6 000亿～7 000亿元，潜在规模破万亿的小主流资产，这与其特有的资产属性不无关系。

(一) 对于投资者而言

1. 进可攻、退可守

“攻守兼备”是投资者初步认识可转债时通常会接触到的一个词，用这个词形容可转债既对，也不完全对。首先可转债基于其纯债＋看涨期权的特性，确实在牛市能够发挥

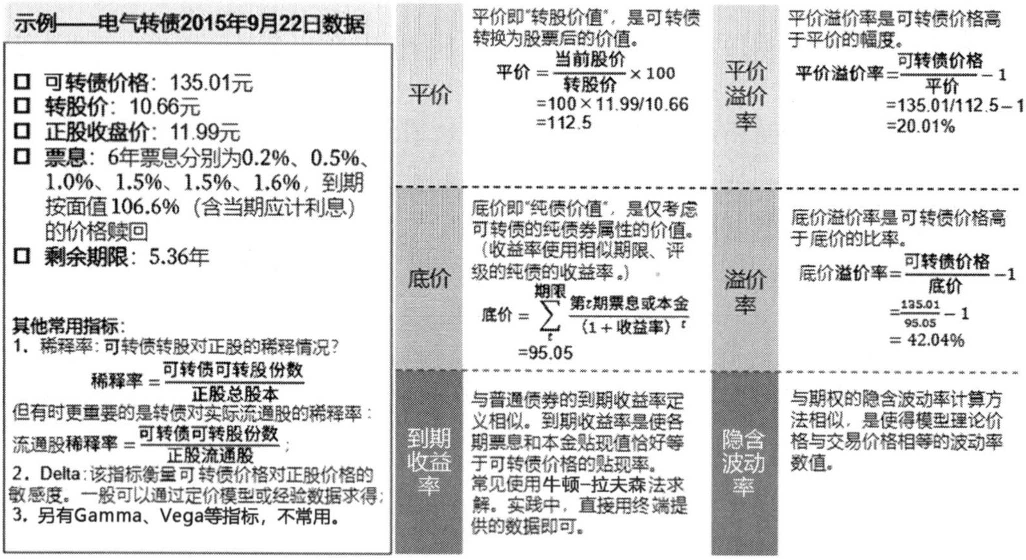

图7－2　可转债常用指标计算方法示例

资料来源：WIND，中金公司。

出不亚于股票的进攻性，甚至由于其T＋0、无涨跌幅限制（只有临时停牌限制）的特性，对于部分短线交易、投资交易来说可操作性会超越股票资产；而在熊市期间，可转债又能发挥其纯债特性，向下抗跌有底，在不考虑违约风险的情况下，债底能够作为可转债价格阶段性的底部区间。通过图7－3的一个实例，我们可以了解可转债资产在通常情况下具备收益风险上的不对称性，这也是市场上不少投资者偏好可转债的原因。

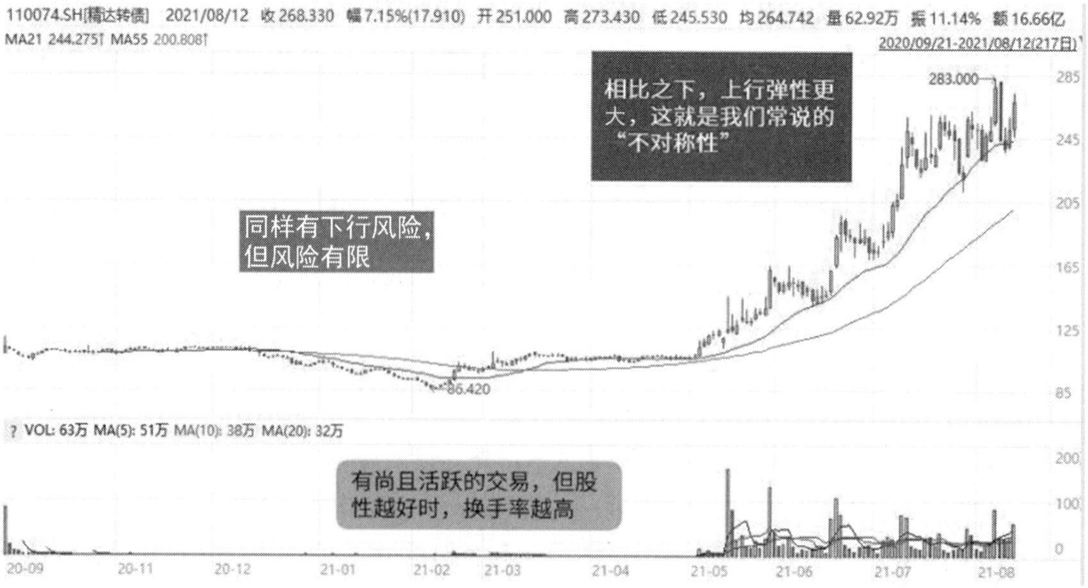

图7－3　可转债收益风险上的不对称性

资料来源：WIND，中金公司。

但需要理解的是，可转债的"攻守兼备"实际上是针对特定市场和特定投资者而言，比如在高位震荡市中，股市缺乏明确的方向，可转债市场又由于前期的乐观情绪估值达到高位，此时若市场下跌，可转债不仅需要消化正股下跌，还需要消化较高的溢价率，最终可能表现出比正股更大的振幅；再比如，虽然发行可转债的多数是一些国证2 000指数中的中小公司，是上市公司，且有下修条款的加持，但我们并不能完全排除可转债作为纯债违约的风险，历史上，也有一定数量的可转债正股由于经营等各种原因被ST①，尽管截至目前，转债尚未实质性地发生过违约案例，但若市场担心其存在违约风险，转债也会暴跌，债底就不再是可转债价格坚实的底部。

2. 大类资产中具备较高的风险收益比

可转债近几年能够被越来越多的机构投资者重视，除了其供给扩容带来的存量规模显著增加以外，随着样本量的增加和时间的拉长，可转债在大类资产中的风险收益比也越发突出。

通过图7-4我们可以看到，可转债资产的年化收益率并不明显弱于股票（但弱于主动管理的股票基金），其波动率却明显小于股票和商品，具有更高的夏普比率，同时收益相对于纯债又有显著的优势，因此拉长时间维度来看，尤其在当前固定收益+基金盛行的背景下，叠加利率处于相对低位，可转债可能会在长期成为不可忽视的投资品种，甚至是固定收益投资领域的胜负手。

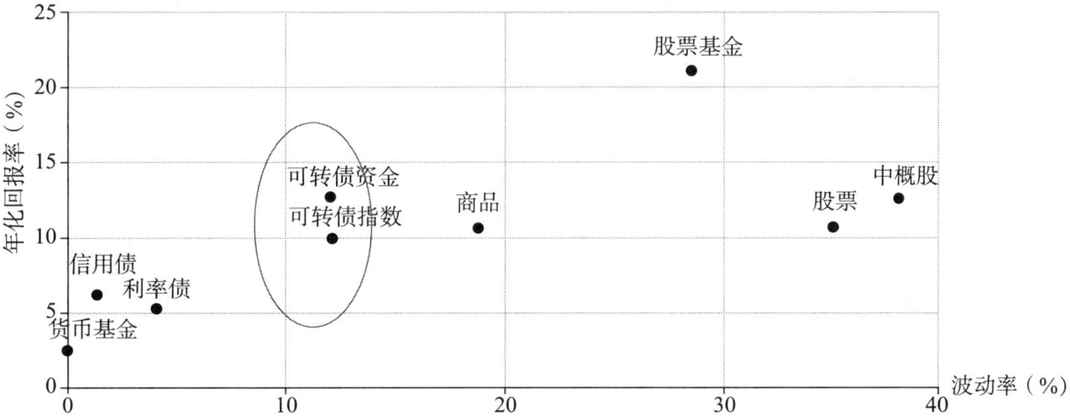

图7-4 可转债资产的风险收益对比

资料来源：WIND，中金公司。

3. 相对纯债资产更具安全性（特指信用风险）和流动性

可转债这一特性更多地只是针对固定收益投资者，我们知道固定收益资产最大的风险在于违约风险，2018年以后，债券市场化违约、逃废债等行为已经越来越多，信用债在某种程度上属于风险收益极不对称的资产，因为收益只是票息，而亏损可能会涉及本金。相比之下，可转债由于有下修条款的加持，以及上市公司更加透明的信息披露，截至目前尚未出现过实质性的违约案例；即便出现预期外的风险，不同于信用

① ST指特别处理。

债在负面新闻下直接丧失流动性，可转债相对更好的流动性仍然有利于固定收益投资者及时止损。

（二）对于发行人而言

1. 发行门槛更低，融资能力强大

相对于定向增发而言，可转债发行审核的门槛更低，同时融资能力强大，也不必寻找和迁就少部分的定向增发投资者，节省了发行人很多的沟通成本；此外，由于可转债发行时转股价不得低于前二十日均价和前一交易日收盘价，因此无须像定向增发一样打折发行，对于存量股东而言更容易接受。

2. 低成本

可转债一般为累进利率，但特点是票息极低，投资可转债的投资者并不以票息收益为目标，即便最后可转债不能转股，对于一些并不缺钱的发行人而言，也相当于获得了6年的低息资金。当然，由于可转债存续时在财务处理上需要按照同期限、同评级企业债收益率计入财务成本，即期的利润表会有所损害，但希望当期释放利润的企业仍愿意促使转股。

3. 大概率转股

可转债发行期限一般为6年，6年内在周期上碰到一次牛市的概率极大，因此可转债转股的概率很大，多数并不需要归还本金，相当于类股权融资。历史上发行的可转债中，转股成功的样本超过90%，且平均转股时间不超过3年。

4. 特定主体的最优选择

对于一些发行人来说，可转债可能是其唯一可行的融资方式。比如需要补充资本的银行，或者不愿“打折”定向增发的“大白马”，再比如机构投资者普遍不愿意多考虑的中小企业。

三、可转债的定价机制

可转债定价机制在实际交易过程中容易被忽视，毕竟影响价格的因素多种多样，理论定价模型难以充分考虑。但了解可转债理论定价模型有助于更好地理解这一品种，也有助于分析市场。例如，可转债隐含波动率一直是我们用于纵向衡量可转债估值水平的有效指标；再比如定价模型衍生出的敏感系数可以用于评估可转债对于正股、债底的敏感性。随着可转债逐渐成为大众投资品，参与的投资者类型越来越多（基金、年金、社保基金、QFII等），未来可转债市场可量化的成分会越来越多，这里简单介绍几种可转债常用的定价模型。

（一）B-S方程

B-S方程将可转债简单拆分为纯债价值＋看涨期权。其中纯债价值使用贴现方法即可计算，而将转股权视作普通的看涨期权，利用B-S方程求解，如图7-5所示：

期权估值

$$C=SN(d_1)-Xe^{-r(T-t)}N(d_2)$$

$$d_1=\frac{\ln(S/X)+(r+\sigma^2/2)(T-t)}{\sigma\sqrt{T-t}}$$

$$d_2=\frac{\ln(S/X)+(r-\sigma^2/2)(T-t)}{\sigma\sqrt{T-t}}$$

图 7－5　B-S 方程求解示意

其中，S 为当前股票价格，X 为转股价格，r 为无风险利率（实际应用中多为同评级同期限的债券收益率），T 为到期期限，t 为当前时间，σ 为股票的波动率。

$$\text{纯债价值}=\text{未来债券利息现值}+\text{到期本金现值} \tag{8-1}$$

B-S 方程的优点在于快速、稳定，但由于其将可转债的纯债与期权割裂，同时无法刻画回售、赎回、下修等选择权的定价，因此也存在天然缺陷。

（二）二叉树模型

二叉树模型会考虑条款之间的相互影响和可转债的美式期权特征，对可转债的债券部分和期权部分同步进行定价。模型实施步骤为：

第一步，构建在风险中性世界中的股价树状图；

第二步，确定边界条件：

（1）到期日端值条件：在可转债到期日，投资者有两种选择，要么将可转债转换成股票，要么等待其还本付息；

（2）转换的边界条件：可转债转股期内，可转债投资者可以选择将其转换成股票；

（3）赎回、回售边界：可转债触发赎回条款时，持有者可以将其转为股票或等待赎回；触发回售条款时，投资者可以选择回售或继续持有可转债。

第三步，根据股价树状图及边界条件倒推出可转债价值。

二叉树模型的优点在于能够充分考虑可转债的美式期权特征并且得到收敛的稳定解，但在 A 股可转债市场，其实际应用价值属于“高不成、低不就”的状态，即该模型仍无法有效刻画赎回压制、回售保护等条件，并且运行效率也低于 B-S 方程。

（三）蒙特卡洛模拟

蒙特卡洛模拟可以简单概括为先正向模拟出股价波动，再按照类似二叉树的方法逆向地对期权价值倒推求解，其中倒推的方法是基于最小二乘估计的方法。具体步骤包括：

（1）模拟出大量股票价格的路径，并记录；

（2）假设不发生提前转股、回售等情况，计算到期日可转债的价值；

（3）倒推到期日前节点的可转债价值。使用最小二乘法估计出到期前节点继续持有可转债的价值（V1），再计算出立即转股的价值（V2），取 V1 和 V2 的较大者作为当前节点的可转债价值，再根据模拟路径考虑是否触发赎回、回售条款；

（4）按照第三步的方法计算出所有路径到期前节点上的可转债价值，进而计算估值日可转债价值的平均值作为最终估值结果。

蒙洛卡洛模拟最大的优点在于能够考虑赎回条款对可转债估值的压制，以及回售条款的保护性，可以更加合理地考虑某些假设情况下可转债的走势。缺点就在于计算慢，对计算机的消耗大，一般在不太讲究实效性的场合不会使用该方法。

对于三种定价方法，B-S偏微分方程都是其本源，但“股价几何布朗运动”和“期权可以对冲复制”的两大假设均存在一定的问题，在实际应用过程中，我们主要用到的是利用模型反推出的隐含波动率去衡量可转债的估值水平以及利用模型推导出的 Delta 等敏感性指标。

四、可转债的研究框架

通过对可转债定价公式的简单分解，我们可以看出可转债投资收益的主要驱动力为股价、估值、债底及条款博弈（一般随着存续时间流逝而出现）。

$$\begin{aligned}CB &= Bond + Option \\ &= B(r+cs) + F(S, X, r, Vol, T)\end{aligned}$$

$$\Delta CB = B' \times (\Delta r + \Delta cs) \quad \boxed{\text{债底驱动}}$$

$$+\frac{\partial F}{\partial S}\times \Delta s + \frac{\partial F}{\partial r}\times \Delta r + \frac{\partial F}{\partial Vol}\times \Delta Vol + \frac{\partial F}{\partial T}\times \Delta T$$

$$\boxed{\text{正股驱动}} \qquad \boxed{\text{估值驱动}} \quad \boxed{\text{时间流逝}}$$

其中 r 为票面利率，cs 为债务价格，Vol 为隐含波动率

图 7-6 简单梳理了四个回报驱动力的影响因素，也是我们用以研究可转债价值的一个基本框架。可转债投资本身需要自上而下与自下而上相结合——在机构投资实践中，可转债本质上是一种系统性风险机会，主要是固定收益投资者用于增加组合收益的投资品种，因此对于宏观环境和权益、债券市场基本走势的分析是介入可转债投资的基础，对于 A 股各个行业的基本了解能够帮助投资者进一步择券；而自下而上基于正股和条款能够更加精细地找出合适的投资标的。

宏观市场（经济增长、宏观政策、通胀水平等）环境在各方面影响着转债的四个投资收益驱动力，首先影响大盘走势，权益市场牛市、熊市、牛熊转换市以及震荡市均对应着可转债不同的投资机会。权益牛市中仓位是关键，可转债本质上赚的是系统性风险的钱，个债比拼的是弹性；熊市中可转债债底支撑作用明显，表现会优于权益市场，但面临的是纯债市场较高的机会成本（针对主流固定收益投资者）；权益由熊市转牛市的拐点前，可转债由于其攻守兼备的特性，最能发挥左侧布局的优势，此时下修条款博弈也时有发生；而在震荡市中，可转债的期权价值反而难以发挥，此时的可转债只能作为高抛低吸的交易品种，极其考验投资者的交易能力。

研究可转债的正股时，除了权益研究所看重的个股基本面——诸如行业逻辑、业务成长性、竞争力、财务报表等以外，尤其应注重公司的促转股能力、促转股意愿以及正股弹性。事实上，由于可转债投资者需要面对 28 个行业进行投资，相较于花费大量精力研究单一个股的权益投资者来说，精细的个股基本面研究本身就具有一定难度，而利用

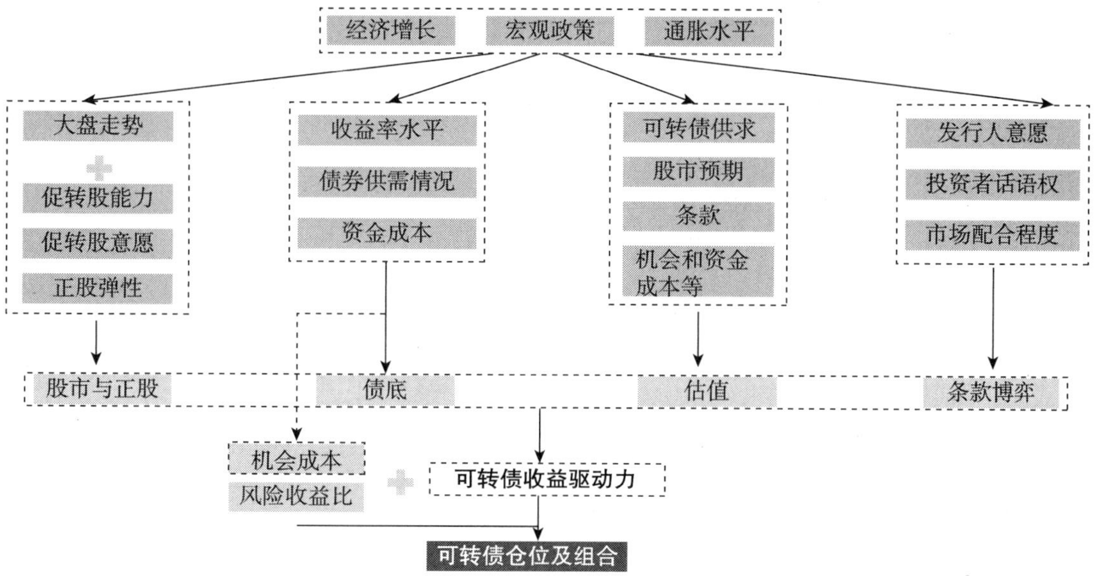

图 7－6　四个回报驱动力的影响因素

可转债的看涨期权特性，去选择促转能力和促转意愿较强的公司（并不一定是个股基本面最好的公司）更有利于获得预期外的超额收益，此外高波动率的股票自然更有利于发挥可转债的期权特性。

债底虽然是可转债定价机制中的重要要素，但在实际投资中存在感相对薄弱。这一驱动力与债券市场紧密相关，由于可转债的传统主流投资者是固定收益投资者，大家难免高估债底在实际投资中的作用。通常来说，债券的收益率水平越高、资金成本越贵，投资于可转债的机会成本就越高，可转债的债底相应也就越低，固定收益投资者可能会选择降低可转债投资仓位；反之亦然。当然，实战中我们关注债底，主要是关注可转债的防守特性，当市场情绪极度悲观时，债底通常意味着可转债价格的理论底部，我们可以根据其判断下跌空间是否在我们的接受范围内。

可转债估值是我们判断可转债整体投资机会的重要指标，也是使可转债区分于股票投资的主要因素，我们通常用可转股溢价率和隐含波动率水平去衡量。再次强调，可转债本质上赚的是系统性风险的钱，无数次周期波动表明，在估值高位的时候投资可转债，相当于放弃了可转债本身所具备的性价比优势，反而透支了正股上涨所能带来的可转债获利空间，因此，估值本质上决定的是可转债投资的中长期胜率。实际投资中常用的指标有：

（1）平均转股溢价率，该指标最为直观，但由于转股平价与溢价率通常呈反比，因此直接看转股溢价率不具备纵向的可比性，见图 7－7。

（2）分平价水平溢价率，投资者开始划分不同平价段的溢价率水平，但这样一方面减少了样本个数，另一方面某个时点上某些平价段的缺失也使得纵向可比的问题无法完全解决。

（3）百元溢价率。我们通过衡量平价在百元附近的可转债的溢价率水平（设所有可转债平价为 x，溢价率为 y，拟合 $y=f(x)$ 的曲线，再代入 $x=100$ 得到对应的 y 值）可以在一定程度上解决估值水平纵向不可比的问题，如图 7－8 所示。当然在拟合的过程中，会出现一些离群点，我们在下一小节讨论。

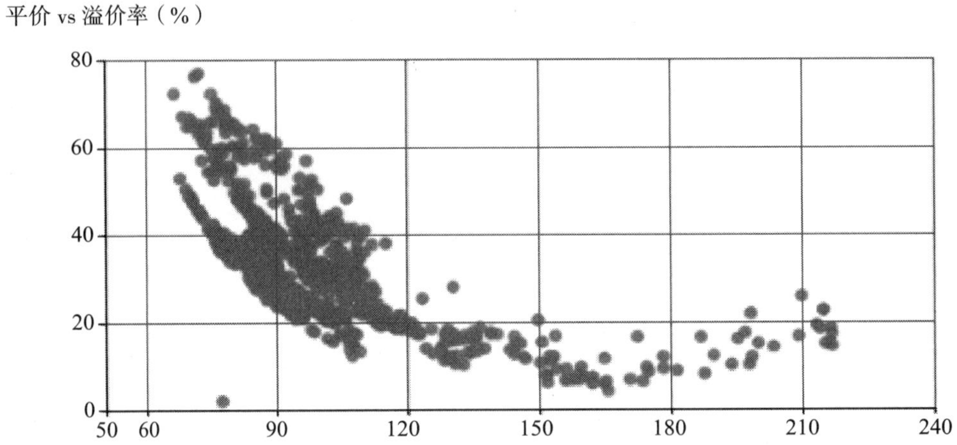

图 7-7　平均转股溢价率

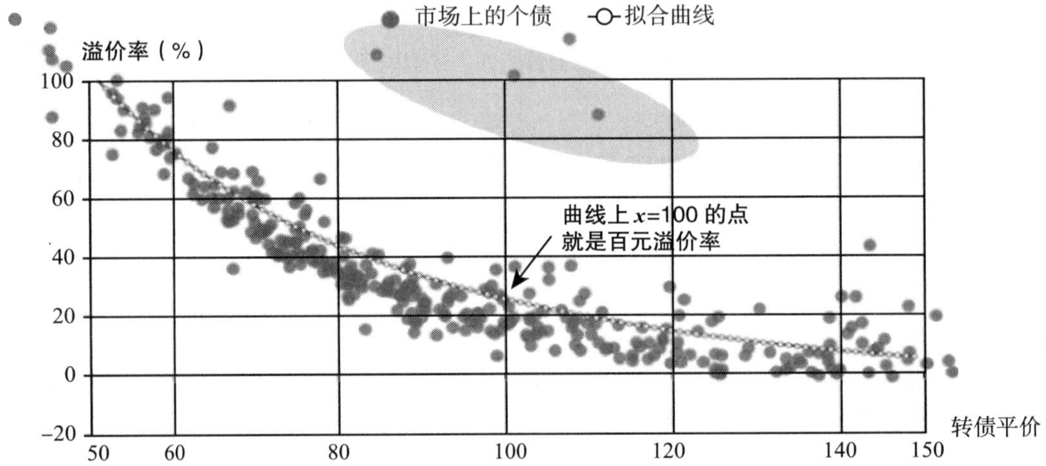

图 7-8　百元溢价率

资料来源：中金公司。

对于条款博弈，我们通常关注的是低平价可转债通过下修继而推导出来的价值。然而在实际投资中，博弈下修本身也存在一些问题，首先，下修的品种中有不少属于发行后正股持续处于下跌通道的个债，这类标的本身不属于主流投资品种，甚至在下修后若没有权益市场走势或资金的主动配合，不排除仍然无法扭转弱势的可能；其次，下修博弈对于一般投资者来说难有信息优势，当市场确定某个可转债具备下修可能性时，价格可能已经确定。

五、实战中的一些可转债风险案例

前面介绍了可转债的一些基础知识，下面我们通过实际案例分析可转债的潜在风险。投资者在刚接触可转债时，容易夸大其“攻守兼备”的特质，而在实际操作中，可转债并不时刻属于风险收益比特别好的资产，尤其对于个人投资者而言，盲目投资某些个债，也有出现较大亏损的可能性。

（一）可转债离违约最近的一次——辉丰转债

辉丰转债发行于2016年5月，正股辉丰股份曾经是农药化学品细分领域的龙头公司之一，2018年却因为一纸环保诉状被监管部门处罚并暂停生产进行环保整顿，随后在大量车间停产的情况下，辉丰股份进行大额资产减值、利润连续亏损，最终在2020年4月底被实施退市风险警告。图7-9是辉丰转债上市以来的价格走势，我们看到在2018年可转债价格最低降至71元（这可能也是可转债历史上的最低价），同期其纯债价值在83元附近，可转债价格已明显低于债底。但有意思的是，随着2018年底权益市场的牛熊转换，2019年的小牛市对于大部分前期跌破债底的可转债而言都有明显的修复，在辉丰股份被实施退市警告时，可转债价格仍然维持在100元附近，2020年6月发行人进行过一次下修自救试图避免回售，但由于股价仍然持续低迷，本次下修并未能扭转可转债的颓势，最终发行人只能发布回售公告。在此期间，由于机构投资者早已规避该可转债，市场上投资者基本只剩下个人投资者，甚至一度有赌性较强的个人投资者买到了剩余规模的20%，公司在此期间一直未正面回应过回售资金准备的兑付情况，好在从最终结果看，可转债仍以103元完成了兑付。在之后的可转债市场上，仍有不少正股被ST的可转债，比如ST花王、ST华钰、ST起步等，都经历了大起大落，只是近两年的牛市环境掩盖了这部分可转债的实际风险。

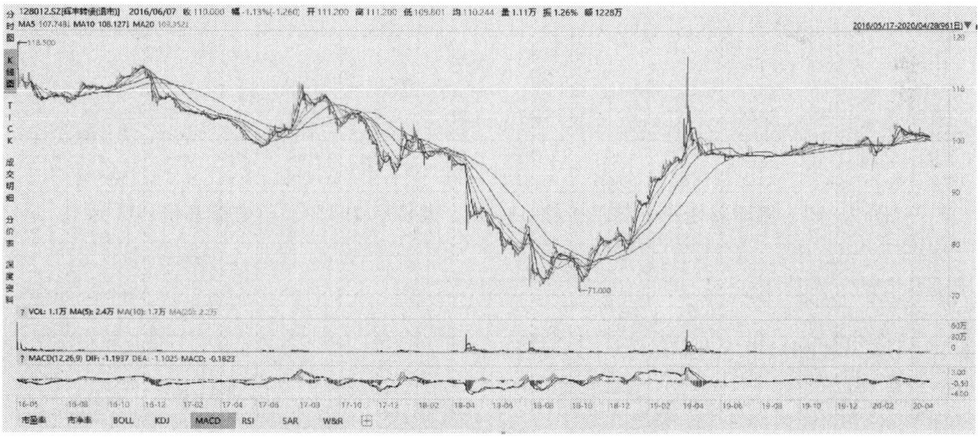

图7-9 辉丰转债上市以来的价格走势

资料来源：WIND.

（二）“双高”转债的疯狂

我们知道，可转债平价和转股溢价率一般呈反比关系，由于强赎条款的压制，溢价率反映的是股价上涨预期，平价越高，转股溢价率应该越低，从而可转债显示出强股性的特点，基本等同于正股。而在反映百元溢价率的图中，我们看到一些突兀的离群点——这些可转债在100元附近的平价上拥有了超过80%的转股溢价率，从而出现了溢价率和可转债价格双高的特点，这就是可转债市场上通常所称的“妖债”。

“妖债”是在2020年大牛市中陆续出现的问题，随着市场的扩容，出现了一批价格、溢价率、换手率都很高的品种。这些品种通常具备的特征是：（1）存续规模极小——以便于少数资金掌握大量筹码；（2）评级普遍较低——缺乏机构投资者参与；（3）投机资金利用可转债的交易特性（T+0，无涨跌幅限制）自我成交，制造大幅上涨的假象，继而吸引盲目投资者跟风，再在一定的时机“割韭菜”；（4）此类品种由于规模较小，发行人多半并不进行强赎——支撑资金来回进出，但一旦超预期强赎，溢价率会立刻大幅消化，从而造成可转债的暴跌。这些品种后期逐渐被监管机构关注，交易所也出台了一些限制措施，但实际上这类债券并未完全淡出投资者的视野。近两年市场相对低迷的时候，“妖债”仍然活跃，这些品种更像是投机资金的自娱自乐，是普通投资者需要尽量规避的品种，如图7-10至图7-12所示。

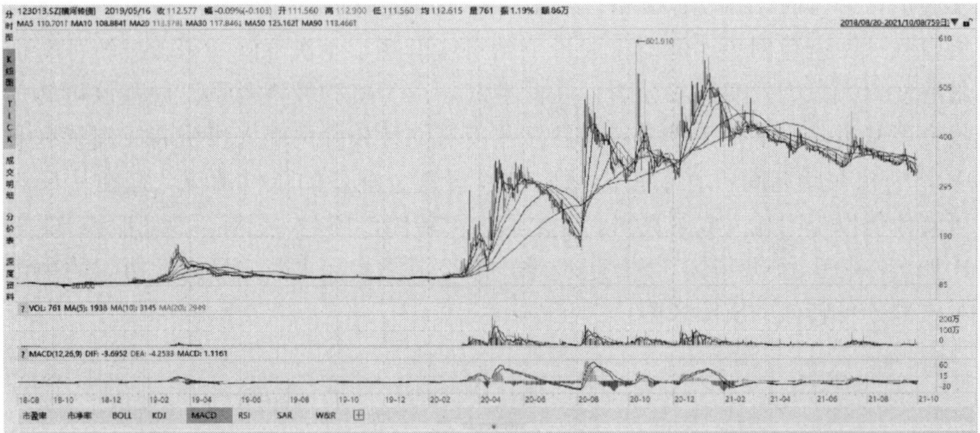

日期	收盘价	涨跌	涨跌幅	成交量(手)	成交金额(万)	纯债YTM	涨跌BP	转股价值	纯债价值	转股溢价率	纯债溢价率	平底溢价率
2021-10-08	330.7000	7.1200	2.20%	32698	10734.95	-31.9988	-73.95	83.9602	91.4168	293.88%	261.75%	-8.16%
2021-09-30	323.5800	1.0800	0.33%	72915	23560.08	-31.2593	-10.76	81.5265	91.3385	296.90%	254.26%	-10.74%
2021-09-29	322.5000	4.0120	1.26%	391262	134180.21	-31.1517	-33.39	79.4248	91.2946	306.04%	253.25%	-13.00%
2021-09-28	318.4880	-10.5120	-3.20%	16939	5466.80	-30.8178	77.27	80.9735	91.2515	293.32%	249.02%	-11.26%

图7-10 横河转债——转债价格330元，溢价率293%，历史最高价603元

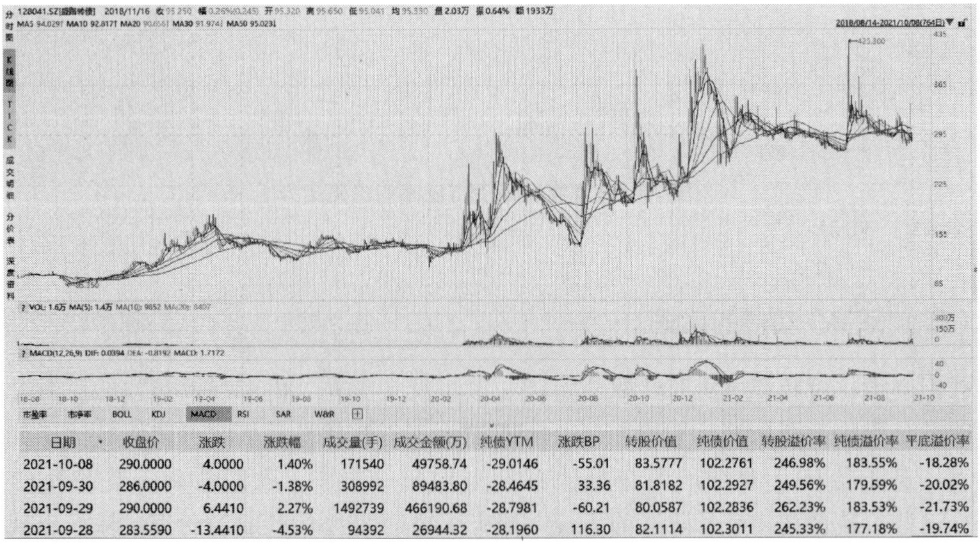

日期	收盘价	涨跌	涨跌幅	成交量(手)	成交金额(万)	纯债YTM	涨跌BP	转股价值	纯债价值	转股溢价率	纯债溢价率	平底溢价率
2021-10-08	290.0000	4.0000	1.40%	171540	49758.74	-29.0146	-55.01	83.5777	102.2761	246.98%	183.55%	-18.28%
2021-09-30	286.0000	-4.0000	-1.38%	308992	89483.80	-28.4645	33.36	81.8182	102.2927	249.56%	179.59%	-20.02%
2021-09-29	290.0000	6.4410	2.27%	1492739	466190.68	-28.7981	-60.21	80.0587	102.2836	262.23%	183.53%	-21.73%
2021-09-28	283.5590	-13.4410	-4.53%	94392	26944.32	-28.1960	116.30	82.1114	102.3011	245.33%	177.18%	-19.74%

图7-11 盛路转债——转债价格290元，溢价率246%，历史最高价425元

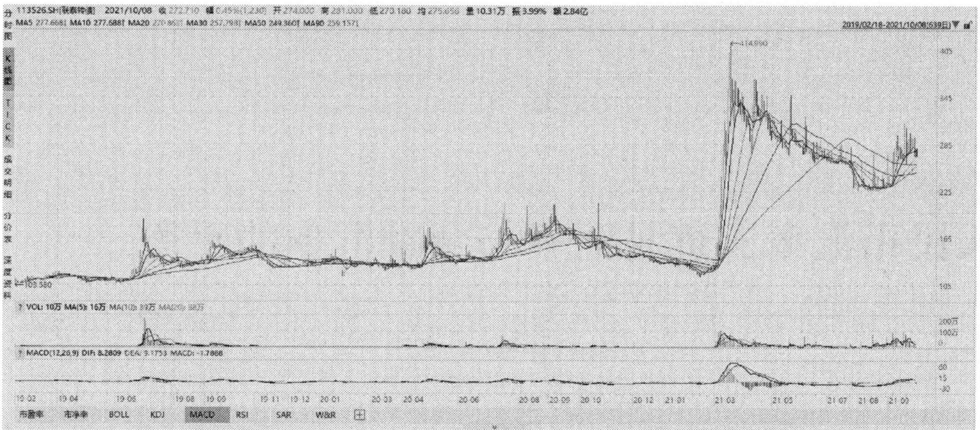

日期	收盘价	涨跌	涨跌幅	成交量(手)	成交金额(万)	纯债YTM	涨跌BP	转股价值	纯债价值	转股溢价率	纯债溢价率	平底溢价率
2021-10-08	272.7100	1.2300	0.45%	103079	28414.40	-24.3626	-24.60	118.2432	98.7168	130.63%	176.25%	19.78%
2021-09-30	271.4800	-4.0800	-1.48%	65573	17855.02	-24.1166	32.69	116.7230	98.7228	132.58%	174.99%	18.23%
2021-09-29	275.5600	-8.9400	-3.14%	165629	46785.70	-24.4435	71.36	112.6689	98.7905	144.58%	178.93%	14.05%
2021-09-28	284.5000	0.4100	0.14%	191109	54567.64	-25.1571	-5.09	117.3486	98.8391	142.44%	187.84%	18.73%

图 7－12　联泰转债——转债价格 272 元，溢价率 130%，历史最高价 415 元

参考文献

［1］陈松男. 结构式金融产品的设计与应用. 北京：机械工业出版社，2014.

［2］滋维·博迪，亚历克斯·凯思，艾伦·马库斯. 投资学（原书第 10 版）. 北京：机械工业出版社，2017.

案例 8

人民币汇率：贸易汇率与金融汇率的平衡

本案例教学目标：

1. 区分贸易汇率与金融汇率；
2. 区分不同汇率制度安排下的贸易汇率与金融汇率；
3. 理解贸易汇率与金融汇率之间的平衡；
4. 了解人民币汇率定价机制及历史的演进；
5. 了解新发展格局下人民币汇率政策的取向。

一、区分贸易汇率与金融汇率是理解汇率制度选择及其调整的基础

从历史的视角来看，布雷顿森林体系确立了美元钉住黄金，其他货币钉住美元的国际货币体系。在通过黄金硬“锚”钉住的固定汇率制度下，美元稳定了金融汇率，也相对应地稳定了贸易名义有效汇率。但由于一国价格水平的变动与名义汇率之间的变动并不能很好地实时吻合，因此，即使在贸易名义有效汇率稳定的情况下，贸易实际有效汇率还是具有一定的不稳定性。在浮动汇率制度下，上述情况会发生明显的改变。

（一）一般情况下美国不在意美元汇率的变化

布雷顿森林体系崩溃后，在浮动汇率制度下，美元不再具有稳定的定价“锚”作用，美元名义价值本身就是变化的，这个变化就是美元指数的变化。美元指数衡量的是美元相对于美元货币篮子的其他货币的美元名义价值的变化。这里有两个问题需要明确：首先，美元指数是一个选择性的货币利益集团。美元指数构成中仅包括 6 种货币，其中，

欧元占 57.6%、日元占 13.6%、英镑占 11.9%、加拿大元占 9.1%、瑞典克朗和瑞士法郎分别占 4.2%和 3.6%。其次，美元指数编制初始是为了考虑美国主要贸易伙伴的贸易名义汇率，但实际上美元指数并不是一个贸易汇率。因为美元指数中的货币既不能较好地反映美国对外贸易的伙伴关系，也不能反映美国贸易伙伴的贸易权重。可见，现在市场上交易的美元指数本质上更接近美元的金融汇率：衡量美元对 6 种货币的相对名义价值。国际清算银行提供的两年一次调整权重的广义和狭义美元汇率指数是美元的贸易有效汇率指数，只能够间接地、不完整地反映美国的出口竞争能力和进口成本的变动情况。

可以认为，在美元主导的国际货币体系下，金融市场关注的是美元的金融汇率。这是由美元作为国际主导货币的属性决定的，由国际金融市场的供需来决定美元的汇率。具体来说，国际金融市场美元资产的投资相对收益率基本决定了美元金融汇率的相对走势。由于美元指数货币篮子中的货币都是发达经济体的货币，这些经济体资本账户的开放程度相对较高，开放条件下的利率平价在一定程度上决定了短期美元指数的走势。美联储可以通过加息或者降息来影响美元指数的走势，尽管历史上并不是每一次加息周期都能带来美元的强势周期，这是因为美元指数的走势不仅取决于美国金融市场上的利率水平，美元指数中其他经济体的利率水平也会影响美元指数的走势。美联储是否加息或者降息的依据是美国国内的经济状况，因此，美联储的工具很直接：主要通过利率工具（流动性）来影响金融市场的收益率，从而影响美元指数的走势。同时由于主导性货币具有安全资产的避险属性，在国际金融市场动荡时期，美元指数都会走强，2020 年 3 月出现了全球金融大动荡，美元呈现出零利率下的强美元轨迹就是最近的例子。

一般情况下，美国也不太关注美元自身走势导致美元贸易汇率的变化，或者说，在美国国内经济状况不允许调整货币政策时，美联储基本是无力影响美元汇率的，国际金融市场上每天几万亿美元的美元利率衍生品交易量决定了美元的汇率，其中大部分市场交易位于美国境外。但在经常账户逆差扩大的情况下，美国会关注与主要贸易伙伴的双边金融汇率。如果美国出现了过大的贸易逆差，美国主要通过美元霸权来试图解决美元相对贸易伙伴货币走强导致的经常账户逆差。在解决美国贸易逆差方面，美元霸权主要体现在以下三种方式：一是定向发起汇率摩擦。在 20 世纪 70 年代左右，由于德日对美国有大规模的贸易顺差，美国要求德日的货币升值；20 世纪 80 年代中期由于控制通胀，美国联邦利率上升得很高，美元很强势，由于日本对美国有大量的贸易顺差，1985 年的《广场协议》就是在美国主导下，要求日元大幅度地持续升值，从而降低美国对日本的贸易逆差。1977 年 4 月 IMF 通过了一项旨在避免操纵汇率的决议，但美国财政部自己定期评估贸易伙伴的汇率状态，单方面按照自己的标准确定贸易伙伴是否存在汇率操纵。二是定向发起贸易摩擦。典型的是 2018 年美国前总统特朗普主动发起的对中国的贸易摩擦。三是汇率摩擦和贸易摩擦相结合。历史上美国往往把汇率摩擦和贸易摩擦结合起来降低美国经常账户逆差，像 20 世纪 70—80 年代美国降低与德日的贸易逆差就是两者结合的例子。一般情况下，美国不在意美元汇率的变化，这也印证了那句话：美元是美国的，问题是世界的。

（二）不同汇率制度安排下的金融汇率与贸易汇率

对于非美元经济体来说，汇率问题重要得多。世界上有多种汇率制度。非美元经济体都面临两个汇率：一是和美元的双边汇率，即金融汇率，主要涉及跨境资金的流动和跨国资产价值的变化。二是贸易汇率，即一篮子贸易伙伴贸易加权的汇率，主要涉及出口竞争力。因此，非美元经济体的汇率制度就意味着在金融汇率与贸易汇率之间权衡取舍，或者在两者之间平衡。

IMF 关于汇率制度有多种分类。我们简洁地说一下固定汇率和浮动汇率中间的两种形态。第一种是联系汇率制度（货币局制度），属于硬钉住汇率制度中的一种。联系汇率制度要求放弃货币发行权，与美元的汇率保持基本恒定。中国香港地区实行的是代表性的联系汇率制度。联系汇率制度的好处是：金融汇率基本保持不变，贸易汇率随着贸易伙伴兑美元或者兑港币的变化而变化，当然也取决于货币篮子中贸易权重的变化。这种汇率制度追求的是金融汇率的稳定，从而打消了跨区域资金用于汇率套利的可能性，有助于金融的稳定。但在市场投资者认为基本是固定的本币与外币兑换比例不可信时，联系汇率制度也会遭受卖空和投机性行为的冲击。第二种是有管理的浮动汇率制度，属于固定汇率制度和浮动汇率制度之间比较有弹性的一类汇率制度安排。这类有弹性的汇率制度安排也同样面临着金融汇率与贸易汇率之间的权衡。

我们以人民币汇率为例简要说明。人民币汇率同样面临着两个汇率：与美元的金融汇率以及和贸易伙伴的一篮子货币贸易汇率。人民币汇率关心的问题取决于不同的经济发展阶段及面临的现实问题。2005 年之前人民币基本是单一钉住美元的，这意味着人民币汇率只有稳定的金融汇率，不重视贸易汇率的稳定性。2001 年中国加入 WTO 后到 2005 年 7 月这一期间，钉住美元的好处是，美元处于下行区间，人民币钉住美元带来了人民币名义有效汇率和实际有效汇率的下降，促进了出口，但贸易汇率是不稳定的。依据国际清算银行提供的广义人民币有效汇率指数，2001 年 1 月—2005 年 7 月人民币名义有效汇率贬值了 11.2%，实际有效汇率贬值了 13.8%。2005 年汇率改革的背景是国际金融市场流动性充足，资本流入，导致人民币汇率出现了升值压力，继续单一钉住美元很难。2005 年 7 月 21 日人民币汇率实施了重大改革，实行以市场供求为基础、参考一篮子货币进行调节、有管理的浮动汇率制度，人民币不再单一钉住美元，根据对汇率合理均衡水平的测算，人民币对美元升值 2%，即 1 美元兑 8.11 元人民币。这说明中国开始重视贸易汇率的稳定性。

每一次的人民币汇率改革都是为了解决汇率制度不能适应国内外经济金融发展形势的问题。随着美联储从 2014 年逐步退出次贷危机时期的宽松货币政策，美元指数开始走强，美元大幅度升值，如果维持人民币和美元之间的金融汇率不变或者变化很小，那么人民币兑其他货币就会大幅度升值，人民币贸易汇率的大幅度升值不利于出口。依据国际清算银行提供的广义人民币有效汇率指数，从 2010 年到 2015 年 7 月，人民币名义和实际有效汇率指数都升值了大约 30%。2015 年 8 月 11 日的“8·11”汇率改革标志着自 1994 年开始的人民币汇率中间价形成机制市场化改革迈出了重要一步，央行将当日人民币兑美元汇率中间价一次性贬值约 2%，人民币贸易汇率出现了稳中有降的趋势。同时在 2015 年 5 月，交易商协会宣布将在中间价公式中加入逆周期因子，这背后主要体现了央行的逆周期调节意愿。2015 年 12 月 11 日中国外汇交易中心正式发布了 CFETS（中国外汇交易中心）人民币汇率指数，稳定贸易汇率成为人民币汇率政策的重要取向。由于美元走强，2017年5月26日，在人民币持续贬值的大背景下，央行首次宣布加入逆周期因子，将人民币兑美元汇率中间价机制调整为“前一交易日汇率收盘价＋夜间一篮子货币汇率变化＋逆周期因子”。逆周期因子能够防止人民币兑美元金融汇率出现明显的贬值趋势，从而进一步引发资本外流。而当人民币兑美元汇率处于持续升值时期，逆周期因子则会逐步淡出，2020年10月27日中国外汇交易中心公告称，会陆续主动将人民币兑美元中间价报价模型中的逆周期因子淡出使用，人民币金融汇率的定价机制进一步市场化。

可以看出，人民币汇率制度十几年的市场化改革进程，都是围绕着平衡人民币金融汇率的稳定性和贸易汇率的稳定性展开的。当然，CFETS指数编制中美元占比的逐步下降，一方面反映了中美贸易在中国对外贸易中权重的下降，另一方面也突出了人民币金融汇率的变动可能允许有更大的浮动区间，这也体现了中国经济金融发展到今天的自信。因为要维持一篮子货币贸易汇率的相对稳定性，美元权重的下降也意味着可能需要有更大的浮动区间才能满足人民币贸易汇率定价稳定的公式要求。

二、人民币贸易汇率和金融汇率近乎完美的平衡

以2020年3月金融大动荡为例，我们发现人民币贸易汇率和金融汇率取得了近乎完美的平衡：人民币基本实现了一篮子货币贸易汇率稳定的目标，同时兼顾了人民币兑美元金融汇率的相对稳健性。从人民币贸易汇率和金融汇率的阶段变动幅度来看，贸易汇率的稳定性要优先于金融汇率的稳定性，这也充分彰显了中国经济和金融发展良好的基本面。人民币兑美元金融汇率走势相对稳健的过程中需要关注的重要问题是：人民币汇率阶段性走势要比美元指数走势明显，这可能会增加金融市场阶段性做多或者做空人民币的风险，不利于人民币兑美元金融汇率的稳定性。

在美元主导的国际信用货币体系下，对任何经济体来说，都存在两个汇率：多边贸易加权的贸易汇率和双边货币换算的金融汇率，我们分别称之为贸易汇率和金融汇率。前者主要涉及一国或者地区商品出口的竞争力；后者主要涉及跨国或地区套利资金的流动，也因此直接涉及一国或地区的金融稳定。

理想状态下，任何一个经济体都希望有稳定的贸易汇率和稳定的金融汇率，保持实体经济出口的实际竞争力和金融的稳定。问题在于：贸易伙伴的重要性会随着时间的变化而变化，贸易一篮子货币权重会不断调整；而由于存在美元主导性的国际货币体系，金融汇率的调整要慢得多，或者说，在美元主导全球金融市场资产交易和贸易结算的背景下，金融汇率大多是本币和美元之间的兑换比例。因此，在维持本币和美元之间金融汇率的相对稳定与维持一篮子货币贸易汇率的稳定之间可能会存在冲突。

一般情况下，美元的强弱是通过美元指数走势来表达的。美元指数期货的计算原则是以全球各主要国家与美国之间的贸易结算量为基础，以加权的方式计算出美元的整体强弱程度。目前美元指数中欧元占57.6%、日元占13.6%、英镑占11.9%、加拿大元占9.1%、瑞典克朗占4.2%、瑞士法郎占3.6%。因此，从美国目前的贸易伙伴及其权重来看，美元指数已经不是一个以贸易结算量为基础的汇率指数。美元指数既不能整体反

映美国的贸易伙伴关系，也不能反映美国贸易伙伴在美国贸易中的权重。美元指数表达的是一个发达经济体的货币利益集团。在这个意义上，美元指数更像是一个全球金融市场上的金融汇率，因为美元指数的强弱与全球跨境资金流动和全球大宗商品定价直接关联，也与其他货币兑美元双边金融汇率直接相关。

因为 2020 年新冠疫情暴发等因素，金融市场流动性恐慌导致美元指数呈现出零利率下的强美元轨迹，随着美联储“爆表”导致美元供给的快速增长，全球美元流动性得以缓解，2020 年 5 月 15 日是美元指数最后一次上 100（100.377 4），此后开始下行，2021 年 6 月中旬在 91 左右，基本回到了 2018 年上半年的水平。

令人惊讶的是，2020 年新冠疫情暴发以来，美联储从 2020 年 3 月开始“爆表”，2020 年 3 月 5 日美联储总资产大约为 4.24 万亿美元，截至 2021 年 4 月 29 日美联储总资产大约为 7.78 万亿美元，差不多 13 个月的时间，美联储总资产增加了 3.54 万亿美元。2021 年前 4 个月美联储总资产增加了 0.42 万亿美元，但美元指数还能保持在 90 以上的水平。原因不是美元有多强，而是美元指数中其他货币的央行也出现了大规模的“爆表”。比如，欧元区央行的“爆表”程度几乎不亚于美联储的“爆表”程度。2021 年 4 月 27 日欧洲央行总资产高达 7.56 万亿欧元，而 2020 年 3 月 3 日欧洲央行总资产只有 4.69 万亿欧元，也就是说大约 13 个月欧洲央行“爆表”规模达到了 2.87 万亿欧元，2021 年前 4 个月就增加了 0.58 万亿欧元。

从美元指数和人民币兑美元的走势来看，以收盘价计，图 8－1 给出了 2018 年—2021 年 4 月 30 日的美元走势。可以看出，在一定阶段人民币会呈现脱离美元指数的走势，比如 2019 年 1—5 月、2020 年 8—10 月等，但整体上人民币兑美元汇率的走势与美元指数走势还是有一定的相关性。因此，从金融汇率的角度来说，美元指数的走势对人民币汇率走势有相当程度的影响。

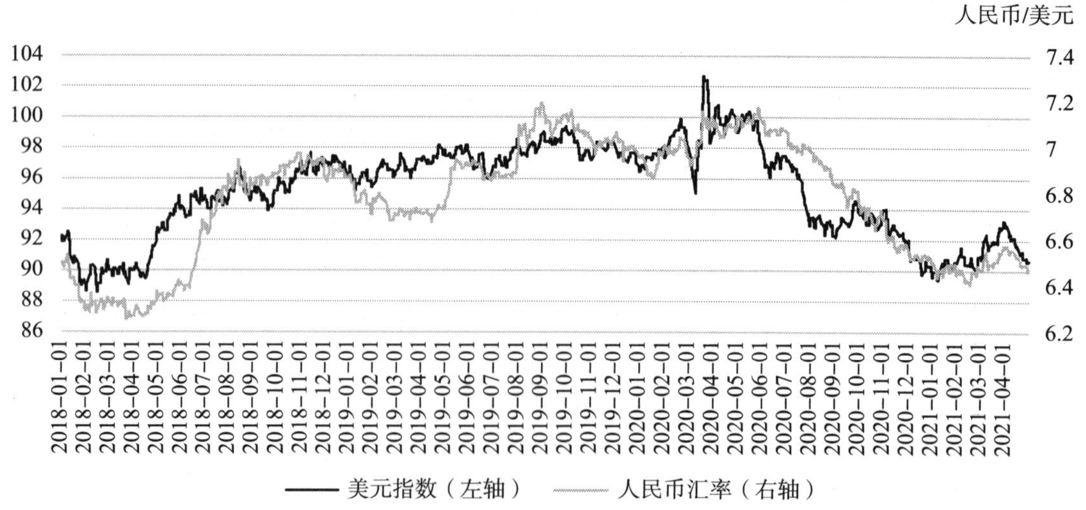

图 8－1　美元指数和人民币兑美元汇率的走势（2018 年—2021 年 4 月 30 日）

资料来源：WIND.

从具体数据来看，自 2020 年 3 月金融大动荡至今，人民币兑美元汇率的走势可以分为几个阶段。第一个阶段是自 2020 年 3 月 9 日金融大动荡开始美元走强，一直到 2020 年 5 月 15 日美元指数最后一次高于 100 点的交易日；第二个阶段是 2020 年 5 月 18 日—2021 年 1 月 6 日（在 2021 年 1 月 6 日，美元指数达到阶段性最低点 89.42）；第三个阶段是 2021 年 1 月 7 日—2021 年 4 月底。我们对照以上这三个阶段美元指数和人民币兑美元汇率的变动幅度以及单位收益率的波动性（夏普指数），可以看出两者之间波动性的差异。

图 8-2 显示了上述划分的三个阶段美元指数和人民币兑美元汇率的阶段性变动幅度。不论从哪个阶段来说，相比美元指数，人民币兑美元汇率的波动幅度都更小。2020 年金融大动荡时期，美元指数升值了 5.6%，人民币兑美元仅贬值了 2.23%；2020 年 5 月 18 日—2021 年 1 月 6 日，美元指数贬值了 10.26%，人民币兑美元升值了 9.39%；2021 年 1 月 7 日—4 月 30 日，美元指数升值了 0.9%，人民币兑美元仅贬值了 0.05%。相对于美元指数的变动幅度，人民币兑美元的金融汇率显示出较好的稳定性。

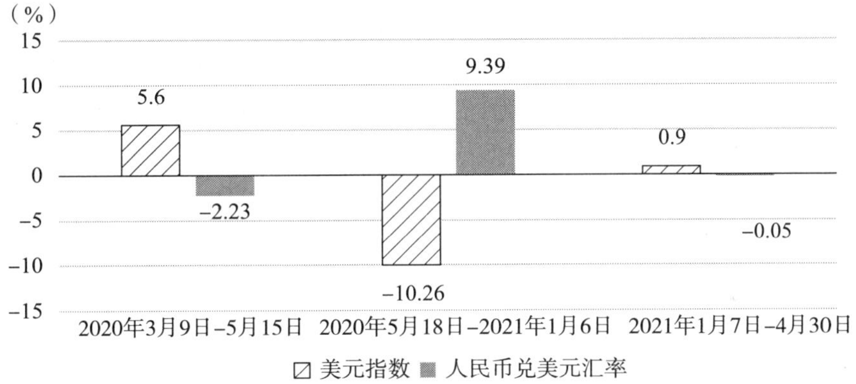

图 8-2　金融大动荡以来美元指数及人民币兑美元汇率的阶段性变化

注：正值代表升值、负值代表贬值。

资料来源：WIND.

但我们也要看到问题的另外一面，图 8-1 也显示出相对于美元指数的阶段趋势性走势，人民币兑美元的趋势性更明显。比如在上述第二个阶段 2020 年 5 月 18 日—2021 年 1 月 6 日，美元指数贬值了 10.26%，人民币升值了 9.39%，但美元指数在 2020 年 8—9 月有明显的阶段性反弹，而人民币汇率基本是升值的。这就是说，人民币更容易形成趋势性的走势。我们假定在上述三个阶段，升值阶段准确做多，贬值阶段准确做空，不考虑交易费用，那么图 8-2 中三阶段变化的幅度就是收益率，再除以三个阶段各自的标准差可以得到三个阶段的夏普指数。图 8-3 给出了三个阶段的夏普指数，可以看出人民币兑美元汇率的夏普指数要远大于美元指数的夏普指数，这说明人民币阶段性的做多或者做空带来的经过波动性（标准差）调整后的收益率要远远高于美元指数。换言之，做多或者做空人民币比做多或者做空美元指数的收益率要大得多。这是人民币兑美元金融汇率在稳定过程中需要关注的重要问题：阶段性的趋势明显，可能会增加金融市场阶段性做多或者做空人民币的风险，从而不利于人民币兑美元金融汇率的稳定性。

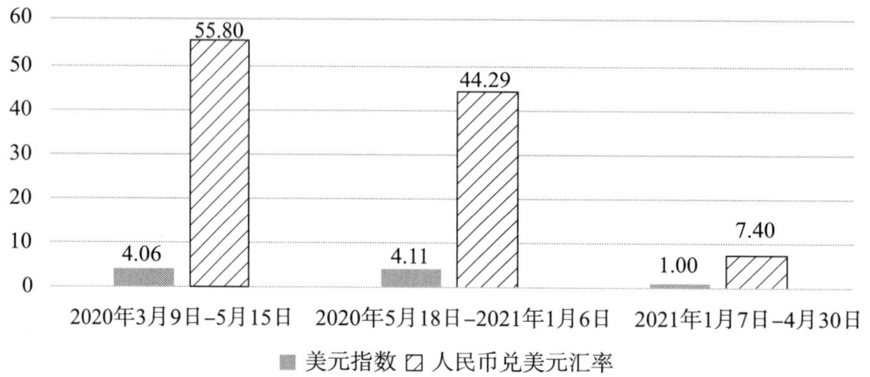

图 8-3 美元指数和人民币兑美元汇率三阶段的夏普指数

我们再看一下人民币一篮子货币走势的情况。从相对应的三个阶段来看，CFETS 人民币汇率指数相当稳定，变动幅度最大的阶段只升值了 2.80%，而同期美元指数的贬值幅度达到了 10%。第一个阶段人民币汇率指数的升值幅度明显小于美元指数的升值幅度；而最后一个阶段在美元指数升值近 1%的背景下，人民币汇率指数也出现了 0.83%的升值幅度（图 8-4）。因此，可以看出在三个阶段中，第一个阶段和第三个阶段出现了人民币贸易汇率和金融汇率的小幅背离：人民币兑美元金融汇率是贬值的，但人民币一篮子货币贸易汇率是升值的。非常有趣的是，这两个背离阶段均发生在人民币兑美元金融汇率出现贬值的阶段。

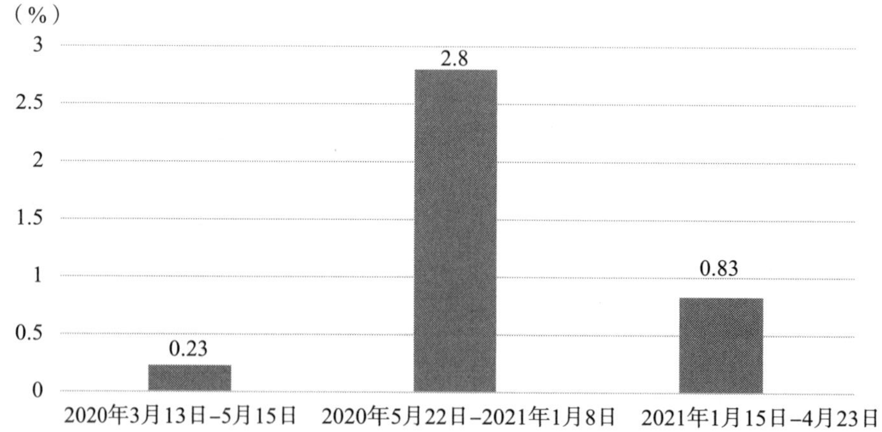

图 8-4 CFETS 人民币汇率指数三阶段的变化幅度

注：数据为周数据。

资料来源：中国外汇交易中心。

为什么会出现这样的情况？这和人民币汇率定价机制直接相关。人民币汇率要保持一篮子货币贸易汇率的稳定，按照国际上通行的货币贸易汇率指数编制的惯例，需要不断依据贸易伙伴贸易权重的变化来调整篮子货币权重的变化，在 2021 年 1 月 1 日生效的 CFETS 货币篮子中，美元权重进一步下调为 0.187 949 824 6，尽管美元权重下降，但在贸易货币篮子中仍然保持了约 18.8%的比重，还是第一大货币。人民币与美元的金融汇率需要通过在一篮子货币贸易汇率稳定的基础上倒推出来。在美元指数升值阶段，由于篮子货币中有相当部分新兴市场货币兑美元的贬值幅度较大，套算出人民币兑这些货币是升值的，结果导致人民币兑美元贬值，但由于其他新兴市场货币贬值幅度更大，人民币一篮子货币贸易汇率还是升值的。这就是说人民币兑美元贬值了，但人民币一篮子货币贸易汇率指数升值了，从而出现人民币贸易汇率和金融汇率走势小幅背离的现象。

从未来一段时间的情况来看，人民币贸易货币篮子中新兴市场货币兑美元的走势将在很大程度上决定人民币兑美元金融汇率和贸易汇率是否会出现持续背离的情况。由于全球经济修复存在不平衡，尤其是在美国经济产出缺口较快速收敛的背景下，一些新兴经济体的货币兑美元出现了贬值的倾向，因此人民币兑美元的金融汇率和贸易汇率的小背离可能还会延续一段时间。

总体上，依据WIND提供的数据，以收盘价计，2020年3月13日—2021年4月23日，CFETS人民币汇率指数上涨了大约3.43%，同期美元指数贬值了7.78%，人民币兑美元的金融汇率升值了7.14%。因此，人民币基本实现了保持一篮子货币汇率稳定的目标，同时也显现了人民币兑美元金融汇率的相对稳定性。从人民币贸易汇率和金融汇率的阶段变动幅度来看，人民币贸易汇率的稳定性要优先于金融汇率的稳定性，这也充分彰显了中国经济和金融发展良好健康的基本面，不刻意关注人民币兑美元金融汇率的变动幅度。2020年10月27日，上海外汇交易中心公告称会陆续主动将人民币兑美元中间价报价模型中的“逆周期因子”淡出使用，也充分说明了这一点。

但我们需要重点关注人民币汇率阶段性走势比美元指数走势的趋势性更明显这一情况，这可能会增加金融市场阶段性的做多或者做空人民币的风险，不利于人民币兑美元金融汇率的稳定性，也会进一步影响人民币贸易汇率的稳定性。

三、新发展格局下的人民币汇率政策取向

新发展格局下中国经济金融面临着新的环境。以国内大循环为主体、国内国际双循环相互促进的新发展格局要求人民币汇率必须发挥好形成和畅通双循环的作用。要实现这一目标，合意的人民币汇率政策就必须考虑以下两个目标。目标1：保持货币政策一定的独立性，助力形成以国内大循环为主体的内部需求。目标2：稳定和提升对外贸易和金融关系，助力形成相互促进的双循环新发展格局。

对于目标1来说，方案就是坚持推进汇率价格形成的市场化机制。2020年10月27日开始央行陆续主动将人民币兑美元中间价报价模型中的逆周期因子淡出使用，允许人民币汇率有更大的弹性，提高人民币汇率中间价报价的透明度、基准性和有效性。汇率制度的进一步国际化、市场化改革需要资本账户的开放作为支撑。可以考虑按照名义开放和实际开放的差异来提高实际开放度，稳健推进资本账户开放。汇率更大的弹性也就意味着央行货币政策更少受到外部资金流入的影响，外汇市场自我出清机制增强，提高央行货币政策的自主性。

对于目标2来说，方案就是人民币汇率要在贸易汇率与金融汇率之间保持平衡。在浮动汇率制下，区分贸易汇率与金融汇率是理解非主导性国际货币的汇率制度选择及其调整的基础，前者是一篮子贸易伙伴贸易权重加权的汇率，主要涉及出口竞争力；

后者是涉及跨境贸易和投资货币结算的汇率，主要是和美元的双边汇率（金融汇率），涉及跨境资金的流动和跨国资产价值的变化。人民币汇率制度十几年的市场化改革进程，都是围绕着平衡人民币金融汇率的稳定性和贸易汇率的稳定性来展开的。当然，CFETS指数编制中美元占比的逐步下降，一方面反映了中美贸易在中国对外贸易中权重的下降，另一方面也突出了人民币金融汇率的变动可能允许有更大的浮动区间，这也体现了中国经济金融发展到今天的自信。因为要维持一篮子货币贸易汇率的相对稳定性，美元权重的下降也意味着可能需要有更大浮动区间才能满足人民币贸易汇率定价稳定的公式要求。

四、人民币汇率定价机制的案例分析

人民币汇率定价形成机制是比较复杂的。2005 年之前的汇率定价机制相对简单。2005 年 7 月 21 日，中国人民银行宣布实施“以市场供求为基础、参考一篮子货币进行调节、有管理的浮动汇率制度”，并进行人民币汇率中间价管理制度改革，宣布以银行间外汇市场每日各交易货币兑人民币汇率的收盘价作为次日该货币兑人民币交易的中间价格，即收盘价指导模式。2006 年 1 月，中国人民银行引入询价交易方式，并授权中国外汇交易中心于每个交易日 9：15 发布人民币兑其他各主要货币的汇率中间价，作为当日汇率交易中间价。具体形成方式为：交易中心在开市前向所有做市商询价，去掉最低价和最高价后将剩余报价加权平均得到当日人民币兑美元汇率中间价，而权重则由交易中心根据市场交易量和报价情况来综合确定。由于各交易商的参考篮子、报价和权重并不公开，中间价的形成机制成为人民币汇率定价机制的核心环节。

在 2015 年“8・11”汇改之前，外汇市场的中间价基本都是由央行决定。央行通过对中间价的调控，使汇率总体波动很小，短时间内还是钉住美元。2015 年 8 月 11 日，为增强人民币兑美元汇率中间价报价机制的市场化程度和基准性，央行发布了关于完善人民币兑美元汇率中间价报价的声明，推行人民币汇率中间价定价规则改革。“8・11”汇改的主要内容包括两个部分：其一，做市商在每日银行间外汇市场开盘前，参照上一交易日银行间外汇市场收盘汇率，综合考虑外汇供求情况以及国际主要货币汇率变化，向中国外汇交易中心提供中间价报价；其二，央行将当日汇率中间价一次性贬值约 2%，以缩小在岸交易价（CNY）与离岸交易价（CNH）价差。“8・11”汇改标志着人民币汇率中间价形成机制市场化改革迈出了重要一步。

“8・11”汇改后，央行为了反映市场的供求状况，在决定人民币兑美元汇率中间价时，强调参考前一交易日收盘汇率。2016 年 2 月，央行在与 14 家报价行进行深入、充分沟通的基础上，明确了“前一交易日收盘汇率＋一篮子货币汇率变化”的新人民币兑美元汇率中间价形成机制。① “收盘汇率＋一篮子货币汇率变化”是指做市商在进行人民币兑美元汇率中间价报价时，需要考虑收盘汇率和一篮子货币汇率变化两个组成部分。与“8・11”汇改之前的中间价定价机制相比，“收盘汇率＋一篮子货币汇率变化”的中间价

① 央行的 14 家中间价报价行包括：中国工商银行、中国农业银行、中国银行、中国建设银行、交通银行、中信银行、招商银行、浦发银行、兴业银行、花旗银行、汇丰银行、渣打银行、三菱东京日联银行、蒙特利尔银行。

定价规则为外汇市场提供了一个新的人民币汇率定价机制，即中间价定价规则是两种汇率形成机制的结合：一是参考前一交易日收盘价。由于收盘价与市场供求的方向基本一致，具有浮动汇率的性质，主要反映外汇市场供求的基本面。二是参考篮子货币汇率制度，以反映中国外汇市场上可交易货币的国家或地区的经济形势变化。这一汇率定价机制安排恐怕是世界上最复杂的汇率定价机制之一了。

从具体情况来看，收盘汇率是指前一交易日 16：30 银行间外汇市场的人民币兑美元的收盘汇率，主要反映外汇市场供求状况。而对于“一篮子货币汇率变化”，央行在 2021 年第一季度《中国货币政策执行报告》中也作出了如下表述：“是指为保持人民币兑一篮子货币汇率基本稳定所要求的人民币兑美元双边汇率的调整幅度，主要是为了保持当日人民币汇率指数与前一交易日人民币汇率指数相对稳定”。央行特别举例说明了“一篮子货币汇率变化”：假设前一交易日人民币兑美元汇率中间价为 6.500 0 元，收盘汇率为 6.495 0 元。当日一篮子货币汇率变化显示人民币兑美元双边汇率需要升值 100 个基点，而做市商的中间价报价为 6.485 0 元，较前一交易日中间价升值 150 个基点，其中 50 个基点反映市场供求变化，100 个基点就反映一篮子货币汇率的变化。这样，人民币兑美元汇率中间价的变化就既反映了一篮子货币汇率变化，又反映了市场供求状况，以“市场供求为基础、参考一篮子货币”进行调节的特征更加清晰。

对于一篮子货币，央行并未明确各商业银行应该具体参考哪种货币篮子提出汇率报价，而是给出了三个选项：CFETS 货币篮子、BIS 货币篮子以及 SDR 货币篮子。各家做市商根据自身判断，在参考前一交易日收盘价的基础上，自行选择所参考的货币篮子。可见，根据现行“前一交易日收盘汇率＋一篮子货币汇率变化”中间价形成机制的近似中间价定价公式以及 CFETS、BIS、SDR 汇率指数的计算公式，就可以分别推导出参考 CFETS、BIS、SDR 货币篮子这三种情况的理论中间价。

根据参考一篮子货币规则，做市商每天早晨需要计算保持当日人民币汇率指数与前一交易日人民币汇率指数持平所需要的人民币兑美元汇率，然后与前一交易日中间价相减，得到人民币兑美元的调整幅度。根据参考收盘价规则，做市银行要将前一交易日 16：30 银行间外汇市场人民币兑美元收盘汇率与前一交易日中间价相减，得到人民币兑美元的调整幅度。在当前的“前一交易日收盘汇率＋一篮子货币汇率变化”的人民币兑美元汇率中间价形成机制下，央行主张的中间价新定价公式可近似表示为（余永定和肖立晟，2017）：

$$\text{当日中间价}=\frac{\text{前一交易日收盘价}+24\text{ 小时货币篮子稳定的理论中间价}}{2} \tag{8-1}$$

其中，前一交易日收盘价即前一交易日 16：30 外汇市场人民币兑美元即期收盘价格①；24 小时货币篮子稳定的理论中间价，即当美元与其他货币的双边汇率同基期相比发生变

① 央行宣布自 2016 年 1 月 4 日起，银行间外汇市场交易系统每日运行时间延长至北京时间 23：30，人民币汇率中间价及浮动幅度、做市商报价等市场管理制度适用时间相应延长。中国外汇交易中心对外公布，在延长外汇交易时间后，依然用 16：30 的询价成交价作为收盘价。央行表示若以 23：30 的汇率作为收盘价，做市商参考这一价格为次日中间价报价，可能削弱中间价的基准性和代表性。如果做市商因为收盘价代表性不足而不参考收盘价进行次日中间价报价，又会影响中间价报价机制的权威性，造成收盘价与次日中间价的结构性偏离。

化之后，央行须调整人民币兑美元汇率保持汇率指数相对基期稳定时的人民币兑美元中间价。

这一定价公式包含两个假设：首先，假定外汇市场上 14 家报价行在决定当日中间价时，平均而言，前一交易日收盘价与参考篮子货币的权重各为 50%。虽然各做市商会根据自身判断，对篮子货币汇率变化的参考程度有所差异，在中间价定价模型中，前一交易日收盘价与参考篮子货币的权重不一定均为 50%，但综合市场整体报价来看，收盘价与篮子货币的权重基本相近。① 其次，假定当日中间价只取决于前一交易日收盘价与参考篮子货币汇率。但实际情况可能是，做市商进行实际报价时，还会结合自身的风险偏好等因素，对上述的基础部分（前一交易日收盘价和参考篮子货币）进行一定的人为调节，形成各家银行的最终报价。如果存在这种情况，那么，按照央行规则计算出来的理论中间价和日间发生的实际中间价就会存在差异。

由式（8-1），在前一交易日收盘价已知的情况下，通过推导计算“24 小时货币篮子稳定的理论中间价”，即可计算当日中间价的理论值。因此，问题的关键就是需要计算出“24 小时货币篮子稳定的理论中间价”。

为了更好地保持人民币兑一篮子货币基本稳定，中国外汇交易中心于 2015 年 12 月 11 日开始发布 CFETS 人民币汇率指数，该指数参考中国外汇交易中心挂牌的 13 种外汇交易币种。2017 年 1 月 1 日起，CFETS 货币篮子新增 11 种 2016 年挂牌人民币对外汇交易币种，货币数量由 13 种变为 24 种。由于 CFETS 货币篮子存在调整，分别计算各阶段参考不同货币篮子的“24 小时货币篮子稳定的理论中间价”，进而推导出理论中间价。

1. 第一阶段 CFETS 货币篮子、权重和 24 小时货币篮子稳定的理论中间价

2015 年 1 月 1 日—2016 年 12 月 30 日，CFETS 人民币汇率指数参考 CFETS 货币篮子，包括中国外汇交易中心挂牌的 13 种人民币兑外汇交易币种（具体包括美元、欧元、日元、港币、英镑、澳大利亚元、新西兰元、新加坡元、瑞士法郎、加拿大元、马来西亚林吉特、俄罗斯卢布和泰铢），样本货币权重采用考虑转口贸易因素的贸易权重法计算而得（表 8-1）。篮子货币取价是当日人民币外汇汇率中间价和交易参考价（例如泰铢）。指数基期是 2014 年 12 月 31 日，基期指数是 100 点；而指数计算方法采用的是几何平均法。② 采用几何平均法的好处是可以避免简单算术平均法中一种货币升值或者贬值相同幅度时对整个指数的影响不对称的问题，从而避免这种不对称导致的偏差。

表 8-1 CFETS 货币篮子和权重（2015 年 1 月 1 日—2016 年 12 月 30 日）

币种	USD	EUR	JPY	HKD	GBP	AUD	NZD	SGD	CHF	CAD	MYR	RUB	THB
权重	0.264 0	0.213 9	0.146 8	0.065 5	0.038 6	0.062 7	0.006 5	0.038 2	0.015 1	0.025 3	0.046 7	0.043 6	0.033 3

注：USD 指美元，EUR 指欧元，JPY 指日元，HKD 指港币，GBP 指英镑，AUD 指澳大利亚元，NZD 指新西兰元，SGD 指新加坡元，CHF 指瑞士法郎，CAD 指加拿大元，MYR 指马来西亚林吉特，RUB 指俄罗斯卢布，THB 指泰铢。

① 余永定和肖立晟（2017）采用最小二乘法以及滚动回归对此进行过相应检验，我们沿用了这一计算公式。

② 在央行公布该方法之前，余永定和肖晟（2017）的指数编制方法采用了简单平均值方法。通过验证，本案例发现这种方法计算出来的理论值与实际值差异过大。国际上大多数汇率指数的构建均采用几何平均法，如 BIS、IMF 的汇率指数构建；中国外汇交易中心随后公布的也是几何平均法。

CFETS 指数算法具体形式如下：$CFETS=\frac{100}{\prod_{i=1}^{13}R_i^{0\,wi}}\prod_{i=1}^{13}R_i^{\,wi}$。其中：$w_i$ 是第 i 种货币在 CFETS 货币篮子中所占权重；R_i 是第 i 种货币兑人民币汇率的当日中间价；R_i^0 是第 i 种货币兑人民币汇率的基期中间价（或参考价），采用 2014 年 12 月 31 日的中间价（或参考价）。①

CFETS 指数具体形式可写作（中间的省略号代表未写的其他货币）：

$$CFETS=100\times\frac{\frac{USD}{CNY}^{0.2640}\times\frac{EUR}{CNY}^{0.2139}\cdots\frac{RUB}{CNY}^{0.0436}\times\frac{THB}{CNY}^{0.0333}}{6.1190^{0.2640}\times7.4556^{0.2139}\cdots0.1105^{0.0436}\times0.1857^{0.0333}} \tag{8-2}$$

由上式可求出维持 CFETS 指数稳定（初始值＝100）所要求的人民币兑美元汇率的理论中间价 $\frac{USD}{CNY}^*$：

$$\frac{USD}{CNY}^*=\frac{6.1190^{0.2640}\times7.4556^{0.2139}\cdots0.1105^{0.0436}\times0.1857^{0.0333}}{\frac{USD}{USD}^{0.2640}\times\frac{EUR}{USD}^{0.2139}\cdots\frac{RUB}{USD}^{0.0436}\times\frac{THB}{USD}^{0.0333}} \tag{8-3}$$

在推导计算出稳定一篮子汇率的人民币兑美元中间价理论值后，根据式（8－1）拟合出该交易策略的中间价报价。

2. 第二阶段 CFETS 货币篮子、权重和 24 小时货币篮子稳定的理论中间价

2017 年 1 月 1 日起，按照 CFETS 货币篮子选样规则，CFETS 篮子货币种类由 13 种变为 24 种，新增篮子货币包括南非兰特、韩元、阿联酋迪拉姆、沙特阿拉伯里亚尔、匈牙利福林、波兰兹罗提、丹麦克朗、瑞典克朗、挪威克朗、土耳其里拉、墨西哥比索。篮子货币权重采用考虑转口贸易因素的贸易权重法计算而得，本期调整采用 2015 年度数据。此次新增篮子货币权重累计加总 21.09%，基本涵盖我国各主要贸易伙伴币种，进一步提升了货币篮子的代表性。经历史回溯试算，新版和老版 CFETS 人民币汇率指数运行趋势基本吻合。②

经货币篮子调整后的新版指数以当年最后一个银行间外汇市场交易日（2016 年 12 月 30 日）为重新定基日，以该最后交易日的老版指数为重新定基基期指数（2016 年 12 月 30 日，指数为 94.83），自 2017 年 1 月 1 日起按照新版货币篮子和权重计算新版指数（见表 8－2）。

表 8－2　CFETS 货币篮子和权重（自 2017 年 1 月 1 日起）

币种	USD	EUR	JPY	HKD	GBP	AUD	NZD	SGD	CHF	CAD	MYR	RUB
权重	0.224 0	0.163 4	0.115 3	0.042 8	0.031 6	0.044 0	0.004 4	0.032 1	0.017 1	0.021 5	0.037 5	0.026 3

① 中国货币网注明泰铢使用交易参考价，即根据 2014 年 12 月最后一个交易日人民币兑美元汇率中间价与当日上午 9：00 国际外汇市场泰铢兑美元汇率套算形成 THB/CNY＝0.185 7。对于瑞士法郎，2015 年 11 月 10 日起，瑞士法郎兑人民币方可直接交易，此时才有中间价，因此，第一阶段采用同样方式套算形成 CHF/CNY＝6.159 65。

② 参见《中国外汇交易中心关于发布 CFETS 人民币汇率指数货币篮子调整规则的公告》。

续表

币种	THB	ZAR	KRW	AED	SAR	HUF	PLN	DKK	SEK	NOK	TRY	MXN
权重	0.029 1	0.017 8	0.107 7	0.018 7	0.019 9	0.003 1	0.006 6	0.004 0	0.005 2	0.002 7	0.008 3	0.016 9

注：第一行货币缩写同表 8-1，THB 指泰铢，ZAR 指南非兰特，KRW 指韩元，AED 指阿联酋迪拉姆，SAR 指沙特阿拉伯里亚尔，HUF 指匈牙利福林，PLN 指波兰兹罗提，DKK 指丹麦克朗，SEK 指瑞典克朗，NOK 指挪威克朗，TRY 指土耳其里拉，MXN 指墨西哥比索。

新版的 CFETS 指数具体的算法可写作：$\text{CFETS}=\frac{94.83}{\prod_{i=1}^{24} R_i^{0\,wi}}\prod_{i=1}^{24} R_i^{w_i}$。其中：$w_i$ 是第 i 种货币在 CFETS 货币篮子中所占权重；R_i 是第 i 种货币兑人民币汇率的中间价；R_i^0 是基期第 i 种货币兑人民币汇率的中间价，采用 2016 年 12 月 30 日数据。① 与上部分相同，若要维持 CFETS 指数的稳定（即保持基期=94.83），则所要求的人民币兑美元汇率的理论中间价 $\frac{\text{USD}^*}{\text{CNY}}$ 为（中间的省略号代表未写的其他货币）：

$$\frac{\text{USD}^*}{\text{CNY}}=\frac{6.937\,0^{0.224}\times 7.306\,8^{0.163\,4}\times\cdots\times 1.970\,2^{0.008\,3}\times 0.334\,9^{0.016\,9}}{\frac{\text{USD}}{\text{USD}}^{0.224}\times\frac{\text{EUR}}{\text{USD}}^{0.163\,4}\times\cdots\times\frac{\text{TRY}}{\text{USD}}^{0.008\,3}\times\frac{\text{MXN}}{\text{USD}}^{0.016\,9}}$$

在推导计算出稳定一篮子汇率的人民币兑美元中间价理论值后，根据式（8-1）拟合出该交易策略的中间价报价。

3. 2020 年和 2021 年的 CFETS 货币篮子、权重和 24 小时货币篮子稳定的理论中间价

2020 年 1 月 1 日起，按照 CFETS 货币篮子选样规则，CFETS 篮子货币种类仍然为 24 种，但权重再次进行了调整，降低了篮子货币中的美元权重（见表 8-3）。

表 8-3 CFETS 货币篮子和权重（自 2020 年 1 月 1 日起）

币种	USD	EUR	JPY	HKD	GBP	AUD	NZD	SGD	CHF	CAD	MYR	RUB
权重	0.215 9	0.174	0.111 6	0.035 7	0.027 5	0.052	0.005 7	0.028 2	0.014 4	0.021 7	0.037	0.026 5
币种	THB	ZAR	KRW	AED	SAR	HUF	PLN	DKK	SEK	NOK	TRY	MXN
权重	0.029 8	0.014 8	0.106 8	0.015 7	0.021 6	0.003 7	0.008 4	0.004	0.005 8	0.002 1	0.007 3	0.019 8

注：货币缩写同表 8-2。

2021 年 1 月 1 日起，按照 CFETS 货币篮子选样规则，CFETS 篮子货币种类仍然为 24 种，但权重再次进行了调整，进一步降低了篮子货币中的美元权重（见表 8-4）。

表 8-4 CFETS 货币篮子和权重（自 2021 年 1 月 1 日起）

币种	USD	EUR	JPY	HKD	GBP	AUD	NZD	SGD	CHF	CAD	MYR	RUB
权重	0.187 9	0.181 5	0.109 3	0.035 9	0.03	0.058 9	0.006 3	0.031 2	0.011	0.022 6	0.043 1	0.038 5
币种	THB	ZAR	KRW	AED	SAR	HUF	PLN	DKK	SEK	NOK	TRY	MXN
权重	0.031 9	0.014 7	0.098 8	0.016 9	0.027 1	0.003 5	0.009 7	0.004 1	0.006 1	0.002 6	0.007 2	0.021 1

注：货币缩写同表 8-2。

① 其中泰铢基期参考汇率由 2016 年 12 月 30 日美元兑泰铢参考汇率 USD/THB=35.820 0 以及美元兑人民币中间价 USD/CNY=6.937 0 套算出 CNY/THB=5.163 6。

为了反映中国主要贸易伙伴贸易权重的变化，人民币一篮子货币经过了多次调整。与2005年第一版相比，总体上表现为美欧货币在篮子货币中的权重下降，一些新兴经济体的货币在篮子货币中的权重上升，这一方面体现了中国贸易伙伴在中国对外贸易中权重的变化，另一方面也反映了世界经济多极化的发展趋势。

参考文献

[1] 潘功胜. 人民币汇率总体稳定 树立汇率风险中性理念. 中华网，2021-06-10.

[2] 王晋斌，靳蕊菲. 探究人民币汇率中间价"定价之谜". 中国宏观经济论坛工作报告，2017.

[3] 余永定，肖立晟. 完成"811"汇改：人民币汇率形成机制改革方向分析. 国际经济评论，2017 (1).

[4] Aizenman, J., M. D. Chinn, and H. Ito., "Assessing the Emerging Global Financial Architecture: Measuring the Trilemma's Configurations Over Time," NBER Working Paper, 2008.

[5] Engel, Charles, "Currency Misalignments and Optimal Monetary Policy: A Re-examination," *Reserve Bank of Australia Research Discussion Paper*, 2009.

[6] IMF, "July 2021: Fault Lines Widen in the Global Recovery," World Economic Outlook Update, 2021.

[7] Obstfeld, Rogoff, "The Mirage of Fixed Exchange Rates," *Journal of Economic Perspectives*, 1995.

案例 9

新发展格局下的人民币汇率：问题、目标及解决方案

本案例教学目标：

1. 了解新发展格局下中国经济、金融发展的新变化；
2. 了解新发展格局下人民币汇率面临的难题：货币错配；
3. 探究设计新发展格局下合意人民币汇率政策的现实方案。

新发展格局下中国经济、金融发展发生了新变化，人民币汇率面临的突出难题是货币错配。新发展格局下的人民币汇率政策要助力实现两大目标。目标 1：保持货币政策一定的独立性，助力形成以国内大循环为主体的内部需求。目标 2：稳定和提升对外贸易和金融关系，助力形成相互促进的双循环新发展格局。两个目标一个工具就面临着宏观经济学中丁伯根规则的约束，人民币汇率的现实政策需要在两个目标之间寻找平衡，在相互平衡中去推进两个目标的实现，而不是从中取舍。对于目标 1 来说，解决方案就是坚持推进汇率价格的市场化形成机制，为货币政策自主性创造更多的空间。对于目标 2 来说，解决方案就是人民币汇率要在贸易汇率与金融汇率之间保持平衡，不让汇率对贸易或者跨境投资造成明显的扰动，减缓和降低货币错配难题。同时，目标 1 与目标 2 的解决方案之间也要保持平衡，需要市场主体树立汇率风险中性原则，不赌汇率单边升值或者贬值，这进一步要求发挥在岸市场在汇率决定中的主导地位，以发挥预期引导作用，让人民币汇率成为形成双循环新发展格局的重要力量。

中国正在构建以国内大循环为主体、国内国际双循环相互促进的新发展格局。人民币汇率是中国经济对外贸易金融关系的核心价格变量，在畅通双循环中具有重要地位，高质量地助力形成以国内大循环为主体、国内国际双循环相互促进的新发展格局是人民币汇率政策选择的基本出发点。

新发展格局下中国经济增长模式、金融发展模式都出现了新变化，汇率政策的选择要匹配这种新变化。这种新变化主要体现在三个方面：首先，内外部平衡发展是未来的趋势，内需成为拉动经济增长的基础性力量。这要求中长期内人民币汇率不会为了刺激出口而贬值，而高质量地扩大内需则要求物价水平保持相对平稳，从而有利于消费和投资的稳定性。长期内相对稳定的物价和相对稳定的汇率是一致的。其次，以国内大循环为主体，要求货币政策拥有更多的自主权，便于国内大循环的宏观调控。这要求汇率形成机制进一步市场化，在“不可能三角”中偏向选择汇率浮动和货币政策自主权的货币汇率政策组合。再次，倡导市场主体树立汇率风险中性原则来应对货币错配风险，市场主体应该采取套期保值类的汇率风险管理策略，避免出现偏离风险中性的“炒汇”行为，需要有相应的市场建设和产品创新来实现风险中性的汇率管理策略。

央行在2021年第二季度《中国货币政策执行报告》中指出，继续推进汇率市场化改革，完善以市场供求为基础、参考一篮子货币进行调节、有管理的浮动汇率制度，增强人民币汇率弹性，发挥汇率调节宏观经济和国际收支自动稳定器的作用。从高质量助力新发展格局形成的新变化和要求来看，现有的汇率制度仍然有一些重要的问题需要探索、改进和完善。本案例分三个部分来阐述。第一部分阐述新发展格局下中国经济、金融发展的新变化；第二部分阐述新发展格局下人民币汇率面临的货币错配难题；第三部分探究新发展格局下人民币汇率的目标、问题和现实的解决方案。

一、新发展格局下中国经济、金融发展的新变化

（一）内外部平衡发展是未来的趋势，内需成为拉动经济增长的基础性力量

2001年中国加入WTO后，出口导向型增长模式的动力得到了充分的释放。中国经济对外贸易依存度（进出口总额/GDP）逐年攀升，并在2006年达到峰值64.24%；贸易顺差/GDP也不断扩大，并在2007年达到峰值7.53%。2008次贷危机后，经济总需求不足导致世界经济进入了低增长时期。中国经济对外贸易依存度基本上也是一路下行，到2016年及以后基本稳定在31%～33%，而贸易顺差/GDP除了2015—2016年需求不足进口减少导致的顺差上扬外，2009年之后中国贸易顺差/GDP的均值在3%以内（剔除2015—2016年的数据，2010—2020年均值为2.96%）（图9-1）。

从中国经济对外贸易依存度、贸易顺差/GDP与GDP增速的趋势来看，次贷危机之后，这三者基本是下滑的。这说明了次贷危机之后，外部总需求已经不能拉动中国经济持续取得较高的增长了。

从拉动中国经济增长的总需求结构来看，先不考虑2020年新冠疫情意外冲击之后的情况，次贷危机之后，2011—2019年消费对GDP的贡献率年均超过60%，达到60.11%。2001年中国加入WTO后至次贷危机爆发前（2001—2007年）的消费年度贡献率均值仅为47.87%，这一时期净出口成为拉动中国经济增长的重要动力，尤其是2005—2007年净出口对中国经济增长的贡献率均值达到了10.73%。1991—2007年消费拉动增长贡献率的年度均值为54.78%。2020年由于新冠疫情的意外冲击，在2.3%的经

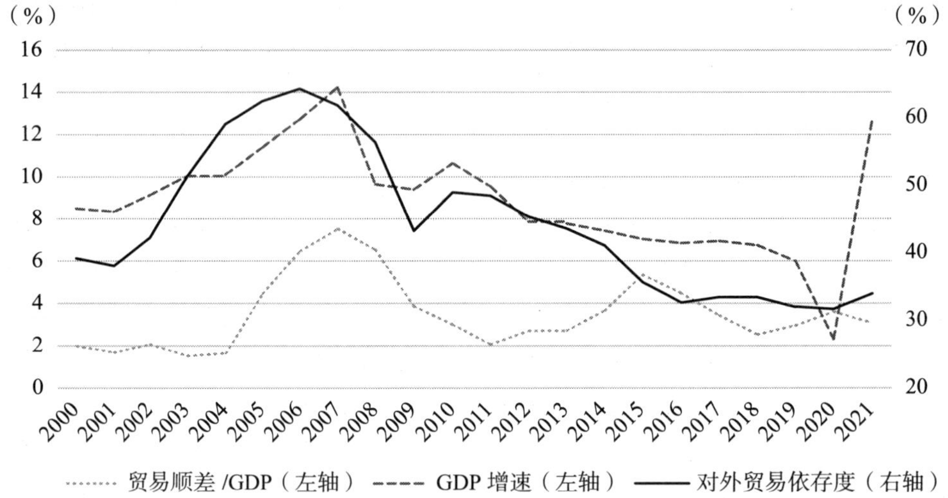

图 9－1 中国 GDP 增速、对外贸易依存度以及贸易顺差/GDP 的变化

注：2021 年的数据为上半年的数据。

资料来源：WIND，中经网数据库。

济增长率中出现了消费－0.51 个百分点的拉动率。2021 年上半年 GDP 增速为 12.7%，消费的贡献率达到了 61.68%（图 9－2）。因此，消费对中国经济的贡献率已经比较稳定地处于 60%及以上的水平，成为拉动中国经济增长的基础性力量。

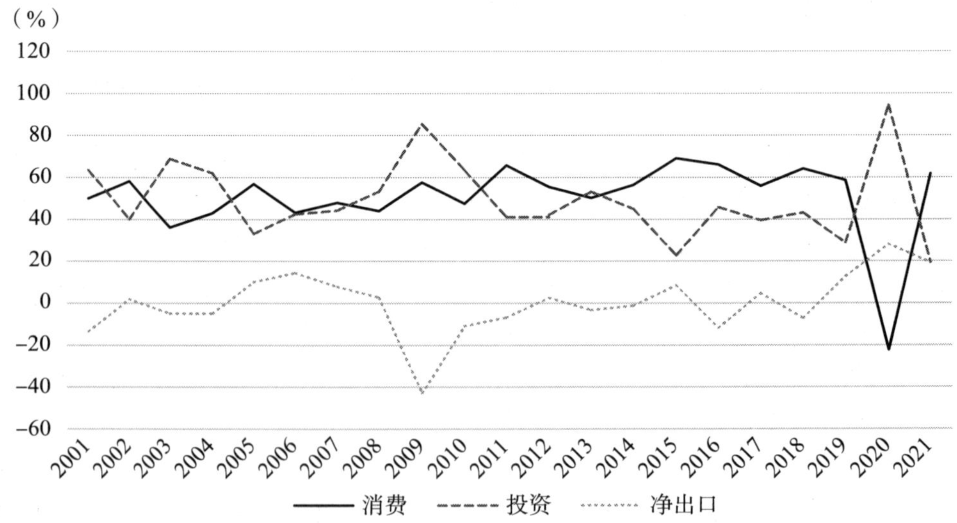

图 9－2 三大需求对 GDP 增长的贡献率

注：2021 年的数据为上半年的数据。

资料来源：WIND.

从宏观经济运行的稳定性来看，靠外需拉动增长会带来明显的宏观经济波动性。为了维持一定的经济增速保证就业，在净出口拉动率变为负值的时候，就要靠投资和消费去抵补。2009 年出台了 4 万亿元的刺激计划，投资对 GDP 增长的贡献率达到了 85.3%，使得中国 GDP 在 2009—2010 年保持了 9.4%和 10.6%的高速增长，同时也带来了一系列问题，尤其是通货膨胀、影子银行和债务风险问题。2020年投资对GDP增长的贡献率达到了94.3%，创历史新高，主要原因是疫情冲击了消费，消费对GDP增长的贡献率为−22.3%。可见，即使投资可以有很高的贡献率，但由于疫情前几年消费对GDP增长的贡献率大约为60%，单纯靠投资已经很难推动经济保持比较合意的增长速度了。同时，过度依赖投资可能会导致两种非合意的结果。对内，过度投资导致资本边际收益率递减，投资驱动的增长模式会累积债务风险；对外，靠外部市场消化投资驱动增长模式提升的生产能力会导致国际市场产品价格下降（输出通缩）以及由此可能引发的贸易摩擦行为。IMF（2021）认为2022—2026年间全球经常账户余额会逐渐缩小，主要反映出美国经济对外赤字和中国经济对外盈余缩小到新冠病毒大流行前的水平以下，而且认为从中期来看，需要采取集体行动以有利于增长的方式减少全球失衡。

从2011—2019年三大需求贡献率的波动性来看，消费贡献率的波动性要明显小于投资和净出口的波动性（标准差）。消费贡献率的年波动性为投资和净出口贡献率年波动性的68.5%和79.1%。这说明消费已经是中国经济获得稳定持续增长的“压舱石”，也是降低宏观经济波动性的基础性力量。从长期来说，开放条件下的收入恒等式也表明了促进消费是保证中国经济内外部平衡发展的重要基础。

（二）以国内大循环为主体要求货币政策拥有更多的自主权，便于国内大循环的宏观调控

开放条件下，新兴经济体在宏观政策上面临着蒙代尔-弗莱明模型基础之上的“不可能三角”，在资本自由流动、固定汇率和货币政策独立性三个方面只能选择其中的两个方面。“不可能三角”理论提出后，出现了大量关于三角的“角点解”和“非角点解”的研究。Obstfeld和Rogoff（1995）认为在全球存在巨额资本流动时，在技术上维持固定汇率不可能，因为存在出现投机攻击的情况。巨额的资本流动就导致了新兴市场国家无论实行哪种汇率制度，其货币政策都是不能够独立的，新兴市场国家只能在货币政策独立性和资本市场开放中进行选择，即存在开放条件下的货币政策两难（Rey，2013）。更现实的情况是，新兴市场国家趋向不可能三角的中间状态，实行有管理的浮动汇率制度，致力于资本市场开放，并同时保持一定程度的货币政策独立性（Aizenman，Chinn，and Ito，2008）。

从人民币汇率制度安排来看，2005年7月21日人民币放弃单一钉住美元，开始实行以市场供求为基础、参考一篮子货币进行调节、有管理的浮动汇率制度。当日人民币兑美元一次性升值2%（收盘价由7月20日的1美元兑8.276 5人民币升值到7月21日的1美元兑8.11元人民币）。这次汇率改革确立了汇率改革主动性、可控性和渐进性原则，为进一步完善人民币汇率市场化形成机制奠定了基础。2006年1月4日央行引入外汇市场做市商和询价交易制度，改变了人民币汇率中间价的定价方式。2008年全球金融危机爆发后，央行再次将人民币钉住美元。2008年7月—2010年6月人民币兑美元差不多维持在1美元兑6.83人民币的水平。2010年6月19日在确保金融危机影响有限和国内经济平稳运行的情况下，央行重新开始进一步改革人民币汇率制度，并提高人民币汇率弹

性，重回有管理的浮动汇率制。从 1994 年人民币开始实施有管理的浮动汇率制度以来，人民币汇率的波动程度随着中间价浮动区间的扩大而不断增加。1994 年 1 月 1 日开始，人民币汇率浮动区间是 0.3%，2007 年 5 月 21 日扩大到 0.5%，2012 年 4 月 16 日再扩大到 1%，至 2014 年 3 月 17 日扩大到 2%。因此，在扩大中间价浮动区间后，人民币汇率形成机制更加市场化，汇率波动幅度明显增加，汇率弹性加大（图 9－3）。

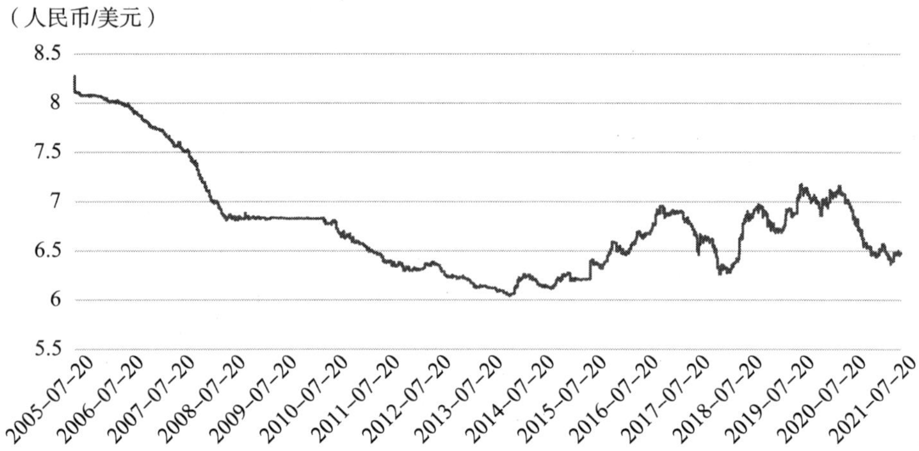

图 9－3　人民币兑美元汇率（2005 年 7 月 20 日—2021 年 8 月 20 日）

在 2015 年“8・11”汇改之前，外汇市场的中间价基本都是由央行决定，通过央行对中间价的调控，汇率总体波动很小。2015 年 8 月 11 日央行完善人民币兑美元汇率中间价报价机制，以增强人民币兑美元汇率中间价的市场化程度和基准性，做市商在每日银行间外汇市场开盘前，参考前一交易日银行间外汇市场收盘汇率，综合考虑外汇供求情况以及国际主要货币汇率变化，向中国外汇交易中心提供中间价报价。2016 年 2 月，央行在与 14 家中间价报价行进行深入、充分沟通的基础上，明确了“前一交易日收盘汇率＋一篮子货币汇率变化”的两因子人民币兑美元汇率中间价的新价格形成机制。两因子中间价定价规则为外汇市场提供了一个新的人民币汇率定价机制：中间价定价规则是两种汇率形成机制的结合：一是参考前一交易日收盘价。由于收盘价与市场供求的方向基本一致，具有浮动汇率的性质，主要反映外汇市场供求的基本面。二是参考篮子货币汇率制度，以反映中国外汇市场上可交易货币的国家或地区的经济形势变化，并强调了一篮子货币汇率的稳定性。中间价定价公式可以表述为：中间价＝1/2×(前一交易日收盘价＋24 小时货币篮子稳定的理论中间价)（余永定和肖立晟，2017)。

关键问题就在于如何计算出 24 小时货币篮子稳定的理论中间价格。中国外汇交易中心提供了 SDR、BIS 和 CFETS 三个货币篮子。其中 CFETS 货币篮子是中国外汇交易中心于 2015 年 12 月 11 日开始发布的，该指数参考中心挂牌的 13 种外汇交易币种。2017 年 1 月 1 日起，CFETS 货币篮子新增 11 种 2016 年挂牌人民币兑外汇交易币种，货币数量由 13 种变为 24 种，一直沿用至今，但其权重与一篮子货币汇率的定基均发生过调整。由于维持了一篮子货币汇率指数要求的 24 小时货币篮子稳定的理论中间价与当日中间价的差值随时间扩大，当日中间价从 2016 年 4 月开始就显著高于稳定 24 小时篮子汇率指数的理论中间价（王晋斌和靳蕊菲，2018）。这表明要维持 24 小时篮子汇率指数稳定所要求的汇率长期低于实际当日中间价，人民币就因此存在市场贬值的压力，而央行要对冲这种贬值的压力，就需要不断向市场供给美元，结果表现为官方美元外汇储备的下降。从 2005 年开始到 2014 年底，人民币经历了长达十年的升值周期，由于美联储 2015 年开始加息，人民币出现贬值压力。同时，如果人民币持续贬值，中美之间的贸易将更不平衡，2015 年中国对美国的贸易顺差占美国 GDP 的 3.1%。[①] 为了防止这种贬值，央行就需要动用外汇储备干预外汇市场，外汇储备由 2014 年底的约 4 万亿美元一直减少到 2016 年底的约 3 万亿美元。2017 年 5 月 26 日央行推出了逆周期因子，人民币汇率中间价形成了“前一交易日汇率收盘价＋夜间一篮子货币汇率变化＋逆周期因子”的三因子人民币兑美元汇率中间价的形成机制。逆周期因子的引入能够缓解市场的顺周期行为，起到稳定市场预期的作用，但具有逆市场化定价的倾向。2020 年 10 月 27 日中国外汇交易中心公告称会陆续主动将人民币兑美元中间价报价模型中的逆周期因子淡出使用，调整后的报价模型有利于提升中间价报价的透明度、基准性和有效性。逆周期因子的淡出表明人民币汇率形成机制进一步市场化。

在美元主导的国际货币体系下，也可以通过观察人民币汇率走势与美元指数走势的相关性来判断人民币汇率国际化及市场化的程度。剔除两者交易日时间差异的数据，2015 年 8 月 11 日—2020 年 7 月 27 日两者的相关系数为 0.626；2020 年 7 月 28 日—2021 年 8 月 10 日两者相关系数高达 0.70（图 9－4）。这说明央行在淡出使用逆周期因子后，人民币汇率定价机制进一步市场化，人民币汇率与代表国际金融市场货币汇率指数的美元指数之间的关联性增强了，也表示人民币汇率变动更多地纳入了国际金融市场的定价因素。

图 9－4　美元指数与人民币汇率的变化（2015 年 8 月 11 日—2021 年 8 月 10 日）

① “Foreign Exchange Policies of Major Trading Partners of the United States,” U. S. Department of the Treasury Office of International Affairs, April 29, 2016.

二、新发展格局下人民币汇率面临的难题：货币错配

对于新兴经济体来说，由于跨境贸易和投资存在以不同货币计价换算的问题，如何克服货币错配导致的汇率风险暴露是一个普遍的难题。随着中国 GDP 总量的不断增长，尽管对外贸易依存度有所下降，仍保持在略多于 30%的水平，但贸易结算量在不断增长。与此同时，为构建新发展格局，中国金融需要更大程度的开放和发展，中国金融开放进入加速期，市场准入大幅度放宽、跨境投资规模明显增长。因此，随着跨境贸易投资交易量的不断扩大，货币错配问题导致的汇率暴露风险是需要解决的重大问题。

（一）减少贸易结算的汇率风险

2011 年 7 月，央行会同五部委发布《关于扩大跨境贸易人民币结算地区的通知》，将跨境贸易人民币结算境内地域范围扩大至全国。从 2011 年开始，跨境贸易人民币结算业务取得了快速发展。2011 年当年银行累计办理跨境贸易人民币结算业务 2.08 万亿元，同比增长 3.1 倍。2012—2013 年，跨境贸易人民币结算量保持较快增长，同比增长 41%和 57%。跨境贸易结算的发展并非一帆风顺，2016—2017 年人民币跨境贸易结算出现了一定程度的下滑，2016—2017 年分别同比增长了－18.6%和－6.7%。主要原因是 2016—2017 年受到美联储加息的影响，人民币存在贬值压力，导致了跨境贸易人民币结算量的下降。此后，人民币跨境贸易结算取得了快速增长，2020 年同比增速达到 44%，2021 年上半年同比增速也达到了 39%（图 9－5）。

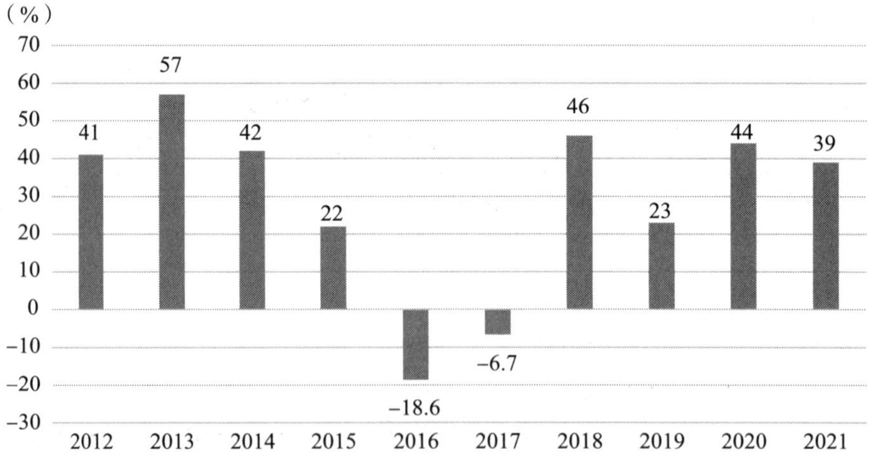

图 9－5 跨境贸易人民币结算业务增速（同比）

注：2021 年的数据为上半年的数据。

资料来源：中国人民银行《中国货币政策执行报告》2012—2021 年各期。

人民币跨境贸易结算能有效规避货币错配的汇率风险，这得益于人民币国际化的发展。经常账户下跨境人民币收付金额占进出口贸易额的比例曾在 2015 年达到高点，接近

30%，2016—2017 年出现了下降，随后基本保持稳步上升的态势。2020 年这一比例为 21.1%，2021 年上半年保持在大约 20%（图 9-6）。

从经常项目下跨境人民币收付金额占进出口贸易额比例来看，还有 80%左右不是采用人民币结算的。因此，中国经济的跨境贸易结算存在显著的汇率风险。

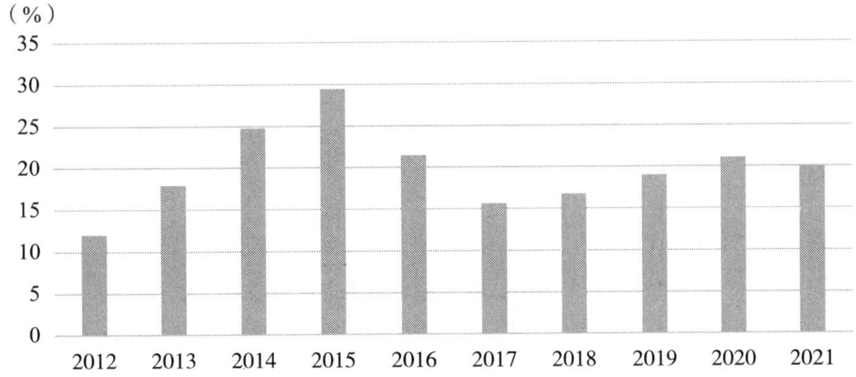

图 9-6　经常项目下跨境人民币收付金额占进出口贸易额的比例

注：由于统计口径问题，2014 年及之前的数据以银行累计办理跨境贸易人民币结算业务数据计算，2015 年及以后为经常项目下跨境人民币收付金额。数据来自中国人民银行《中国货币政策执行报告》2012—2021 年各期。进出口贸易额以人民币计价，数据来自中国海关网站提供的进出口商品总值表（人民币值）。2021 年的数据为上半年的数据。

（二）降低金融资产价格的汇率风险

中国资本项目下人民币收付金额的增长非常快。2015 年资本项目下人民币收付金额为 4.87 万亿元，2021 年达到了 21.6 万亿元，尤其是 2018—2020 年的三年时间，中国国际收支资本项目下人民币收付结算取得了快速增长。2021 年上半年达到了 14 万亿元，继续呈现出快速增长的态势（图 9-7）。

虽然资本项目人民币收付金额取得了长足的进步，但在美元主导的国际货币体系下，国际跨境投资大多数还是以美元计价。美元计价的金融资产在全球金融市场的交易上占据了主导地位。目前美国股市市值占全球股市市值超过 50%。从 IMF（COFER）提供的数据来看，2021 年第一季度美元在全球外汇储备中占比仍然达到 59.54%。从 BIS 提供的全球金融市场流动性数据来看，美元利率衍生品明显占据了全球金融市场的主导地位。从全球交易所交易的利率衍生品来看，2021 年第一季度美元利率期货与期权金融存量在全球金融市场上的占比达到 66.74%；截至 2021 年第一季度，美国以外的非银行类跨境借贷美元存量高达 13.06 万亿美元，其中 31.19%流向了新兴市场经济体。

随着金融开放和人民币国际化的发展，跨境资产组合的快速发展成为中国经济新发展格局下金融开放和国际化的重要表现。2020 年第三季度中国国际投资资产突破 8 万亿美元，达到 8.17 万亿美元；负债突破 6 万亿美元，达到 6.01 万亿美元（图 9-8）。近三年国际投资净头寸基本保持在 2 万亿美元左右，不包括储备的国际投资净头寸基本保持在−1.2 万亿至−1.0 万亿美元之间。这和 2014—2015 年不包括储备的国际投资净头寸基本保持在−2.3 万亿至−2.0 万亿美元之间不同，说明外汇储备资产下降了 1 万亿美元

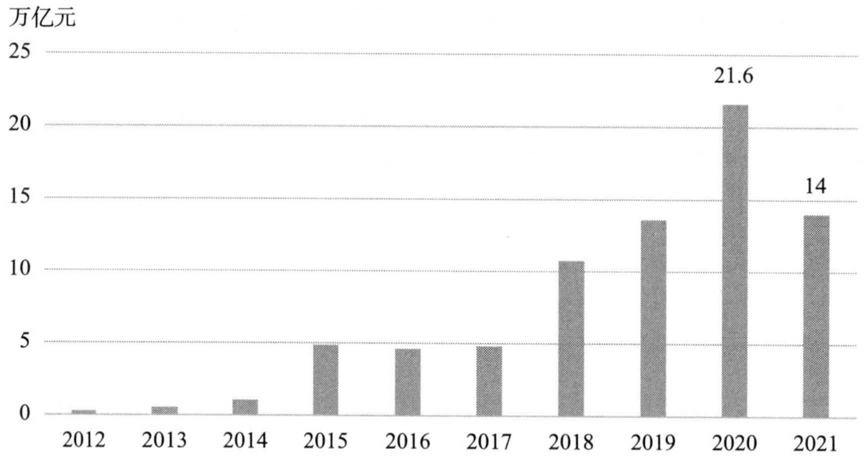

图 9-7 中国国际收支资本项下人民币收付金额

注：由于统计口径问题，2014 年及之前的数据以银行累计办理人民币跨境直接投资结算；2015 年及以后为资本项目下跨境人民币收付金额。

资料来源：中国人民银行《中国货币政策执行报告》2012—2021 年各期。

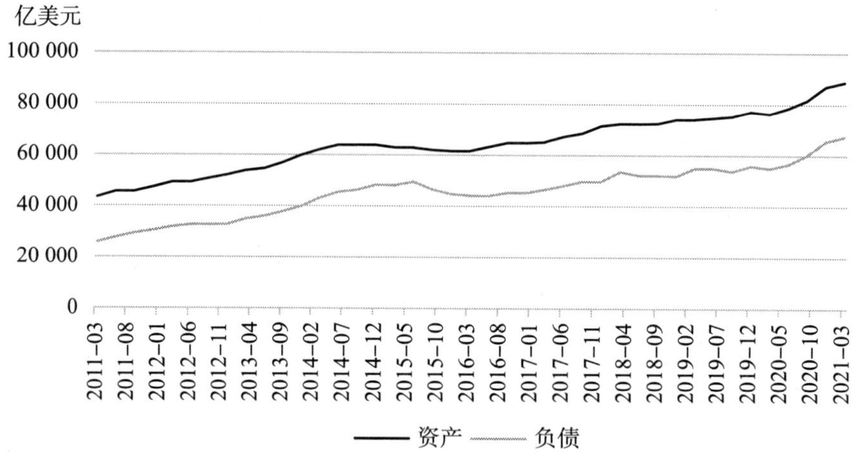

图 9-8 中国国际投资头寸

资料来源：WIND.

左右，主要是由于 2015 年“8·11”汇改发生在美元加息周期中，人民币面临贬值压力，要求外汇干预来维护外汇市场稳定。

从外汇市场交易来看，依据中国外汇交易中心的数据，2018 年 8 月开始人民币外汇即期交易有不同币种的交易数据，2018 年 8 月外汇即期交易额为 48 691.09 亿元人民币。其中，美元人民币即期交易占比 97.56%，欧元人民币即期交易占比大约 1%。2021 年 7 月外汇即期交易额为 58 383.86 亿元，其中美元人民币即期交易占比 96.73%，欧元人民币即期交易占比 2.36%（图 9-9）。尽管有所波动，美元人民币即期交易在外汇即期交易中占据了绝对的主导地位，基本稳定在 96%左右。因此，美元和人民币之间的金融汇率是人民币最重要的双边汇率。

因此，不论是从贸易还是金融视角来看，新发展格局下人民币汇率都存在货币错配

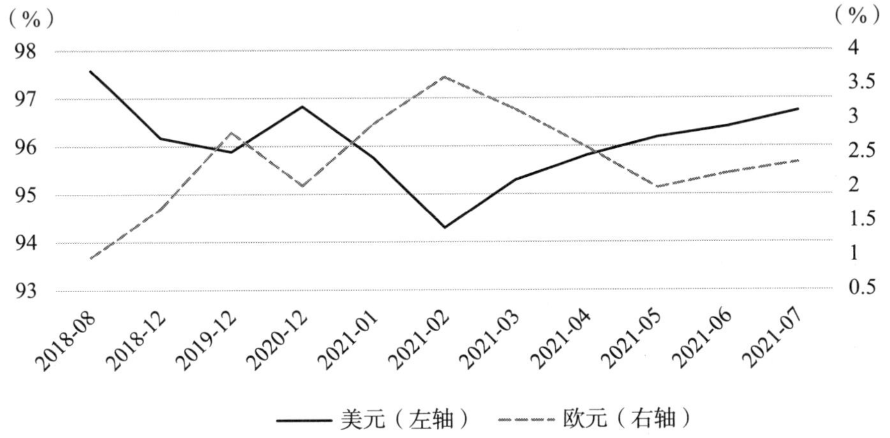

图 9-9　中国外汇交易中心外汇即期交易美元与欧元的占比

难题。只要贸易金融交易使用两种及以上的货币，就会存在货币错配带来的汇率风险问题。中国正在实施更大程度的开放，跨境贸易交易量和金融交易量都将出现显著的增长，尤其是近两年跨境金融交易量急剧增长。因此，新发展格局下的货币错配问题更加凸显。

（三）避免汇率风险对高质量发展的明显扰动

汇率形成机制是高水平开放中的重要一环，要实现高水平开放助推高质量发展，跨境贸易和投资的相对价格就必须保持稳定。相对稳定的价格预期使市场主体免受非预期价格波动的扰动，这对正常的生产经营和投资来说是至关重要的。

中国经济已经深度融入世界经济的产业链。对外贸易中一般贸易需要规避汇率风险，而加工贸易由于“两头在外”也会明显地受到汇率风险的影响。随着中国经济产业链的不断完善，加工贸易占一般贸易的比例从 2012 年的大约 65%下降至目前的大约 35%。因此，在新发展格局下，中国的对外贸易更多采用一般贸易方式。在一般贸易占比不断上升的态势下，汇率波动对贸易的冲击变得更大。相对于加工贸易来说，如果汇率升值，一般贸易就享受不到进口中间品价格下降的好处；如果汇率贬值，对出口的刺激作用更大。汇率持续性的升值或者贬值对新发展格局下的高质量发展都是不利的：持续贬值造成进一步内外部失衡；持续升值挤压出口行业的生存空间，不利于形成双循环相互促进的新发展格局。

从双向投资来说，道理是一样的。持续贬值不利于吸引外资；持续升值会导致外汇市场投机以及短期资本流入带来的资产价格泡沫。因此，脱离经济基本面的汇率波动不利于经济金融的平稳运行，会对中国经济的高质量发展造成明显扰动。

三、探究新发展格局下合意人民币汇率政策的现实方案

新发展格局下中国经济金融面临着新的环境。以国内大循环为主体、国内国际双循环相互促进要求人民币汇率必须发挥好畅通双循环的作用。要实现这一目标，合意的人

民币汇率政策就必须考虑以下两个目标。

目标1：保持货币政策一定的独立性，助力形成以国内大循环为主体的内部需求。

目标2：稳定和提升对外贸易和金融关系，助力形成相互促进的双循环新发展格局。

要解决好上述两个目标，就面临着宏观经济学中的丁伯根规则的约束：宏观政策工具的数量或控制变量数至少要等于目标变量的数量，而且这些政策工具必须是线性无关的或者说是相互独立的。因此，在考虑上述两个目标时，人民币汇率政策需要在两个目标之间寻找平衡，在相互平衡中推进两个目标的实现，而不是从中取舍。

如何做到这一点？从目标1来看，在开放条件下“不可能三角”的约束下，想要保持货币政策一定的自主性，就需要坚持汇率价格形成机制市场化方向，坚持市场供求是汇率形成的基础。从目标2来看，对外贸易涉及一篮子货币汇率（贸易汇率），而在美元主导的国际货币体系下，跨境投资涉及人民币和美元之间的双边汇率（金融汇率）。要避免过大的汇率波动对贸易和跨境投资带来不合意的扰动甚至冲击，人民币保持贸易汇率和金融汇率之间的平衡是实现目标2的合意选择。

金本位崩溃之后，世界上并无纯粹的自由市场汇率。以市场供求为基础的汇率形成并不是永远没有干预，特定时期的外汇市场干预并不罕见。如1985年9月通过加强国际汇率协作干预签订了《广场协议》、1987年2月通过在国内宏观政策和外汇市场干预两方面加强“紧密协调合作”签订了《卢浮宫协议》等。

关于浮动汇率的划分是非常复杂的，即使是独立浮动的汇率也会存在特定时期对外汇市场的干预以影响名义汇率。美国财政部有一套关于汇率操纵单边定义的标准，每年有一定的变化。大概包括三个方面：与美国的贸易顺差、大规模的贸易顺差（超过GDP的3%）以及持续的单边汇率干预（过去12个月外汇干预数量超过GDP的2%）。因此，不是持续的外汇市场干预就符合有管理的浮动汇率制度的条件。

对于目标1来说，方案就是坚持推进汇率价格形成的市场化机制。2020年10月27日开始，央行陆续主动将人民币兑美元中间价报价模型中的逆周期因子淡出使用，允许人民币汇率有更大的弹性，提高人民币汇率中间价报价的透明度、基准性和有效性。汇率制度的进一步国际化、市场化改革需要资本账户开放作为支撑。需要按照名义开放和实际开放的差异来提高实际开放度。汇率更大的弹性也就意味着央行货币政策更少受到外部资金流入的影响，外汇市场自我出清机制增强，央行货币政策的自主性提高。

对于目标2来说，方案就是人民币汇率要在贸易汇率与金融汇率之间保持平衡，不机械地坚持贸易汇率稳定的优先性。从2020年新冠疫情以来的情况看，贸易汇率相对于金融汇率来说要稳定的多。但问题在于，由于大多数贸易采用美元计价，导致即使在人民币一篮子货币汇率没有升值太多的情况下，人民币兑美元也会升值较多，并且结汇售汇绝大多数以美元和人民币交易，这就挤压了出口企业的利润。尤其是中小企业的供应链在国内，出口换来的美元只能换取较少的人民币，导致其经营存在困难。尤其需要注意的是，要避免贸易汇率与金融汇率之间出现背离的情况。比如，依据WIND数据，CFETS人民币汇率指数自2020年初至5月22日上涨了1.97%，而CFETS中人民币兑美元双边汇率大约贬值了2.2%，但贸易一篮子货币人民币指数升值了大约2%。人民币贸易汇率和人民币金融汇率出现了背离。因此，可以考虑每1～2年依据实际情况调整贸易篮子货币及权重，使人民币贸易汇率与金融汇率之间不要出现这种背离，这种背离是贸易汇率和金融汇率的不合意组合导致的，不利于出口，也不利于人民币的国际购买力。

以国内大循环为主体、国内国际双循环相互促进的新发展格局说明了中国不会靠汇率贬值去刺激出口，但也难以承受贸易汇率不断升值导致的出口成本上升以及对国内产业国际市场份额的挤压。坚持贸易汇率与金融汇率之间的平衡是至关重要的。历史上很多案例说明，汇率的长期贬值和升值都不利于经济金融稳定和货币的国际化。长期贬值及贬值预期会带来资本持续外流与进口通胀；长期升值及升值预期会带来大量的资金流入，催生资产价格泡沫，对出口造成负面影响，同时也影响该货币的跨境货币借贷（不断升值意味着借款人成本不断上升）。

实现目标1与目标2的方案之间要保持平衡，要求市场主体树立汇率风险中性原则。外汇市场的供求反映实体经济和跨境投资的真实供求，不赌汇率单边升值或者贬值，不出现外汇市场的投机行为。这从技术上来说，需要避免市场主体预期人民币汇率出现明显的趋势性走势。相对于美元指数走势来说，2020年新冠疫情以来，人民币趋势性交易要明显一些。一旦汇率市场出现了比较明显的趋势性交易行为，汇率就会出现单向变动的超调，从而放大了汇率市场的波动风险。

2020年我国外汇市场交易规模达到30万亿美元，其中60%是外汇衍生品交易。我国企业汇率风险中性理念不断加强，汇率风险管理水平不断提升，2021年以来企业外汇衍生品套保比率超过两成，比2020年提升了5个百分点，不过提高空间仍然较大（潘功胜，2021）。汇率风险中性理念并不是不管理汇率风险，恰恰是更加强调了汇率风险管理，金融市场的基本功能之一就是风险管理。央行的汇率风险中性是主张企业将汇率波动纳入日常财务决策，合理运用衍生金融工具对冲汇率风险，降低外汇市场波动对主营业务的不确定性影响，从而确认企业主营业务现金流不会因为汇率波动而受到较大的影响，树立金融为实体经济服务的理念。汇率风险中性倡导市场主体要避免外汇风险管理的“顺周期”和“裸奔”行为，不赌人民币升值或贬值。

要树立外汇市场风险中性管理理念，可以采用两个具体措施。一是在中间价形成机制上，可以对进入外汇市场的交易商提供窗口指导。当外汇交易商提供的报价有明显偏离时，中国外汇交易中心应该了解该交易商的报价为什么会较大幅度偏离所有报价的均值或者中值，并提供指导。二是加强外汇市场预期引导。影响汇率波动的因素很复杂，外汇市场也同样会出现“羊群效应”。在人民币汇率和市场预期出现较大波动时，比如在整个外汇市场出现明显不合意的走势时，或者形成了显著趋势性交易时，管理部门需要及时主动发声，回应市场关切，遏止外汇市场超调，维护外汇市场平稳运行。人民币汇率的双向波动是国内外经济形势、国际收支状况及国内外外汇市场变化共同作用的结果，客观合理地反映了外汇市场供求变化，发挥了调节国际收支和宏观经济自动稳定器作用，促进了内外部均衡，并扩大我国自主实施正常货币政策的空间。

人民币汇率市场目前已经形成了在岸和离岸市场之间的联动机制。在新发展格局下，在岸人民币汇率市场必须发挥主导性作用，可以通过上海国际金融中心的大发展，进一步开放资本账户，做强做大在岸人民币市场，让在岸人民币汇率市场发挥主导性作用。同时，在岸与离岸市场协同发展，不断完善跨境融资宏观审慎管理框架，提高跨境宏观审慎管理能力和水平。

总体上，新发展格局下中国经济、金融发展发生了新变化，人民币汇率政策要助力实现两大目标，同时面临货币错配难题。克服难题并实现目标，人民币汇率需要坚持市场化改革方向，并平衡贸易汇率和金融汇率之间的关系，这需要市场主体树立汇率风险中性原则，发挥在岸市场在汇率决定中的主导作用，便于发挥预期引导作用，让人民币汇率成为形成双循环新发展格局的重要力量。

参考文献

[1] 刘鹤. 加快构建以国内大循环为主、双循环相互促进新发展格局. 人民日报，2020-11-25.

[2] 潘功胜. 人民币汇率总体稳定 树立汇率风险中性理念. 中华网财经，2021-06-10.

[3] 王晋斌，靳蕊菲. 探究人民币汇率中间价“定价之谜”. 中国宏观经济论坛工作报告，2017.

[4] 余永定，肖立晟. 完成“811 汇改”：人民币汇率形成机制改革方向分析. 国际经济评论，2017（1）.

[5] Aizenman，J.，M. D. Chinn，and H. Ito.，“Assessing the Emerging Global Financial Architecture：Measuring the Trilemma's Configurations Over Time，” NBER Working Paper，2008.

[6] Engel，Charles，“Currency Misalignments and Optimal Monetary Policy：A Re-examination，” *Reserve Bank of Australia Research Discussion Paper*，2009.

[7] IMF，“July 2021：Fault Lines Widen in the Global Recovery，” World Economic Outlook Update，2021.

[8] Obstfeld，Rogoff，“The Mirage of Fixed Exchange Rates，” *Journal of Economic Perspectives*，1995.

[9] Rey，Hélène，“Dilemma not Trilemma：The Global Financial Cycle and Monetary Policy Independence，” NBER Working Paper，2013.

[10] U. S. Department of the Treasury Office of International Affairs，“Foreign Exchange Policies of Major Trading Partners of the United States，” 2016.

案例 10

国际金融体系改革与人民币国际化

本案例教学目标:

1. 了解国际金融体系改革的方式;
2. 理解货币国际化的含义;
3. 了解历史上一国货币国际化的实践案例;
4. 引发读者对人民币国际化路径的思考。

自布雷顿森林体系解体以来，国际社会对国际金融改革的呼声此起彼伏。特别是在1997年亚洲金融危机、2008年金融危机以及2020年美国无限制量化宽松政策实施之后。但在现实层面上，国际金融体系改革“雷声大雨点小”，未见实质性进展。相反，货币政策框架转型不仅在国际间形成共识，而且进展得如火如荼。货币政策框架在功能上逐渐成为国际金融体系的拓展和补充。但是无论国际金融体系改革还是货币政策框架转型都难以从根本上解决全球经济失衡对世界经济造成的负面影响。从根本上应对全球经济失衡的影响须通过人民币的崛起在国际金融市场上对美元的“霸权”地位形成制衡。本案例将货币国际化区分为“相对国际化”和“绝对国际化”，并根据我国在当前国际市场和国际金融体系的分工和地位，对人民币国际化的路径进行初步探讨。

一、当前国际金融体系无法约束美元的机会主义行为

2008年金融危机的爆发在很大程度上归结为危机前持续存在的全球经济失衡。危机之前，美国通过长期的经常项目赤字和低利率政策向世界注入大量货币。宽松的货币环境引发过度金融创新和投机，最终导致全球性金融危机和经济危机。危机爆发之后，美

国量化宽松政策的实施和退出又对国际大宗商品和金融市场造成二次冲击。在量化宽松政策的推动下，大量货币迅速注入市场造成全球货币供给泛滥，推高大宗商品价格。而在量化宽松政策的退出过程中，资金从新兴市场国家快速回流美国，导致国际资本市场在2013年发生剧烈震荡。

由美元主导的国际金融体系除了加剧全球经济失衡和诱发金融危机之外，还日益成为美国谋求私利的工具。世界各国要使用美元作为支付工具就必须要遵守美国国内的相关法律，这就是美国所谓的“长臂管辖原则”。近年来，特别是在特朗普总统上台之后，为了在国际经贸竞争中获得不当优势，美国打着“反洗钱”“反资恐”等旗号，滥用长臂管辖原则。据报道，为了推动美国天然气出口，欧洲国家从俄罗斯进口天然气的“北溪二号”项目受到美国制裁。此前从伊朗进口石油的国家也在美国的制裁威胁下断绝了与伊朗的石油贸易。美国长臂管辖原则的滥用程度可见一斑。

在此背景下，国际社会对全球金融体系改革的呼声日益高涨。事实上，国际金融体系改革并非新鲜事物。自20世纪60年代开始，国际社会对全球金融体系改革的必要性早有共识，至于如何改革也有大量的方案和可行性研究，但是实际的改革行动却寥寥无几。本质上，国际金融体系调整涉及国际利益的重新分配和国际权力的此消彼长，其改革难度可想而知。这其中既包括客观存在的协调成本，也包括各国对改革诉求的差异，还有现有体系既得利益国对改革动议的集体抵制。①因此，多数关于国际金融体系改革（特别是来自发展中国家）的呼吁往往停留在对现有体系进行道义谴责的层面，缺乏实质性变革。

随着我国对外开放和融入全球市场程度的不断加深，国际金融体系变革与我国利益密切相关。应该看到我国是最新一轮经济全球化的主要受益者之一。伴随着全球经济失衡，我国经济实现迅速成长。2010年我国成为世界第二大经济体，2013年我国成为世界货物贸易第一大国。但是也应该看到，现有国际金融体系的缺陷正日益制约我国经济的进一步发展。特别是在被美国定位为全面竞争对手的背景下，我国的经济安全严重受制于当前的国际金融体系。为此我国政府也积极进行政策调整，推动人民币国际化和“一带一路”倡议，以实际行动推动国际金融体系改革向更加公平的多边化发展。

推动国际金融体系改革和实现人民币国际化是相辅相成的过程。为了更好地实现二者的相互融合和相互促进，本案例对国际金融体系的发展、一国货币实现国际化的条件，以及人民币如何弥补当前国际金融体系的不足等问题进行了比较深入的研究，具体包括以下几个方面的工作和发现。

第一，当前国际金融体系的功能存在向国内政策框架扩展的趋势。传统教科书中将国际金融体系局限于为调节各国货币在国际支付、结算等方面的差异所确定的规则、惯例、政策和组织机构等。布雷顿森林体系解体之后上述定义已不能全面反映国际金融体系的全貌。当前，各国为应对国际金融市场动荡等外部冲击，积极构建国内政策体系，包括通货膨胀目标制和宏观审慎监管等政策框架，这些也应被看作是传统国际金融体系

---

① 如SDR份额改革没有落实。

功能的延伸，从而构成广义国际金融体系。① 然而可能存在的一个悖论是，各国抵御外部冲击能力的增强和对外部冲击容忍度的提高，反而可能增强美国采取机会主义行为的动机。

第二，国际金融体系的扩展只能延缓，但无法彻底避免全球经济失衡的负面效应。在美元垄断绝对国际化货币地位和国际流动性供给的前提下，以美国经常项目失衡渠道所创造出来的过剩流动性必然反映为某种产品或者资产的价格上升。通货膨胀目标制和浮动汇率制虽然避免了高通货膨胀问题，但全球经济失衡危机最终在2008年以金融危机的形式爆发。宏观审慎监管虽然可能避免某些特定形式的金融危机，却不可能完全消除过度失衡的影响。全球经济失衡的负面影响未来仍将以某种危机的形式表现出来。

第三，在信用货币时代，培育更多的国际货币是约束主导货币机会主义行为，实现国际金融体系彻底改良的根本手段。本案例将国际货币区分为绝对国际化货币和相对国际化货币，并分别以美元和德国马克以及欧元为例，研究实现货币绝对国际化和相对国际化的条件以及可资借鉴的历史经验。内在实力与满足国际金融体系发展的需求是实现不同层次货币国际化的充分必要条件。

第四，当前国际金融体系正面临美国单边主义的破坏，不能适应经济全球化发展的需求。修补与完善现有国际金融体系的缺陷，为全球经济发展提供必需的公共服务是人民币国际化成功的必由之路。

二、国际金融体系的扩展及其改革方式比较

20世纪90年代到2008年金融危机爆发之前，世界经济出现高增长与低通胀的黄金组合。Rose（2006）认为由于通货膨胀目标制和浮动汇率制的实施，一个更加稳定的全球金融体系已经形成。国内货币政策框架已经成为广义国际金融体系功能的自然延伸。然而2008年的金融危机表明全球金融体系并未变得更加稳定，仅仅是改变了危机的爆发形式。国际金融体系改革的核心仍然是约束绝对国际化货币发行国的机会主义行为。②

（一）国际金融体系对一国内部宏观政策体系的渗透

教科书中通常将国际金融体系定义为调节各国货币在国际支付和结算等方面的差异所确定的规则、惯例、政策和组织机构等方面的总称。该定义并不涉及各国国内宏观政策框架。在布雷顿森林体系下，除美国之外的各国货币政策以汇率稳定为唯一目标，完全丧失独立性。然而在布雷顿森林体系解体之后，包括货币政策在内的许多国内政策都被广泛用于应对外部冲击。事实上这些国内政策框架的建立从属于国际金融市场和经济环境的变迁，已经成为广义国际金融体系的延伸组成部分。

当前国际金融体系事实上可以划分为两个层次。传统国际金融体系被视为狭义国际金融体系，而各国为应对外部冲击所构建起来的宏观政策体系被视为狭义国际金融体系的延

① 作为对比，在布雷顿森林体系下各国货币政策的唯一目标是维持汇率稳定，无法对外部冲击进行响应。
② 关于绝对国际化货币的相关概念详见本案例的第三小节。

伸，两者共同构成广义国际金融体系。从现实经济来看，日益被各国广泛采用的通货膨胀目标制和宏观审慎监管体制等都是广义国际金融体系的组成部分，见图 10-1。

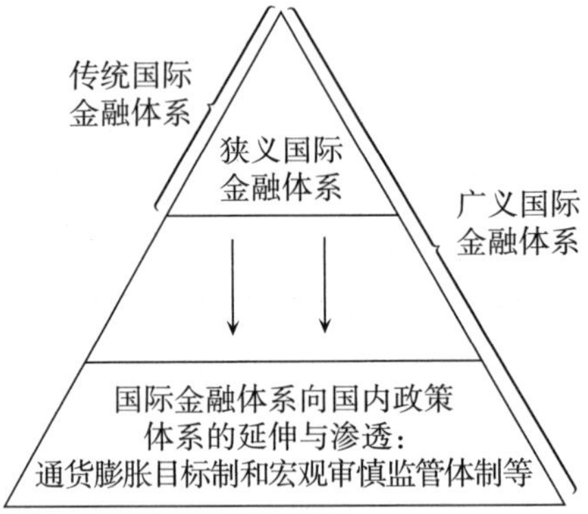

图 10-1 国际金融体系向国内政策体系的延伸与渗透

国际金融体系向国内政策框架的延伸大大缓解了经济失衡所造成的负面影响。布雷顿森林体系解体之前，美国经常项目逆差以及各国为应对美元贬值压力所进行的外汇市场干预导致全球流动性泛滥。流动性泛滥从 20 世纪 60 年代开始引发全球性通货膨胀。1972 年布雷顿森林体系解体之前美国经常项目逆差占 GDP 的比重仅为 0.5%，当年 GDP 平减指数达到 4.4%。直到 20 世纪 80 年代初，美国的经常项目逆差均维持在 GDP 的 1%以内，但 GDP 平减指数分别于 1975 年和 1981 年达到 9.3%的历史峰值。1970—1979 年期间，美国平均经常项目收支基本持平；但以美国、日本和德国为代表的发达国家 GDP 平减指数平均达到 6.5%、9.6%和 6.1%。①

布雷顿森林体系解体之后，特别是进入 20 世纪 90 年代之后，美国经常项目逆差非但没有减少，反而持续扩大，由此创造的流动性有增无减。此时国际金融市场上各国已无须为维持本币兑美元汇率稳定而进行外汇市场干预。但是对比两个时期可以发现，虽然美国经常项目逆差占 GDP 的比例显著扩大，但美国及主要发达国家的通货膨胀水平却大幅下降。1990—2018 年美国经常项目逆差占 GDP 的平均比例为 2.9%，但同期以美国、日本和德国为代表的发达国家 GDP 平减指数平均值仅为 2.0%、−0.2%和 1.6%，见表 10-1。对比 1970—1989 年与 1990—2018 年两个时期可以发现，美国经常项目占 GDP 的比例与各国 GDP 平减指数平均值之间的关系发生了巨大变化。

表 10-1 美国经常项目占比与各国 GDP 平减指数平均值

时期	美国经常项目占 GDP 比例	各国 GDP 平减指数平均值		
		美国	日本	德国
1970—1989 年	−0.8%	5.6%	5.7%	4.0%*
1990—2018 年	−2.9%	2.0%	−0.2%	1.6%

注：* 为 1971—1989 年平均值。

资料来源：WDI.

① 虽然 1973 年和 1979 年爆发的两次石油危机对 20 世纪 70 年代和 80 年代全球通货膨胀水平产生重大影响，但是这两次石油危机的爆发也与美国经常项目失衡所产生的流动性过程有密切关系，参见麦金农（2013）。

两个时期为什么会存在如此显著的差异？本案例认为这在很大程度上是由于自 20 世纪 90 年代起，越来越多的国家为了抑制通货膨胀而采取了通货膨胀目标制。一些国家即便没有官方宣布采取通货膨胀目标制，也将控制通货膨胀视为货币政策的主要目标。截至 2010 年已有大约 25 个国家采取了通货膨胀目标制。① 虽然极少数研究将通货膨胀目标制与国际金融体系改革联系起来，但事实上通货膨胀目标制的确起到了稳定国际金融体系的作用。有研究发现，在实施通货膨胀目标制的国家，汇率的波动性通常较低，资本流动发生突然停止的情况也比其他国家少，而且也没有导致经常项目账户或者外汇储备水平发生显著的不利变化（Rose，2006）。

国际金融体系事实上的拓展是否使其变得更加稳定了呢？虽然通货膨胀目标制在美国经常项目逆差规模扩大的同时实现了全球通货膨胀的相对稳定，但无法避免 2008 年金融危机的爆发。这表明国际金融体系外延式的拓展可以延迟危机的发生或者改变危机的形式，但无法避免危机的爆发，仍要从核心部分对国际金融体系进行改革与完善。

（二）国际金融体系改革模式

自布雷顿森林体系建立以来，美国的经常项目逆差一直是国际货币供给的主要渠道。当美国经常项目逆差的规模与世界经济发展的需要不匹配时，就会对国际资本市场和全球经济造成冲击。由于美国政府（包括美联储）仅需要对本国选民负责，其经常项目逆差与国际市场需求不匹配就成为常态。事实上，第二次世界大战以来国际社会对国际金融体系改革的目标基本一致。“缺少替代品意味着第二次世界大战后的国际货币体系是建立在美元之上的。如此一来，其他国家（从英国开始）所面临的问题就是如何限制美国操纵该体系以为自己服务的能力。”② 尽管改革的目标从未发生变化，但随着国际金融体系范围的扩展，对国际金融体系的改革方式从事前约束逐渐扩展到事后救济。

1. 事前约束式的国际金融体系改革

在本案例中，事前约束是指通过制定规则或者其他手段约束国际金融体系主导国的行为，使其行为最大程度上符合国际金融体系的整体利益，这种改革模式可以称为内涵式改革。自布雷顿森林体系建立以来，美国一直是国际金融体系的主导者。维护国际金融体系的稳定虽然在长期内有利于美国的整体利益，但在特定时期可能和美国国内特定团体的利益相冲突。由于美国政府（包括美联储）仅需要对美国国内的选民负责，因此有可能采取损害国际金融体系的机会主义行为。本案例将其简称为美国“世界性”与“国家性”之间的冲突。这种冲突并非源自美国的特性，而是由单一主权国家货币充当绝对国际货币的状况决定的。

对国际金融秩序主导国机会主义定位的事前约束分为两种方式，一是通过制定国际金融体系运行规则的方式对其行为进行约束；二是通过国际货币间的竞争和制衡来增强国际金融体系主导国的自律行为。然而国际金融体系的主导国同时也是国际秩序的主导国，拥有国际事务的强大话语权和不对称的政治、经济、军事实力。国际金融体系改革

---

① Lars E. O. Svensson，“Inflation Targeting”，NBER Working Paper，16654，2010.

② 艾肯格林．嚣张的特权．2 版．北京：中信出版社，2019：56.

在某种意义上是国际金融体系控制权再分配的零和博弈，因此无论是上述哪种方式都困难重重。

事实上，为迫使美国改革布雷顿森林体系下的国际金融体系，早在20世纪60年代，法国与美国之间围绕储备货币主导权就曾经发生过一场货币博弈。法国希望重回金本位制，提升主要国家货币的国际地位，从而对美国的垄断权力形成制衡，迫使美国改革国际金融体系。但一是由于法国没有提出替代布雷顿森林体系的可行方案，二是法国没有获得足够的国际支持，法美博弈最终以法国失败告终。在这场博弈中，德国为换取美国的军事保护以对抗苏联的威胁，从而选择支持美国。这在相当程度上影响了这场货币博弈胜败的方向。

关于国际金融体系改革的最新案例是2008年国际金融危机之后以中国为代表的新兴经济体所推动的国际金融治理结构改革。这场改革的主要诉求是增加发展中国家和新兴经济体在全球金融规则制定中的投票权。然而这样的改革终究由于发达国家控制决策权而困难重重。在2010年的基金份额分配改革方案中，国际货币基金组织将基金份额增加1倍并将其中超过6%的份额向新兴市场国家和发展中国家转移。这导致发达国家和发展中国家整体份额此消彼长。2010年的改革方案原本计划在2014年初实施，却因为美国国会阻挠和未获足够通过票数直到2016年才得以实施。① 事实上，正如Eichengreen（2008）指出，国际货币体系具有强大的网络外部性，其变革需要参与国的集体努力。由于各国国际协调的成本极高，所以历史上无论是“单打独斗”式还是通过国际货币会议协调货币体系改革都是困难重重。

2. 事后救济式的国际金融体系改革

由于零和博弈式的国际金融体系改革难以获得成功，自20世纪90年代起各国主要通过完善国内政策框架来应对外部冲击，力求将负面影响降到可接受的程度。这使得各国的国内宏观经济政策体系事实上成为国际金融体系向各国延伸的组成部分。这种改革方式虽然无法消除全球经济失衡的根源，但可以延缓失衡负面影响爆发的时间或者改变爆发的形态，因此可以称之为国际金融体系外延式改革。这种改革方式最典型的代表是自20世纪90年代开始逐渐被越来越多国家所采用的通货膨胀目标制。通货膨胀目标制政策框架使得世界主要国家在美国经常项目失衡更加严重的情况下成功管控了本国的通货膨胀水平。除此之外，2008年金融危机之后逐渐兴起的宏观审慎监管也可以导致国际金融体系向宏观政策框架的扩展和外溢。

传统国际金融体系改革与采用通货膨胀目标制和宏观审慎监管等拓展国际金融体系外延式的改革存在几个方面的区别，见表10-2。传统国际金融体系改革的模式是一种自上而下式的改革，希望通过国际金融体系权力再分配进而遏制全球经济失衡源头的方式来实现经济稳定。而拓展国际金融体系外延是自下而上式的改革，希望通过改善国内政策框架的有效性来抵御外部冲击，这种改革方式不涉及国际金融体系权力的再分配。在国际政策协调方面，传统的改革模式需要国际政策协调，而且具有极高的协调成本。正因如此，传统的国际金融体系改革模式举步维艰，难以取得实质性进展。而国际金融体

① 高海红．布雷顿森林遗产与国际金融体系重建．世界经济与政治，2015（3）．

系外延拓展因为无须国际政策协调，因而容易在各国得到迅速推广。[1] 除此之外，国际金融体系外延拓展还有可能产生道德风险，即国际金融体系的扩展反而会推动美国的机会主义行为。各国应对输入型通货膨胀的能力越高，对全球经济失衡的容忍度越强，美国因此面临的纠偏压力越小，反而可能纵容美国的机会主义行为。[2]

表 10-2 国际金融体系内涵式改革和外延式拓展的区别

	国际金融体系内涵式改革	国际金融体系外延式拓展
改革方向	自上而下	自下而上
改革的模式	遏制失衡的源头	延缓失衡的负面效果
是否涉及国际权力再分配	涉及国际金融体系权力再分配，属于零和博弈	不涉及国际金融体系权力的再分配
是否需要国际协调	需要，且有极高的协调成本	不需要
是否存在道德风险	—	存在

那么外延式国际金融体系的改革是否能够避免全球经济失衡造成的负面影响呢? 2008 年的金融危机对这一问题给出了否定的答案。在美元为主导的国际化信用货币供给机制下，随着全球经济失衡的加剧，由美元经常项目逆差所创造的过剩国际流动性必然表现为某些商品或者资产的价格上涨。在 20 世纪 70 年代这些过剩的流动性表现为石油等大宗商品价格上涨和各国国内通货膨胀率上升。20 世纪 90 年代之后，由于通货膨胀目标制等反通胀政策的实施，流动性过剩主要体现为国际大宗商品价格上升和金融资产泡沫，而非各国国内的通货膨胀。然而 2008 年的金融危机表明，即便实现了通货膨胀和经济增长稳定仍然不足以避免金融危机的爆发。

进入 21 世纪之后，流动性过剩主要体现为资产泡沫，其根源在于监管当局对资产泡沫的态度和过度的金融创新。2008 年之前，发达国家监管当局对金融泡沫的态度是事后救济而非事前预防。监管缺失和通货膨胀目标制的共同作用将流动性过剩危机的形式从 20 世纪 60 年代至 70 年代的持续高通胀转化为 2008 年之后的金融危机。危机之后，金融监管当局的态度发生逆转，宏观审慎监管成为主流。流动性过剩和长期的低利率环境刺激了金融机构过度的金融创新和风险承担行为，并通过金融市场使潜在的风险遍布全球。既然过剩的流动性定将通过某种形式表现出来，那么即便宏观审慎监管有效，流动性过剩的负面结果仍将以某种崭新的危机形式表现出来。

因此全球宏观审慎监管体系的建立和完善在本质上仍然是对国际金融体系外延式的扩展，它虽然可以延缓金融危机爆发的时间或者改变危机爆发的形式，但终究无法避免危机的爆发。避免下一场危机的方法仍需约束国际化货币的机会主义行为。根据经济学原理，如果将国际化货币看作垄断供给的公共产品，国际货币供给垄断越强，供给国攫取的垄断利益就越多。因此要约束国际货币供给国的机会主义行为，需要更多的货币实

---

① 除此之外，近年来通货膨胀目标制和 2008 年金融危机之后宏观审慎监管制度的快速普及还得益于学术研究的大力推广。

② 20 世纪 90 年代之后美国经常项目逆差规模较之前显著放大就是这方面的有力证据。

现国际化，通过竞争约束国际货币发行国的机会主义行为。①

三、货币国际化概念的分层及其发行国的职责

一国货币实现国际化会导致国际金融体系变迁。该国货币国际化程度不同，对现有国际金融体系的冲击也不同。例如布雷顿森林体系的建立使美元取代英镑成为世界货币；欧洲货币体系的建立助推德国马克和欧元的崛起。但美元和欧元所实现的国际化程度又截然不同。

（一）货币的"相对国际化"和"绝对国际化"

国际货币的三个主要职能包括计价单位、交易媒介和储备货币。根据三个职能发挥强度的不同，我们将货币的国际化水平分为浅层次国际化和深层次国际化。其中前者称为相对国际化，后者称为绝对国际化。相对国际化指的是该货币主要在国际贸易和资产交易中发挥计价单位和交易媒介的角色，发挥储备货币职能的水平相对较低。现实中这一层次的国际货币对应着 20 世纪 70 年代之后的德国马克以及当前的欧元和日元等。绝对国际化指的是该货币除了发挥前两种职能之外，还在国际资本市场和各国政府间发挥主要的储备货币职能。现实中这一层次的国际货币包括第一次世界大战（简称"一战"）之前的英镑和第二次世界大战（简称"二战"）之后的美元。相对国际化货币和绝对国际化货币没有严格的界限，本案例将全球外汇储备中份额最大的货币定义为绝对国际化货币，将其他国际化水平较高的货币定义为相对国际化货币。

自人类进入信用货币时代之后，同一时期可能有多种相对国际化货币，但是绝对国际化货币却只有美元一种。决定一国货币国际地位的是该国的世界强国地位，而与该国的经济表现仅有有限的关联（Eichengreen，2019）。虽然在理论上并未完全排除同时存在多个绝对国际化货币的可能，但只有多个国际秩序主导性国家综合实力相当时，才有可能出现多个绝对国际化货币。并非所有的相对国际化货币都能实现绝对国际化。美元在国际资本市场上处于垄断地位，与其他相对国际化货币之间属于不对称关系，这源于二战之后美国一直是市场经济体系中最强大的国家。

一国货币实现绝对国际化的过程与该国成为国际秩序主导者的过程是统一的。研究一国货币实现绝对国际化的条件与研究该国成为国际秩序主导者的条件实际上是一枚硬币的两面。经济学家普遍观察到一国货币要实现绝对国际化需要有强大的经济基础做后盾。② 然而全球规模最大的经济体并非天然成为国际体系的主导者和绝对国际化货币的供给者。美国的 GDP 总量在 1894 年就已经超过英国，但是直到二战之后，美国才取代

---

① 国际化货币的数量并非越多越好。作为一种具有自然垄断性质的公共产品，单一国际货币具有最高的经济效率（麦金农，2013）。但是单一国际货币又会导致该货币发行国采取机会主义行为的动机加剧，提高交易成本。因此国际货币的最优种类需要在提高经济效率与降低机会成本之间进行权衡。

② 经济学家认为影响一国货币国际化的市场因素还包括：经济规模、对币值的信心和金融市场的深度等，参见 Jeffrey Frankel，"Historical Precedents for Internationalization of the RMB，" Council on Foreign Relations Publication，2011.

英国成为国际秩序的主导者。美元也是在二战之后才成为绝对国际化货币的，此时距离美国 GDP 排名全球第一已经过去半个世纪。

（二）国际货币及其发行国应承担的责任

就绝对国际化货币而言，该货币是国际秩序主导国为全球提供的公共产品。除了提供国际化的货币之外，该国还要为世界提供具有开放性和普遍性的世界和平秩序。所谓开放性和普遍性是指该国际秩序着眼于维护所有参与国的利益，而非仅仅服务于秩序主导国等少数国家；而且对于愿意遵守国际秩序的国家都是开放的。① 这要求国际秩序的主导国家能够在国家理想和制度建设层面上超越狭隘的民族主义。该国必须要能够秉持一种超越本国利益，反映时代精神的普遍性价值追求；只有如此，维护该秩序才有可能成为国际共识，国际秩序才有可能持续稳定。

二战之后，美元之所以顺利成为国际货币并非仅仅是由于美国强大的经济实力，还因为在经济上由美国主导的布雷顿森林体系满足了各国从战前“以邻为壑”的经济政策转变为希望通过发展经贸交流实现经济发展和永久和平的愿望。在政治上，由美国主导建立的自由主义秩序也适应了战后西方国家发展的时代要求。在布雷顿森林体系下，通过国际合作各国可以在不牺牲国内平衡（充分的就业和价格稳定）的前提下实现外部平衡（达到最优国际收支）和金融稳定。与之相似，德国马克国际化的成功一定程度上也是由于其满足了欧洲经济一体化进程的需要。

此外，国际秩序主导国有可能为了实现本国的利益而做出损害其他国家利益的行为。这体现了国际秩序主导国家国家性和世界性之间的冲突。所谓世界性是指国际秩序主导国为维护国际体系的开放性和普遍性而采取的行为；所谓国家性是指国际秩序主导国为了自身利益而采取的机会主义行为。世界性行为虽有利于秩序主导国的整体利益和长远利益，但可能会对其内部某些集团造成损害，从而引发机会主义行为。例如 20 世纪 60 年代美国采取的过度扩张性财政和货币政策，不仅导致本国贸易赤字而且带来了全球通货膨胀。2018 年特朗普政府采取的贸易保护主义政策不仅破坏了全球多边贸易体系，同时也拖延了全球经济复苏的步伐。

在某种程度上，其他国家以接受某国货币国际化作为对国际秩序主导国提供国际公共产品的回报。两类国家之间存在类似契约的关系。如果这种公共产品的价格过高，导致世界各国对国际秩序公共产品的需求下降，那么国际秩序就可能出现崩溃的风险。新的替代性公共产品就有可能出现。

四、相对国际化货币崛起的经验

布雷顿森林体系建立初期无疑为稳定世界经济格局做出了重要贡献，但是从 20 世纪 60 年代初期起该体系的弊端开始逐步显现。为了应对美元滥发对国际金融体系造成的冲

① 与开放性和普遍性的国际秩序观相对应的是封闭性和民族主义的国际秩序观，持有这种国际秩序观的典型代表是两次世界大战中的德国。

击，从 20 世纪 60 年代起，国际社会围绕着国际金融体系改革而努力。这其中既包括法国以重返金本位制为特征的激进模式，也包括德国以推动区域经济一体化为特征的务实模式。国际金融体系的改革过程也伴随着德国马克和欧元等相对国际化货币的成功崛起，这些对于人民币国际化具有重要的借鉴意义。①

（一）重返金本位模式的失败

布雷顿森林体系的不可持续性固然由其自身的缺陷决定，但自 20 世纪 60 年代起美国持续的过度扩张性财政政策无疑加速了这一进程。面对美国国内政策对全球金融体系的冲击，以法国为代表的西方国家也曾对美元滥发采取抵制行动，但最终因多方面的原因而失败。法国与美国之间的这场货币博弈发生在 1960—1968 年，大致可以分为 1960—1964 年和 1964—1968 年两个阶段。法美之间的博弈虽然以法国失败告终，但大大加速了布雷顿森林体系解体的过程（Bordo et al.，1994）。

在博弈的第一阶段，法国最主要的主张是在 1964 年国际货币基金组织和世界银行东京年会上提议建立一个以黄金为中心的“共同储备单位”（CRU，Collective Reserve Unit）作为新的储备资产。主要发达国家根据本国黄金储备来认购 CRU，从而打破布雷顿森林体系下只有美元与黄金挂钩的特权，使各主要国家货币与美元具有同等的地位。从结构上看，法国方案是使各国货币越过美元直接与黄金挂钩，在本质上与两次世界大战期间短暂实行的金汇兑本位制类似，见图 10－2。这种制度安排虽然在一定程度上可以通过竞争机制对美元滥发形成限制，但是无法从根本上避免金汇兑本位制的缺陷。这种国际货币多元化的主张实际上是变相稀释和分享美国的国际货币权力，自然遭到美国的拒绝。

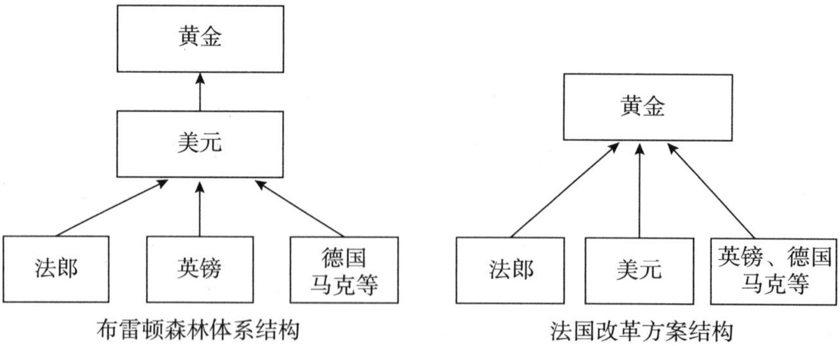

图 10－2　法国对布雷顿森林体系的改革方案

既然储备货币多元化主张无法通过国际货币基金组织改革实现，在法美货币博弈的第二阶段，法国就提出以黄金作为美元的替代品，号召欧共体成员重返金本位制。作为实际行动，法国从 1965 年初开始从美国大规模地赎回黄金。② 不仅如此，法国还在 1967

① 一战后，美元的国际化地位得到迅速提升，并在二战后迅速取代英镑成为绝对国际化货币。这一过程在相当程度上得益于英国的实力在两次世界大战中遭到严重削弱。这一过程的独特性决定其难以在未来复制，因此本小节主要研究二战后相对国际化货币崛起的历史经验。

② 包括阿尔及利亚和西班牙在内的国家也在法国的影响下向美国赎回黄金。

年退出旨在维持黄金与美元比价稳定的黄金总库运行机制，在一定程度上导致该机制破产。尽管法国的本意并非要彻底击溃美元并推翻布雷顿森林体系，而是想迫使美国对布雷顿森林体系进行修正，但毫无疑问的是法国的行动加速了布雷顿森林体系解体的过程（赵柯，2015）。

然而法美之间的货币博弈最终仍以法国失败落幕。其中的原因包括以下几个方面：第一，法国对美博弈的逻辑不具一致性。法国攻势越猛烈，美元越弱势，可能导致法国自身国际收支恶化，从而削弱向美元发起攻势的能力。因此法美博弈一旦长期化，法国国力无法承担。第二，法国缺少盟友的支持。作为当时欧洲第一大经济体，德国迫于美国的压力在法美博弈中选择支持美国，承诺不将其所持有的美元储备兑换成黄金（Dickhaus，2001）。[①] 第三，法国没有提出全面替代布雷顿森林体系的可行方案。法国的改革方案在本质上仍然属于金汇兑本位制，各主要货币仍须分别与黄金挂钩。因此该方案无法从根本上克服金本位制下全球性货币供给不足的根本矛盾。

1967 年开始法国出现经济增长放缓和国际收支恶化迹象，无力再与美国正面交锋。1968 年 5 月法国国内发生政治危机导致戴高乐政府下台。法美之间的博弈不久因法国经济衰退和国际收支恶化所引发的内部政治危机而告终。由此可见，货币博弈并非仅仅局限于货币层面，而是综合国力的全面竞争。另外，在布雷顿森林体系下，各国货币均以黄金作为名义锚，难以对美元形成实质性约束。

（二）德国马克作为美元局部替代品实现国际化

就在法国对美国发动货币博弈失败后不久，德国马克却作为国际货币意外崛起。国内外大量研究注意到德国马克具有成为国际货币的优势，特别是德国马克币值稳定的特点。但是这些研究忽略了一个根本的问题：德国马克在哪些方面弥补了美元的缺陷，或者在哪些方面满足了国际市场的需求？

概括来说，德国马克迅速实现国际化得益于其顺应了国际市场对避险资产的需要和欧洲国家对经济一体化的需要。首先，从 20 世纪 60 年代末到 70 年代初，在美元动荡和布雷顿森林体系逐步解体的过程中，币值稳定的德国马克受到各国货币当局和私人投资者的青睐，满足了国际金融市场对避险资产的需要。1968 年后德国金融账户顺差规模猛增。在此过程中，德国马克作为国际货币开始崛起。国际货币基金组织在 1972 年的报告中首次提到德国马克作为国际储备货币的地位和作用（Frenkel and Goldstein，1999）。

其次，德国马克顺应了欧洲经济和货币一体化进程的需要。20 世纪 70 年代起，欧洲国家对美国的态度逐步发生转变，不再单方面无条件维护美元的绝对主导地位，而是要在美元体系之外建立独立的欧洲货币体系。导致欧洲国家态度转变的深层次原因是 20 世纪 60 年代起美国贸易收支失衡所造成的全球性通货膨胀以及欧洲国家不得不承担的日益沉重的失衡调整成本。20 世纪 70 年代日益严峻的通货膨胀使得欧洲货币一体化进程加速。在德国和法国等国家的积极推动下，1979 年欧洲货币体系正式成立。欧洲货币单

---

① 时任联邦德国央行行长布莱辛写信给美联储主席马丁承诺不会将德国的外汇储备兑换成美元，这封信件是战后国际货币史上的一份重要文件，史称“布莱辛信件”（Blessing Letter）。

位（埃居）不仅是成员国货币汇率调整的参考对象，同时也作为各国外汇储备和结算货币使用。此外，成员国之间还建立中短期融资机制，保证成员国有足够的能力对短期国际收支失衡和汇率波动进行干预。由于德国马克在构成埃居货币篮子中占据优势权重，欧洲货币体系的建立在事实上确立了德国马克的国际货币地位。

对比德国马克国际化成功的经验，可以发现 20 世纪 60 年代由法国发起的对美货币博弈注定失败的原因在于法国没有提出至少是对布雷顿森林体系的局部可替代方案。法国方案本质上是重新回到金本位制。由于黄金的数量无法自动适应全球经济发展的需要，20 世纪 30 年代的历史经验已经表明重回金本位制不具备可行性。20 世纪 60 年代的法美货币博弈更像是一场国际金融秩序主导权之争。而基于国家信用发行的德国马克则在欧盟国家范围内为稳定国际金融市场提供了有效的工具。因此，一国货币国际化成功与否根本上取决于该国货币在国际化过程中能够在多大程度上弥补现有体系的缺陷。

五、当前国际经济体系的新特征与新挑战

2008 年的金融危机再次显示了国际金融体系改革的迫切性。金融危机发生的根本原因在于技术进步引发的全球分工格局变化和全球经济体系之间错配造成的全球经济失衡。自布雷顿森林体系建立以来，国际金融体系发生过至少两次重大调整。第一次是 20 世纪 60—70 年代布雷顿森林体系的逐渐瓦解以及德国马克的逐步国际化。伴随这一过程的是二战后欧洲和日本经济的崛起以及美国、欧洲和日本在全球制造业地位的此消彼长。这一时期，无论是高科技产业还是中低端制造业均为发达国家所垄断。这一时期国际金融体系中各国的矛盾体现为发达国家之间的矛盾。第二次是 1997 年亚洲金融危机之后“布雷顿森林体系Ⅱ”的逐步形成直至 2008 年全球性金融危机爆发并产生持续影响。在这一过程中，全球制造业（特别是中低端制造业）的中心向中国等亚洲新兴市场国家转移，造成全球高科技产业和中低端制造业中心的分离。这一时期国际金融体系中各国的矛盾体现为发达国家与以中国为代表的新兴市场国家之间的矛盾。

（一）当前国际金融体系的基本特征

当前的国际金融体系被经济学家们称为“布雷顿森林体系Ⅱ”（Dooley et al.，2009）。早在 2008 年金融危机爆发之前，这一体系就被认为处于严重的失衡状态。在国际收支中这主要体现为中国等新兴市场国家大规模经常项目顺差和美国等发达国家大规模经常项目逆差并存。以中国为中心的东亚制造业聚集区国家和以中东石油出口国为代表的初级产品输出国形成大量经常项目盈余。这些经常项目盈余又以外汇储备的形式回流到美国等金融中心，向发达国家购买国债等安全资产。发达国家将所获资金通过金融市场实现全球配置，由此构成金融市场的单中心循环模式，见图 10－3。

与布雷顿森林体系相比，当前的国际金融体系有三个特征。第一，当前经济失衡的规模显著放大，远超布雷顿森林体系。尽管美国与日本和德国都发生过贸易摩擦，但是在整个 20 世纪 60 年代美国基本保持经常项目顺差。布雷顿森林体系解体之前的 1972 年，美国经常项目逆差占 GDP 的比例也仅为－0.5%。相反，在布雷顿森林体系Ⅱ下美

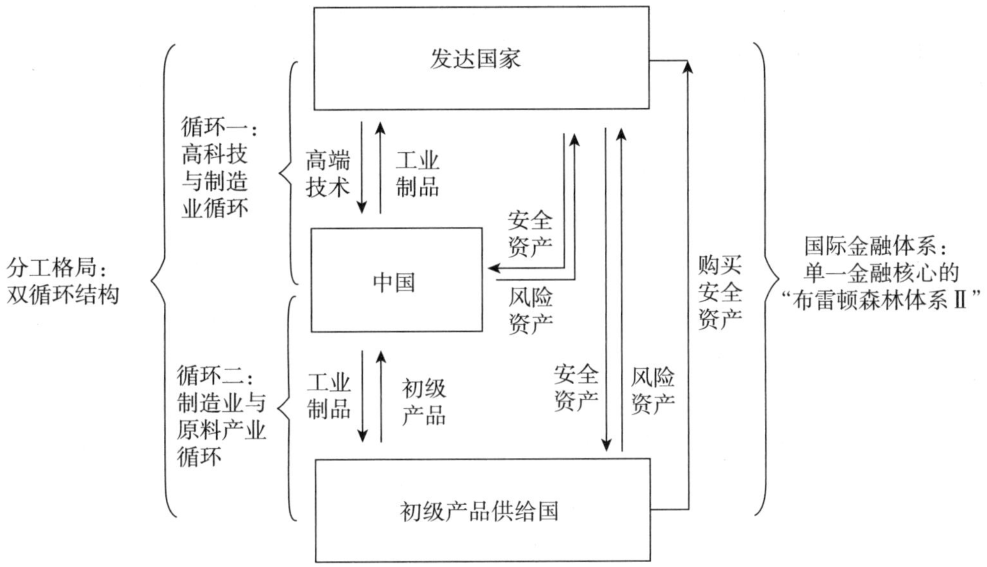

图 10－3　分工格局与国际金融体系的对偶

国经常项目逆差占 GDP 比例最大扩大到－5.8%。第二，从通货膨胀角度看，新体系比布雷顿森林体系更加稳定。由于越来越多的国家选择通货膨胀目标制和浮动汇率的政策框架组合，在新体系下尽管美国经常项目逆差更加严重，但全球通货膨胀水平要比布雷顿森林体系时期缓和得多（Rose，2006）。不仅如此，在新体系下，由于通货膨胀和汇率主要被看作是一国内部的事务，因此对国际政策协调的需求也大为降低。第三，资产泡沫和金融危机更加严重。由于通货膨胀受到货币政策的严格管控，过剩的流动性主要体现为资产泡沫而非实物产品价格上涨。加上自 20 世纪 80 年代以来不断发展的金融创新以及货币政策当局对监管的漠视，终于酿成 2008 年全球性的金融危机。危机之后，宏观审慎监管政策已经成为各国监管当局的常规操作。然而可以预见的是，宏观审慎监管也许可以推迟金融危机的爆发或者改变危机的形态，却无法避免下一场危机。因为只要全球失衡所创造的过度流动性存在，就必然会以某种价格泡沫的形式表现出来。

（二）国际金融体系面临的新挑战

麦金农（2013）将第二次世界大战之后美国经济政策对世界经济造成重大负面影响的事件总结为四次冲击，分别是 1971 年“尼克松冲击”、1976 年“卡特冲击”、2003 年“格林斯潘冲击”和 2008 年“伯南克冲击”，见表 10－3。[①] 这一时期美国冲击主要具有两方面的特征：第一，政策冲击的主要目的是实现国内宏观经济目标，例如 1971 年的“尼克松冲击”和 1976 年的“卡特冲击”主要是为了应对贸易逆差和美元贬值；2003 年的“格林斯潘冲击”和 2008 年的“伯南克冲击”则主要是为了应对美国经济衰退。第

---

① 尽管 1979 年美联储推行的紧缩货币政策间接导致了拉丁美洲债务危机，但是该政策成功降低了工业化国家的通货膨胀水平，引领发达国家走出“滞胀泥潭”。因此麦金农所谓的冲击仅仅是针对发达国家而言。

二，政策冲击的形式主要是单独或者联合其他国家对金融市场进行宏观政策干预，例如外汇市场干预、低利率政策或者非常规货币政策等。

然而自2016年后，在“让美国再次伟大”的口号下，打着反洗钱、反资恐等旗号，国际金融市场日益沦为特朗普政府为美国谋取私利的工具。这一时期美国冲击（即“特朗普冲击”）表现出两方面的新特征：第一，政策冲击开始关注国际产业竞争目标。例如，2019年美国政府宣布对俄罗斯和欧洲之间的天然气“北溪二号”项目进行制裁，背后带有支持美国天然气出口的嫌疑；对华为公司的制裁则带有明显的通信技术竞争含义。第二，国际金融体系日益沦为美国发起政策冲击的工具。由于全球商品和金融交易的主要货币是美元，主要的支付渠道依赖受美国控制的环球同业银行金融电讯协会（SWIFT）；所有通过美元完成的交易均要遵守美国法律，接受美联储的监管。特朗普上台后，美国频繁利用国际金融市场工具对他国实施制裁，严重损害了国际金融体系的公共服务性质。一些国家被迫做出回应，包括欧洲为对伊朗开展合法贸易而建立的特殊支付机制等等。

表10-3 历次美国政策冲击面对的问题、采取的政策工具及其后果

历次冲击	问题	政策工具	经济后果
1971年“尼克松冲击”	贸易逆差和美元贬值	停止黄金兑换和进口附加费等	布雷顿森林体系瓦解，石油价格飙升
1976年“卡特冲击”	贸易逆差和美元贬值	外汇市场干预	石油价格飙升
2003年“格林斯潘冲击”	经济衰退	低利率政策	房地产泡沫和次贷危机
2008年“伯南克冲击”	经济衰退	非常规货币政策	全球资产泡沫和汇率波动
2018年“特朗普冲击”	贸易逆差和国际竞争	进口关税和金融制裁	多边金融和贸易体系遭遇挑战

六、中国在国际金融体系演进过程中扮演的角色

20世纪60年代以来，国际社会对全球金融秩序进行改革的呼声此起彼伏。布雷顿森林体系的解体不仅没有遏制美国的机会主义行为，反而弱化了国际社会对美元的约束能力。由于美国控制着国际金融体系的主导权，因此改革的实际效果乏善可陈。自20世纪90年代兴起的通货膨胀目标制被证明无法彻底消除现有国际金融体系的弊端，可以预测，宏观审慎监管同样也只能起到类似的效果。因此要彻底改革现有国际金融体系的弊端，仍要回到事前约束式的改革方向。

长期以来，对于国际金融体系改革有两种思路：一种是构建非主权货币或者改革SDR，通过内部改革来补充美元的功能；另一种思路是培养多极化的货币体系，通过外部竞争来约束美元的机会主义行为。人民币国际化需要借鉴美元、德国马克和欧元实现国际化的成果经验。总结起来，这些货币成功实现国际化除了有强大的经济实力做后盾

外，至少还有两个方面的因素。

第一，国际货币要满足全球或区域国家对储备货币的需求。国际储备是国际化货币为全球或区域国家提供的公共服务。如果无法提供这一公共服务，国际货币也可能丧失其原有地位。1931 年大萧条期间英国迫于经济压力放弃金本位制。这意味着英国放弃了英镑币值稳定的承诺，从而使英镑丧失了作为储备货币的基本条件。英镑已无力继续为全球提供国际储备服务，此后迅速从全球性储备货币退居英联邦国家的区域性储备货币。20 世纪 80 年代之后，以德国马克为主导建立的欧洲货币体系之所以成功，在很大程度上是由于德国采取了公益性的区域货币政策。马克成为欧洲货币单位埃居的核心，帮助欧洲国家避免"美元灾难"。德国还为区域货币体系建设提供了规模庞大的国际收支稳定基金，帮助意大利等通货膨胀压力和国际收支压力较大的国家共同参与货币一体化进程（Frieden，2001）。

第二，货币国际化需要政府的政治推动。美元霸权兴起背后一直存在着美国政府这只"有形之手"。影响美元登上并坐稳世界主要货币宝座的重大历史事件除了两次世界大战之外至少还有三次。一是 1934 年重新恢复金本位制；二是 1946 年通过迫使英镑实现可兑换，彻底摧毁英镑的储备货币地位；三是 1974 年与沙特阿拉伯签署石油美元协议，实现美元与石油的捆绑。通常来说，储备货币地位变化大大滞后于国家相对经济实力的变化，这被称为储备货币地位的惯性。1914 年第一次世界大战前夕，美国虽然已是世界第一大经济体，但美元在国际货币体系中的地位几乎可以忽略。到 1924 年美元在各国政府和中央银行外汇储备中的比例已超过英镑（赵珂，2015）。[①] 同时两次世界大战摧毁了英国的经济基础，导致美元国际化进程大大加速，用短短十余年时间就完成国际化进程（Eichengreen，2008）。

美国在 1933 年短暂放弃金本位制之后很快又于 1934 年恢复。尽管美国政府将美元兑黄金的比价从此前的每盎司黄金兑 20.67 美元提高到每盎司黄金兑 35 美元，但将这一比价一直维持到 1971 年。这一时期美元贬值和重新稳定是美元国际化历史上最具战略意义的步骤（李巍，2015）。通过快速贬值继而恢复金本位制，美国实现了缓解经济压力和维护美元信誉的双赢。战争结束之后，欧洲国家不仅生产能力遭到破坏，而且都不同程度地发生通货膨胀。美国不仅有充足的黄金储备，还有完备的生产能力。在这种情况下，只有美元能够胜任全球储备货币和交易货币的角色。

1946 年美国以向英国提供重建资金的条件迫使英国解除货币控制。英镑的可兑换改革使得英联邦国家有机会以美元置换英镑储备，从而彻底摧毁英镑的储备货币地位。[②] 而使美元地位更加稳定的是 1974 年尼克松和沙特阿拉伯国王费萨尔签署的石油美元协议。沙特阿拉伯接受所有石油出口以美元结算。由于沙特阿拉伯在石油输出国组织中的地位，这意味着全球购买石油几乎都需要用美元进行支付。只要各国需要石油，就需要

① 第一次世界大战爆发前夕世界各国政府和中央银行的外汇储备中约一半为英镑，法国法郎、德国马克，甚至意大利里拉、比利时法郎和奥地利先令等在世界官方外汇储备中的比例也高于美元。到 1924 年不仅美元在各国政府和中央银行外汇储备中的比例超过英镑，而且国际金融市场上以美元计价的各种商业融资票据也达到了英镑的两倍（赵珂，2015）。

② 二战期间英国为战争需要和维护英镑地位严格限制英联邦国家将英镑储备转化为其他资产。

美元。石油美元协议为美国应对德日等国的挑战、培育全球最发达的金融市场、建立最安全便捷的支付体系赢得了宝贵的时间。时至今日脱离美元和美元支付体系已绝非易事。

人民币并不具备美元和德国马克实现国际化的诸多历史条件，因此需要探索新的模式。有两个问题需要澄清：第一，几乎没有可能爆发类似两次世界大战的事件摧毁除中国之外其他国家的生产能力；第二，目前也没有一种产品，中国恰好垄断了这种产品的供给，因此各国不得不用人民币支付。

由此可见，人民币国际化注定将走出一条和美元国际化完全不同，甚至相反的道路。人民币国际化的基础注定不是来自中国对全球供给层面的贡献，而来自其对全球市场需求层面的贡献。只要我国经济能够保持健康稳定的增长，我国在不远的将来就将成长为全球最大的市场。在产能过剩普遍存在的经济中，市场本身就是一种稀缺的资源。借助世界对中国市场的巨大需求，助力人民币国际化的早日实现。在这一过程中，我们需要为人民币国际化提供完备的基础设施，为境外投资者提供丰富的人民币投资产品，并借此培育我国世界级的金融机构和金融市场。随着中国经济和市场的不断发展，人民币国际化将会水到渠成。从这个意义上说，以经济增长为基础的扩大进口不仅仅是为了更好地满足人民物质文化生活的需要，而是从更高意义上助力我国经济实现更大的发展。

参考文献

[1] 关世雄．亚洲货币一体化研究：日元区发展趋势．北京：中国财政经济出版社，2003.

[2] 李巍．制衡美元：政治领导与货币崛起．上海：上海人民出版社，2015.

[3] 罗伯特·特里芬．黄金与美元危机：自由兑换的未来．北京：商务印书馆，1997.

[4] 麦金农．失宠的美元本位制：从布雷顿森林体系到中国崛起．北京：中国金融出版社，2013.

[5] 施展．超越民族主义：世界领导性国家的历史经验．文化纵横，2013 (3).

[6] 宋敏，屈宏斌，孙增元．走向全球第三大货币：人民币国际化问题研究．北京：北京大学出版社，2011.

[7] 王跃生，马相东．全球经济“双循环”与“新南南合作”．国际经济评论，2014 (2).

[8] 张明．国际货币体系改革：背景、原因、措施及中国的参与．国际经济评论，2010 (1).

[9] 赵柯．德国马克的崛起：货币国际化的政治经济学分析．北京：中央编译出版社，2015.

[10] 赵柯．货币的政治逻辑与国际货币体系的演变．欧洲研究，2011 (4).

[11] Bordo Michael, Dominique Simard, and Eugene White, “France and the Breakdown of the Bretton Woods International Monetary System,” NBER Working Paper, No. 4642, 1994.

[12] Dickhaus, Monika, “The International Monetary Policy of German Central Bank

1958—1970," EUI Working Paper, 2001.

[13] Dooley, M., Folkerts-Landau, D., and P. Garber, "Bretton Woods Ⅱ Still Defines the International Monetary System," NBER Working Paper, No. 14731, 2009.

[14] Eichengreen Barry, Peter Temin, "The Gold Standard and the Great Depression," *Contemporary European History*, 2000.

[15] Eichengreen, B. *Globalizing Capital: A History of the International Monetary System*, 2nd Edition. New Jersey: Princeton University Press, 2008.

[16] Frenkel Jacob and Goldstein Morris, "The International Role of the Deutsche Mark," in the Deutsche Bundesbank eds., *Fifty Years of the Deutsche Mark: Central Bank and the Currency in Germany since 1948*. Oxford: Oxford University Press, 1999.

[17] Frieden. J., Eichengreen, B., and Frieden. J, "Making Commitments: France and Italy in the European Monetary System, 1979—1985," *Political Economy of European Monetary Integration*. Westview: Westview Press, 2001.

[18] Mundell, R, "The International Monetary System and the Case for a World Currency," Leon Koźmiński Academy of Entrepreneurship and Management (WSPiz) and TIGER, 2003.

[19] Rose, A., "A Stable International Monetary System Emerges: Inflation Targeting is Bretton Woods, Reversed," NBER Working Paper, No. 12711, 2006.

案例 11

美国财政“危机”及其对世界经济的影响

本案例教学目标：

1. 理解美国财政政策对世界经济影响的机制和渠道；
2. 了解美国财政政策架构的基本特征及其历史演进；
3. 启发读者对未来美国财政政策演进及其影响进行思考。

21 世纪的美国经历了“9·11”恐怖袭击、2008 年金融危机、新型冠状病毒大流行等危机，美国财政也出现了新特点。不仅在处理短期危机时，美国财政政策与货币政策的配合出现了新的模式，而且许多长期被广泛研究的重大议题也出现了新的发展。尤其在新型冠状病毒所导致的经济危机中，美国政府的大规模财政扩张表现出强烈的大国竞争色彩，而且其应对方式在一定程度上体现了现代货币理论的指导思想。因此，对 21 世纪美国财政框架的梳理与总结有重要的意义。本案例在总结美国财政特点的基础上，详细地论述了 21 世纪美国财政的重大议题与危机应对。

一、不断扩大的美国政府债务

2020 年 3 月新冠疫情在美国暴发，特朗普政府与拜登政府进行了大规模的财政刺激。特朗普政府制订了大约 3 万亿美元的财政纾困计划。拜登总统的美国救援计划（American Rescue Plan）、美国就业计划（American Jobs Plan）与美国家庭计划（American Families Plan）总额超过 6 万亿美元，这些法案不仅旨在从新冠疫情的泥潭中复苏美国经济，还旨在投资美国基础设施建设，发展人力资本，促进美国经济的长期发展和国际竞争力的提升。

美国政府的巨额财政扩张给美国财政与公共债务造成了巨大的压力。如图 11－1 所示，美国财政赤字在新冠疫情暴发后出现巨额增加，2021 年财政赤字高于疫情暴发前的水平。美国联邦政府公共债务占 GDP 比例也从 2019 年的 79.2%上涨到 2020 年的 100.1%。美国政府部门杠杆率在 2020 年 3 月首次超过 100%，截至 2020 年 12 月已达到 122.8%的历史高位。

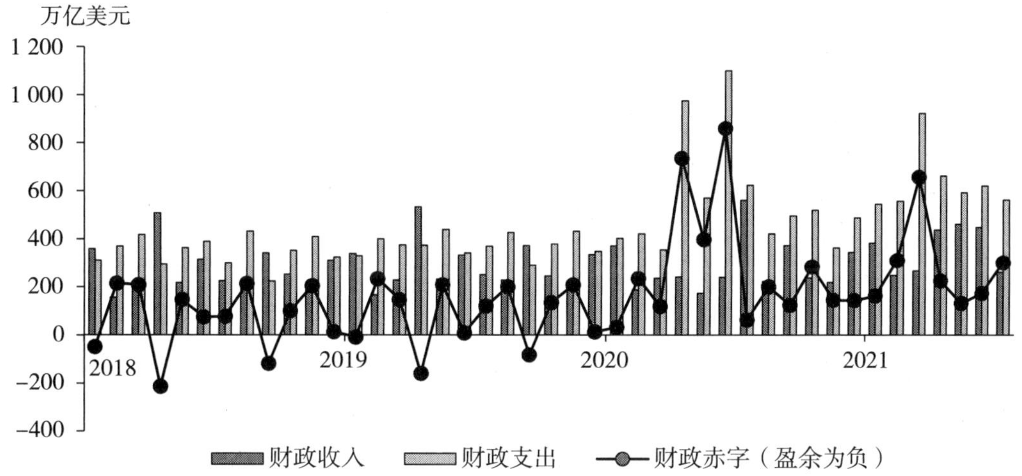

图 11－1 美国联邦政府财政收入、支出与赤字

资料来源：WIND.

由于菲利普斯曲线斜率的下降，国内自然利率的降低，通货膨胀常年未达到目标等原因，2020 年美联储将货币政策框架变更为平均通胀目标制。该政策框架旨在实现充分就业与平均通胀达标双重使命，允许通胀在一定时期内超调。然而，由于政策利率在新冠疫情冲击下已经接近有效利率下限，货币政策对经济复苏的边际效应正逐渐递减。此外，由于当前与未来财政支出的需求量极大，财政部的债务融资所产生的“虹吸效应”给金融系统的流动性造成了巨大的压力。正因为如此，美联储在 2021 年 7 月的联邦公开市场委员会会议上公布了两项新的回购便利工具——常备回购流动性便利工具（standing repurchase agreement facility，SRF）与常备 FIMA 回购流动性便利工具（standing FIMA repurchase agreement facility，SFIMA）——以保证国内外金融机构必要的美元流动性。这间接地将美国国债货币化。因此，在此次由扩张性财政政策主导的经济复苏中，美联储的扩表与缩表的主动性不完全掌握在自己手中。综上，在美国财政出现新特点的情况下，与其钉住独立性相对欠缺的美联储，不如钉住美国财政部与国会。当前对美国财政框架的梳理与研究有重要意义。

本案例在总结美国财政政策框架与特点的基础上，分析了 21 世纪美国应对短期危机的财政政策与长期存在的重大财政议题。本案例在第二小节阐述了美国财政的基本框架与原则。从财政收支与财政政策的前瞻性等角度，分析了 21 世纪美国财政所呈现出的基本特点。本案例在第三小节分析了 21 世纪美国财政的重大议题，包括税制改革、政府债务控制与大国竞争。这些议题是每一届政府长期关注的重点问题，而且随着时间的推移不断出现新的变化。本案例在第四小节分析了互联网泡沫破裂与“9·11”事件和 2008

年金融危机时，美国的财政应对与财政影响。本案例在第五小节详细阐述了美国政府面对新冠疫情的冲击所实施的大规模财政刺激，着重分析了美国政府再次掀起基建狂潮的原因与影响，并探究了美国财政赤字与公共债务的可持续性问题。在第五小节的最后，本案例从现代货币理论的角度分析了拜登政府财政刺激计划的理论依据。在第五小节分析结果的基础上，本案例在第六小节对美国未来财政政策进行了展望。

二、美国财政的框架与特点

（一）美国财政的基本框架与原则

美国财政实行联邦制，分为联邦、州和地方三级，各级别单位的财政权由相应宪法赋予。美国联邦、州、地方三级政府对税收实行分税制，各自征收管理。对于同一税种（例如个人所得税），联邦政府与州政府可以分别征收。

美国财政制度由税收制度与支出制度两方面构成。税收管理主要由财政部负责，国会通过立法影响税制的实行。美国现行税制以所得税为主，其他税种为辅，其他税种包括社会保障税、财产税、遗产与赠与税等。在历史上，美国联邦政府几乎没有征税权，直到 1787 年联邦政府才被法律赋予独立的征税权，关税在当时成为美国财政收入的主要来源。19 世纪中后期到 20 世纪初期，联邦政府开始逐渐扩大消费税征收范围并提高消费税税率，关税在财政收入中的比例逐渐退居第二。1913 年第 16 次宪法修正案赋予联邦政府所得税征收权，促进了美国税制向所得税为主的转变。2019 年美国所得税占财政收入的 57%。

财政预算（支出）由隶属于美国政府的预算管理办公室、国民经济委员会与经济建设委员会负责编制，由国会负责审议与批准，体现了美国财政的分权制衡原则。在美国财政预算历史上有两部重要的法律，分别为《1921 年预算与审计法》（The Budget and Accounting Act of 1921）与《1974 年国会预算和控制截留法》（The Congressional Budget and Impoundment Control Act of 1974）。它们保证了分权制衡原则并规范了财政纪律。前者确立了总统在预算编制中的主导作用，并在财政部成立预算局和政府审计办公室；后者保障了国会对预算的有效控制，规定了预算审批过程。1977 年后，美国联邦政府现行的财政预算年度为 10 月 1 日到下一年的 9 月 30 日。

（二）21 世纪美国财政基本特点

1. 财政收支

21 世纪以来，美国财政长期处于赤字状态。2008 年金融危机时，美国财政赤字率暴涨，在 2009 年高达 13.3%。相对于 20 世纪末，财政赤字波动性明显增加。在收入端，美国各级政府财政总收入在 2000 年突破 3 万亿美元，并保持上涨趋势，至 2019 年增长了 78%，平均每年增长 3.9%。但是 21 世纪以来财政收入占 GDP 比重平均而言低于 1980—2000 年，这说明财政收入的增长速度略低于 GDP 的增长速度。在支出端，美国政府财政总支出在 2000 年超过 3 万亿美元，至 2019 年增长了 132%，平均每年增长 6.6%，见图 11 - 2。

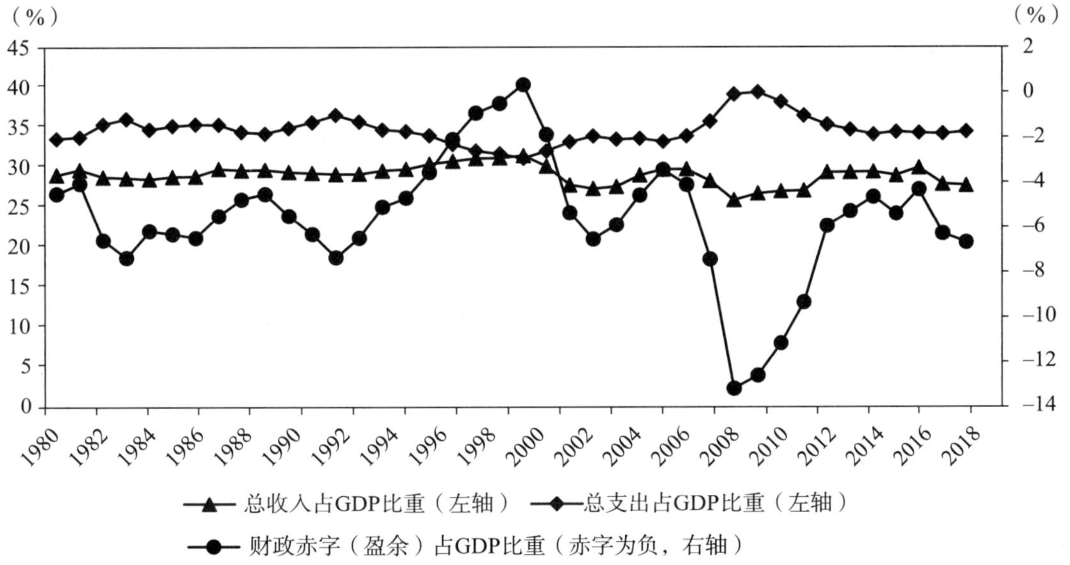

图 11－2 美国各级政府财政总收支与总赤字（盈余）占 GDP 比重

资料来源：美国国会预算委员会。

表 11－1 展示了 1980—1999 年与 2000—2019 年美国各级政府平均年收入结构与平均年支出结构。对比可以发现，除利息支出项目占总支出比例小幅减少，经常性转移支付项目占总支出比例小幅增加之外，美国 21 世纪前 20 年的收入支出结构较为稳定，各项占比几乎保持不变。

表 11－1 美国各级政府财政总收入与总支出构成情况

	1980—1999 年（10 亿美元）	2000—2019 年（10 亿美元）	占总收入/总支出比例（%）	
总收入	1 718	4 296		
经常性收入	1 702	4 256	99.1	99.1
经常性税收	1 151	2 897	67.0	67.4
个人税项	597	1 510	34.8	35.2
生产和进口税项	423	1 077	24.6	25.1
企业所得税	128	294	7.5	6.8
政府社会保险收入	400	1 012	23.3	23.6
资本转移收入	16	40	0.9	0.9
总支出*	1 981	5 262		
经常性支出	1 907	5 073	96.3	96.4
政府消费支出	899	2 289	45.4	43.5
经常性转移支付	626	2 101	31.6	39.9
利息支出	354	628	17.9	11.9
政府总投资	259	581	13.1	11.0

注：* 经常性支出与政府总投资占总支出比重之和超过 100%，是因为美国财政决算的总支出构成中有“固定资产消费”（consumption of fixed capital）项目作为总支出的抵减项。

资料来源：美国国会预算委员会。

经常性收入是美国财政总收入的主要来源，资本转移支付占比极小。经常性税收是经常性收入的主要来源，其占比几乎是第二大经常性收入来源——政府社会保险收入的三倍。个人税项与生产和进口税项是支撑美国税收的最主要税项，企业所得税相对占比较低。经常性收入中的各项收入项目在21世纪均大幅增加。总支出主要由经常性支出与政府总投资构成（其他项目如“资本转移支付”“非生产资产净购买”因占比太小未在表格中列示），经常性支出占比高达96%，远高于政府投资占比。政府消费支出与经常性转移支付是主要的经常性支出项目。总支出各项在21世纪均大幅增加。

美国21世纪的财政支出结构与上世纪末相比无明显变化，然而财政支出有明显的危机导向，局部结构变化主要由应对危机的措施引起。如图11－3所示，最为明显的是2020年春季美国暴发的新冠疫情，多项扩张性财政政策使得美国经常性支出出现大量增加，尤其是经常性转移支付与补贴两项。2020年第三季度，前者环比增长101%，之后仍然维持在较高水平；后者迅速膨胀为上一季度的14.5倍。2008年金融危机时，尽管没有新冠疫情危机表现得明显，但是仍能发现包括《2009年美国复苏与再投资法案》(American Recovery and Reinvestment Act of 2009) 在内的财政政策，使得经常性转移支付在该阶段出现突然增加。而政府消费支出与利息支出在危机出现时没有明显的波动。

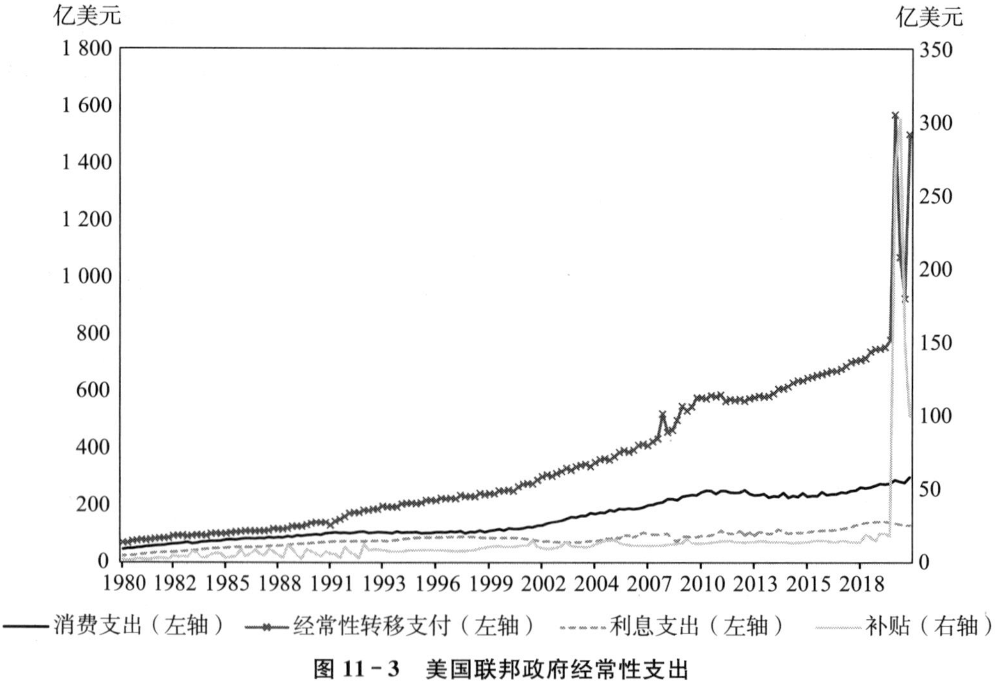

图11－3 美国联邦政府经常性支出

资料来源：WIND.

21世纪美国财政的另一重要特点为政府公共债务的膨胀。从2008年第二季度开始，美国联邦政府的公共债务进入加速膨胀的阶段，其增长速度高于GDP增速。2008年第二季度其公共债务率为64.1%，2012年第二季度以100.5%的占比在总量水平上超过当季度GDP。在2020年第二季度该指标已达到135.6%，为21世纪以来最高峰。美国不断提高政府公共债务上限，2019年3月美国政府最近一次提高债务上限至21.9万亿美元，然而截至 2021 年第一季度，联邦政府公共债务已经突破 28 万亿美元（图 11－4）。政府债务的可持续性自 2008 年开始成为美国财政的重大议题。

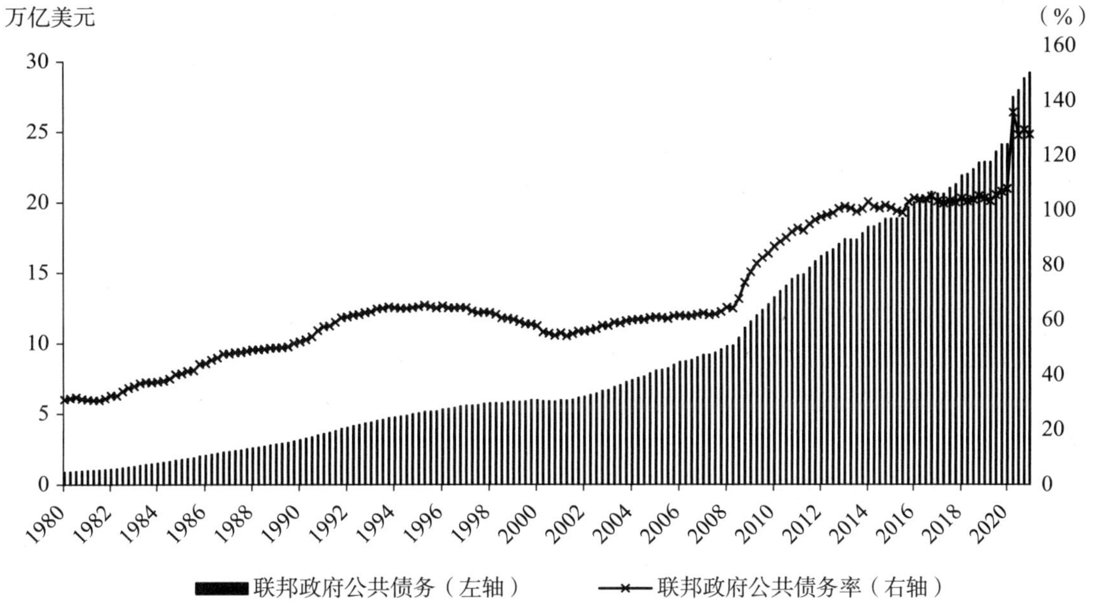

图 11－4 美国政府公共债务率

注：公共债务率指公共债务与 GDP 的比例。

资料来源：美国财政部。

2. 美国财政的前瞻性

21 世纪以来，为应对新时代提出的新挑战，美国财政政策涉及许多新措施。例如，拜登政府上台以来的基建计划包含了有关大国竞争层面的考量，而碳税的计划不但有助于增加财政收入，削减赤字，更有助于美国在 2050 年实现碳中和的目标。

拜登政府上台以来颁布的基础设施建设计划主要包括美国就业计划与美国家庭计划。前者包括更新交通运输设施、公用事业基础设施等措施，后者打算 10 年内投资大约 1 万亿美元的人力资本基础设施。拜登政府试图通过基建计划再次掀起美国基础建设的狂潮，补齐经济要素中的短板，以支持经济长期发展。尽管市场担忧财政政策过度扩张会引起通胀和政府债务失控，但是拜登政府的扩张性财政政策所创造的就业岗位，以及公共交通、道路桥梁、清洁能源设施与数字基础设施的建设与改善，将创造有利的供给效应，在中长期起到缓和通胀的作用，促进美国经济的复苏与发展。

奥巴马政府颁布的《2009 年美国复苏与再投资法案》包括 1 200 亿美元用于基建计划和科学研究投资，改善宽带网络情况投资，还包括对电力网的修缮以及节能项目的投资。2015 年 12 月，奥巴马政府颁布了《修复美国地面运输法案》（Fixing America's Surface Transportation Act），计划在 5 年内提供约 3 050 亿美元资金用于道路的修复与建设以及新运输线的建立，这是十年来第一部为地面运输提供了长期资金的法案。

美国致力于研究如何在联邦政府层面引入碳税以保护环境，赋予经济发展新动能。经有关科学家研究，至 2100 年大气中积聚的二氧化碳和其他温室气体会使气温比工业化前的水平高出 6.5 摄氏度。这将给人类与动植物的繁衍生息以及全球经济带来巨大风险。碳税将激励私人部门减少碳排放，并投资于节能和可再生技术。一些国家已经实施了碳税或类似的财政手段，例如，芬兰、荷兰、挪威、瑞典和丹麦在 20 世纪 90 年代初实施了碳税，爱尔兰与澳大利亚也在 2010 年左右出台了相关政策。

起初，美国引入碳税的主要考量是扩大财政收入，稳定财政收入占 GDP 的比重。这有利于缓解不断膨胀的政府债务压力。经国际货币基金组织估计，引入碳税并至 2030 年逐步将其提高到每吨碳排放征收 75 美元，这将为美国带来大约相当于 1%GDP 的财政收入。[①] 在拜登政府宣布重返《巴黎协定》后，征收碳税也成为美国为了实现其承诺的必要措施。2015 年《巴黎协定》中，美国承诺到 2025 年减少其 2005 年温室气体排放水平的 26%～28%。为实现这一目标，每吨碳排放征收 75 美元的碳税是必要的。除碳税以外，美国财政政策也考虑其他方法用于应对气候变化的相关挑战，比如《美国就业计划》涉及在电动汽车领域投资 1 740 亿美元等。

三、21 世纪美国财政的重大议题

为应对财政与社会出现的新特点与新发展，为发挥财政政策在解决社会问题、促进经济发展、维持国家竞争力与全球领导力方面的作用，美国致力于财政政策的中长期改革。21 世纪美国财政的重大议题包括税制改革、政府债务控制、大国竞争中的财政政策。

（一）美国的税制改革

美国现行税法成形于《1986 年税收改革法案》（TRA86），21 世纪以来，每一届新政府入主白宫都会进行税制改革，主要的改革方案包括 2001 年《经济增长和税收减免协调法案》（The Economic Growth and Tax Reconciliation Relief Act of 2001，EGTRRA）、2017 年《减税与就业法案》（Tax Cuts and Jobs Act of 2017）。

美国现行的税收制度是以个人所得税、社会保障税为主体，包括公司所得税、消费税、财产税等的复合税收体系。图 11－5 展示了美国联邦政府税收的构成比例，个税在 20 世纪 50 年代以后是无可争议的第一大项，美国个人所得税实行的是个人与家庭综合课税制，即个人取得的收入汇总后按照个人不同情况扣除税基，再按累进税率计算需要缴纳的税。社会保障税占比逐渐增加，公司所得税占比逐年减少，21 世纪以来这两项税占比较为平稳。消费税与其他税项占比较低。

2001 年《经济增长和税收减免协调法案》是依据布什总统在竞选期间所做出的税收承诺而制定的。彼时互联网泡沫破灭，恐怖袭击阴云未散，美国经济在 2001 年前后再度陷入衰退困境，经济下行，失业率上升，而且当时联邦政府的财政状况出现较大盈余，所以减税措施被提上日程。这次减税的主要内容是降低边际税率和取消遗产税，然而《经济增长和税收减免协调法案》增加了税制的复杂性。首先，该减税计划在 10 年内分阶段完成，不同阶段的条款适用性不同。其次，减税条款仅仅是暂时的，它们将在 2011

① 该数据来源于 2020 Article IV Consultation。

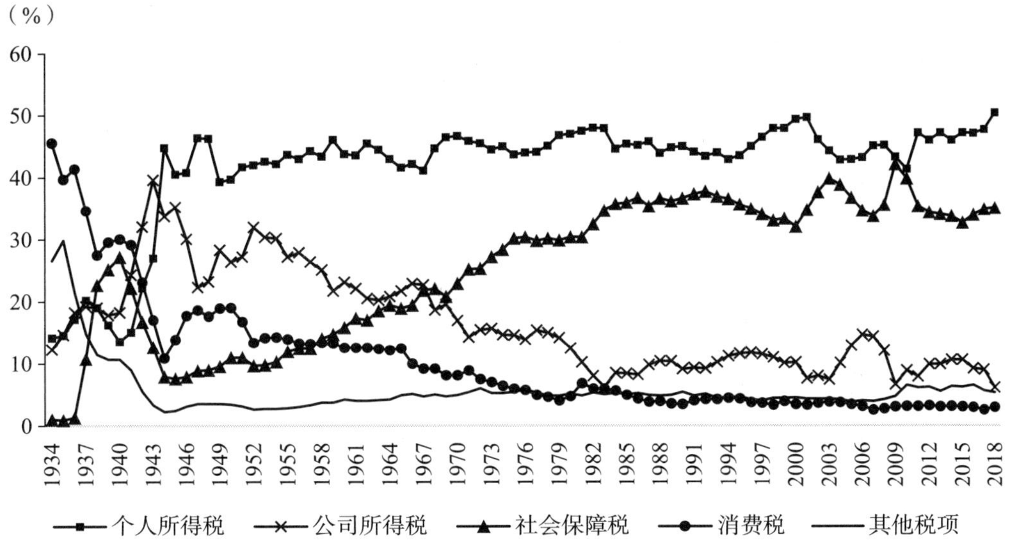

图 11－5　美国联邦政府税收构成（占总联邦收入的百分比）

资料来源：美国国会预算委员会。

年全部废除。最后，由于仅在选择性最低限度税中存在小额的和暂时的减税，因此纳税人倾向于由普通税转向选择性最低限度税。这掩盖了减税的真实成本，可能导致税制扭曲。《经济增长和税收减免协调法案》试图保持税收的累进性，但是未能对边际税率做出较为明确的调整。因此，美国在 21 世纪初对于税制进行改革的讨论极为激烈，其中大多提议是针对消费税的，包括由国家零售税取代美国联邦所得税，实行个人消费税以保持消费税的累进性等措施。

2017 年，特朗普认为美国的高税率不仅对美国的企业造成了挤出效应，同时还抑制了美国的就业。因此，特朗普的《减税与就业法案》旨在简化税率，减轻个人与企业税收负担，刺激企业投资行为，拉动个人消费，通过创造出更多的收入与就业岗位，增加税收以弥补财政赤字。具体内容包括：（1）企业所得税从目前的 35%下调到 21%，并废除了企业 20%的税率下限；（2）企业海外利润一次性汇回时，现金资产按照 15.5%的税率减征，非流动资产按 8%的税率征收；（3）维持个人所得税率七档不变，最高档税率从 39.6%下降到 37%；（4）住房利息抵扣，75 万美元贷款利息减免。

上述两次税改都旨在减轻企业与个人的纳税负担，促进经济的发展。但是二者面临的背景不同，小布什税改起因于产业危机和恐怖主义蔓延，特朗普税改处在美国经济的上升期，产生于“美国优先”战略。总体来说，上述税改以及奥巴马税改都促进了美国经济的复苏与增长，起到了调节收入分配的作用，但是减税政策也带来了财政赤字与政府债务的增加。

（二）政府债务控制

2008 年后美国各级政府债务加速上升，债务控制成为 21 世纪美国财政重大议题之一。美国财政部出具的报告多次强调中长期财政整顿的作用，“要使公共债务进入下行通道，需要进行可信的中长期财政整顿。”财政整顿涉及多项措施，包括考虑引入碳税、联邦增值税以增加财政收入，加强财政纪律等。然而，如图 11 - 6 所示，美国联邦政府债务法定上限一直呈上升态势，21 世纪以来加速上涨。2019 年 8 月，美国政府又通过一项预算协议，将债务上限暂停两年，允许政府在此期间无上限借款。

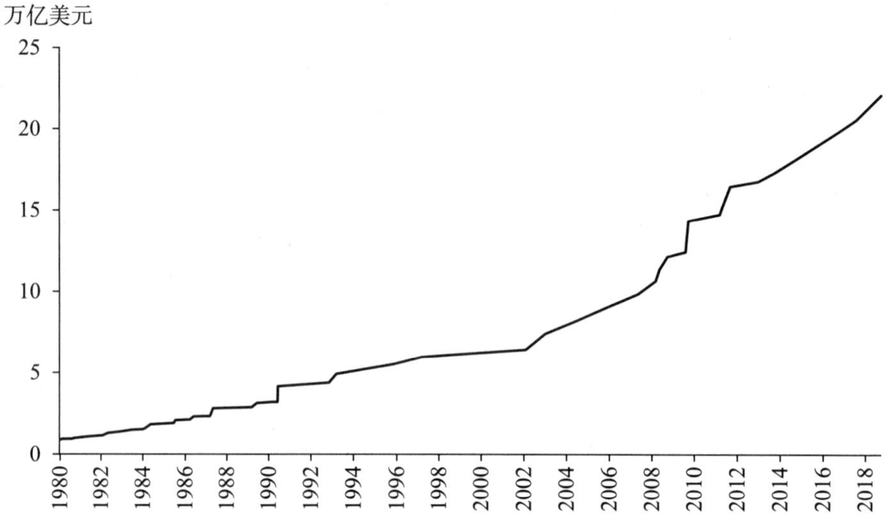

图 11 - 6 美国联邦政府债务法定上限

资料来源：WIND.

美国债务上限是指美国政府为履行其现有法律义务而被授权借入的法定限额。其现有法律义务包括社会保障、医疗保险福利、军事费用、国债利息、退税和其他支出。2000 年以后，美国联邦政府上限之所以不断上升，是因为倾向于通过借新债的方式弥补财政赤字扩大。2008 年美国金融危机发生，许多大型金融机构倒闭或被政府接管，投资者对市场失去信心，引发流动性危机，导致 GDP 增速大幅下滑。2020 年新冠疫情蔓延导致全球经济陷入衰退，美国 GDP 增速再次出现负增长。21 世纪美国的这两次经济大危机使得财政赤字迅速扩大（图 11 - 7），而且国债利息造成的财政压力也是政府的沉重负担。为了弥补财政赤字，不管是通过增加税收的方式还是减少福利项目开支的方式，都会损害特定收入群体的利益。两党出于政治考量，更愿意采用简单且短期负面影响较小的方式——借债。当债务接近上限时，政府倒逼国会不断提高债务上限。21 世纪以来，美国政府债务上限被提高了 19 次。

尽管通过提高政府债务上限的方式可以减轻短期的债务压力，但是为维持财务状况的健康以及维护联邦政府的信用，美国一直在致力于研究“开源节流”的措施以及该措施可以被应用的时机。美国需要就一个可信和详细的中期财政巩固路径达成政治协议，包括采取措施降低医疗支出、恢复社会保障体系的偿付能力、改革税收体系和增加收入。最后，改变预算程序（比如，改为两年预算周期）可能会对减少财政政策的不确定性产生持久而有利的影响。

（三）大国竞争中的财政政策

中国与美国的竞争与合作是 21 世纪以来世界上最为重要的大国关系，美国对华的态

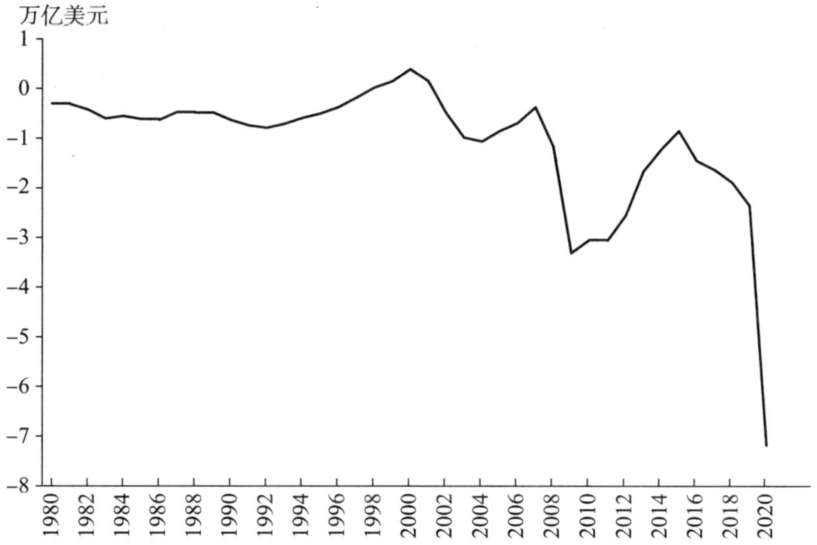

图 11－7 联邦政府财政盈余（财政赤字为负）

资料来源：WIND.

度与政策一直是美国历届领导人需要斟酌考虑的重大议题之一。中美两国的竞争是长期的、全方位的，美国为维持其在世界上的头号强国地位，不得不充分发挥政府对经济的调节作用，促进经济发展，维护社会稳定，以彰显其经济实力与制度优越性。

21 世纪以来，各届美国政府对华态度有所不同。在小布什总统当政期间，在“9・11”事件之前，美国将中美关系定位为战略竞争对手，对华态度强硬。“9・11”事件之后，由于中美之间在经贸领域与反恐领域的广泛合作，中美关系出现缓和。奥巴马总统当政期间，中国成为全球第二大经济体，奥巴马总统加速实施“亚太再平衡”战略，美国国家安全战略重点东移，再次重视与中国的竞争关系。特朗普总统主政时期，“竞争性对话战略”加速形成，美国在经济、技术、地缘政治、意识形态等诸多领域全方位对华施压。迄今，拜登政府基本上延续了特朗普政府时期的对华战略框架。

与对华技术政策或者外交政策不同，美国财政政策所体现出的竞争战略是对内的、隐性的与长期的。美国的目的是在与中国的竞争中不仅要促进经济稳定与长期增长，还要进行所谓的修复美国民主，治愈美国内部裂痕，努力彰显美国民主的优越性。

在促进经济增长方面，美国政府长期致力于通过税收调节高收入人群收入，如图 11－8 所示。21 世纪以来，平均联邦税率整体处于下降的趋势，低收入人群面临的税率最低，税率下降速度最快。高收入人群面临的税率最高，税率下降速度最慢。表 11－2 展示了税收调节收入分配的作用，低收入人群的税后收入较税前占比提高，1980—1999 年平均提高 2.8%，2000—2017 年平均提高 3.2%。高收入人群的税后收入较税前占比降低，在前一时间段平均降低 4.1%，在后一时间段平均降低 5.7%。尽管美国贫富差距在拉大，但是财政政策仍发挥了调节收入分配的作用。美国政府还不断增加社会医疗保障等财政支出，以提高人民的生活质量，维持社会稳定，释放消费活力。如图 11－9 所示，社会保障占财政支出的比例自 2009 年后快速增加，医疗保险与医疗补助占比长期处于上升趋势，在经济下行年份也常常会有收入保障支出的大量增加。

表 11-2 低收入人群与高收入人群税前税后收入占比情况

	低收入人群		高收入人群	
	税前	税后	税前	税后
1980—1999 年	4.0%	6.8%	49.6%	45.5%
2000—2017 年	3.8%	7.0%	54.0%	48.3%

资料来源：Tax Policy Centre.

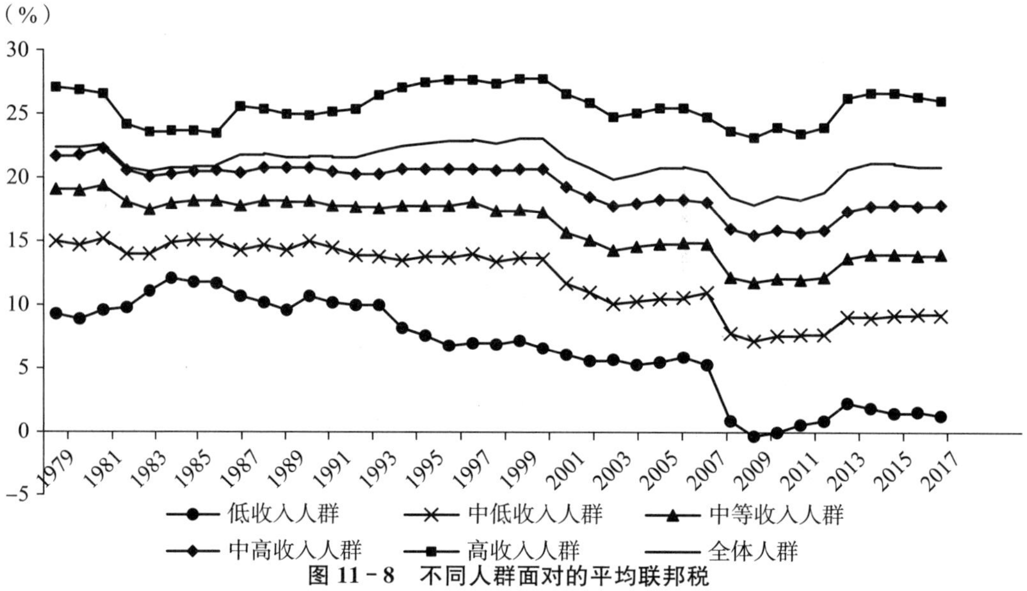

图 11-8 不同人群面对的平均联邦税

注：联邦税包括个人所得税、工资税、企业所得税、消费税。

资料来源：Tax Policy Centre.

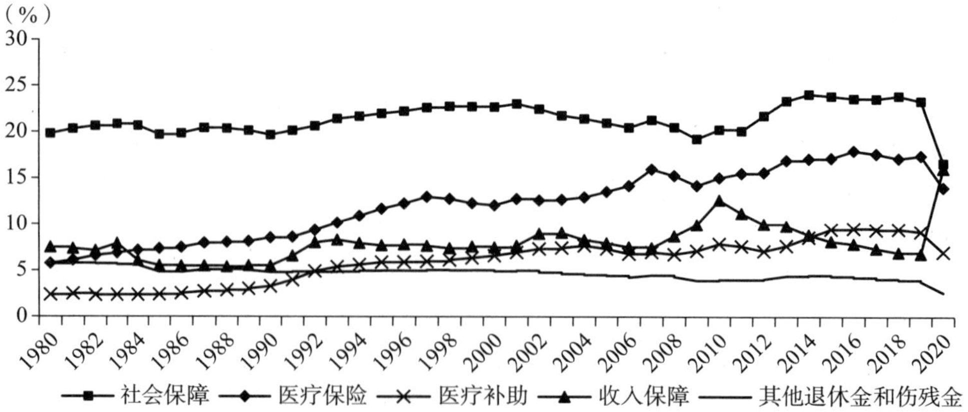

图 11-9 部分支出占联邦财政支出的比重

资料来源：WIND.

当前拜登政府的财政政策也极具大国竞争的色彩。与中国的政治制度不同，美国的政治制度使得美国财政政策在绝大多数情况下，无法实现与中国等量的基础建设支出。中国可以依靠体量庞大的国有银行与国有企业进行基础设施投资与建设，而美国政府无法调用与支配如此强大的经济力量。再者，由于债务上限、国会制衡等原因，美国进行基础设施建设所需要的财政支持也难以被满足。因此，美国虽然作为世界头号强国，但是在基础设施建设方面的投资增速明显落后于中国。基础设施建设投资的缺乏不仅制约了美国经济的长期增长，还在一定程度上显示出了美国政治制度的劣势。拜登政府宣称要改变这一格局，拜登政府推动的基建计划和家庭计划将投资美国未来一代，其中基建计划拟定执行期限为 8 年，家庭计划绝大部分支出项目设想在未来 10 年中进行分配。新一波财政政策把危机应对与长期振兴意图捆绑在一起设计，不仅显示拜登政府旨在实质性地提振美国经济长期潜在增速，还试图展示美国民主制度组织经济资源、积聚社会能量的能力。

四、21 世纪美国两次危机的财政应对与影响

（一）互联网泡沫破裂和“9 · 11”事件的财政应对与影响

2001 年 9 月 11 日，恐怖分子劫持美国民航客机袭击了位于纽约的世贸大厦和位于华盛顿的国防部五角大楼。“9 • 11”恐怖袭击事件打击了美国投资者与消费者的信心，该负面冲击叠加美国互联网经济泡沫破裂的影响，使得美国经济在 2001 年前后陷入衰退，失业率上升，经济增长率与通货膨胀率下行。

为应对这次危机，小布什政府迅速通过了总额达 400 亿美元的一揽子紧急开支，其中至少一半用于美国各地的救灾行动。国会又紧急拨款 150 亿美元，用于对美国航空公司的救助。2002 年 3 月，小布什政府再次颁布约 500 亿美元的经济刺激政策（占当年国内生产总值的 0.5%）。此外，美国政府分别于 2001 年、2002 年、2003 年出台了《经济增长和税收减免协调法案》《增加就业和援助雇工法案》（Jobs Creation and Worker Assistance Act），以及《就业与增长税收减免协调法案》（Jobs and Growth Tax Relief Reconciliation Act）。对于企业所得税，实施固定资产加速折旧，研发费用税收抵免永久化等措施。对于个人所得税增加一档最低税率，下调最高税率。最后，美国政府计划增加国防和国土安全支出，计划在 2002—2003 财年期间，可自由支配支出增加约 2 950 亿美元，其中国防支出增加 4 800 亿美元，非国防支出减少 1 880 亿美元。强制性支出将增加约 4 400 亿美元。

小布什政府财政政策的快速推出，帮助美国经济实现了快速复苏。美国个人消费增速与国内私人投资增速在 2001 年触底反弹。如图 11 - 10 所示，个人消费支出与私人投资总额对 GDP 的同比拉动在 2001 年底也开始反弹，分别从 2001 年 1.66%与−1.11%反弹至 2003 年的 2.13%与 0.76%。美国经济逐渐走出衰退，CPI 同比增速在 2002 年初开始回升，失业率作为衡量经济的滞后指标在 2001—2003 年间持续走高后，在 2003 年中进入下行通道，见图 11 - 11。

然而小布什政府减税与增加财政支出造成了联邦政府的财政赤字在 21 世纪首次出现，政府债务开始增加。小布什政府实施三次减税政策后，财政收入占 GDP 比重从 2000 年的 20%回落至 2004 年的 15%，而且在 2003 年、2004 年财政赤字率均突破 3%的红线。在 2008 年之前，美国联邦政府债务仅小幅增加，债务控制还未成为美国财政的重大隐患。

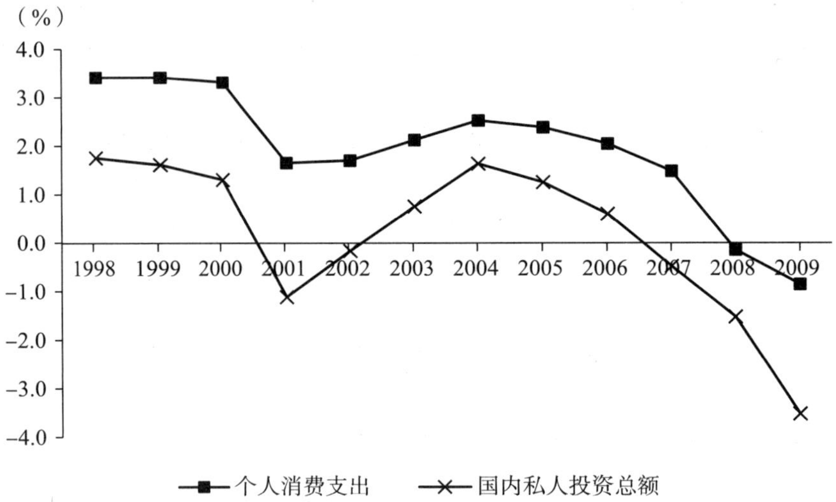

图 11 - 10　消费与投资对 GDP 的同比拉动率

资料来源：WIND.

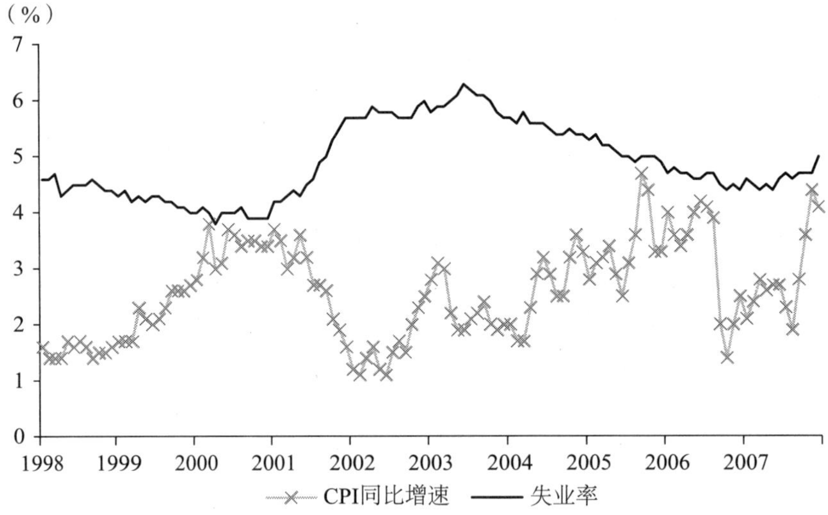

图 11 - 11　1998—2007 年通胀与失业率

资料来源：WIND.

（二）2008 年金融危机的财政应对与影响

2008 年美国次贷危机爆发，大量大型金融机构倒闭或被政府接管，美国经济遭受重创。GDP 增速从 2007 年第三季度的 2.2%快速下滑至 2009 年第二季度的−3.9%，创下二战以来的新低。而其失业率迅速攀升，至 2009 年 10 月已达 10%，创下自 20 世纪 80 年代以来的新高。

美国政府迅速采取行动，拯救金融机构，稳定金融市场，刺激经济复苏。经过美国财政政策与货币政策的持续发力，产出快速下滑已经结束，GDP 增速在 2009 年第四季度重回正值。美国在 2009 年中开始走出通缩，失业率自 2009 年年底开始进入下行通道，见图 11－12。银行业拖欠贷款规模在 2010 年 3 月达到顶峰后，开始减少，见图 11－13。倒闭与接受救助的银行数量在 2010 年达到 21 世纪以来最高峰的 157 家，2011 年减少至 92 家。对金融稳定性的信心提升。

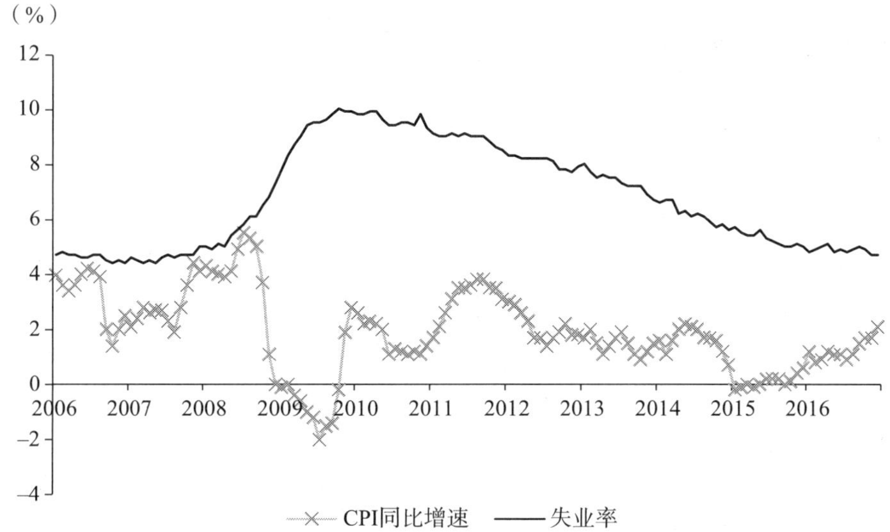

图 11－12　2006—2016 年通胀与失业率

资料来源：WIND.

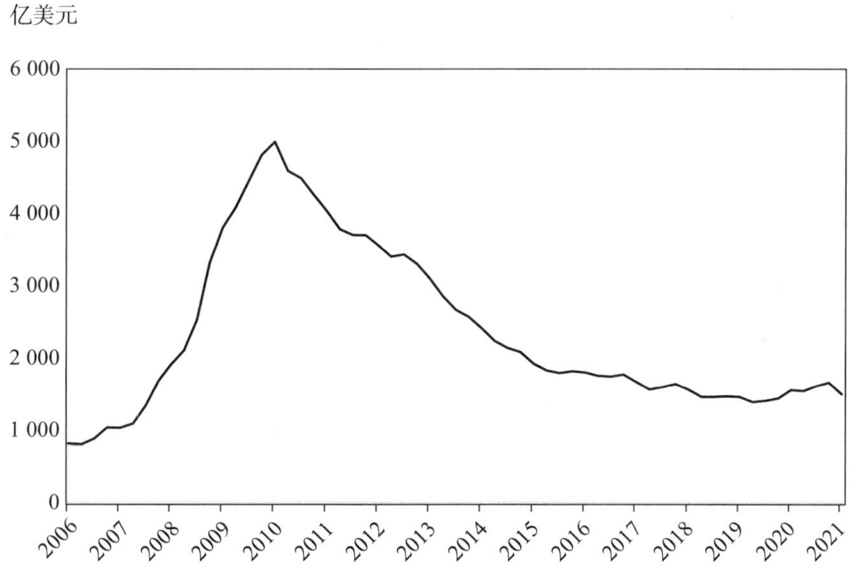

图 11－13　美国银行业拖欠贷款

资料来源：WIND.

大规模财政刺激的背后，是美国联邦政府财政赤字率的快速上升，从 2008 年的 3% 左右骤升至 2009 年的 9.8%，而且政府债务走上加速上涨的道路。如何控制债务水平，确保中期财政的可持续性成为美国财政的重大议题之一。美国财政部开始考虑可供选择的方案，包括扩大税基、征收联邦消费税、提高能源税和改善合规性。从长期来看，美国仍需要采取进一步的实质性措施来控制不断飙升的福利成本，特别是降低医疗费用的增长。

五、新冠疫情下的美国财政政策

2020 年 3 月，新冠疫情在美国大规模暴发，美国的经济前景发生了巨大的变化。大量美国人失去了生命，停工停产导致经济活动突然萎缩，失业率激增，并在 2020 年 4 月达到最高峰 14.8%。经济的停滞与衰退对不同收入阶层的影响差异巨大，许多低收入家庭、没有受过高等教育的人群、非洲裔和拉美裔美国人没有足够能力来应对收入来源的突然断绝。美国年化实际 GDP 增速在 2020 年第一季度近似零增长，第二季度为−9%，第三季度为−2.9%。如图 11－14 所示，从 2020 年 3 月中旬到 4 月底，周度经济指标[①]出现断崖式下滑，反映出了美国经济受疫情影响最严重的时间段。此外，美国金融市场对本次经济冲击的反应早于实体经济，在 2020 年 3 月 9 日、12 日、16 日、18 日美国股市共触发四次熔断。芝加哥期权交易所 VIX 指数（CBOE Volatility Index）也在 2020 年 3 月 4 日后快速上升，市场极度恐慌，该指数在 3 月 16 日达到最高值 82.69，已经高于 2008 年金融危机的最高值。总而言之，疫情对实体经济与金融市场的冲击是显著的，主要的衰退发生在 2020 年 3 月与 4 月，随后逐渐减弱。这主要是死亡率的降低、经济活动形式的调整，以及美国及时推出的大规模扩张性货币政策与财政政策的共同结果。

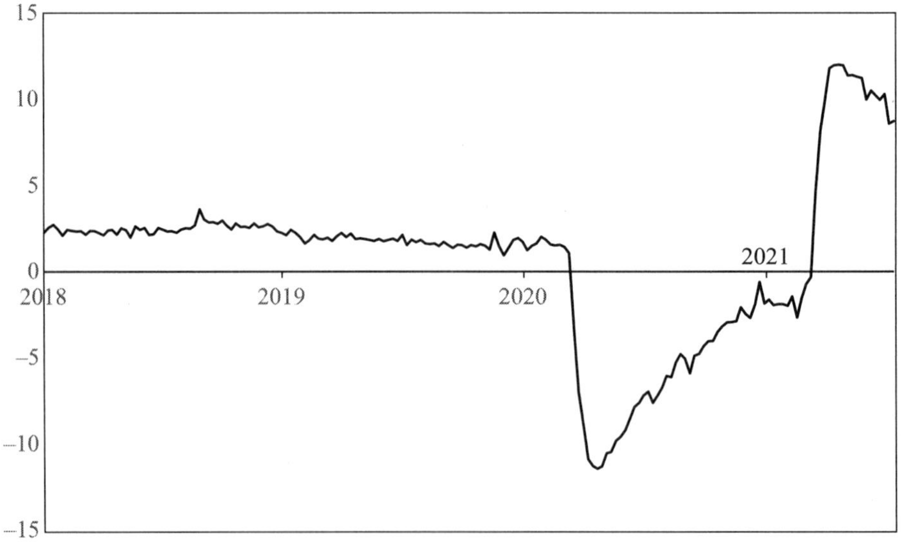

图 11－14 美国周度经济指数

资料来源：FRED.

① 即 WEI，通过高频数据计算得出，可以更好地反映经济活动的短期走势。

（一）美国财政政策具体措施

美国为应对新冠疫情对经济活动的影响，颁布了一系列财政政策。

1. 特朗普政府时期的纾困法案

2020 年 3—4 月，美国国会共通过四项纾困法案。该四项法案分别是《冠状病毒防备和应对补充拨款法案》（Coronavirus Preparedness and Response Supplemental Appropriations Act）、《家庭优先冠状病毒应急法案》（Families First Coronavirus Response Act）、《冠状病毒援助、救济和经济安全法案》（Coronavirus Aid，Relief，and Economic Security Act，CARES 法案）以及《薪资保护计划和医疗保健增强法案》（Paycheck Protection Program and Health Care Enhancement Act）。该四项法案的预算总额大约为 3 万亿美元，前两项与最后一项法案支出相对较少，《冠状病毒援助、救济和经济安全法案》支出规模最大，预算总规模接近 2.2 万亿美元，该法案主要致力于缓解疫情对企业与居民造成的生活经营困难，并不涉及经济刺激支出。

2. 拜登总统的 1.9 万亿美元《美国救援计划》

《美国救援计划》旨在帮助受到疫情影响的美国人渡过难关，较少涉及基础设施建设投资等长期政策。

3.《美国就业计划》与《美国家庭计划》

该两项计划是对美国未来一代人的投资，前者致力于美国基础设施的投资建设，后者旨在投资于儿童保育、教育、营养与对儿童和家庭的其他支持。该两项计划通过对美国经济和美国工人的投资，被认为有助于美国战胜其在世界上主要的竞争对手。2021 年 3 月 31 日，拜登总统公布了总额高达 2.3 万亿美元的《美国就业计划》。2021 年 4 月 28 日，拜登总统公布了总额高达 1.8 万亿美元的《美国家庭计划》。

（二）美国财政政策影响与评价

新冠疫情暴发以来，美国政府积极的财政政策不仅控制住了疫情，还为美国经济的复苏与发展提供了坚实的基础，并对世界经济产生了积极的外向溢出效应。《美国救援计划》已经帮助了数百万家庭，使 500 万美国儿童摆脱了贫困。《美国就业计划》和《美国家庭计划》将确保这些收益制度化。这些计划旨在解决美国基础设施和社会援助体系长期存在的缺陷。这些政策的全面实施将创造数以百万计的高质量就业机会，并将使美国在国际竞争中处于更有利的地位。美国将新冠疫情冲击视为一个契机，通过提高生产率、提高劳动力参与率、减少收入和财富分配的两极分化来重塑经济。为了资助计划中增加的联邦开支，拜登政府制订了一些方案，以弥补税收漏洞，提高对企业和高收入家庭的税收，重建国家企业税收体系。

然而这些成果并非毫无代价，美国政府公共债务扩大，经常账户赤字增加。宽松的政策环境导致企业杠杆率上升，资产估值的上涨导致经济泡沫的出现。新冠疫情带来的影响将继续反映在收入较低群体上，暴露出在获得优质社会服务和教育方面长期存在的不平等现象。

为更好地促进经济的复苏，实现基础广泛且有包容性的最大就业目标，美联储已经采用了更加灵活的货币政策框架——平均通胀目标制。在长期的低利率环境中货币政策对经济复苏的边际效果逐渐降低，财政政策应成为推动经济增长的主要动力。据国际货币基金组织的估计，在平均通胀目标框架下，《美国救援计划》《美国就业计划》与《美国家庭计划》总计将使得2021—2023年，GDP累计增加10.25%。预计到2022年底，失业率将下降到3%，劳动力参与率将恢复到疫情之前的水平。供给侧改革的政策——包括基础设施建设、儿童保育投资等，将在中期促进生产率与劳动力参与率的提高。如表11-3所示，实际GDP年增长率在2021年预计实现7%的增长，PCE（即个人消费支出物价指数）通胀率预计在2021年达到4.3%，之后恢复到2.4%。而美国经常账户余额、联邦政府赤字率与联邦政府公共债务率都预计出现不同程度的恶化。

表11-3 美国部分经济指标预测（%）

	2019	2020	预计					
			2021	2022	2023	2024	2025	2026
实际GDP年增长率	2.2	−3.5	7.0	4.9	1.9	1.7	1.7	1.7
失业率	3.6	6.8	4.4	3.1	3.0	3.0	3.2	3.4
经常账户余额（%GDP）	−2.2	−3.1	−3.8	−3.6	−3.4	−3.0	−2.7	−2.5
10年期国债利率	1.8	0.9	1.9	2.4	2.7	2.8	2.8	2.7
PCE通胀率	1.5	1.2	4.3	2.4	2.4	2.3	2.2	2.0
联邦政府赤字率	−4.6	−14.9	−15.1	−8.0	−5.7	−4.8	−4.6	−4.5
联邦政府公共债务率	79.2	100.1	104.9	103.6	104.9	105.8	106.6	107.3

资料来源：2021 Article IV Consultation of the United States.

美国经济快速反弹对全球经济活动的外溢影响预计是积极的，尤其是与美国贸易联系最为紧密的墨西哥和加拿大。尽管美国国债收益率曲线因大量的财政支持而发生变动，但是多数国家普遍受益于全球金融形势依然宽松以及美国消费和投资快速复苏带来的需求外溢。但是对于基本面疲弱、大宗商品进口国和汇率与美元挂钩的国家，它们在未来几个月可能面临美元融资成本突然上升的压力。

（三）美国的基建狂潮

《美国就业计划》旨在掀起美国基建狂潮，改善基础设施质量，增加就业岗位，拉动国内投资与消费以刺激经济增长。1947年以来，美国基础设施投资主要集中在20世纪50年代与60年代，当时州际公路系统正在建设，基建投资占GDP比例较大。但是之后美国基础设施投资占GDP的比例稳步下降，如图11-15所示。其结果是美国公共基础设施不断老化。例如，美国全国高速公路的平均使用年限接近30年，是20世纪60年代的两倍。全国水坝的平均使用年限甚至更长。以全国60多万座桥梁为例，交通部将超过四分之一的桥梁归类为结构缺陷或功能过时。基础设施投资在很大程度上是国家财政赤字的牺牲品，国会一直在努力限制政府支出占GDP比例的快速增长，随着非自由支配的政府支出的增加，尤其是在医疗保健方面的支出，政府已经挤出了包括基础设施在内的可自由支配支出。

图 11－15　美国实际总基础建设投资占 GDP 比例

资料来源：美国经济分析局。

在短期内，基础设施建设投资具有巨大的乘数效应。据美国经济分析局的估计，在一个失业率居高不下、经济严重疲软的经济环境中，传统基础设施支出的一年期乘数接近 1.5，与其他类型的联邦政府支出和税收政策相比，处于最高水平。新冠疫情导致 300 多万工人永久性失业，基建投资所带来的工作岗位对于经济恢复是极其有效的。长期来看，公共基础设施也对 GDP 和就业有显著的积极贡献。它降低了商业成本，提高了生产力。它使得工人能够住在离他们工作单位更近的地方，从而减少了通勤时间，提高了劳动参与度，减少了碳排放。据穆迪评级公司的估计，美国私人资本的平均收益率接近 10%。由于联邦政府非营利目的所造成的成本增加，公共基础设施的收益率会低于私人资本的收益率，但是仍为约 7%。鉴于利率极低，这项投资的收益远远高于政府的融资成本。30 年期美国国债收益率仅略高于 2%，而几乎所有公共基础设施项目的收益率都远高于这一水平。此外，新增的就业岗位，以及公共交通、道路桥梁的建设与改善，将创造有利的供给效应，在中长期起到缓和通胀的作用。5G 网络和数字化基础设施投资、清洁能源研究和创新，以及电动车电池技术等政府投资项目将促进国家创新能力的提升，有利于美国在科技竞争、产业竞争中保持优势地位。

拜登政府掀起的基建狂潮或有体现制度优越性的意味。美国作为世界第一强国，但其基础设施投资远远落后于中国。如图 11－16 所示，2017 年美国基础设施投资总规模为 7 688 亿美元，自 2003 年以来的年复合增速为 4.4%。而中国 2017 年基础设施投资总规模为 17 万亿元人民币，自 2003 年以来的年复合增速为 19.9%，远高于美国同期水平。极为强调分权制衡原则的美国政治制度使得国会难以给予政府足够的财政空间进行基建投资。在充分调动经济力量方面，中国政府有美国政府不可比拟的优势。在与中国的大国竞争中，拜登政府的基建计划不仅仅试图在经济上补齐短板，支持经济长期发展，还试图在政治上展示美国政府仍具有相当的经济组织力量。

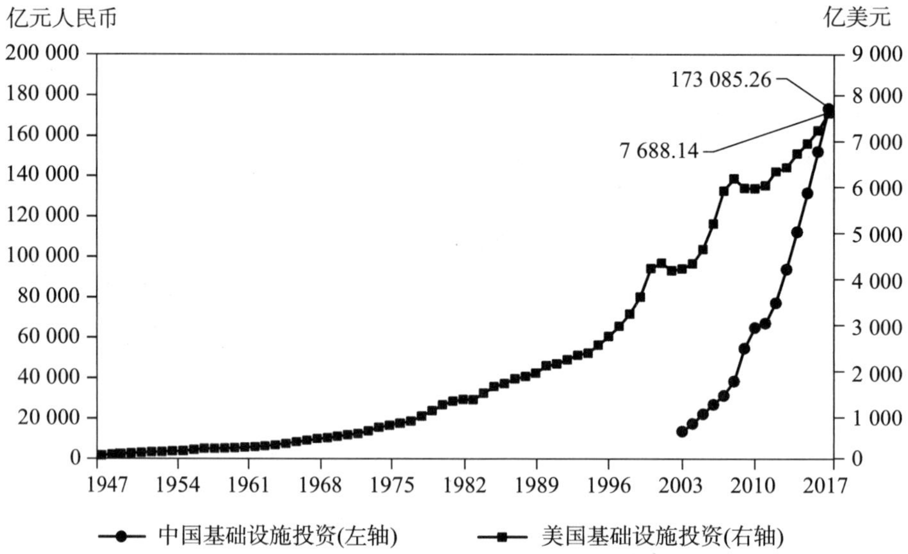

图 11-16　中美基础设施投资对比

资料来源：WIND，BEA.

（四）公共债务与联邦政府赤字

为应对新冠疫情而实施的扩张性财政政策，使得美国的预算赤字与公共债务在 2020 年均大幅增加。国际货币基金组织基于现行且可能通过的法案进行估计，预计 2021 年二者仍将保持高位。由于美国就业和家庭计划中逐步实现的支出将被潜在增长的提振所抵消，公共债务预计将在中期稳定下来。公众持有的联邦债务预计将从 2020 财年占 GDP 的 100%左右增加到 2030 年占 GDP 的 111%左右，同期各级政府总债务将从占 GDP 的 134%左右增加到 138%左右。考虑到美元的全球储备货币地位，尽管总的融资需求很大，但仍是可控的。有效名义利率预计从 2021 年的 1.6%上升到 2030 年的 2.7%，在中期对于已发行的债务，利率预计将起到减少债务的作用。但是从长期来看，人口老龄化的福利项目与医疗成本压力将逐渐推高政府债务。美国财政仍需要进行可信的中长期财政整顿，重新确定预算方案的优先次序，并进行税收增收改革，以使公共债务走上下行之路。

表 11-4 展现了国际货币基金组织估计的不同因素对美国各级政府总公共债务变动的贡献，可以发现财政赤字是公共债务增加的主要原因，但随着经济复苏，财政收入增加和财政支出下降，赤字对公共债务的影响逐渐降低。实际 GDP 增长对缓解债务压力起到了关键性作用，尤其在中期是缓解债务压力的主要力量。实际利率在 2025 年之前被认为是减缓债务压力的重要因素，之后随着融资成本的提高，逐渐开始对公共债务的增长起到推动作用。但是国际货币基金组织仍认为，美国中短期的财务风险与主权风险较低，处于可控范围内。

需要指出的是，国际货币基金组织对联邦公共债务动态的增长和利率假设非常敏感。

如果主权风险溢价提高 100 个基点，到 2030 年公共债务占 GDP 的比例将提高到 141%左右，比基准线高出约 3 个百分点。同样，如果实际 GDP 增长低于基准线一个标准差，公共债务比率将比基准线高出约 7 个百分点。如果未来两年财政赤字增加 1 个百分点，到 2030 年公共债务比率将比基线高出约 4 个百分点。因此，美国政府仍须警惕新的负面冲击对经济的打击。

表 11－4　对总公共债务变动的贡献（%）

	实际				预计				
	2010—2018	2019	2020	2021	2022	2023	2024	2025	2030
总公共债务的变动	2.2	1.5	25.7	0.8	−2.2	0.7	0.8	0.8	1.0
可识别的债务增加	2.8	2.1	17.8	0.8	−2.2	0.7	0.8	0.8	1.0
主要赤字	4.1	3.4	12.6	11.8	6.1	4.3	3.7	3.4	2.4
主要（非利息）收入	29.9	29.4	30.0	29.3	31.3	31.7	31.6	31.6	31.9
主要（非利息）支出	33.9	32.9	42.6	41.1	37.4	36.0	36.0	34.9	34.3
自动债务动态	−1.3	−1.3	5.2	−11.0	−8.3	−3.6	−2.9	−2.6	−1.4
利息与经济增长	−1.3	−1.3	5.2	−11.0	−8.3	−3.6	−2.9	−2.6	−1.4
实际利率	0.9	0.9	1.4	−2.5	−2.2	−1.1	−0.8	−0.4	0.8
实际 GDP 增长率	−2.3	−2.2	3.9	−8.5	−6.1	−2.5	−2.2	−2.2	−2.2
其他可识别的债务增加	0.0	0.0	0.0	0.0	0.0	0.0	0.0	0.0	0.0
残差（包括资产变动）	−0.6	−0.6	7.9	0.0	0.0	0.0	0.0	0.0	0.0

注：因四舍五入原因，数据有误差。

资料来源：2021 Article IV Consultation of the United States，Appendix Ⅱ.

当时美国债务最为棘手的事情是，2019 年 8 月通过的预算协议所规定的取消债务上限的政策，于 2021 年 7 月 31 日到期，22 万亿美元的联邦政府债务上限将被恢复。截至 2021 年第一季度，联邦政府债务已经突破 28 万亿美元。届时美国政府或将面临“财政悬崖”。若国会没有立刻提高债务上限，美国财政部目前被认为可以通过以下方式进一步获得融资空间：（1）美国财政部可以采取非常规措施，暂时减少某些类型的债务，在债务上限下腾出空间向公众融资。（2）可以用 TGA 账户（Treasury General Account，财政部现金账户）中的余额向债权人还本付息。2021 年 7 月 13 日美国财政部长耶伦表示，预计 7 月 31 日 TGA 账户余额将降至 4 500 亿美元，若国会未能在 7 月 31 日前暂停或提高债务上限，她将立即启动“非常规措施”，并通过消耗 TGA 账户余额来维持政府正常运转。2021 年 12 月，美国国会再次提高法定债务上限至 31.4 万亿美元，暂时延缓了美国债务风险。然而，2023 年 1 月，美国政府债务总量即将再次触及这一上限，美国财政部将不得不通过暂停债务发行，调整债务结构，耗尽 TGA 余额等方式避免违约。

（五）大财政时代与现代货币理论

尽管拜登政府的大量财政支出计划的许多具体部分尚待国会批准，但仍有些学者将其视为美国大财政时代到来的标志。为了支持美国就业计划的财政支出，拜登总统还发布了“美国制造”税收计划（Made in America Tax Plan）。该计划旨在未来15年内，使美国政府获得完全抵消《美国就业计划》投资水平的收入来源。从某种角度来说，该税收计划是必要的，它可以防止赤字过快增长所导致的债务积累。然而，也可以看出拜登政府一改小布什总统与奥巴马总统面对危机时，通过减税与增加财政支出释放私人部门经济活力的方式，在低利率的环境下，通过对企业、最高收入人群增税的方式以及政府大规模基建投资与人力资本投资的方式，促进经济的复苏与长期增长。拜登政府更加侧重功能性财政，更加强调发挥政府统筹全局的优势。这较为符合有些学者所拥护的现代货币理论。现代货币理论为扩大财政支出、突破财政赤字率和政府债务率提供了理论支持。

现代货币理论的功能性财政指的是，政府的首要目标是稳定总支出水平以防止通胀并稳定就业，尤其在私营部门就业吸纳能力明显下降、出现严重失业时，政府的职责是雇佣每一个愿意工作的人，为他们提供可供生活的工资，通过债务融资扩大基础设施投资和公共部门规模，保障充分就业，发挥最后雇佣者的角色。其第一原则为财政政策应逆周期调节经济。第二原则为支出超过总需求时，才应该出售政府债券；利率过低时发行债券提高利率。因此政府债券的发行和偿还不是为了融资，而是为了调节私人部门购买力以及调控利率。这意味着财政平衡没有意义，赤字和盈余不存在好坏之分。参议院预算委员会前首席经济学家斯蒂芬妮·凯尔顿就认为：“美国真正的赤字存在于医疗、就业、基础设施、教育和气候等领域。政府应该通过支出来解决这些问题，而不是害怕‘平衡预算’，错误地认为不平衡的预算是通货膨胀的根源。”

现代货币理论的代表人物雷·达里奥认为，货币政策与财政政策配合的1.0版本遵循蒙代尔-弗莱明研究范式，倡导通过货币政策与财政政策松紧搭配实现宏观经济的内外均衡。2.0版本是财政政策与非常规货币政策的搭配，比如2008年国际金融危机时的扩张性财政政策与量化宽松的货币政策。然而达里奥认为这两种政策搭配版本都更有利于高收入群体，不利于缩小收入差距。在美国贫富差距如此巨大的社会情况下，下一次危机美国将不得不采用3.0版本的政策配合方式，即现代货币理论倡导的方式，利用零利率为政府大规模支出提供资金，以实现更广泛的增长。货币政策提供资金，财政政策配置资金，将其投入教育、基础设施建设、研发、小企业等好的投资项目。这将有利于贫富差距的缩小。

当前美国财政政策与货币政策的配合，的确在一定程度上符合达里奥设想的3.0版本的政策配合方式。美联储2021年7月公布的常备回购流动性便利工具与常备FIMA回购流动性便利工具可以将交易商手中久期较长的资产转化为隔夜的流动性。前者的对手方是国内的交易商，合适的抵押品为美国国债、机构的债务与抵押支持证券，规模为每天5 000亿美元上限。后者的对手方是外国央行，合适的抵押品为美国国债，规模为每个对手方每天600亿美元上限。2008年金融危机后，由于金融系统充斥着大量的准备金，所以美联储使用回购工具并不常见。2019年是美联储十年来第一次使用回购工具提供流动性。2019年9月，回购市场利率出现大幅波动，隔夜一般抵押品回购利率相对于有效联邦基金利率的溢价甚至超过了2008年金融危机期间的水平。这是因为当时财政部进行了大规模的国债拍卖，交易商不得不在回购市场中寻求美元以支付购买国债的费用。

当前的情况是美联储还没有减少资产的购买，金融系统的准备金较为充足，在这种情况下美联储将回购工具常备化，除了为加强对利率走廊的管理，只能理解为借鉴 2019 年“美元荒”的教训，间接地为美国财政部可能即将发行的债务融资做好准备，即所谓的财政赤字货币化。如果拜登政府的支出计划进一步被国会批准，交易商与外国央行可能作为美联储的对手方，利用这两项常备回购工具为购买美国国债进行融资。届时美联储的资产负债表将被迫扩大。因此在某种意义上，当前货币政策与财政政策相配合的方式，显示出美联储的独立性有所下降。

尽管现代货币理论在很多方面受到主流经济学的批评，理论逻辑仍有诸多含糊之处，但是在当前财政赤字、政府债务不断扩大，货币环境长期宽松，通货膨胀率持续低迷的经济环境中，该理论有一席之地，且在分析如何缩小收入分配差距方面有深刻的一面。拜登经济学也在一定程度上存在现代货币理论的影子。如果将当前美国的财政政策理解为现代货币理论的一次不彻底的实践，或许多年之后我们将了解这次危机处理方式对理论发展的重要现实意义。

六、美国未来财政政策的展望

拜登政府财政计划的规模和雄心壮志值得肯定，但更好地明确政策目标将有利于加强其对宏观经济和分配结果的积极影响。随着拨款进程的推进，可以开展更多的工作。分人群取消某些税收优惠和财政扶持，比如对收入超过 15 万美元的家庭取消儿童税收抵免、取消部分财政扶持可以节省相当部分的财政成本。这样做所节省出的财政空间，可以用于将个体商户、自由职业独立承包商等人群的失业永久纳入失业保险的范围。对于国内制造业的投资，应优先投资半导体制造业等高科技产业。对于老年人与残疾人家庭护理的支持可以重新考虑如何具体实施。支持供应链本土化可以从鼓励创新与提高生产率入手。以这种方式调整政府的税收和支出方案，将有利于防止需求爆发式的增长，而使其转变为更持续的增长，在短期对总供给产生更大的推动作用，并由此减少通胀持续上升带来的短期风险。

新冠疫情导致经常账户赤字扩大，使美国的对外头寸略弱于中期基本面和理想政策所期望的水平。到 2021 年，经常项目赤字可能会进一步增加。贸易限制和关税增加应该被取消。考虑到美国国内正在努力提高生产率、劳动力供应和美国企业的竞争力，这样做将有助于增进美国工人的福利，并为美国创造更多更好的就业机会。根据国际货币基金组织的估计，若美国政府可以将联邦政府主要余额（primary balance，指收入与非利息支出之差）提高到 GDP 的 1%（各级政府主要余额提高到 GDP 的 0.5%），美国各级政府的债务率将从 2027 年开始下降，在 2030 年下降到 125%。为了使债务率走上下行的道路，美国政府需要进行必要的财务整顿。

参考文献

[1] 陈丰．从历史演变看特朗普财政政策对美国经济的影响．宏观经济与市场，2018 (3).

[2] 李方旺．美国税制和税收征管的特点及启示．税务研究，2007（8）.
[3] 李敬，雷俐，林黎，等．特朗普税改的世界影响及我国对策．管理世界，2018（2）.
[4] 闫坤，孟艳．现代货币理论与货币政策、财政政策协调配合的 3.0 版．学习与探索，2020（2）.
[5] 余永定．特朗普税改：两减一改、三大新税种和对美国经济的影响．国际经济评论，2018（3）.
[6] 张友斗，苗杨，张帆．美国税制结构特点分析及对我国的启示．国际税收，2013（5）.
[7] 赵明昊．拜登执政与美国对华战略竞争走向．和平与发展，2021（3）.
[8] IMF，"2021 Article IV Consultation，" IMF Country Report，2021.
[9] Zandi M.，Yaros B.，"The Macroeconomic Consequences of the American Jobs Plan，" *Moody's Analytics*，2021（4）.

案例 12

中国的估值效应和外部非均衡的动态调整

本案例教学目标：

1. 了解估值效应的基本含义；
2. 了解现实世界中估值效应对外部失衡调整发挥的作用；
3. 了解基本的估值效应测算方法；
4. 启发读者对全球经济失衡调整路径与方式的思考。

本案例在参考相关研究估值效应规模的文献的基础上，分析了现有文献对估值效应进行测算并对其结构进行考察的结果，总结了估值效应对外汇储备收益率、货币政策的实施、外汇市场干预、货币危机和外部非均衡的调整的影响，并主要从外汇储备管理的角度对如何规避或减少负估值效应做了总结。本案例还揭示了估值效应的具体内涵及其在跨期均衡实现中的作用，并根据估值效应的正负与经常项目盈余与赤字组合而成的四种情况分析了若干个代表性工业化国家和发展中国家的国际投资净头寸情况。中国在很多年份通过负的估值效应向外无偿输出由经常项目盈余积累的资源，而美国则通过大量年份的正估值效应使资源无偿从国外向其国内转移，在一定程度上改善了其外部非均衡的状况。

传统的开放宏观经济理论认为一定时期内经常项目差额流量应该等于该时期一国国外净资产头寸的变化。然而，通过分析中美两国的对外经济金融数据可以发现，自 1999 年来美国的国外净负债的年度增加量在大多数年度都小于当年的经常项目赤字规模，甚至在有些年度在经常项目恶化的情况下国际负债存量却减少了。而中国的情况正好相反，尽管在 1999 年以来的 17 年中经常项目均处于盈余状态，但是有 11 年外国投资净头寸的增量要小于经常项目的盈余规模。这种理论和现实情况的不相符就涉及本案例所考察的估值效应问题。事实上，根据国际货币基金组织的报表编制规则，国际收支平衡表

(BOP)的编制以历史成本入账，所有数据的记录需要有真实的国际交易基础，对未实现的资本利得和损失未予以反映；而国际投资头寸表（IIP）以市值法为基础对各会计科目进行计量，其净头寸存量的变化反映了汇率或者资产价格变化带来的收益和损失。

一、估值效应：一个被忽视的国际收支调节渠道

自美国从 20 世纪 80 年代成为净债务国开始，其经常项目逆差不断扩大，并在 2015 年底达到了 4 630 亿美元。在此期间，很多人对美国巨额的经常项目逆差带来的高额国际债务表示担忧。他们认为美国如果一直这样借入国外资本，那么其经济将可能面临严重的债务危机或者货币危机。然而三十多年来美国并没有出现阻碍经济可持续发展的债务问题，美元汇率也没有长时间出现异常的波动，美国依然在通过不断增加的国际负债支撑其发展。其中一个比较重要的因素就是美国通过汇率和资产价格的变化使得财富从国外向其国内转移，从而抵消了一部分贸易赤字带来的国际负债。

通过简单地观察两组数据就可以发现这个事实。图 12-1 展示了美国 1999 年以来经常项目差额和国外净资产变动与当年 GDP 比值的变化情况，通过观察我们发现在 1999—2015 年 17 年间美国有 11 年国外净资产增加额要大于当年的经常项目差额，而前者甚至在经常项目持续逆差的情况下有 7 年为正值。实际上，通过计算我们得到 1999—2015 年美国经常项目差额占 GDP 比例的年平均值为－3.78％，而国外净资产增加额占当年 GDP 比例的年平均值为－2.46％。

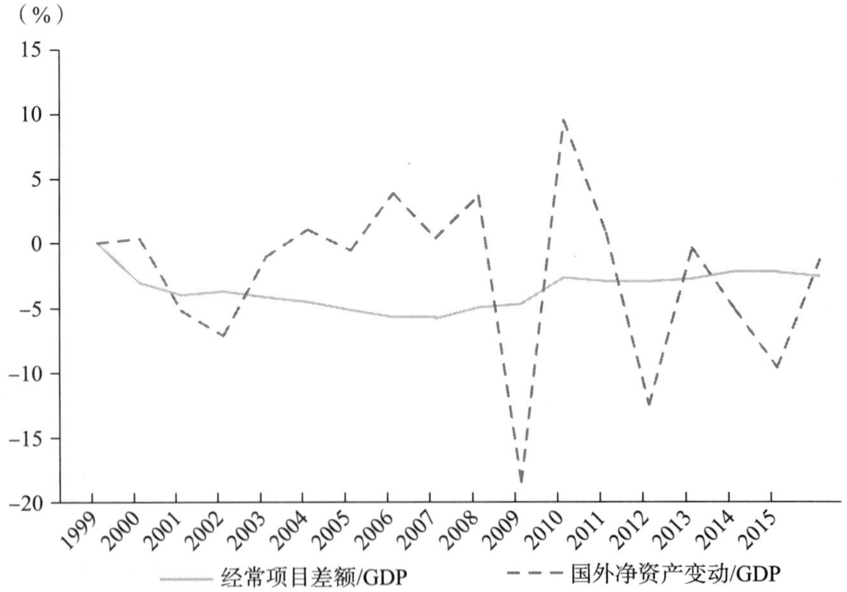

图 12-1 美国经常项目差额与国外净资产变动与 GDP 之比

这两者之间显著的差异表明美元汇率的变化以及美国持有的国际资产和负债收益率的变化和经常项目差额共同影响国外净资产（或负债）存量的变化。Obstfeld 和 Rogoff（1995）发展的跨期均衡理论认为一段时期内的经常项目差额等于期初和期末的国外净资

产的差额。[1] 但是根据国际货币基金组织的报表编制规则，国际收支平衡表的编制以真实交易和账面成本为基础，对未实现的资本利得和损失未予以反映；而国际投资头寸表以市值法为基础对各会计科目进行计量，其净头寸存量价值的变化反映了汇率或者资产价格变化带来的收益和损失。Lane 和 Milesi-Ferretti（2001）将这种影响存量国外资产和负债却没有被反映到流量统计（即经常项目年度差额）当中的效应称为估值效应（valuation effects）。[2]

通过收集我国国外净资产变化和经常项目差额数据也可以考察我国的估值效应。结果表明，在相同的 17 年内我国有 11 年国外投资净头寸增加量小于当年的经常项目盈余，如图 12－2。特别是在全球金融危机后连续 7 年国外净资产的增加值小于经常账户盈余，这表明负的估值效应在我国比较普遍。具体来看，1999—2015 年我国经常项目差额占 GDP 比例的年平均值为 3.94%，而国外净资产增加额占当年 GDP 比例的年平均值为 3.13%，其中的差异就反映了估值效应的方向及规模。

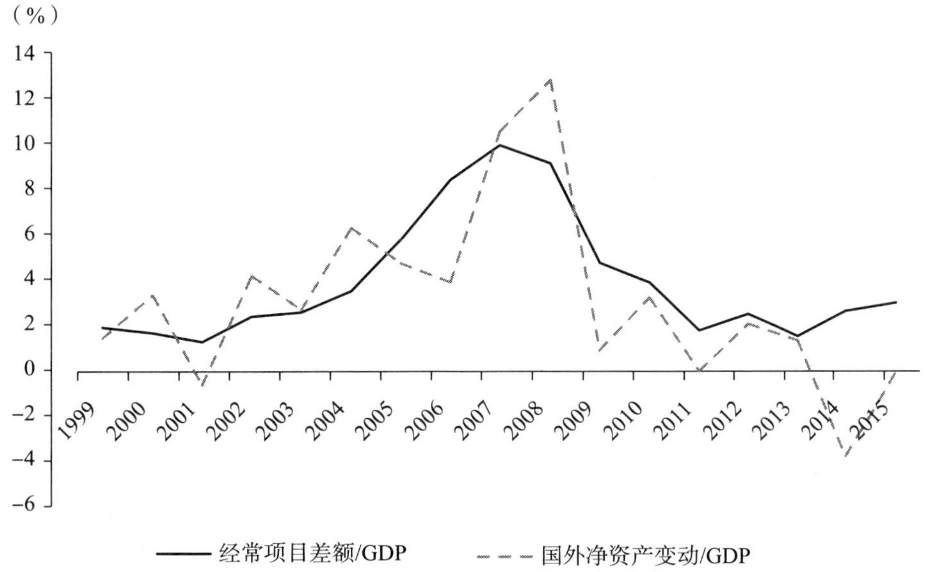

图 12－2　中国经常项目差额与国外净资产变动与 GDP 之比

通过以上对比中美两国的两组统计数据可以发现，两国都存在一定规模的估值效应，而且国外净资产增量的变化幅度较大，因此估值效应的方向在年度之间也存在差异。但是，平均来说美国存在较为显著的正估值效应，这在一定程度上减轻了其由于贸易赤字积累的大量国外净债务的负担，表明它通过美元汇率和各类资产价格的变化使得国外资源流向其国内。而中国的估值效应总体上为负，但相对规模较美国要小，表明我国在考察期内正在向国外无偿转移通过多年贸易顺差积累的大量金融资源。

明显的估值效应并不是中美两国独有的现象。事实上，Gourinchas，Lopez 和 Rey

① Obstfeld，Maurice，and Kenneth Rogoff，"The Intertemporal Approach to the Current Account，" *Handbook of International Economics* 3（1995）：1731—1799.

② Lane，Philip R.，Gian Maria Milesi-Ferretti，"The External Wealth of Nations：Measures of Foreign Assets and Liabilities for Industrial and Developing Countries，" *Journal of International Economics* 55.2（2001）：263－294.

(2006)考察了多个发达国家的对外经济金融交易情况。[①] 他们发现1980—2000年间英国正的估值效应规模不断增长，这使得其国际投资净头寸规模在2000年达到GDP的20%；加拿大在2004年单年的正估值效应规模就达到GDP的20%；澳大利亚虽然估值效应相对规模较小，但其长期的负估值效应增加了贸易逆差造成的国外净负债。Lane和Milesi-Ferretti（2004）的研究则表明估值效应在发展中国家的规模也较为显著，而且很多时候估值效应为负，减少了由经常项目盈余积累的国外净资产。[②] 最极端的例子出现在印度尼西亚和马来西亚，在1991—2000年10年间两国的经常项目顺差带来的国际投资净头寸的累积增长分别达到GDP的33%和12%，但是这一期间的估值效应占GDP的比例却达到惊人的－39%和－22%。这表明两国在这些年中通过贸易顺差积累的资源，由于汇率和资产价格变动，几乎完全转移到了国外。

二、估值效应相关概念和理论

（一）估值效应的内涵

估值效应指的是在给定不变的国际资产负债规模及结果的基础上，由非预期的汇率变化以及资产价格变化而并非由经常项目差额引起的一国国际投资净头寸的变化。估值效应的产生与国际收支平衡表和国际投资头寸表的编制基础不同有关。

假设一国持有一定数量的外币资产和负债。这些资产和负债的标价货币多种多样，并且这些资产的投资收益并非固定不变。在两个时间点上，该国国际投资净头寸的变化不仅与该国经常项目差额相关，而且与在这段时期内各资产负债标价货币和最终的国际投资头寸表记账货币之间的汇率变化以及它们的价格变化有关。对国际资产和负债来说，金融市场的波动、各类证券的上市和退市，甚至各国货币相对供给和需求的变化对国际净资产的变化都有影响。而当今世界经济金融活动越来越全球化，各国的相互依存度不断提高，国外资产和负债的规模不断增加，金融市场瞬息万变，这说明从全球来看估值效应的绝对规模应该不断增加。

一国国外净资产（存量）的变化由估值效应和经常项目差额两个流量数据共同决定。估值效应具有正负，经常项目可以是顺差或者逆差，而根据二者的组合不同可以分为四种情况：经常项目顺差和估值效应为正；经常项目顺差和估值效应为负；经常项目逆差和估值效应为正；经常项目逆差和估值效应为负。国际货币基金组织在2005年发表的《世界经济展望报告》当中统计了主要工业国家和新兴市场国家从1993年至2003年经常项目和估值效应相搭配的情况（见图12－3和图12－4）。从外部均衡调整的角度来看，第二种和第三种对于外部非均衡的调整具有促进作用，而另外两种搭配会加剧一国的外部非均衡状态。

---

① Gourinchas, Pierre-Olivier, Carlos Lopez, and Hélène Rey, "World Bankers," University of California at Berkeley, 2006.

② Lane, Philip R., Gian Maria Milesi-Ferretti, "International Investment Patterns," IMF Working Papers, International Monetary Fund, 2004.

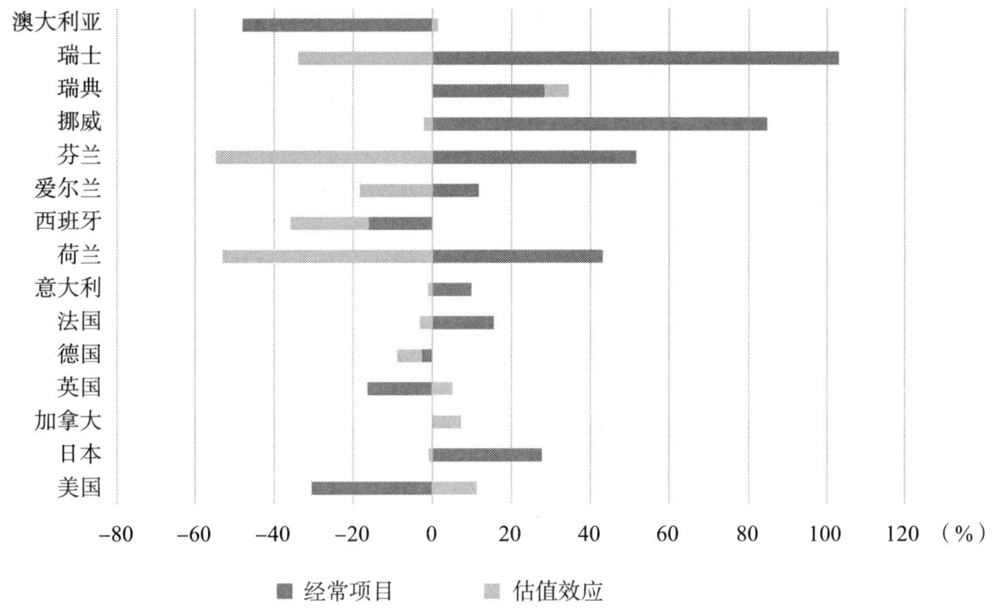

图 12－3　主要发达国家经常项目、估值效应占 GDP 比例

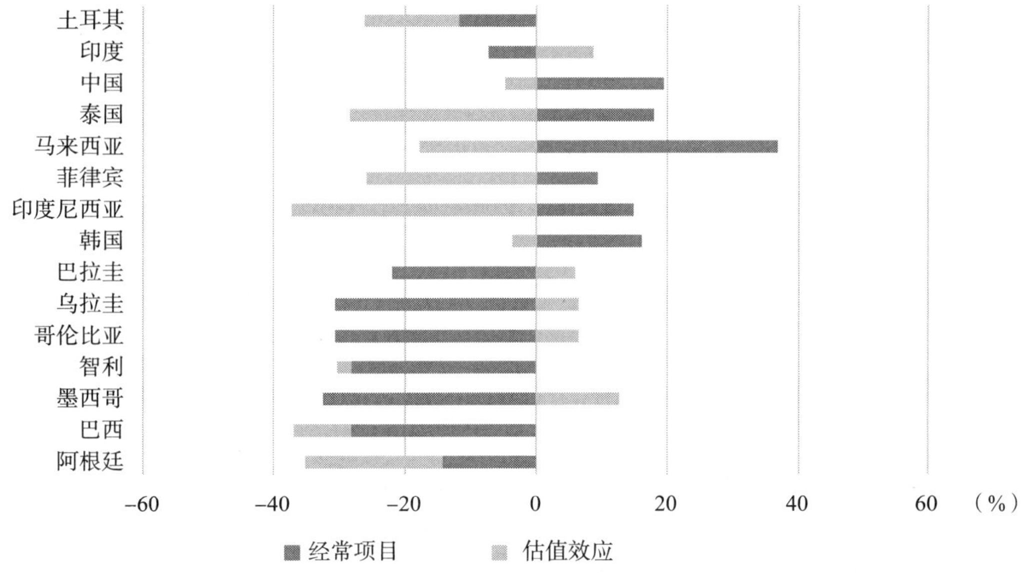

图 12－4　主要新兴市场国家经常项目、估值效应占 GDP 比例

从一国的战略利益出发，通过正的估值效应抵消一部分甚至全部经常项目赤字带来的国外净负债的增加会是最理想的组合，美国即这种情况。中国过去多年通过负的估值效应搭配经常项目盈余来促进外部均衡意味着国内民众通过生产积累的大量资源被无偿向外部转移，从国家战略利益层面来说是不可取的。而像巴西、阿根廷和土耳其一样在对外经济交往中用经常项目逆差搭配负的估值效应而积累大量国际负债的情况则是最不理想的，严重时可能会带来债务危机和货币危机，是需要避免的。瑞典在积累大规模经常项目顺差的同时伴随着小规模的正估值效应，尽管会使外部非均衡的状况持续发展，却有利于本国国外净资产的保值增值。

（二）估值效应的理论模型框架

和估值效应相关的理论框架构建可以由国际收支平衡表和国际投资头寸表统计中涉及的会计恒等式展开。本案例借鉴 IMF（2005）关于外部均衡和估值效应的研究，将估值效应相关的理论模型框架总结如下。①

根据国际投资头寸表在统计中对国外净资产（NFA）的定义，我们可以写出如下会计恒等式：

$$NFA_t - NFA_{t-1} = NX_t + CT_t + IA_t + KA_t + EO_t + KG_t \tag{12-1}$$

其中，NX 表示货物和服务的净出口，CT 是经常转移，IA 代表净投资收益（NX、CT、IA 三项相加即为经常项目余额），KA 表示资本转移，EO 表示净误差与遗漏，KG 代表净资本利得（或损失）。

如果使用小写字母表示对应的变量和 GDP 之比并省略规模相对较小的经常转移和资本转移以及误差与遗漏项，（12－1）式可以写为：

$$nfa_t - nfa_{t-1} \equiv nx_t + \frac{i_t - \gamma_t}{1+\gamma_t} nfa_{t-1} + \frac{k_t}{1+\gamma_t} nfa_{t-1} \tag{12-2}$$

其中，γ 是一国的名义增长率，k 是国外资产和负债的资本利得率，i 是利率，（12－2）式等号右边最后一项即本案例所指的估值效应的相对规模。

跨期预算约束决定了一国保持偿付能力的前提是其未来各期净出口的净现值和当前国外净资产的价值相等。这个条件排除了一国能够通过不断的债务展期来保持其外部非均衡状态的情况。尽管如此，外国投资净头寸还是能以低于外国负债收益率和经济增长率之差的水平增长。我们可以通过给定一个稳态的国外净资产和 GDP 之比来定义稳态的净出口水平：

$$nx_t^* = \frac{r-g}{1+g}\overline{nfa} \tag{12-3}$$

（12－3）式表明一国在长期中需要保持 nx_t^* 的净出口相对规模来维持一个稳态的国外资产相对规模，即 $\overline{nfa}$。其中 r 表示总收益率，g 表示实际增长率。

考虑到国外资产和负债不同的收益率，我们可以进一步将（12－2）式写为：

$$nfa_t - nfa_{t-1} \equiv nx_t + \frac{r_t^L - g_t}{1+g_t} nfa_{t-1} + \frac{r_t^A - r_t^L}{1+g_t} a_{t-1} \tag{12-4}$$

其中，r_t^L 表示国外负债的总收益率，r_t^A 表示国外资产的总收益率，a 表示国外总资产和 GDP 的比率。结合（12－3）和（12－4）式，稳态的净出口和国外净资产的水平可以通过下式表示：

① Thomas Helbling, Nicoletta Batini, and Roberto Cardarelli, "Globalization and External Imbalances," IMF *World Economic Outlook 4*, 2005.

$$nx^{*}=\frac{r^{L}}{1+g}\overline{nfa}-\frac{r^{A}-r^{L}}{1+g}\bar{a} \tag{12-5}$$

(12-5) 式表明如果国外负债的总收益率高于国外资产的总收益率，较大规模的国外总资产存量就要对应着较大的贸易平衡规模，这样才能够保证外部均衡的实现。跨期预算约束决定了在长期中一国净出口和国外净资产要趋于一个稳态水平，而这种长期均衡在短期内可能会偏离。但是，随着考察期的不断延长，在一段足够长的时间内，短期非均衡必须要通过贸易流量或者估值效应来调整，直至达到长期均衡。如果在这个调整过程中，对外净资产发生了显著的作用，那么我们就可以推断估值效应在长期外部动态均衡的调整中发挥了显著的作用。

三、估值效应的测算及结构分析

1. 直接法

外汇储备资产和其他国外资产一样，其价值都会受到国际汇率波动和所持有的国际资产价格变化的影响。使用直接法测算一国外汇储备价值变化中包含的估值效应的核心就是要认识到估值效应（包括汇率和资产价格变化）带来的外汇储备价值变动是由非交易性因素造成的。只要我们取得了外汇储备的常规性变化和交易性变化的数据，就可以推算出非交易性因素（即汇率和资产价格变化）引起的估值效应。

国家外汇管理总局自 2009 年开始每年在《中国国际收支报告》中公布外汇储备常规变动、交易性变动和非交易性变动数据，用公式表示即：

$$VA_{t}^{\Delta FR}=\Delta FR_{t}-\Delta FR_{t}^{basis} \tag{12-6}$$

其中，ΔFR_t 表示某时期内一国外汇储备的常规性变动（即反映在国际投资头寸表当中的外汇储备变动量），ΔFR_t^{basis} 表示该时期内外汇储备的交易性变化量。因此 $VA_t^{\Delta FR}$ 就为外汇储备价值变化当中的估值效应部分的估算值。

通过观察图 12-5，可以发现我国外汇储备估值效应的绝对规模变动幅度较大，且存在年度之间正负交替的现象，这反映出相邻各期的估值效应在长期存在一定程度的互相抵消。从估值效应的方向来看，8 年中有 4 年估值效应为负值，4 年为正值。但从估值效应的绝对规模来看，在此期间，负估值效应的累计规模远远大于正估值效应。特别是 2014 年、2015 年两年的负估值效应更是达到创纪录的－5 942 亿元人民币和－11 055 亿元人民币。在估值效应的相对规模方面，除 2009 年和 2015 年估值效应的绝对值达到了当年 GDP 的 1%以上，其他各年估值效应的相对规模都较小，这从侧面反映出总体估值效应不仅和外汇储备资产的价值变化有关，而且和其他外部资产和负债头寸的价值变化有关。

由于和外汇储备相关的估值效应主要是由汇率波动造成的，而外汇储备当中美元资产占较大比重，参考人民币兑美元的汇率走势，我们能够在一定程度上解释估值效应的方向。我们发现在大多数情况下，正的估值效应对应着人民币兑美元汇率保持稳定或存在一定程度的贬值，如 2009 年、2012 年和 2016 年上半年；负的估值效应对应着人民币兑美元出现较快升值比如 2010 年和 2011 年。其中 2015 年在人民币兑美元明显贬值的情况下出现巨大的估值损失与人民币在同一时期对其他主要货币升值明显有关。

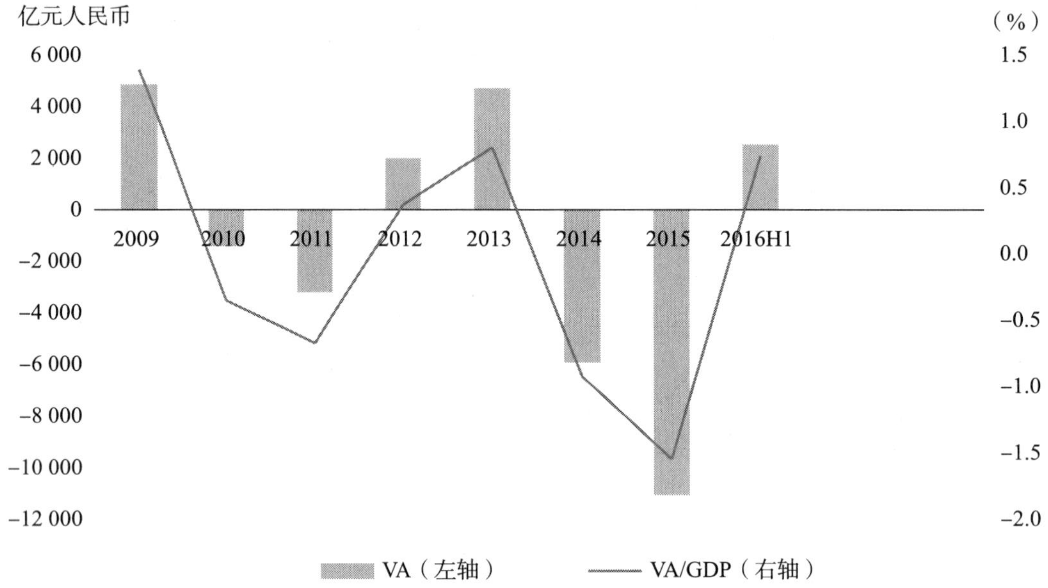

图 12-5 我国估值效应的规模

注：2016 H1 为 2016 年上半年。

2. 间接法

使用间接法测算估值效应规模的理论和统计基础是估值效应的定义和国际收支平衡表与国际投资头寸表在编制方法和编制基础上的差异。由于国际收支平衡表采用账面成本和真实交易作为编制基础，而国际投资头寸表各资产负债科目均使用市值入账，所以在一定时期内国外净资产的变化往往不会等于该时期的经常项目差额。这其中的差异绝大部分是由汇率的变化和资产价格的波动形成的，因此，可以将国际投资净头寸存量的变动和经常项目差额流量之差作为该时期总估值效应的一个宽口径估计。用公式表达即①：

$$NA_t - NA_{t-1} \approx CA_t + VA_t \qquad (12-7)$$

为了有效测算估值效应的总体规模，需要国际收支平衡表以账面价值入账，而国际投资头寸表用市值法统计。IMF 在 2009 年颁布了最新的会计编制方法《国际收支和国际投资头寸手册》(第六版）(BPM6)，要求各国的国际收支平衡表和国际投资头寸表分别按照账面价值和市场公允价值统计，我国从 2009 年开始采用该编制方法。对于 2009 年之前的国际投资净头寸数据，本案例使用的是 Lane 和 Milesi-Ferretti（2007）按照市值法重估的数据。由于某些年份的净误差与遗漏的相对规模较大，本案例将国际投资净头寸年度变化减去当年经常项目差额再减去净误差与遗漏项作为对估值效应规模的估计。

使用以上数据并通过间接法测算的总估值效应规模如下：

纵向比较测算的估值效应总体规模可以发现从 20 世纪 90 年代至 2005 年，估值效应

① 相当于把（12-1）式当中资本转移和净误差与遗漏项舍去。

的绝对规模一直比较小，其绝对规模一般都在 2 000 亿元人民币之内，这和我国对外经济金融交往尚处于起步阶段有关。由于这一时期的国内生产总值规模不高，造成估值效应的相对规模比较可观，有的年份估值效应能够占到当年 GDP 总额的 2%以上。而在 1993—2005 年 13 年间，如图 12-6 所示，有 8 年的估值效应为正值，5 年的估值效应为负值。从 2006 年开始，估值效应的绝对规模迅速上升，有多个年度的绝对规模达到 1 万亿元人民币，2014 年甚至达到史无前例的接近 3.5 万亿人民币。从估值效应的相对规模来看，2006 年之后估值效应总量的绝对值占当年 GDP 2%以上的年份相较 2006 年之前有了大幅增加，并分别在 2006 年和 2014 年占到当年 GDP 的－4.65%和－5.37%。在 2006—2015 年 10 年间，有 5 年估值效应为正值，有 5 年估值效应为负值，但是 5 年正估值效应累计规模仅为 1.75 万亿元人民币，而 5 年负估值效应累计规模达到 7.23 万亿元人民币。总体来说，这 23 年间的估值效应在多数年度起到了增加国外净资产的作用，但是由于估值效应为负的年度估值效应规模的绝对值巨大，最终该时期内估值效应的总体规模为负。

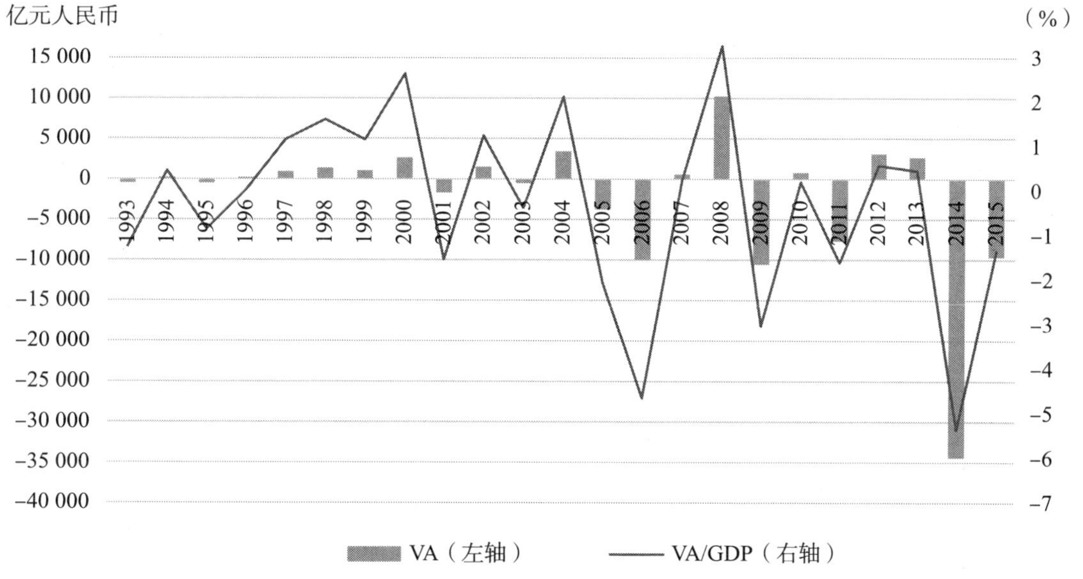

图 12-6　根据间接法估算的估值效应规模

3. 解析法

Lane 和 Milesi-Ferretti（2001）首次提出按估值效应的来源将其分为汇率波动引致的估值效应和资产价格变化引致的估值效应，用公式表达即：

$$VA_t = VA_t^{FX} + VA_t^P \tag{12-8}$$

其中，VA_t^{FX} 和 VA_t^P 分别表示估值效应中由汇率波动和资产价格波动所引致的部分。Lane 和 Shambaugh（2010）提出了使用各种国际经济组织提供的各国国际资产组合币种结构统计数据和各国国际投资头寸表数据来计算汇率波动引致的估值效应的方法。其主要思想是确定国际投资头寸表上各个类别的资产和负债内部的币种结构，结合每个类别的资产和负债占国外总资产或国外总负债的比重计算出国外总资产和国外总负债的币种结构。

然后使用得出的币种结构作为权重计算最终计价货币（如美元）相对于一篮子货币的汇率变化，确定多组双边汇率在一定时期内的波动对净投资头寸价值的综合影响。最后，结合国际总资产和国际总负债的规模便可以算出由汇率变化引致的估值效应的绝对规模。

菲利普·R. 莱恩（Philip R. Lane）在其网站上①维护并更新了一个各国国际投资头寸币种结构的数据库，该数据库提供了中国截至 2012 年的国际投资组合的币种结构数据，本案例使用 Lane 和 Shambaugh（2010）提供的数据来源收集数据并严格按照相同的计算方法和使用相同的基础数据来源估算了 2013—2015 年我国国际投资头寸表上国外总资产和国外总负债的币种结构。最后，我们使用 1981—2015 年我国外国资产和负债的币种结构数据测算了该时期内每年由汇率波动引致的估值效应。

现将获得国际投资头寸表中各类资产和负债的币种结构数据后的计算过程通过理论推导的方式展示如下。获得各资产和负债子科目的币种结构后，通过以下等式计算总资产和总负债的币种结构：

$$\omega_{jt}^{A}=\sum_{k=1}^{N}\lambda_{t}^{Ak}\omega_{jt}^{Ak},\quad \omega_{jt}^{L}=\sum_{k=1}^{N}\lambda_{t}^{Lk}\omega_{jt}^{Lk} \tag{12-9}$$

其中，ω_{jt}^{Ak}（ω_{jt}^{Lk}）表示一国国外资产（负债）中第 k 种资产（负债）以货币 j 标价的比例；λ_{t}^{Ak}（λ_{t}^{Lk}）表示一国第 k 种国外资产（负债）占其国外总资产（负债）的比重。因此，这两项相乘之后并对 N 种资产（负债）进行加总之后的结果 ω_{jt}^{A}（ω_{jt}^{L}）表示的是一国国外总资产（负债）当中以币种 j 标价的资产（负债）的比例。

接下来利用币种结构作为权重计算考察期内的综合汇率波动幅度，最后通过国外总资产和国外总负债的存量价值计算估值效应中和汇率波动相关的部分：

$$VA_{t}^{FX}=\left(\sum_{j=1}^{F}\omega_{jt}^{A}\%\Delta E_{jt}\right)A_{t-1}-\left(\sum_{j=1}^{F}\omega_{jt}^{L}\%\Delta E_{jt}\right)L_{t-1} \tag{12-10}$$

其中，ΔE_{jt} 表示在第 $t-1$ 期到第 t 期时间内用直接标价法计算的双边汇率变动幅度。为了简化计算和避免因无法获得数据而无法继续计算，本案例提出以下假设：

假设一：我国所持有的国外资产的标价货币只有美元、欧元、英镑、日元；我国所持有的国外负债的标价货币只有美元、欧元、日元和人民币。

假设二：使用的基准标价货币为人民币，即 E_{jt} 为各个币种相对于人民币的汇率。

假设三：国外净资产包括五个子类别：权益型证券投资资产、债券型证券投资资产、其他债权（主要是货币和存款、贷款以及贸易信贷）、中国对外直接投资和外汇储备；国外净负债主要包括四个子类别：权益型证券投资负债、债券型证券投资负债、其他债务（主要是货币和存款、贷款以及贸易信贷）、外国在华直接投资。

假设四：我国国外资产的国别分布和币种结构一一对应。以我国对外直接投资为例，我国对美国的所有直接投资被视为以美元标价的国外资产，而我国对英国的所有直接投资被视为以英镑标价的国外资产。

解析法测算估值效应的规模为我们分析估值效应的结构提供了一种思路。当我们通

① http://www.philiplane.org

过解析法测算出由汇率波动引致的估值效应之后，由资产价格波动带来的估值效应就可以通过用间接法算出的总估值效应减去由解析法算出的估值效应的方法计算。

从图12－7对两种估值效应规模的展示可以看出，在2005年汇改之前，总估值效应变化的绝大部分可以用资产价格波动解释，由于在这一时期内人民币兑美元汇率的波动幅度非常小，因此汇率变化引起的估值效应几乎可以忽略不计。2005年以来，由汇率波动引致的估值效应的绝对规模不断加大，且在大部分年份都为负值；与此相对应，尽管这段时期内资产价格波动引致的估值效应的绝对规模也在不断加大，但其在年度之间往往呈现正负交错的现象。与此相对应，2005—2015年期间，由于两类估值效应在年度内部经常呈现方向相反的现象，估值效应的总体规模在多数年份要小于由资产价格变化导致的估值效应和由汇率波动导致的估值效应的规模。值得注意的是，2005年之后的大多数年份，两类估值效应的方向是相反的，且资产价格引致的估值效应的绝对值在大多数年份都大于汇率波动引致的估值效应的绝对值，这表明总估值效应的规模通常小于单种估值效应的规模，且估值效应的正负往往由资产价格引致的估值效应决定。

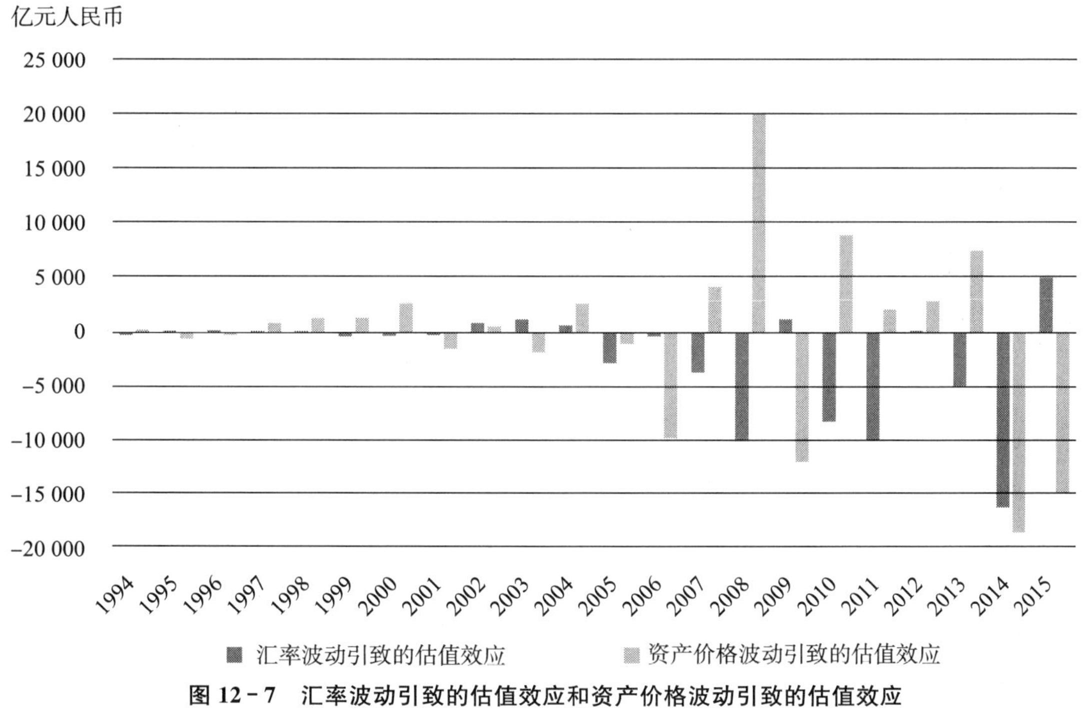

图12－7　汇率波动引致的估值效应和资产价格波动引致的估值效应

4. 对资产价格波动引致的估值效应的进一步分解

根据刘琨（2016）的研究，我们能够将资产价格波动引致的估值效应进一步划分为由国内外资产收益率差异引致的估值效应和由对外资产负债结构引致的估值效应。

首先介绍对资产价格波动引致的估值效应进一步分解所必须的假设：

假设一：国际投资头寸表中各类资产（负债）项目可以分为两种：状态依存型资产（负债）和非状态依存型资产（负债）。其中前者主要包括证券投资中的债券投资；其他投资中的货币和存款、贷款以及贸易信贷投资；储备资产。后者主要包括直接投资；证券投资中的股权投资；金融衍生工具。状态依存型资产主要赚取的是固定收益，基本不存在非预期的价格变化影响其价值的情况，因此与它相关的估值效应主要是由汇率的波动引起的。非状态依存型资产主要为权益型资产，其价格波动较大并伴随一定的资本利得或损失，因此和它相关的估值效应既受到其市场价格波动的影响，也受到计价货币和各主要货币汇率变化的影响。

假设二：本国的国外资产均使用外币标价，本国的国外负债均使用本币标价。因此汇率波动只影响本国的国外资产而不影响外国负债。

假设三：本国一段时期内资产价格的波动率可以近似为本国在该时期内股票市场总市值的变化率。

综合以上假设，我们可以将一国由资产价格引致的估值效应表达为：

$$\begin{aligned} VAP_t &\approx A_{t-1}^N \times \%\Delta P_t^F - L_{t-1}^N \times \%\Delta P_t^D \\ &= \underbrace{A_{t-1}^N(\%\Delta P_t^F - \%\Delta P_t^D)}_{\text{VAPP}} + \underbrace{\%\Delta P_t^D(A_{t-1}^N - L_{t-1}^N)}_{\text{VAPS}} \end{aligned} \tag{12-11}$$

其中，$A_{t-1}^N(L_{t-1}^N)$ 表示的是一国国际投资头寸当中的非状态依存型资产（负债），$\%\Delta P_t^D(\%\Delta P_t^F)$ 表示的是在考察期内本国（外国）资产价格的波动率。因此（12-11）式等号右边第一项可以视为国内外资产价格变动差异引致的估值效应，记为 VAPP，第二项可以视为一国本身的资产负债结构引致的估值效应，记为 VAPS。为了简化计算，我们先利用我国的国际投资头寸表数据和股票市场总市值变化率数据计算出 VAPS，再利用使用解析法逆推的由资产价格波动引致的估值效应数据计算出 VAPP，我们将计算结果以柱状图的形式表现，如图 12-8。

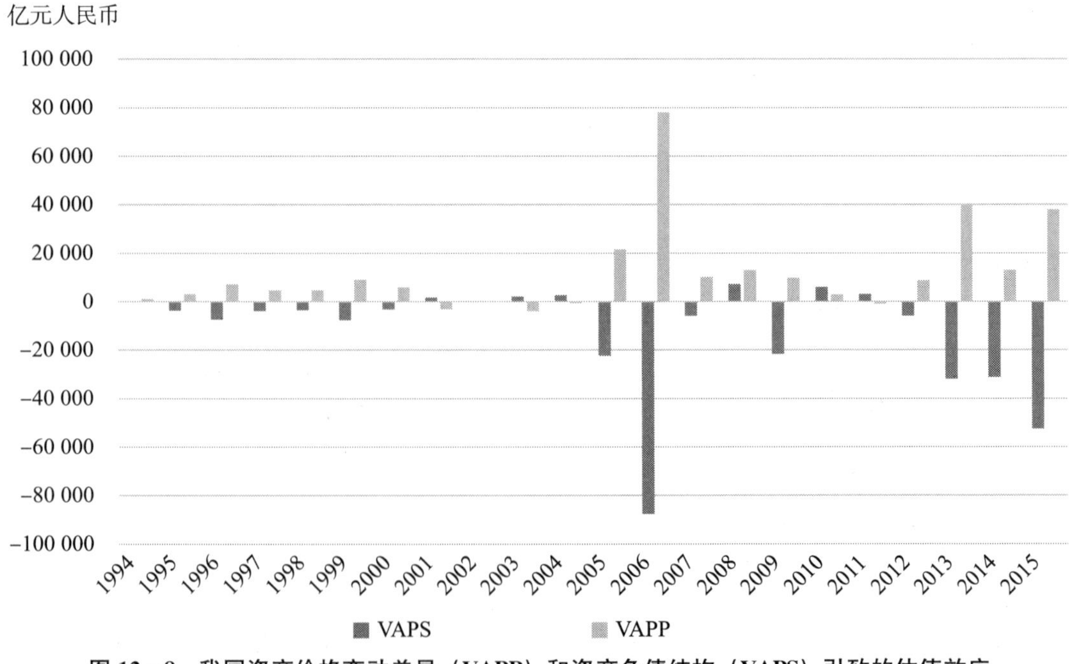

图 12-8 我国资产价格变动差异（VAPP）和资产负债结构（VAPS）引致的估值效应

对资产价格波动引致的估值效应进一步分解的结果显示，两种估值效应的绝对规模都非常大，且从 2005 年开始快速增长，在若干年份两种估值效应规模的绝对值都超过

20 000 亿元人民币，且大多数年份内部两种估值效应规模方向相反但绝对值相近，相加后产生抵消，因此我国大多数年份 VAP 的绝对规模都要小于 VAPP 和 VAPS 的绝对规模。进一步观察可以发现，在考察的 22 年中仅有 6 年 VAPS 为正，这个现象和我国国际投资头寸表上的资产负债结构有关。我国主要以外汇储备的形式持有国际资产（大约占到总国际资产的 60%），而我国国际负债的主要表现形式是外国对华投资。由于前者是状态依存型资产，而后者属于非状态依存型资产，因此在这 22 年中我国的非状态依存型资产和非状态依存型负债之差（$A_{t-1}^{N}-L_{t-1}^{N}$）均为负值，且后者的绝对规模往往是前者的 3 ～ 6 倍。由国际资产负债结构引致的估值效应的表达式为 $VAPS=\%\Delta P_t^D(A_{t-1}^{N}-L_{t-1}^{N})$，我们已经知道等号右侧括号内的数值保持为负，因此 VAPS 的方向应该和我国资产价格变化的方向相反。而 1994—2015 年，我国股票市场市值仅有 6 年出现下降，最终导致 VAPS 仅有 6 年为正值。总的来说，由 VAPS 引致的估值效应为负主要是由我国的国际资产负债结构所具有的特征决定的，而 VAPP 引致的估值效应在有些年份为正主要是因为国内外资产收益率差异足够大而克服了不利于国外资产净头寸增长的资产负债结构带来的负估值效应。同时，VAPP 在绝大多数年份为正的事实告诉我们，我国积累的非状态依存型国际资产的收益率并不低，在大多数时候能够超过外国投资者通过投资我国资产所获得的收益率。

四、检验估值效应是否在我国外部均衡调节当中发挥显著作用

（一）检验估值效应的计量方法

我们通过观察净出口和国外净资产在遭受使它们偏离其长期均衡的冲击后的变化来检验估值效应是否在外部非均衡的动态调整中发挥显著作用。净出口和国外净资产的长期均衡可以通过一国的跨时预算约束表示：

$$NFA_t=\sum_{t=0}^{\infty}R_{t,t+i}(X_{t+i}-M_{t+i}) \tag{12-12}$$

其中，X_{t+i} 和 M_{t+i} 分别表示 $t+i$ 期的总出口和总进口，$R_{t,t+i}$ 表示 $t+i$ 期净出口的折现因子。

根据 Gourinchas 和 Rey（2005）以及 Corsetti 和 Konstantinou（2005）的研究，我们可以通过对数线性化得到（12－12）式的一个近似表达：

$$x_t-\gamma m_t+(\gamma-1)nfa_t=\sum_{i=1}^{\infty}\rho^i[\Delta x_{t+i}-\gamma\Delta m_{t+i}+(\gamma-1)r_{t+i}] \tag{12-13}$$

其中，小写字母表示对应大写字母表示的变量的对数，ρ 为贴现因子。若假设 r_t、Δx_t 和 Δm_t 是平稳的，（12－13）式就表明 x_t、m_t、nfa_t 三个变量之间存在协整关系，而（12－13）式等号左边三项（协整残差）表示对这三个变量长期稳定关系的偏离。（12－13）式还表明协整残差不是常数，它能够预测未来净出口规模的变化或者净资产收益率的变化。如果一国积累了相对于其对外净资产长期稳态规模更大的贸易赤字，那么这种对 x_t、m_t、nfa_t 三个变量长期关系的偏离需要通过未来净出口或者（和）国外净资产收益率的增加

来纠正。

基于以上理论框架，可以通过以下方法评估某一时期内一国估值效应在其外部非均衡动态调节中的重要性。

结合我国1981—2015年的年度数据并使用如下表示三个变量$Y=[x, m, nfa]$之间动态关系的向量误差纠正模型来证实估值效应存在的显著性：

$$\Delta Y_t = c + \alpha\beta' Y_{t-1} + \Gamma(L)\Delta Y_{t-1} + e_t \tag{12-14}$$

其中，ΔY_t 是向量 Y_t 的一阶差分；Γ 是系数矩阵；$\beta' Y_{t-1}$ 是上一时期对长期均衡的偏离幅度（即 $t-1$ 期的协整残差），其中 β' 为协整向量；L 是滞后算子；α 是由调整系数组成的向量，它决定了当三个变量偏离长期均衡关系时，如何重新回到长期的稳态。

如果与国外净资产调整相关的方程当中，估算结果表明 α 在统计上是显著的，那么国外净资产在三个变量向长期均衡的动态调节过程中就发挥了显著的作用。事实上，α 估算量的数值差异反映了国外净资产在这个动态调整过程中发挥作用的不同。国外净资产方程的系数 α 的估算值越大，其动态变化在三个变量重新向其长期均衡调整的过程当中重要程度就越高。另外，通过使用协整方程（并假设冲击之间是正交的），我们可以辨别向量 Y 中的变量遭受的冲击是暂时性的还是永久性的。特别地，向长期均衡调整过程当中发挥作用的变量在受到暂时性（永久性）冲击时被赋予的权重更低（高）。因此，国外净资产方程当中 α 估算量的绝对值越大，就表明国外净资产的变化当中有越大一部分被暂时性冲击解释。这种情况可以被解释为和暂时性汇率变化及资产价格波动相关的估值效应使国外净资产存量偏离其长期均衡水平，但同时它也帮助国外净资产重回其长期稳态水平。

此外，如果 α 估算量和0没有显著差异，那么在向长期稳态调整的过程当中，国外净投资头寸就没有发挥显著作用。在这种情况下，调整必须源自贸易流量或者其他对国外净投资头寸有永久性影响的冲击，这些冲击是随机游走过程。因此，我们有充分的理由拒绝相信估值效应在外部非均衡的动态调整当中作用是显著的。

（二）实证结果

因为进行协整关系检验需要所有变量均为一阶差分平稳，所以首先要对变量进行平稳性检验（见表12-1）。

表12-1 各变量平稳性检验结果

变量	检验统计量	P值	平稳性
nfa	−1.514	0.824 2	非平稳
x	−0.779	0.967 4	非平稳
m	−0.888	0.957 4	非平稳
Δnfa	−3.802	0.002 9	平稳
Δx	−3.981	0.001 5	平稳
Δm	−3.834	0.002 6	平稳

平稳性检验结果表明 nfa、x、m 均为单位根过程，而且它们的一阶差分均为平稳的，即它们都是 I(1) 过程。这表明我们感兴趣的变量符合进行协整检验的条件。AIC、HQIC、SBIC 信息准则表明滞后阶数为 1，下面估计协整方程的个数（见表 12－2）。

表 12－2　协整关系检验

原假设：协整方程个数	对数似然函数	特征根	迹检验统计量	5%显著水平临界值
1	246.344 6	0.485 7	11.838 6 *	15.41
2	251.306 9	0.253 2	1.914 0	3.76

约翰森检验结果表明 x_t、m_t、nfa_t 三个变量之间存在一个协整关系。由（12－12）式可知协整向量的形式为[1，$-\gamma$，$\gamma-1$]，即出口的协整系数应为 1，进口和国外净资产的协整系数相加应为－1，这为估计向量误差修正模型提供了约束条件。

接下来估计带约束条件的向量误差修正模型（见表 12－3）。

表 12－3　误差修正模型

受约束协整方程表达式			
$x_t - 1.024\,6m_t + 0.024\,6nfa_t - 0.012\,0 = 0$			
协整方程约束条件的检验（原假设：约束条件成立）			
χ^2 统计量	0.042 5	P 值	0.837
误差修正模型估算结果			
	$d(nfa_t)$	$d(x_t)$	$d(m_t)$
误差修正系数 α	0.422 9 [1.42]	−0.674 8* [−3.18]	−0.260 2 [−1.18]
R^2	0.062 8	0.245 7	0.042 6
考察期：1981—2015 年			

注：括号内为 Z 统计量的值，* 表示在 1%的水平上显著。

向量误差修正模型的估计结果显示考察期内仅出口方程的误差修正项系数显著，进口和国外净资产方程的估计结果中误差修正项的系数均不显著，这说明我国仅出口在外部非平衡的调节过程中发挥了显著的作用，进口和国外净资产的动态变化在促进外部头寸向长期稳态回归的过程中发挥的作用并不显著，即在考察期内我国的估值效应对于外部均衡调整过程的影响相对有限。

以上关于估值效应在变量之间向长期稳态关系调节的过程中作用并不显著的推断和第三部分测算的规模较大的年度估值效应并不矛盾。第一，Lane 和 Shambaugh（2010）指出，估值效应在年度之间往往存在一定程度的正负抵消趋势。通过观察图 12－5 可知，进入 21 世纪以来，估值效应的绝对量在相近年度之间的确存在一定程度的互相抵消。综合来看，在较长的一段时间内，多个年度的估值效应叠加的规模可能并不大，因此它在该时期对外部非均衡调节的贡献也比较有限。但是也必须注意到 2014 年、2015 年两年连续出现大规模的负估值效应，通过贸易顺差形成的大量国外净资产通过该渠道无偿转移给外国，如果要抵消这两年的累积效应，必须在近期内较快累积大量的正估值效应。如果在未来我国的估值效应继续出现负值，那么估值效应可能在 x_t、m_t、nfa_t 三个变量往其长期均衡调节的过程中发挥显著的影响。因此，我们需要密切关注未来国际收支、国际投资头寸和估值效应的动态变化，掌握估值效应在外部非均衡调节过程当中发挥作用的变化。第二，从现有可获得的数据来看，1990—2015 年 26 年中估值效应有 11 年为负，15 年为正。而在这段时间内我国经常项目差额有 25 年都为正值且颇具规模，在这种情况下要实现外部均衡必须由负的估值效应来调节，而大量年度中正的估值效应会加剧外部非均衡而非促进其向均衡的调节。

五、结论

随着经济金融全球化的不断推进，各国参与国际分工和国际投资的程度必然大大加深，其资产负债表上的国际资产和负债规模也必然不断增加，因此与汇率和资产价格波动相关的估值效应在世界范围内也将越发普遍。本案例从估值效应的概念入手，介绍了和估值效应相关的理论分析和实证研究，强调了它作为影响一国对外净资产价值的因素之一在外部非均衡动态调整过程中的重要性，接着通过直接法、间接法、解析法三种方法测算了不同口径的估值效应规模。

使用间接法测算的估值效应总体规模结果显示，2006 年以来估值效应的绝对规模增长迅猛，尽管估值效应在年度之间存在正负抵消，但是由于估值效应为负的年份的估值损失显著高于估值效应为正的年份的估值收益，该时期内估值效应在总体上起到了减少我国国外净资产的效应。通过解析法对估值效应的结构进行分析，我们得知影响估值效应规模和方向的最主要因素是资产价格的变动，而影响居于次要地位的汇率波动在大多数年份都是起到了减少我国国际投资净头寸的作用。进一步将资产价格变动引致的估值效应进行分解我们发现，我国资产负债结构特征是决定资产价格变动引致的估值效应规模和方向的最主要的因素，而且在绝大多数年份资产负债结构对国外净资产的影响都是负面的。最后我们使用严格的计量分析，考察了我国 1981—2015 年期间估值效应对于外部非均衡调整的重要性。向量误差修正模型的估计结果显示，在这 35 年间，我国外部均衡主要是通过出口调整来实现的，估值效应和出口并没有在外部非均衡向外部均衡调整的过程中发挥显著的作用。总体上，本案例对估值效应的概念、相关理论、规模测算及其在经济实现外部均衡当中的作用都进行了探讨，具有一定的完备性。

针对我国负估值效应的绝对规模巨大并且呈现继续恶化趋势的事实，相关部门应该积极制定政策进行应对。前文对我国估值效应的规模和结构特征的分析表明，我国负估值效应的形成主要与三方面因素有关：第一，汇率因素。2005 年汇改以来，人民币兑美元持续多年单边升值，而我国的外汇资产中美元占比非常高，导致以人民币计价的美元资产的价值缩水。加上我国国际资产多是外币资产，且以美元资产居多，而国际负债有接近七成都是人民币负债，这种债权型货币错配致使美元汇率波动的影响具有不对称性，美元升值在降低美元资产的人民币价值的同时，并未在相同程度上降低美元负债的人民币价值。第二，国外净资产收益率因素。我国外汇储备多投资于无风险的外国国债，安全性较高但收益率较低，而由于我国在过去几十年经济增长较快，我国的资本收益率比较高，因此外国在华直接投资和证券投资（即我国的国际负债头寸）的收益率很高，我国国际资产负债表上资产方和负债方收益率的差异也直接导致了负估值效应的形成。第三，对外资产负债结构因素。一方面，在金融工具方面，我国的外国资产头寸中外汇储备一家独大，占比超过 50%，而我国的外国负债头寸结构非常单一，仅外国对华直接投资一项占比就超过 60%，这种高度集中的结构不利于外汇投资风险的分散，是非常不合理的；另一方面，在币种方面，由于国际货币体系当中美元霸权的长期存在，我国对外资产负债头寸当中大部分都是以美元计价，其他货币的占比很小。这种国际投资头寸特征使得我国国际投资净头寸的价值对美元汇率的波动异常敏感，风险过于集中。

针对上述对我国负估值效应形成因素的分析，提出以下政策建议：

第一，实施统筹兼顾内外平衡的宏观经济政策。我国外部经济的非均衡特别是国际收支的不平衡和我国多年以来维持巨大的贸易顺差有关，而这本质上是由国内经济的不平衡决定的。国内储蓄率过高，内需不足导致我国向外输出产品的同时向外借出资本，由此积累了大量的外汇储备和其他外币资产。巨大的国际投资头寸使得微小的汇率波动和资产价格变化对净投资头寸的影响可能是巨大的，规模可观的估值效应由此形成。因此，要规避估值效应的影响，关键是要实现外部均衡，而实现外部均衡的根本方法是实现内部均衡。

第二，大力推进人民币国际化进程。增加人民币在国际交易和国际储备中的使用不仅能够增加我国外国资产头寸当中的人民币头寸，避免外汇储备的过快增长加剧货币错配的风险，还能够扩大我国国际负债当中固定收益工具的规模，改善我国国际负债表中的金融工具结构，避免负债头寸过度集中于外国对华直接投资。

第三，渐进有序推动金融开放特别是资本账户开放。在直接投资方面，鼓励、支持、引导企业“走出去”。我国外汇储备规模巨大，如果这些外汇储备能够用于支持企业对外直接投资和并购，不仅有利于我国国际竞争力的提高和产业战略的实现，而且有利于提高我国外国资产的收益率，实现对外净资产规模的增长。

第四，积极谨慎开展外汇储备管理体制改革。从规避或减少负估值效应的角度来看，外汇储备管理体制改革应该从三方面推进。首先，应该实现外汇储备币种和期限的多样化。其次，明确外汇储备的多层次需求，并据此构建多样化的投资组合。对于交易性和预防性需求，货币当局需要将一部分外汇储备投资于期限较短且变现能力强的投资组合，以满足进口、个人换汇、外国投资者以及干预汇市对外汇的需求。对于超额外汇需求可以根据营利性和发展性动机分析投资于收益高风险高的资产和战略性资产。最后，要继续推进藏汇于民的策略，形成官方外汇储备、其他官方外汇资产和非官方外汇资产共存的局面，鼓励我国居民和企业持有符合其自身需要的外汇资产。

第五，继续推进人民币汇率形成机制改革，增强人民币汇率双向浮动弹性。2005 年以来，人民币兑美元汇率的长期单边升值给我国的美元头寸造成了巨大的估值损失。2015 年 8 月汇改以来，市场在人民币汇率决定过程中所起的作用不断增强，人民币汇率双向浮动的特征日趋明显，避免了单边升值或贬值对国际投资净头寸价值产生不利影响的风险。另外，人民币兑美元双边汇率的贬值为国内相关主体持有其他币种的国际资产和负债提供了激励，进一步促进了我国国际资产负债表上币种的多元化。

参考文献

[1] 巴曙松，刘先丰．外汇储备管理的多层次需求分析框架：挪威、新加坡的经验及其对中国的借鉴．经济理论与经济管理，2007（1）.

[2] 范志勇，沈俊杰．估值效应与中国外汇储备损益评估．学习与探索，2009（4）.

[3] 龚峻．资产多元化与积极管理：中国外汇储备管理模拟．管理世界，2008（2）.

[4] 贺力平，林娟．论外汇投资中的估值效应及其经济影响．金融评论，2011（6）.

[5] 李扬，余维彬，曾刚．经济全球化背景下的中国外汇储备管理体制改革．国际金融研究，2007（4）.

[6] 刘琨．估值效应的规模及结构的测算理论与方法研究：基于中、美、日及欧元区的比较分析．世界经济研究，2016（1）.

[7] 牛薇薇，李林杰．人民币国际化：中国规避负估值效应的路径选择．金融教学与研究，2012（1）.

[8] 宋芳秀，冯天骄．中国估值效应的规模及结构分析：2000—2012. 学习与探索，2014（7）.

[9] 宋效军，陈德兵，任若恩．我国外部均衡调节中的估值效应分析．国际金融研究，2006（3）.

[10] 张斌．明确外汇储备管理目标，推进管理体制改革．国际经济评论，2011（5）.

[11] 张纯威．美元本位、估值效应与季风型货币危机．金融研究，2007（3）.

[12] Bergin，Paul R.，Steven M. Sheffrin，"Interest，Rates，Exchange Rates and Present Value Models of the Current Account，" *The Economic Journal*，2000（463）.

[13] Corsetti，Giancarlo，Panagiotis Th Konstantinou，"Current Account Theory and the Dynamics of US Net Foreign Liabilities，" *CEPR Discussion Paper Series*，2005.

[14] Gourinchas，Pierre-Olivier，Helene Rey，"International Financial Adjustment，" *Journal of Political Economy* 115.4，2007.

[15] Gourinchas，Pierre-Olivier，Helene Rey，"International Financial Adjustment，" National Bureau of Economic Research，2005.

[16] Gourinchas，Pierre-Olivier，Carlos Lopez，and Héléne Rey，"World Bankers，" University of California at Berkeley，2006.

[17] Helbling，Thomas，Nicoletta Batini，and Roberto Cardarelli，"Globalization and External Imbalances，" *IMF World Economic Outlook*，2005（4）.

[18] Higgins，Matthew，Thomas Klitgaard，and Cédric Tille，"Borrowing without Debt? Understanding the US International Investment Position，" *Business Economics*，2007（1）.

[19] Lane, Philip R., and Gian Maria Milesi-Ferretti, "International Investment Patterns," IMF Working Papers, 2004.

[20] Lane, Philip R., Gian Maria Milesi-Ferretti, "The External Wealth of Nations Mark II: Revised and Extended Estimates of Foreign Assets and Liabilities, 1970—2004," *Journal of International Economics*, 2007 (2).

[21] Lane, Philip R., Gian Maria Milesi-Ferretti, "The External Wealth of Nations: Measures of Foreign Assets and Liabilities for Industrial and Developing Countries," *Journal of International Economics*, 2001 (2).

[22] Milesi-Ferretti Gian-Maria, Philip R. Lane., "Financial Globalization and Exchange Rates," IMF Working Papers, 2005.

[23] Obstfeld, Maurice, Kenneth Rogoff, "The Intertemporal Approach to the Current Account," *Handbook of International Economics*, 1995 (3).

[24] Olivier Blanchard, Francesco Giavazzi, and Filipa Sa, "The US Current Account and the Dollar," National Bureau of Economic Research, 2005.

案例 13

大国崛起与贸易冲突——以中美贸易争端为例

本案例教学目标：

1. 理解 2018 年中美贸易摩擦发生的背景；
2. 理解美国为何在此时点发起对华贸易摩擦；
3. 了解中美贸易摩擦的主要事件；
4. 理解中美双方分歧冲突的焦点。

当前的中美贸易摩擦同 20 世纪 80 年代的美日贸易摩擦，既有相同之处，又具有显著差异。相同之处在于，二者都属于守成大国对新兴崛起大国的天然压制，且守成大国对新兴崛起大国都存在巨额的贸易逆差。然而，与美日贸易战不同的是，中美存在根本的意识形态分歧，并且中国在诸多经济指标方面紧追美国，因此，美国挑起对华贸易战不仅仅是经贸利益的争夺，还是美国冷战思维的蔓延和全面打压中国的第一步。未来贸易摩擦与争端将持久而严峻。

本案例将从新冠疫情之前的历史数据出发，以中美贸易争端为例，分析其背景、事件发展、影响和未来走向，探究大国崛起中的贸易冲突问题。

一、中美贸易争端的背景

（一）中美经济发展状况

1. 美国经济发展状况

从美国国内的经济形势看，其主要经济指标表现强劲，宏观经济形势稳中向好。首先，美国经济增长保持良好势头。2018 年第一季度，美国 GDP 增速（环比折年率）达到2.3%，为近年来同期的最高水平，第二季度实际GDP增速进一步上升到4.1%，比第一季度增速提升1.9个百分点，达到近年来的最高增速水平（见图13-1）。

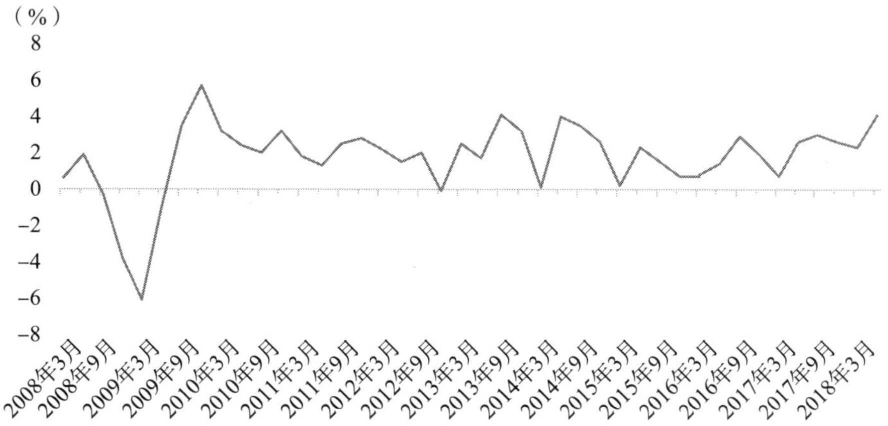

图13-1 美国实际GDP增速（环比折年率）

与此同时，美国失业率持续下降，创下近10年来的新低。2010年以来，美国失业率从9.9%的高点持续下降（见图13-2）。进入2018年第2季度以来，美国失业率已经下降至4%以下，其中7月份失业率为3.9%，进一步延续向好态势。从失业率指标看，美国经济可能已经进入充分就业状态。美联储启动加息进程，也表明美国经济和就业状况处于较好状态。

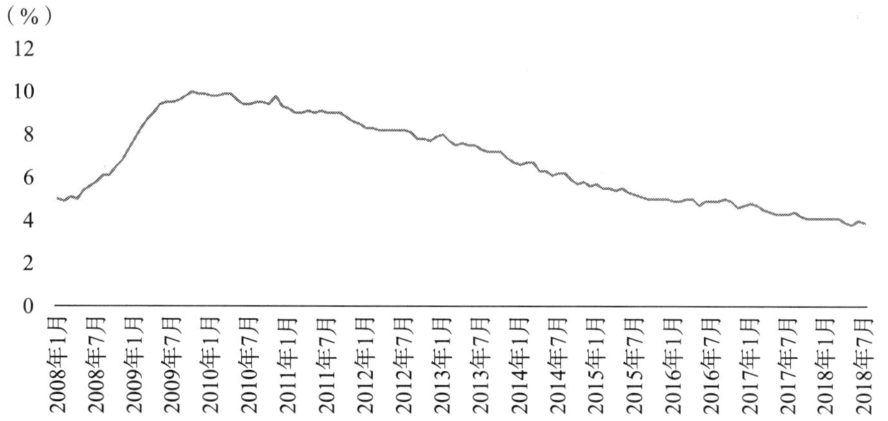

图13-2 美国失业率

2. 中国经济对美形成快速追赶

从经济总量来看，经过几十年的高速增长，特别是近十年来，中国的确形成了对美国的追赶态势。中国GDP 1998年达到1万亿美元，2008年为4.6万亿美元，2014年首次突破10万亿美元，2017年超过12万亿美元。从中国GDP与美国GDP的比值来看，1996年中国经济总量仅为美国经济总量的10%，2006年上升为20%，2017年已经达到美国的63%（见图13-3）。

特别是制造业规模，中国在2010年首次超过美国。2001年，中国制造业增加值仅为4 000亿美元左右，2007年突破1万亿美元，2017年已经达到3.6万亿美元。从中国

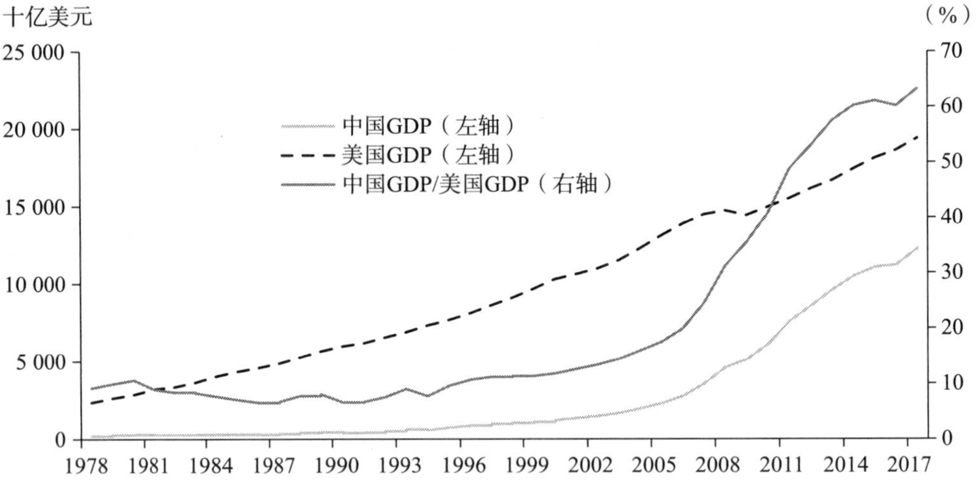

图 13-3 中美两国经济增长状况

制造业增加值与美国制造业增加值的比值来看，2001 年中国仅为美国的 28%，2007 年达到 62%，2010 年已经超过 100%，2017 年达到美国的 159%（见图 13-4）。制造业规模的赶超也令美国感受到技术赶超的可能性，因为现在的技术研发越来越离不开工厂，因此，全世界都开始关注制造业，避免“脱实向虚”成为全球性问题。

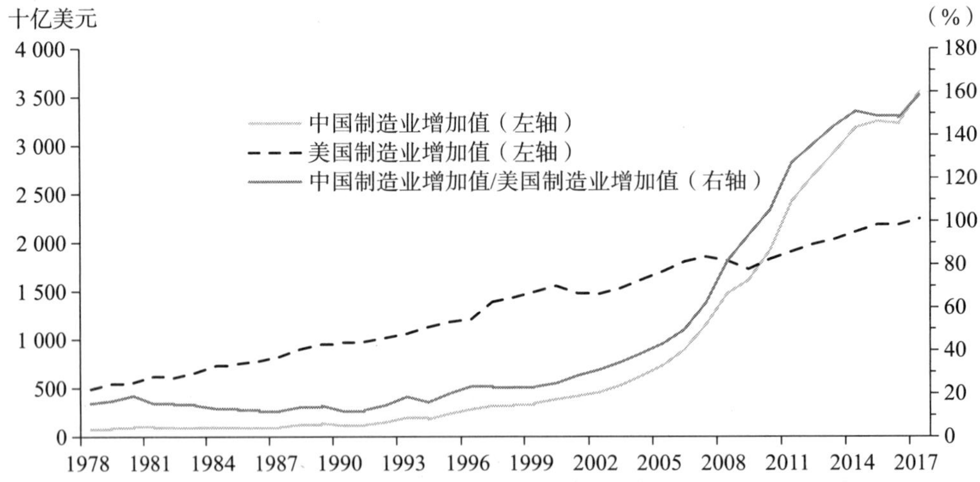

图 13-4 中美两国制造业增长状况

在过去十几年的高速发展中，中国形成了出口依赖和投资依赖的经济发展模式，由此中国在出口与固定资本形成方面也出现了对美国经济的追赶态势。中国货物与服务出口额从 2001 年的 2 721 亿美元，快速增长到 2013 年的 23 556 亿美元，首次超过美国出口规模，2017 年为 24 229 亿美元。从中国出口额与美国出口额的比值来看，2001 年中国仅为美国的 26%，2013 年已经达到 103%，2017 年维持在 103%左右，见图 13-5。在出口的带动下，中国固定资产投资高速增长。2001 年中国固定资本形成额仅为美国的 19%，2010 年已经达到美国的 102%，首次超过美国，2017 年进一步上升到美国的 134%（见图 13-6）。

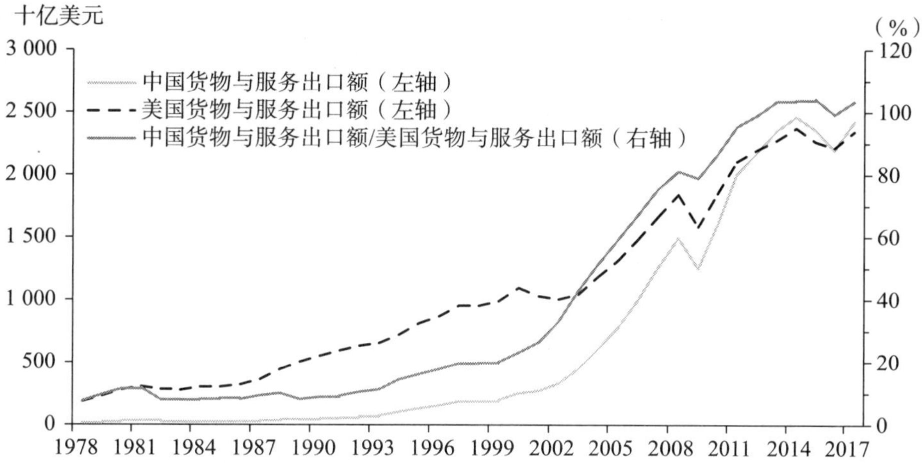

图 13-5　中美两国贸易增长状况

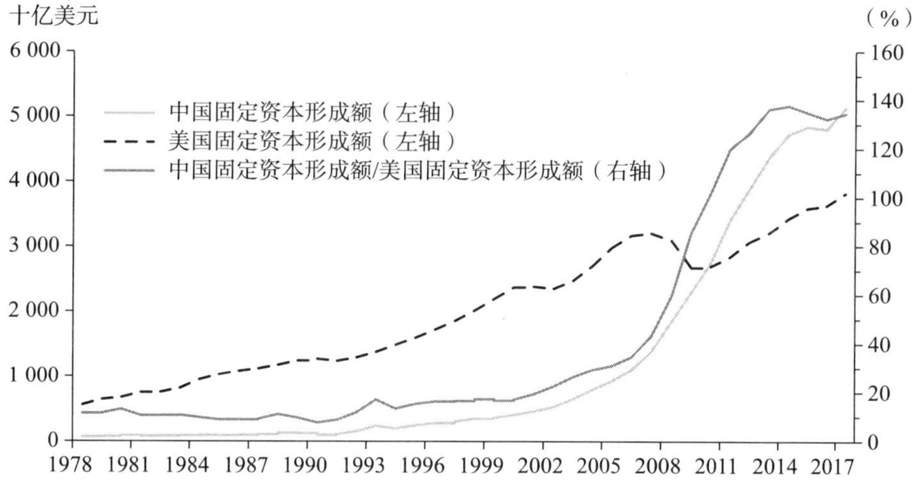

图 13-6　中美两国固定资本形成状况

（二）中国的技术进步和产业政策

近年来，中国政府通过一系列发展规划以及产业政策，大力发展高新技术。尽管实施效果及技术水平仍与美国存在差距，但在发展势头上也给美国带来了一定压力。2006 年 2 月，《国家中长期科学和技术发展规划纲要(2006—2020)》发布，提出了我国科学技术发展的中长期目标以及总体部署。2010 年 10 月，《国务院关于加快培育和发展战略性新兴产业的决定》发布，提出加快培育和发展节能环保、信息产业技术、生物技术、高端装备制造、新能源、新材料、新能源汽车这七大战略性新兴产业，用 20 年时间达到世界先进水平。2015 年 5 月 19 日，提出通过“三步走”实现制造强国的战略目标：第一步，到 2025 年迈入制造强国行列；第二步，到 2035 年中国制造业整体达到世界制造强国阵营中等水平；第三步，到新中国成立一百年时，综合实力进入世界制造强国前列。2016 年 5 月，《国家创新驱动发展战略纲要》由中共中央、国务院发布，提出强化原始创新，增强源头供给，加强面向国家战略需求的基础前沿和高技术研究。2016 年 11 月

29 日，《“十三五”国家战略性新兴产业发展规划》发布，随后在此基础上，国家发改委在 2017 年 1 月 25 日公布《战略性新兴产业重点产品和服务指导目录》，提出战略性新兴产业可分为 5 大领域 8 个产业（相关服务业单独列出）、40 个重点方向下的 174 个子方向，近 4 000 项细分产品和服务，并首次将数字创意产业列入战略性新兴产业。

根据总体发展规划，国家各部门也纷纷出台了相关的具体产业政策，以保证相应工作部署落到实处。2012 年 6 月 28 日，《节能与新能源汽车产业发展规划（2012—2020 年）》发布；2016 年 12 月，《智能制造发展规划（2016—2020 年）》发布；2016 年 12 月 22 日，《“十三五”节能环保产业发展规划》发布；2016 年 12 月 26 日，《能源发展“十三五”规划》发布；2016 年 12 月 27 日，《2016 中国的航天》白皮书发布；2017 年 7 月 20 日，《新一代人工智能发展规划》发布。

与此同时，美国技术进步则逐渐放缓，特别是领先技术的发明越发困难，中美之间的技术差距不断缩小。从研发支出看，2016 年美国研发支出达到 5 029 亿美元，位于世界第一；中国研发支出达到 4 088 亿美元，位于第二。2000—2015 年，中国研发支出增长超过 20 倍，年均复合增速达到 17%，同期美国研发支出增长不到 2 倍，年均复合增速仅为 3.9%（见图 13－7）。从研发强度（研发支出/GDP）来看，2016 年研发支出排名靠前国家的研发强度普遍维持在 3%左右，其中，韩国（4.24%）、日本（3.14%）、德国（2.94%）、美国（2.74%）处于前列。中国 2016 年研发强度达到 2.12%，相较于 2000 年 0.89%的强度明显提升，目前已经接近法国（2.25%）并且超过英国（1.69%）等发达国家，与美国的差距逐年缩小（见图 13－8）。

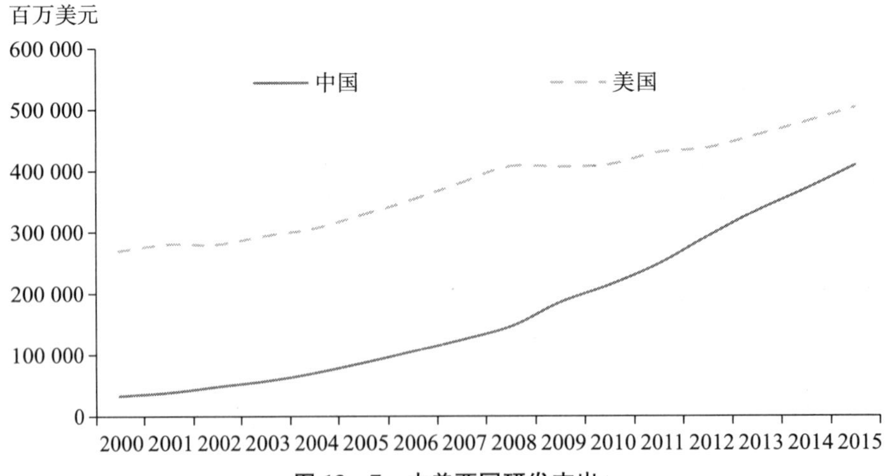

图 13－7　中美两国研发支出

此外，发明专利的申请转化是衡量国家科技实力的另一项重要指标。中国近年来在专利申请数量上已经大幅超越美国，2016 年达到美国的两倍（见图 13－9），尽管在专利实际转化方面以及提升专利质量方面，中国仍与美国有一定差距，但数量上的赶超已令美国各界感到担忧。

综合以上分析，中国在技术领域的崛起令美国感受到压力，被美国各界认为威胁到了“美国的影响力”这一美国核心利益乃至国家安全。美方对中国共产党第十九次全国

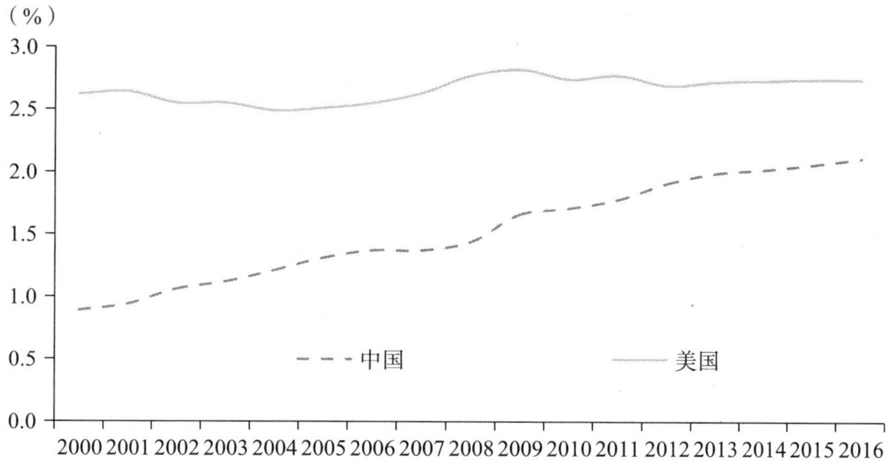

图 13-8　中美两国研发强度

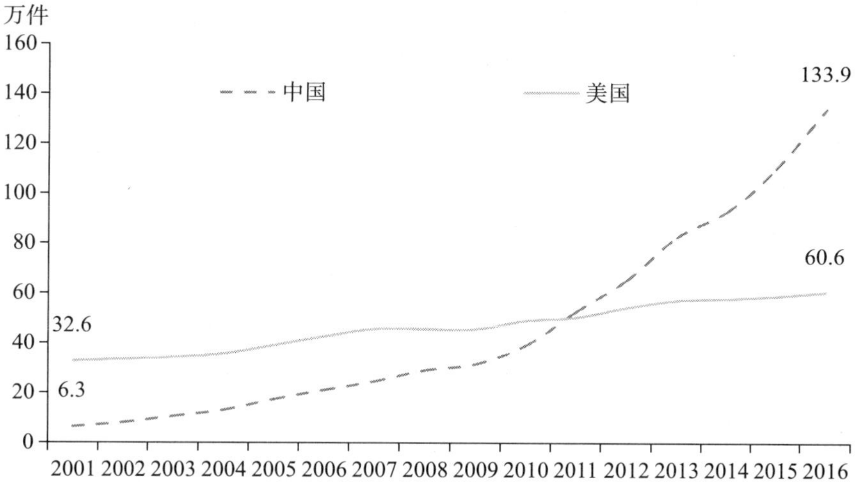

图 13-9　中美发明专利申请数量

代表大会报告中有关技术发展的内容特别关切；发动贸易战的直接依据“301 调查”报告中并未提及贸易逆差，而是指出中国的强制性技术转移、并购美国高科技企业、产业政策等问题。这些都是美国对中国技术进步产生恐慌并对中国进行遏制的表现。

（三）中美贸易状况：高额的美国对华贸易逆差

美国并非一直都是贸易逆差国，1960—1966 年美国是全球最大的贸易顺差国，之后经历波动，自 1977 年后，美国成为全球最大的贸易逆差国。与此同时，国际货币体系实现了从布雷顿森林体系向牙买加体系的转变，美国的贸易逆差保证了美元在牙买加体系下的国际货币地位。从图 13-10 中可以看出，美国在国内经济不景气时的贸易逆差规模较小，如金融危机后；而在国内经济发展较好时的贸易逆差规模则有所扩大，如在 2015 年年末开始加息之后。如果美国对中国全部产品加征关税，可能有利于减小其对中国的贸易逆差规模，但美国需要付出相应的代价，如物价上升等。

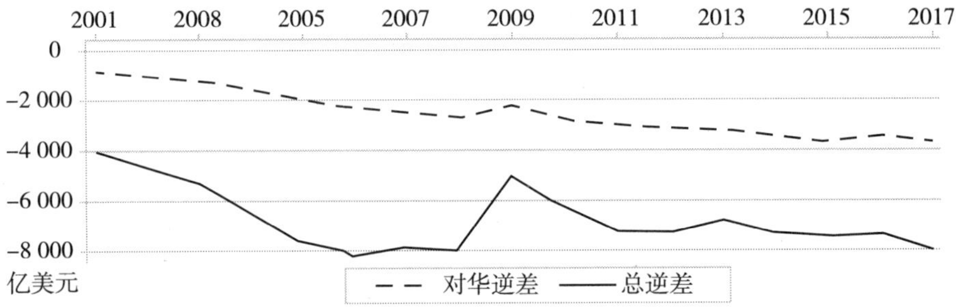

图 13-10 美国贸易差额

据美方统计，2017 年美国对华货物贸易逆差为 3 752 亿美元，占美国货物贸易逆差的 46.3%，高于第二位至第九位的八个国家之和（44%）。

（四）国际环境：逆全球化盛行和贸易保护主义抬头

判断本轮贸易战的属性，还需要结合逆全球化下贸易保护主义抬头的国际大背景。2008 年全球金融危机爆发以来，世界经济始终没有找到强有力的新增长点，过去几年，西方世界广泛出现了非常强烈的反经济自由化、反全球化的政治运动，这对各国实际实行的贸易政策产生了明显的影响，各国频繁运用非关税壁垒等措施实行贸易保护主义，由此构成了美国全面发动贸易战的国际大背景。

在世界范围内，中国是遭受反倾销调查最多的国家。在中国贸易快速增长的过程中，对华反倾销状况日趋严重。从 WTO 成立以来，中国一直是全球反倾销的头号目标国。1995—2017 年，中国遭受反倾销调查 1 296 起，占世界总数的 23%；中国被实施反倾销措施 926 起，占全球的 25.6%。并且，从 WTO 成立至今，中国遭受反倾销调查和被实施措施数量一直呈上升趋势（图 13-11）。2003 年以前，中国未遭受过反补贴调查，但 2004 年之后，无论是遭遇调查数，还是被实施措施数，都迅速上升（见图 13-12）。截至 2017 年，中国已累积被调查 129 起，占世界全部案件的 26.5%；被实施措施 84 起，占世界全部被实施措施数的 32.7%。

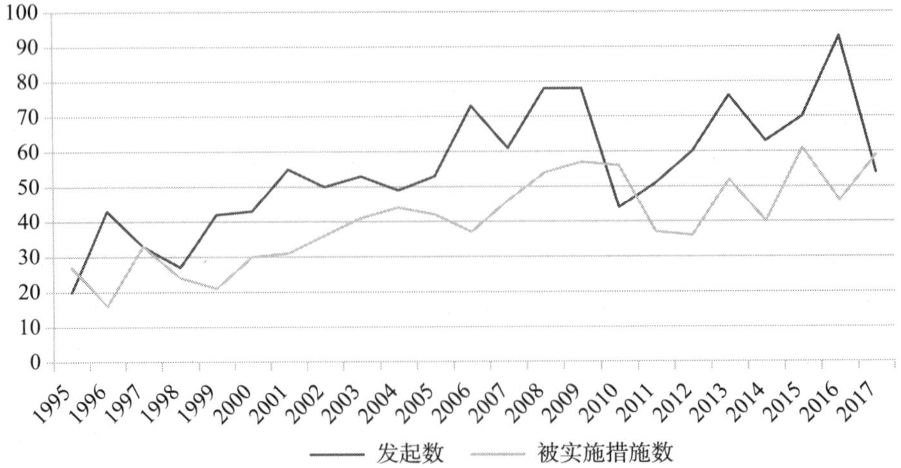

图 13-11 中国遭遇反倾销状况（1995—2017）

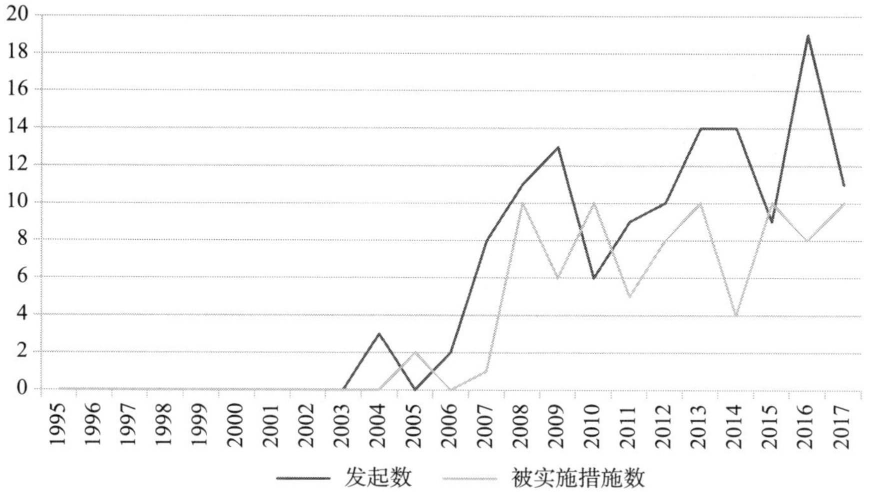

图 13-12　中国遭遇反补贴状况（1995—2017）

综上，此次贸易战是在逆全球化盛行、贸易保护主义抬头的背景下爆发的。中国长期以来已经成为贸易保护主义打击的重要对象，遭受了来自各国的严重的非关税贸易壁垒。美国不仅对中国发起贸易战，还对欧盟、加拿大、墨西哥等盟友挑起贸易摩擦。因此，贸易战是在逆全球化背景下，美国试图改变现行多边贸易体系的运行方式、重构国际经贸规则的重要手段。

二、中美贸易战争端梳理

（一）事件梳理

2017 年 1 月，特朗普就任美国总统，自此，特朗普以重振美国制造业、维护工人利益为理由，对外实施了一系列贸易保护措施。2017 年 8 月，特朗普授权美国贸易代表办公室（USTR）对中国贸易行为展开调查，该调查依据美国《1974 年贸易法》的 301 条款①，主要调查中国在技术转移、知识产权和创新方面的行为、政策和实践是否具有不合理性或歧视性，以及是否对美国商业造成负担或形成限制。历经约半年的调查，美国贸易代表办公室于 2018 年 3 月发布长达 215 页的调查报告，认定中国在技术转移、知识产权和创新等领域存在不公平行为，并向 WTO 提起诉讼，随后于 2018 年 4 月宣布将对中国价值 500 亿美元的产品加征 25%的关税。之后，中方积极与美方进行谈判，以期能以和平的方式化解双方之间的贸易摩擦，但未能如愿以偿，中国于 2018 年 6 月宣布将同样对美国价值 500 亿美元的产品加征 25%的关税，中美贸易战就此正式打响。之后，美国对中国加征关税的商品规模不断增加，致使中美贸易摩擦不断升级（详见表 13-1）。

① 根据 301 条款，在对外贸易中，如果一国实施不公平政策并妨碍美国商业的发展，美国总统可以通过暂停贸易协议优惠、征收关税、进口限制等措施对该国进行制裁。

表 13-1 中美贸易摩擦的主要事件

时间	国家	事件
2017年8月14日	美国	特朗普签署备忘录，授意USTR对中国知识产权等领域展开调查
2017年8月18日	美国	USTR宣布对中国展开“301调查”
2017年9月15日	中国	商务部副部长兼国际贸易谈判副代表俞建华在美国首都华盛顿会见USTR法律总顾问凡戈，就美国对华发起“301调查”进行严正交涉
2018年3月22日	美国	特朗普签署备忘录，授意USTR就“301调查”对中国采取制裁措施；USTR公布“301调查”报告及情况说明书
2018年3月23日	美国	USTR就技术许可要求对中国向WTO提起诉讼
2018年3月23日	美国	USTR再次发布“301调查”报告
2018年4月3日	美国	USTR发布针对中国的总额涉及500亿美元进口商品加征关税清单
2018年4月4日	中国	中国公布对美总额约为500亿美元的商品加征25%关税
2018年4月5日	美国	美国贸易代表莱特希泽发表声明，支持特朗普的决定
2018年4月16日	美国	美国商务部宣布禁止中兴通讯从美国购买特定产品
2018年4月19日	中国	中国商务部表示随时准备采取必要措施，维护中国企业合法权益
2018年4月27日	美国	USTR发布“301特别报告”，涉及36个国家
2018年5月3日至4日	中美	美国财政部长姆努钦等美方代表赴华，双方就贸易不均衡、知识产权、合资技术和合资企业等领域进行了磋商，部分问题达成共识，双方同意建立工作机制，保持密切沟通
2018年5月14日	美国	USTR宣布将在5月15日至17日对2018年4月3日公布的500亿美元关税清单举行公众听证会
2018年5月16日至19日	中美	习近平主席特使、国务院副总理刘鹤等中方代表赴美国，就贸易问题与美国财政部长姆努钦、商务部长罗斯和贸易代表莱特希泽等美方代表进行磋商，并于5月19日发表联合声明，称将采取有效措施实质性减少美对华货物贸易逆差，双方将在知识产权保护方面加强合作，努力创造公平竞争营商环境等，并放弃对中国500亿美元商品加征25%的关税
2018年5月29日	美国	特朗普宣布将继续对500亿美元中国商品加征25%的关税
2018年5月29日	中国	中方发表声明，督促美国按照联合声明精神与中方相向而行
2018年5月30日至6月3日	中美	美国商务部长罗斯等美方代表与国务院副总理刘鹤等中方代表在中国就两国经贸问题进行磋商。6月3日，中方发表声明称一切磋商成果生效均以美国取消对500亿美元商品加征25%关税为前提
2018年6月15日	美国	USTR更新500亿美元关税清单，并宣布其中340亿美元产品的关税将于2018年7月6日生效，160亿美元关税清单将继续收集公众意见
2018年6月16日	中国	中国宣布对美国500亿美元加征关税商品中的340亿美元将于2018年7月6日生效
2018年6月18日	美国	特朗普宣布将对价值2 000亿美元的中国商品加征10%的关税，美国贸易代表莱特希泽发表声明支持特朗普的决定

续表

时间	国家	事件
2018 年 7 月 2 日	中美	历经 3 个月的交涉，中兴通讯在改组董事会，缴纳 10 亿美元罚金和 4 亿美元保证金后，美国商务部发布公告称，从发布公告之日起，美国将有条件地解除对中兴通讯的出口禁令
2018 年 7 月 6 日	中美	340 亿美元关税生效，USTR 宣布在 2018 年 10 月 9 日之前，美国企业可以就已生效商品申请免征额外关税
2018 年 7 月 6 日	中国	中国就美国对中国“301 调查”项下的征税措施向 WTO 起诉
2018 年 7 月 10 日	美国	美国贸易代表莱特希泽发表声明，声称中国对美国 500 亿美元商品加征关税不合理，并公布了对中国 2 000 亿美元关税清单
2018 年 7 月 16 日	中国	中国就美国“301 调查”项下对中国 2 000 亿美元产品征税建议措施诉诸 WTO
2018 年 7 月 23 日	美国	USTR 宣布将在 7 月 24 日至 25 日对中国的 160 亿美元关税清单举行公众听证会
2018 年 7 月 24 日	美国	美国农业部宣布将向受贸易战影响的农民提供 120 亿美元补贴
2018 年 8 月 1 日	美国	美国贸易代表莱特希泽发表声明，宣布向价值 2 000 亿美元中国商品加征的关税税率从 10%提升到 25%；美国商务部发布公告，宣布将 44 家中国企业列入出口管制“实体清单”，其中包括多家电子、航空研究机构
2018 年 8 月 3 日	中国	中国国务院关税税则委员会宣布将对原产于美国的 600 亿美元商品，加征 5%～25%不等的关税
2018 年 8 月 7 日	美国	USTR 宣布对中国 160 亿美元加征关税清单将于 8 月 23 日生效
2018 年 8 月 8 日	中国	中国宣布对美国 160 亿美元加征关税清单将于 8 月 23 日生效
2018 年 8 月 16 日	中美	中国商务部发布消息，应美方邀请，商务部副部长兼国际贸易谈判副代表王受文于 8 月下旬率团访美，就中美经贸问题与美方进行磋商
2018 年 8 月 17 日	美国	USTR 宣布将在 8 月 20 日至 24 日及 8 月 27 日对 2 000 亿美元关税清单举行公众听证会。听证会后的反驳意见提交截止日期从 8 月 30 日延期至 9 月 6 日
2018 年 8 月 22 日至 8 月 23 日	中美	应美方邀请，商务部副部长兼国际贸易谈判副代表王受文率中方代表团赴华盛顿与美国财政部副部长马尔帕斯率领的美方代表团就双方经贸问题进行了交流。之后，双方各自发表了声明，谈判未有明显进展
2018 年 8 月 23 日	中美	中美双方对对方的 160 亿美元加征关税清单生效；中国在 WTO 起诉美国“301 调查”项下对华 160 亿美元输美产品实施的征税措施
2018 年 8 月 20 日至 24 日及 27 日	美国	USTR 举行了对中国 2 000 亿美元商品加征关税的听证会，听证会上，90%的代表表示反对
2018 年 9 月 17 日	美国	USTR 宣布对中国 2 000 亿美元商品加征关税清单将于 2018 年 9 月 24 日生效，最初加征 10%，在 2019 年 1 月 1 日后加征 25%
2018 年 9 月 18 日	中国	中国宣布对美 600 亿美元关税清单将于 2018 年 9 月 24 日生效，加征关税为 5%或 10%

（二）中美双方加征关税清单情况

2018 年 7 月 6 日，美国对 340 亿美元中国商品加征 25%关税生效，340 亿美元商品清单详细情况见表 13－2。无论是从商品种类看，还是从金额看，美国对中国首批加征关税商品主要集中在核反应堆、锅炉、机械器具及零附件，电机、电气、音像设备及其零附件，以及光学、照相、医疗等设备及零附件，清单涉及商品主要为我国今后期待发展的高科技领域商品，可能会对我国相关行业的发展产生影响。

表 13－2　美方 340 亿美元清单涉及商品

HS 章	商品	商品种类	清单涉及种类	种类占比（%）	商品金额（亿美元）	清单涉及金额（亿美元）	金额占比（%）
28	无机化学品；贵金属等化合物	276	1	0.36	13.59	0.04	0.29
40	橡胶及其制品	153	2	1.31	34.65	0.00	0.00
84	核反应堆、锅炉、机械器具及零附件	833	417	50.06	1 095.70	157.96	14.42
85	电机、电气、音像设备及其零附件	641	186	29.02	1 470.10	96.15	6.54
86	铁道车辆；轨道装置；信号设备	32	17	53.13	5.46	1.56	28.57
87	车辆及其零附件，但铁道车辆除外	219	41	18.72	146.45	17.38	11.87
88	航空器、航天器及其零件	17	15	88.24	5.09	5.08	99.80
89	船舶及浮动结构体（艘）	22	10	45.45	1.39	0.01	0.72
90	光学、照相、医疗等设备及零附件	336	129	38.39	119.60	44.45	37.17
各类商品合计		11 906	818	6.87	5 054.70	323.00	6.39

注：金额指 2017 年美国从中国进口额。

资料来源：USTR 和美国国际贸易委员会（USITC）。

美国对中国 500 亿美元加征关税商品中的 160 亿美元加征关税商品清单详情见表 13－3，在 340 亿美元的基础上加入了化学制品、塑料制品和金属制品等。2017 年，500 亿美元加征关税清单涉及的商品中，美国从中国进口金额为 464 亿美元，占美国从中国进口总额的 9.18%，占中国总出口额的 2.04%，因此，对我国出口的影响有限。

表 13－3　美方 160 亿美元清单涉及商品

HS 章	商品	商品种类	清单涉及种类	种类占比（%）	商品金额（亿美元）	清单涉及金额（亿美元）	金额占比（%）
27	矿物燃料、矿物油及其产品；沥青等	87	3	3.45	6.57	0.01	0.15

续表

HS 章	商品	商品种类	清单涉及种类	种类占比（%）	商品金额（亿美元）	清单涉及金额（亿美元）	金额占比（%）
34	洗涤剂、润滑剂、人造蜡、塑型膏等	40	3	7.50	4.66	0.04	0.86
38	杂项化学产品	198	2	1.01	11.76	0.07	0.60
39	塑料及其制品	238	147	61.76	163.28	21.70	13.29
70	玻璃及其制品	170	1	0.59	29.03	0.19	0.65
73	钢铁制品	254	6	2.36	115.55	8.83	7.64
76	铝及其制品	72	2	2.78	33.42	0.11	0.33
84	核反应堆、锅炉、机械器具及零附件	833	32	3.84	1 095.70	20.78	1.90
85	电机、电气、音像设备及其零附件	641	36	5.62	1 470.10	75.07	5.11
86	铁道车辆；轨道装置；信号设备	32	14	43.75	5.46	3.90	71.43
87	车辆及其零附件，但铁道车辆除外	219	19	8.68	146.45	4.24	2.90
89	船舶及浮动结构体（艘）	22	2	9.09	1.39	0.12	8.63
90	光学、照相、医疗等设备及零附件	336	17	5.06	119.60	6.11	5.11
各类商品合计		11 906	284	2.39	5 054.70	141.00	2.79

注：金额指 2017 年美国从中国进口额。

资料来源：USTR 和美国国际贸易委员会。

2018 年 6 月 18 日，美方宣称将对中国价值 2 000 亿美元的商品加征 10%的关税，2018 年 9 月 17 日，宣布从 9 月 24 日开始实施加征关税。2 000 亿美元商品清单基本涉及各类商品，商品种类占比约为 50.66%，占 2017 年美国从中国进口总额的 38.97%。500 亿美元商品清单和 2 000 亿美元商品清单均未涉及的商品见表 13 - 4。

表 13 - 4 美方加征关税未涉及商品

HS 章	商品	HS 章	商品
01	活动物	62	非针织或钩编的服装及衣着附件
06	活植物；茎、根；插花、簇叶	63	其他纺织制品；成套成品；旧纺织品
09	咖啡、茶、马黛茶及调味香料	64	鞋靴、护腿和类似品及其零件
13	虫胶；树胶、树脂及其他植物液、汁	66	伞、手杖、鞭子、马鞭及其零件
18	可可及可可制品	92	乐器及其零件、附件
30	药品	93	武器

续表

HS 章	商品	HS 章	商品
49	印刷品；手稿、打字稿及设计图纸	95	玩具、游戏或运动用品及其零附件
60	针织物及钩编织物	98	特殊交易品及未分类商品
61	针织或钩编的服装及衣着附件		

资料来源：USTR.

为了维护自身的利益，中方于 2018 年 4 月 4 日宣布对美国 500 亿美元商品加征 25% 的关税，并公布了加征商品清单，于 2018 年 6 月 16 日宣布其中 340 亿美元商品清单于 2018 年 7 月 6 日生效，涉及的商品见表 13－5。该清单涉及的商品主要为植物产品、食品和交通设备等，这会对美国的农业造成一定的影响，美方于 2018 年 7 月 24 日宣布将对受影响的农民提供 120 亿美元的补贴。

表 13－5　中方 340 亿美元清单涉及商品

HS 章	商品	商品种类	清单涉及种类	种类占比（%）	商品金额（亿美元）	清单涉及金额（亿美元）	金额占比（%）
02	肉及食用杂碎	67	48	71.64	11.87	11.87	100.00
03	鱼、甲壳动物、软体动物等	260	182	70.00	13.15	13.15	100.00
04	乳品；蛋品；天然蜂蜜等	38	21	55.26	4.28	4.26	99.53
05	其他动物产品	23	1	4.35	0.88	0.00	0.00
07	食用蔬菜、根及块茎	121	93	76.86	0.45	0.26	57.78
08	食用水果及坚果；甜瓜等果皮	94	86	91.49	7.66	7.61	99.35
10	谷物	31	14	45.16	15.10	15.07	99.80
11	制粉工业产品、麦芽、淀粉等	32	5	15.63	0.08	0.00	0
12	含油子仁及果实等	109	4	3.67	145.80	143.59	98.48
14	编结用植物材料；其他植物产品	9	1	11.11	0.09	0.09	94.14
16	肉、鱼、甲壳动物等的制品	62	41	66.13	0.05	0.05	98.20
20	蔬菜、水果、坚果等的制品	100	3	3.00	2.72	0.44	16.18
22	饮料、酒及醋	31	2	6.45	1.33	0.09	6.77
23	食品工业的残渣及废料等	30	3	10.00	5.23	0.94	17.91
24	烟草、烟草及烟草代用品的制品	12	12	100.00	1.70	1.70	100.00
52	棉花	128	1	0.78	10.70	9.80	91.59
87	车辆及其零附件	280	28	10.00	150.89	129.41	85.76
各类商品合计		8 184	545	6.66	1 549.15	338.34	21.84

注：金额指 2017 年中国从美国进口额。

资料来源：中国商务部。

中方160亿美元清单涉及商品见表13-6，主要包括化学制品、塑料及其制品和光学、照相、医疗等设备。中方的500亿美元清单2017年从美国进口额度为482.58亿美元，占中国从美国总进口的31.15%。由于中国从美国进口的额度较小，2017年为1 549.15亿美元，中国对美国加征关税的操作空间较小。在美方宣布将对2 000亿美元中国商品加征25%的关税后，中方宣布将对600亿美元美国商品加征5%～25%不等的关税，600亿美元几乎涉及了各类商品，加上之前的500亿美元清单，中国对美国加征关税的商品涉及全部HS章，2017年，所有清单涉及的商品从美国的进口额为1 016.24亿美元，占同年从美国进口总额的65.60%。

表13-6 中方160亿美元清单涉及商品

HS章	商品	商品种类	清单涉及种类	种类占比（%）	商品金额（亿美元）	清单涉及金额（亿美元）	金额占比（%）
27	矿物燃料、矿物油及其产品等	67	65	97.01	72.18	65.74	91.08
29	有机化学品	497	3	0.60	36.86	2.61	7.08
34	肥皂、有机表面活性剂等	27	3	11.11	8.76	4.45	50.80
35	蛋白类物质；改性淀粉；胶；酶	21	1	4.76	4.87	1.78	36.55
38	杂项化学产品	110	13	11.82	32.49	22.26	68.51
39	塑料及其制品	169	22	13.02	69.76	38.55	55.26
40	橡胶及其制品	118	1	0.85	11.77	1.40	11.89
90	光学、照相、医疗等设备等	261	6	2.30	117.79	7.45	6.32
各类商品合计		8 184	114	1.39	1 549.15	144.24	9.31

注：金额指2017年中国从美国进口额。

资料来源：中国商务部。

（三）中美双方分歧冲突的聚焦点

深刻理解贸易摩擦发生的原因是化解贸易冲突的关键，其中尤为重要的是在把握美方利益诉求的基础上揭示其挑起贸易战的真实意图。

从表面上看，美方认为中国的“不公平贸易行为”导致了巨额的美中贸易逆差，并导致美国在同中国进行贸易的过程中利益受损，因此，美方要用增加关税的方式矫正中国的“不公平贸易行为”。从深层原因来看，此次贸易战反映出美国对中国发展模式的不认同和遏制中国发展的战略意图。美方指出中国的主要“不公平贸易行为”包括强制性技术转移、技术窃取、国有企业海外并购、国家的产业政策等，实际上表现出中美两国意识形态之争，在美方看来，举国体制促成了中国经济的迅速崛起，而国家主导的发展模式同市场经济相悖，因此中国现行的发展模式对美国“不公平”、需要改变。

与此同时，从美国同欧盟、日本达成签署自由贸易协定意向，以及在贸易领域向墨西哥施压等事件来看，美国对现行的多边及区域贸易体制不满，试图颠覆当前的WTO

规则体系、重谈北美自由贸易协定，重构国际经济贸易规则，将更高的标准纳入全球贸易规则。美国的一些群体认为自身在经济全球化的过程中利益受损，其根源在于现有的经济贸易规则和体系不利于发达国家，需要从根本上进行变革。特朗普及其经济领导团队也认为现有的国际经济贸易规则体系标准过低、涵盖范围不齐全、一些重要条款含糊不清，是制约美国贸易发展和经济繁荣的重要障碍。

无论是对中国经济发展模式的不认同，还是对现行国际经济贸易规则的诟病，都意味着美国政府谋求在世界范围内发生变革，而贸易战成为推动其变革的重要手段。美方旨在通过贸易战对中国全面施压，试图改变中国的发展模式和发展道路；美方还旨在通过向中国这一发展中大国施压，迫使广大发展中国家接受按照西方标准重构国际经济贸易规则。

目前，直接表现出美国发起贸易战动因，以及表明美国对中国指责的主要文件是USTR于2018年3月发布的“301调查”报告。该报告的意图在于为美国发起对华贸易战的合法性提供依据，实际上反映出美国各界将中国视为未来的主要竞争对手，还反映出此次贸易战中两国分歧和冲突的聚焦点。具体而言，包括技术获取、产业政策、市场开放、海外投资和遵守多边规则五方面内容，核心焦点在于国家战略与市场经济是否冲突。

1. 技术获取

关于技术获取，美方认为中国通过各种间谍活动窃取技术，还通过强制性技术转移、规避美国出口管制法、仿制和盗版，以及使用逆向工程等方式窃取了美国的先进技术。

然而，美方并无确凿证据，只是在相关报告中指出中方采取“口头、非正式”要求，强迫转移技术。在高新技术产品贸易方面，美国对中国的认知存在偏误，过分夸大了中国的竞争与威胁；与此同时，美国对高新技术产品的出口管制过于严格，不仅加剧了美中贸易逆差，而且加剧了美国对中国的疑虑和恐慌。

目前，中国已加强了知识产权保护，2012—2017年，中国在行政执法方面共查处专利侵权假冒案件19.2万件，商标侵权假冒案件17.3万件；在司法保护上，中国成立了专门的知识产权法院和一批知识产权法庭。这些都体现出中国知识产权保护的显著成效。

根据美国法律，只要产品或生产过程是合法所得，那么通过逆向工程进行生产的行为通常是合法的。逆向工程符合中美两国法律，不存在任何侵权行为。

2. 产业政策

美方认为，中国的产业政策不透明且具有歧视性，这不仅会造成市场扭曲，还会损害美国经济发展。

然而，中国的众多产业政策是引导性和鼓励性的，产业政策公开透明，对在中国境内设立的内外资企业一视同仁。而且，中国有发展的权力，同美国之间的交往遵循了市场原则。2017年1月，国务院发布了积极利用外资的20条措施，其中明确外商投资企业和内资企业同等适用中国相关鼓励优惠政策措施。相关政策遵循市场化的原则，不会造成市场的扭曲。

同时，也应该看到，中国存在各类创新补贴，但效果往往不尽如人意。根据我们的研究成果，中国国家层面的创新补贴对中小企业私人研发基本没有促进作用；贷款贴息类型的政府创新补贴政策还对企业私人研发造成了显著的挤出效应。中国各省级政府出台的专利资助奖励政策，在相当程度上对企业申请的发明与实用新型专利质量造成了抑制效应。

3. 市场开放

美方认为，中国在众多领域没有开放市场。根据美方发布的报告，中国在一些行业设置了外资股比限制，外商必须通过中外合资企业才被允许在华投资。中国的市场准入政策烦琐且不透明，中国政府还通过市场准入审查来攫取技术和信息。外商投资企业必须获得一系列行政许可才能在华设立企业，包括投资审批、工程审批、地方审批、国家安全审批等，中国政府在每一阶段都可能强制外资企业转移技术，因此，不公平的审批制度形成了严重的非关税壁垒。

客观地说，中国以往在外资准入方面存在较多限制，但近年来限制逐步减少，2018年版负面清单更是加大了开放力度。2018 年 6 月，国家发改委和商务部首次出台了单独的《外商投资准入特别管理措施（负面清单）（2018 年版）》：中国将在 2018 年取消专用车、新能源汽车外资股比限制，2020 年取消商用车外资股比限制，2022 年取消乘用车外资股比限制，取消合资企业不超两家限制；船舶和飞机行业也将在 2018 年取消外资限制。以往中国确实存在“政出多门”且法规不透明的问题，但入世后有了根本性改变。入世后 5 年内，中国政府已经清理修改了 2 300 多项法律法规，公布了所有与贸易相关的法律文件，地方政府也清理、修改或废止了超过 19 万项地方性法规、规章和政策措施。

同时，也应该承认，多年来中国制造业的开放成绩有目共睹，但服务业开放仍有改善空间。根据《外商投资准入特别管理措施（负面清单）（2018 年版）》，中国将进一步放开金融服务业，取消银行业外资股比限制，将证券公司、基金管理公司、期货公司、寿险公司的外资股比放宽至 51%，2021 年取消金融领域所有外资股比限制。但对电信业的限制仍然较为严格，这既有维护国家信息安全的需要，也有保护国内市场的意图。

4. 海外投资

美方认为，中国通过海外投资获取美国技术。在国有投资管理公司的资金支持下，中国企业在新兴战略高科技领域进行大规模企业并购、风险投资、种子投资和绿地投资。中国进行技术获取型对外直接投资的主体有三类，分别是：国有企业、受政府操控的私营企业和国资背景的投资基金。其中国有企业直接由党领导，私营企业受到政府支持和控制，投资基金拥有国资背景，因此这些主体的海外投资行为都是政府主导、为实现国家战略目标而实施的非市场行为。中国政府通过行政干预和政策约束引导私营企业按照国家发展目标布局海外投资，扰乱了自由市场经济的运行原则，损害了外国企业追求经济效益最大化的竞争环境。

然而，中国企业有权配置自身积累的资本，向海外投资是正常的经营活动，中国企业的风险投资活动，不仅同自主研发投资具有相同的性质，而且为美国的科技发展提供了必要的资金支持。美方观点反映了中美两国的“道路之争”，即美方对中国发展模式的不认同，对于美国各界而言，无论中国的企业是国有企业还是私营企业，无论是否接受过政府的各种资助，无论是否具有侵犯知识产权的行为，只要企业竞争力不断提升、对美国企业构成威胁，都被认为是“不正常行为”，都会成为美国的打压对象。

同时，应该看到，中国的国有企业海外投资存在着一些亟待解决的问题。一些国有企业将自身视为政府实体从而逃避在美国的民事法律诉讼，这不仅是国有企业海外经营不规范的问题，而且是企业对自身定位错误的问题。定位错误问题反映出国有企业深化改革仍然面临着严重困难，尽管国有企业改革已持续多年，但众多经营者仍然未能将企业定位为自负盈亏的主体，这种理念不仅会造成企业效益低下，而且会给美国等发达国家提供抨击中国经济体制问题的依据。

5. 遵守多边规则

美方认为，自 2001 年加入 WTO 以来，中国并没有全面执行以市场为导向的政策和做法，相反，国家在经济中的作用不断增强。具体而言，中国未能完全遵守开放的、以市场为导向的政策，中国还未能全部执行争端解决裁决，并且以发展中国家身份从 WTO 中获得收益、逃避义务。

实际上，多年来中国坚持贸易自由化导向，不断降低贸易壁垒。目前，中国关税水平已降至 9.8%，如果考虑贸易结构的因素，中国实际的贸易加权平均税率只有 4.4%，已经非常接近发达成员，各种非关税壁垒也不断降低。中国对 WTO 争端解决机制的裁决也严格执行，例如 2015 年，中国接受了 WTO 裁决，取消了稀土等重要资源性产品的配额和出口关税。中国作为发展中成员方，在分享全球化红利的同时也为推动全球贸易体系发展做出了贡献，在 WTO 历次贸易政策审议中均获得肯定。

WTO 贸易政策审议在充分肯定中国成绩的同时，也指出过中国在一些服务业存在准入限制的问题。而根据《外商投资准入特别管理措施（负面清单）（2018 年版）》，中国即将全面开放金融服务业、大力开放电信业，使整体开放程度进一步提升。

实际上，美方以 301 条款这一国内法律为依据，在未获得 WTO 允许的情况下对中国输美产品加征关税，是贸易霸凌主义的直接体现，直接违背和践踏了 WTO 多边贸易规则体系。

综合来看，中美冲突的核心焦点在于美方对中国发展模式的不认同，美方认为中国实施的国家战略与市场经济相冲突，中国政府过多干预经济也背离了市场经济原则，政府对企业控制过多，使中国企业的经营行为过多地体现了国家意志。

然而，市场经济并无统一定义，也并非只能采取单一模式。正如张向晨大使在 WTO 总理事会上反驳美国对中国经济模式的指责时强调的，美方不能以自己的想法作为别人的行动准则。中国坚持走社会主义市场经济道路，是自己选择的发展路径，也是必须坚持的底线，任何国家都不能强迫中国改变。美方不应将自己的价值观和发展理念强加给他国，更不能因为中国在现有的模式下发展迅速、有赶超美国之势，便给中国带上“不公平贸易”“经济侵略”的帽子，试图遏制中国发展。

实际上，美国真正的目的不只是想证明中国企业受政府控制，而且希望建立一种逻辑关系：因为企业受控制，所以它们是履行政府职权的“公共机构”，应承担 WTO 协定下相应的义务。但这种逻辑已经被 WTO 驳回了，WTO 上诉机构曾明确指出，“不能仅仅因为一个实体的所有权性质或者受政府控制来认定该实体是公共机构”。

三、中美贸易战对中国的影响

（一）贸易层面

2018 年以来，中美贸易摩擦不断升级，截至 2019 年年中，并未对中国整体对外贸易发展产生严重影响。然而，贸易摩擦却对中美双边贸易产生了一定的抑制效应，也在一定程度上扩大了中国的贸易顺差。

2019年1月至5月，中国货物贸易进出口总值为12.1万亿元人民币，同比增长4.1%。其中，出口额6.5万亿元，增长6.1%；进口额5.6万亿元，增长1.8%；贸易顺差为8 933.6亿元，比2018年同期扩大了45%。

从主要贸易伙伴来看，中美贸易总值为1.42万亿元，下降了9.6%；中国对美出口额1.08万亿元，下降了3.2%；中国从美国进口额3 353亿元，下降了25.7%。与此同时，中国同欧盟、东盟的贸易显著增长，中欧贸易总值高达1.9万亿元，增长了11.7%；对欧盟出口额1.13万亿元，增长了14.2%；从欧盟进口额7 649亿美元，增长了8.3%。中国同东盟的贸易总值、出口额、进口额分别为1.63万亿元、9 130亿元和7 156亿元，分别增长了9.4%、12.9%和5.2%。

2019年以来，欧盟已经取代美国成为中国最主要的出口市场，表明中国企业虽然受到贸易摩擦的不利冲击，但迅速地开辟了新的出口市场，从而保证了出口较为稳定的增长。贸易摩擦更为显著的影响体现在进口方面，由于中国从美国进口大幅下降，导致中国整体进口仅有微小增长，并使贸易顺差明显扩大。

从2019年5月当月的数据来看，中国进口乏力的现象十分明显，当月进口额1.15万亿元，环比上月降低了4.2%，同比降幅为2.5%。这些数据表明，2019年以来中国整体的进口形势不容乐观，且有逐渐恶化的趋势，这一现象不仅是贸易摩擦导致对美加征关税的结果，还反映出中国经济增长受到了贸易摩擦冲击，经济增速下降、收入减少，从而外部需求下降。这就需要中国各界警惕贸易摩擦的负面影响，也促使我们对贸易摩擦的全局影响进行科学严谨的评估。

（二）金融领域：贸易战对人民币汇率的影响分析

2018年第二季度以来，随着国际经济形势不确定性增强以及日益加剧的中美贸易摩擦，人民币兑美元汇率出现了比较快速的贬值。进入6月之后人民币兑美元出现了贬值速度加快的迹象。根据平均汇率计算，2018年6、7两月的平均汇率贬值幅度环比折年率已接近20%，而8月平均汇率贬值幅度环比折年率则高达58%（见图13-13）①，这意味着人民币贬值幅度和速度都处于近年来较严重的时期。

进入2018年以来，中国资本流动同样面临比较严重的冲击。其中最为引人注目的是2018年第一季度中国经常项目出现的历史性经常项目逆差。根据中国人民银行披露的数据，2018年第一季度中国经常项目逆差达到228亿美元，其中，货物贸易顺差534亿美元，服务贸易逆差762亿美元。这是自1998年以来单季度最大的经常项目逆差。第二季度货物贸易顺差回升至1 042亿美元，但服务贸易逆差仍然达到737亿美元的高水平，我国经常账户顺差仅为58亿美元（见图13-14）。

---

① 贬值幅度环比折年率的计算公式为：贬值幅度＝(当月汇率/上月汇率)^{12}×100%－100%；数字为正表示贬值，数字为负表示升值。

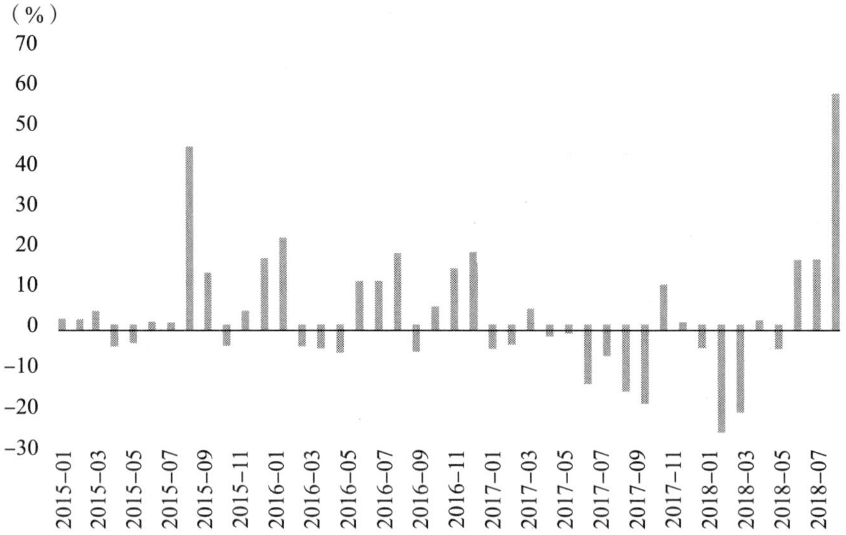

图 13-13　人民币兑美元汇率贬值幅度环比折年率

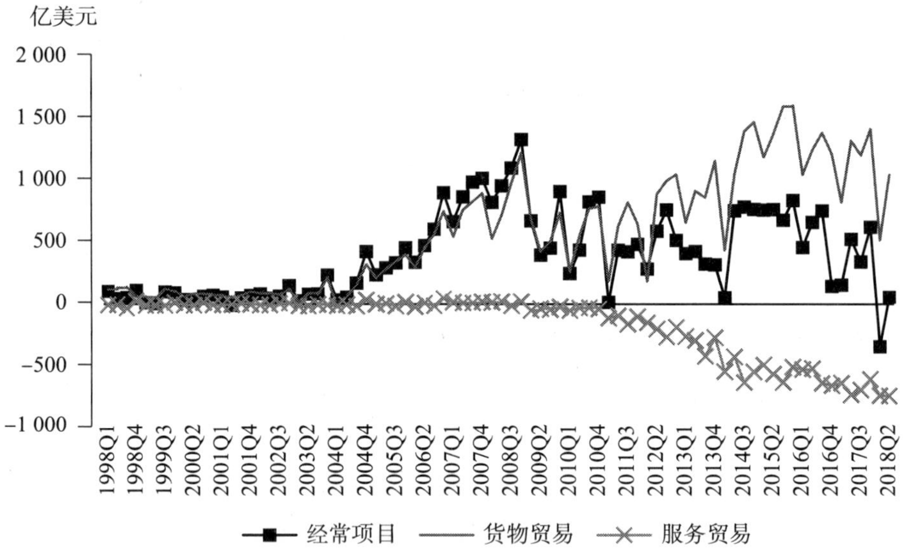

图 13-14　中国经常项目余额

2018 年人民币快速贬值的重要原因是人民币资产风险溢价上升，其外部原因在于国际资本市场动荡对投资者风险偏好的冲击。此外，美国挑起的贸易战会对国际投资者对中国市场的信心造成冲击，直接加剧了中国经济的不确定性，导致了人民币快速贬值和资本异动。

由于美国对中国的战略定位调整为竞争对手，中国与美国的摩擦不仅具有长期性，而且面临着范围扩大的风险，有可能从目前的贸易领域延伸到金融领域。如果美国选择对中国发起金融战，大致的方向包括两个方面。

从国内来看，可能的渠道是加大对中国贸易战力度和遏制力度，利用中国经济的转型期，宣扬和鼓吹中国经济崩溃论，引发国内外投资者对中国市场的恐慌。可能的手段包括利用美国股市做空中资上市公司和利用媒体夸大中国经济的脆弱性，通过惩罚或者鼓励政策迫使在华投资的美国企业从中国撤资。利用中国各部门杠杆率普遍较高的现实情况，打压中国金融市场和房地产市场，造成中国金融崩溃，引发金融危机。

从国外来看，有四个可能渠道。第一，利用离岸人民币市场抛售人民币，使市场强化人民币贬值预期，引导在岸人民币市场贬值。人民币贬值预期导致市场避险情绪上升和国内资本外流，引发国内资产价格（特别是房地产价格）暴跌，打击中国金融机构，从而引发中国的系统性金融危机。第二，利用美元升值和资本回流美国，通过贸易战对中国主要的投资国进行打压，导致中国金融海外投资损失，威胁中资金融机构安全。第三，在美国资本市场做空中国上市公司，借机做空中国经济。第四，以美国国内法律为依据，对中国的个别系统重要性金融机构实施制裁或者巨额罚款，或者利用美国对国际清算体系的控制切断中资金融机构开展国际金融业务的渠道，直接打击中资金融机构，实现间接打击中国金融市场的目的。

数据显示，中国跨境资本流动目前尚处于比较平稳的水平，尽管短期内汇率出现了异动，但是未引起资金的大规模跨境转移（图 13－15）。而一旦美国采取上述措施在金融领域对中国发难，中国可能发生更为严重的金融风险。

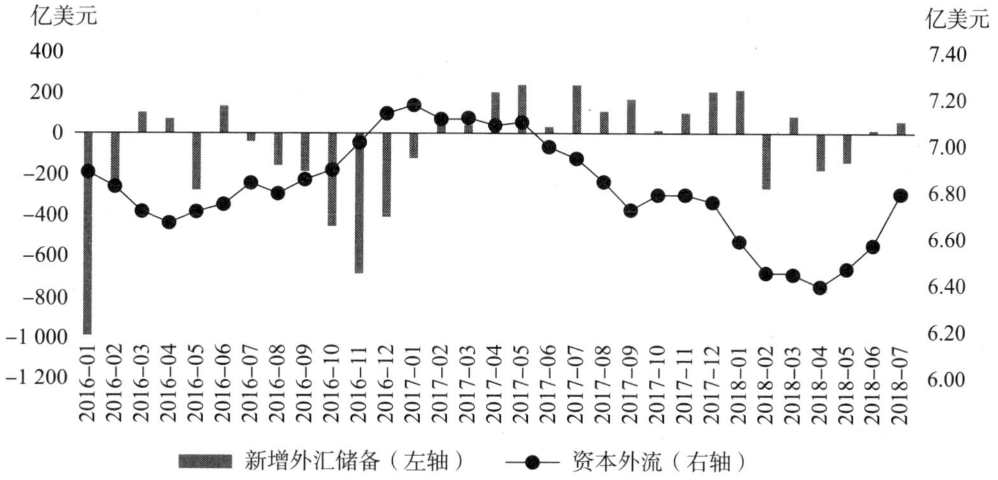

图 13－15　中国新增外汇储备和资本外流

（三）产业领域：美国加强对中国高新科技等产业的投资限制

美国的外资政策整体而言是相对自由开放的，但这并不意味着美国对任何外资都永远敞开大门，20 世纪 70 年代以来，外国对美投资日益增长，美国开始了对外资的监管之路，并以美国外资投资委员会（简称 CFIUS）为核心，逐步建立了一套完整的外资安全审查机制。中美贸易战的焦点之一是中国通过海外并购获取技术，因而通过 CFIUS 加强对中国企业的投资限制便成为美国发动贸易战的重要武器。2017 年特朗普总统上任后，CFIUS 经历了一次重大立法改革，开启了美国外资监管的新阶段（见表 13－7）。

表 13-7 美国政府推动 CFIUS 改革的进程

时间	具体进展
2017 年 7 月 21 日	美国财政部部长姆努钦与约翰·科宁及参议院银行委员会主席迈克·克拉伯、众议院金融服务委员会主席杰布·亨萨林举行小型会议，就 CFIUS 改革达成初步共识
2017 年 10 月 27 日	科宁与美国政府就具体改革方案闭门磋商，特朗普对此“开绿灯”
2017 年 11 月 8 日	参议院提出《外国投资风险评估现代化法案》(FIRRMA)(S. 2098，H. R. 4311) 议案
2018 年 5 月 16 日	众议院提出修正版 FIRRMA (H. R. 5841) 议案
2018 年 5 月 22 日	参议院银行委员会和众议院金融服务委员会分别通过两院各自修正版本的 FIRRMA
2018 年 6 月 18 日	继 FIRRMA 被纳入 2019 财年《国防授权法案》(NDAA，H. R. 5515) 后，参议院以 85：10 通过该法案，意味着修正版 FIRRMA 获得参议院批准
2018 年 6 月 26 日	修正版 FIRRMA 以 400：2 获得众议院批准
2018 年 6 月 27 日	两院开始合并版本的最终磋商，参议院已接到众议院版本的 FIRRMA，并列入立法日程
2018 年 7 月 6 日和 8 月 1 日	众议院以 359：54，参议院以 87：10 通过合并版《国防授权法案》
2018 年 8 月 13 日	特朗普签署成法律

资料来源：根据美国国会官方网站的信息整理而得。

法案对原有内容的修订主要体现在三个方面。

第一，扩大了管辖范围。在以往的实践中，股权比例少于 10%的被动投资不会受到 CFIUS 的审查，而根据新法案，即使投资者持股不超过 10%，但只要可能获得美国企业的非公开技术信息、董事会成员或观察员权利以及涉及关键技术①、关键基础设施②或美国公民敏感数据③的，就属于受审范围。此外，还包括靠近港口等敏感军事区的房地产投资、外国投资人就其投资的美国业务享有的权利变更以及某些旨在规避 CFIUS 审查的交易。

第二，修订了审查程序。首先，《外国投资风险评估现代化法案》引入了另一种申报备案选择，即交易各方可以自行选择先提交一份不超过 5 页的简短通知，以替代之前的正式书面通知，不同之处在于简短通知不会自动触发审查程序，CFIUS 在收到通知后 30

---

① 在《外国投资风险评估现代化法案》推出之前，关键技术一词被定义为包括《美国防务目录》(United States Munitions List)、《商品管制清单》(Commerce Control List) 内的项目，若干关于核武器的材料，以及特定制剂和毒素的法规(《美国联邦法规》第 31 章第 800.209 条) 所涵盖的项目。《外国投资风险评估现代化法案》将其定义扩宽以包括新兴与基础技术，如量子计算机、人工智能、机器人、生物科技等。此外，还新设立一个跨部门出口管控程序来界定新兴和基础技术。

② 《外国投资风险评估现代化法案》将关键基础设施定义为任何对美国国家安全至关重要的实体或虚拟资产或系统，如电信、医疗、市政工程、交通、金融服务及为美国政府提供服务等领域。

③ 敏感数据指诸如医疗行业、保险行业涉及的大规模个人可识别信息。

天内作出回应，或许可交易，或要求提交正式通知，或直接进入审查期。其次，任何由外国政府控制的投资者对美国公司超过 25%以上股权的投资，均须强制申报。再次，法案还将最初审查期从 30 天延长至 45 天，其后的 45 天调查期维持不变，但允许在特殊情况下额外延长 15 天。最后，CFIUS 还被授权收取申报费用，具体费用尚未明确，但规定金额不得超过交易价值的 1%或 30 万美元中的较低者。

第三，增强了审查权力。首先，《外国投资风险评估现代化法案》规定 CFIUS 须建立某种机制来识别属于其管辖范围但没有提交简短通知或正式通知的交易。其次，《外国投资风险评估现代化法案》授予 CFIUS 新增权力，即可在审查期或调查期内暂停交易，并直接请示总统。最后，新法案强调了 CFIUS 要对缓和措施进行有效和持续的监督，授权 CFIUS 针对已完成的交易或自愿放弃的受管辖交易也可以施加缓解措施。

从特朗普 2017 年 1 月上任至 2018 年 7 月底，由于 CFIUS 审查而流产的中国并购不在少数，主要集中在半导体、金融服务、信息通信、大数据等新兴高端科技领域，详见表 13－8。

表 13－8　因 CFIUS 而失败的中国对美投资（2017 年 1 月—2018 年 7 月）

领域	中国投资方	投资标的	终止日期	交易规模	业务类型
互联网	TCL	诺华达无线通讯（Novatel Wireless，美国 Inseego 公司的移动电话无线网络业务）	2017 年 6 月 7 日	5 000 万美元	信息技术服务
	喜乐航（海航子公司）	全球鹰娱乐（Global Eagle Entertainment）9.9%股权	2017 年 7 月 25 日	4.15 亿美元	机上娱乐与互联网服务
	四维图新、腾讯、新加坡政府投资公司	Here 地图（荷兰地图服务供应商）10%股权	2017 年 9 月 27 日	9 700 万欧元	汽车地图导航服务
	东方弘泰	AppLovin（美国移动广告公司）	2017 年 11 月 21 日	14.2 亿美元	移动广告投放
	蓝色光标	Cogint63%股权	2018 年 2 月 20 日	1 亿美元	大数据营销
原料	国投创新基金	Maxwell Technologies（美国能源储存和能量输送方案供应商）19.9%股权	2017 年 9 月 20 日	4 700 万美元	能源储存
	忠旺	爱励（Aleris，美国制铝公司）	2017 年 11 月 12 日	23.3 亿美元	铝产品生产
其他科技	北京大北农科技集团	Waldo Farms（美国饲猪基因学公司）	2018 年 3 月 3 日	1 650 万美元	生物科技
	深圳市新纶科技	阿克伦聚合物体系（Akron Polymer System）45%股权	2018 年 5 月 10 日	990 万美元	高分子材料

一方面，法案全面扩大了 CFIUS 的管辖范围和权力地位，这意味着过去许多不在审查范围内的交易也将遭受 CFIUS 的考验；另一方面，法案对国家安全、关键技术、关键

基础设施等核心概念的解释却依然不够明晰，这为 CFIUS 留下了较大的自由裁量空间。

从美国在国际体系中的整体经济与安全利益来看，以行政部门为主导的 CFIUS 可能更频繁地借国家安全之名排斥中国科技企业，对中国的技术赶超与经济崛起实施战略打击。

相对于审查结果，新法案更重要的影响在于对交易各方的心理冲击，可能会显著提高中国投资者和美国企业对 CFIUS 安全审查的风险成本预期，从而使之对潜在的投资交易望而却步。在中国整体对外投资状况良好的情况下，2017 年对美投资十年来首次下降，2018 年上半年更是骤降九成。这显示美国新出台的改革法案正在冷却外来投资的热情。

四、未来走向

2019 年末，新冠疫情在中国暴发。在疫情暴发并产生巨大影响的一年多时间里，尽管中美关系恶化，但是贸易战并未依循前几年的趋势而变得更加激烈。一方面，两国的重心都投入到抗击疫情和保护人民生命安全上；另一方面，面对全球经济的大幅萎缩，如何走出经济衰退实现复苏成为双方的第一要务。在这一过程中，中国推动形成以国内大循环为主体、国内国际双循环相互促进的新发展格局，美国则通过削减利率、扩大贷款规模等手段提供财政刺激，双方的重心都放在本国经济复苏上，客观上推动了中美贸易战的“降温”。此外，得益于较为严格的疫情防控措施和普遍的疫苗接种，疫情下中国的应对和经济恢复较快。而失业率的持续走高、疫情始终得不到有效控制使美国难以恢复全面生产，政治事件和民权运动等都给美国带来了负面影响。但今后随着疫情发展和国家边境逐渐开放，疫情对各国经济发展和国际形势的影响尚不确定。

近两年来，中美贸易摩擦的升温，使得美国有关上市公司市值缩水 1.7 万亿美元，盈利能力大大降低，可见中美贸易战对美国的损害并不小，而拜登也多次拿贸易问题来批评特朗普政府。2021 年拜登当选美国总统。拜登支持自由贸易、回归多边主义、反对关税，中美贸易摩擦有阶段性缓和。拜登曾表示，“中美问题不在于贸易逆差”。可以推断，未来中美经贸更多是全球贸易规则与竞争力的比拼，而非关税战。尽管贸易战缓和，但中美的战略博弈具有长期性和日益严峻性。

在这样的背景下，首先，中国应以更大决心和更大力度推动改革开放，构建实施双循环战略，进一步加强知识产权保护、降低外商投资壁垒、放宽政府采购限制、优化重塑市场微观主体、落实宏观调控有度，推进市场化改革。其次，科技立国，加大研发投入，产出原创性领先技术。中美贸易摩擦过程中出现的中兴事件折射出中国核心技术受制于人，其根源在于中国基础研发投入不足、研发产出质量不高。未来中国不仅要保证研发投入的增长，更要注重其实施效果，其核心着力点在于加强基础研究、产出原创性技术。最后，坚持多边原则，积极参与国际经济贸易规则重构，力争发挥主导作用，同各国一道共同维护多边贸易体制，推动经济全球化朝着更加开放、包容、普惠、平衡、共赢的方向发展。

《参考文献》

[1] 蔡跃洲，付一夫．全要素生产率增长中的技术效应与结构效应：基于中国宏观和产业数据的测算及分解．经济研究，2017（1）.
[2] 段玉婉，刘丹阳，倪红福．全球价值链视角下的关税有效保护率：兼评美国加征关税的影响．中国工业经济，2018（7）.
[3] 樊海潮，张丽娜．中间品贸易与中美贸易摩擦的福利效应：基于理论与量化分析的研究．中国工业经济，2018（9）.
[4] 黄鹏，汪建新，孟雪．经济全球化再平衡与中美贸易摩擦．中国工业经济，2018（10）.
[5] 李春顶，何传添，林创伟．中美贸易摩擦应对政策的效果评估．中国工业经济，2018（10）.
[6] 李春顶，石晓军．TPP 对中国经济影响的政策模拟．中国工业经济，2016（10）.
[7] 李建伟．中国经济增长四十年回顾与展望．管理世界，2018（10）.
[8] 吕越，娄承蓉，杜映昕，等．基于中美双方征税清单的贸易摩擦影响效应分析．财经研究，2019（2）.
[9] 漆莉．RCEP：中国推进东亚经济合作的机遇与对策．亚太经济，2013（1）.
[10] 王孝松，何欣悦．TPP 达成对中国贸易发展的影响探究．经济理论与经济管理，2016（3）.
[11] 王孝松，武晥．CPTPP 建立的影响及中国的应对策略探究．区域与全球发展，2018（3）.
[12] Armington P. S.，"A Theory of Demand for Products Distinguished by Place of Production，" International Monetary Fund Staff Paper，1969（1）.
[13] Bollen J，Rojas-Romagosa H.，"Trade Wars：Economic Impacts of US Tariff Increases and Retaliations，An International Perspective，" CPB Background Document，2018.
[14] Bown C. P.，Kolb M.，"Trump's Trade War Timeline：An Up-to-Date Guide，" Peterson Institute for International Economics，2018.
[15] Dixon J.，"The Impact on Australia of Trump's 45 percent Tariff on Chinese Imports，" *Economic Papers*，2017（3）.
[16] Erwin L.，Hertel T. W.，and Mcdougall R. A.，et al.，"The Standard GTAP Model，Version 7，" *Journal of Global Economic Analysis*，2017（1）.
[17] Guo M. X.，Lu L.，Sheng L. G，et al.，"The Day after Tomorrow：Evaluating the Burden of Trump's Trade War，" *Asian Economic Papers*，2018（1）.
[18] Hur N.，"Historical and Strategic Concern over the US-China Trade War：Will They be Within the WTO，" *Journal of East Asia and International Law*，2018（2）.

[19] Li C. D., He C. T., Lin C. W., "Economic Impacts of the Possible China-US Trade War," *Emerging Markets Finance and Trade*, 2018 (7).

[20] Martina Brockmeier, "A Graphical Exposition of the GTAP Model, 2001 Revision," GTAP Technical Paper 8, Global Trade Analysis Project (GTAP), Purdue University, West Lafayette, IN, 2001.

[21] Noland M., "US Trade Policy in the Trump Administration," *Asian Economic Policy Review*, 2018 (2).

[22] Rosyadi S. A., Widodo T., "Impacts of Donald Trump's Tariff Increase against China on Global Economy: Global Trade Analysis Project (GTAP) Model," *Journal of Chinese Economic and Business Studies*, 2018 (2).

案例 14

利益集团与美国对华贸易政策——以永久最惠国待遇为例①

本案例教学目标：

1. 理解利益集团与党派和政府机构的关系；
2. 了解美国国内在对华政策领域的分歧；
3. 了解利益集团在中国最惠国待遇问题上的作用；
4. 了解不同时期利益集团影响美国对华贸易政策的特征。

一、美国国内利益集团

（一）关于利益集团本质的三种学说

在西方代议制民主国家中，利益集团在国家政治生活中扮演着重要的角色，公共政策的最终形成常常是政府和利益集团之间博弈的结果（Grossman and Helpman，1994）。由于不同的集团在社会中所处地位不同，其经济利益、政治权力具有明显的不平衡性，对选举产生的议员进行游说成为各集团利用法律来满足自身利益的重要方法。从这个意义上说，游说活动的本质不过是利益集团为实现自身利益、将自身意志转化为政府意志的途径。学者们在分析利益集团和议员们之间的关系、利益集团游说议员们的过程时，着眼于不同视角，对游说活动的本质有不同的观点，主要有以下三种（见表 14－1）②：

---

① 美国对华贸易政策与美国国内利益集团关系密切，由于 20 世纪 90 年代至 21 世纪初美国对华最惠国待遇问题极具代表性，本案例以此为例对该问题进行剖析。

② 高乐咏，王孝松．利益集团游说活动的本质与方式：文献综述．经济评论，2009（3）．

表 14-1 利益集团游说活动本质的三种假说的比较

假说	利益交换说	信息支持说	立法补贴说
游说路径	改变偏好		改变预算约束
利益集团同议员的关系	买方和卖方	信息提供者与接受者	目标一致、相互扶持
捐资作用	交易	—	礼物、补贴
利益集团游说对象	摇摆不定者	同盟和摇摆不定者	同盟
议员目标	获得捐资	获得信息	代表同盟的利益
存在的问题	选票过于廉价；捐资的去向；未捐资者获得议员眷顾	隐瞒真相的动机；信息有多种来源	政策的可变性；未刻画利益集团配置资源过程

资料来源：高乐咏，王孝松．利益集团游说活动的本质与方式：文献综述．经济评论，2009（3）．

其一是利益交换说。Morton 和 Charles（1992）认为利益集团和议员之间存在着利益交换的关系，利益集团从议员那里获得对其自身有利的政策，而议员从利益集团那里获得金钱（政治捐资），为其竞选活动提供物质支持，以增加连任的可能性。Austen-Smith（1996）更是直接指出，利益集团和议员之间形成了一个以公共政策为标的的市场，利益集团是买方，议员是卖方，买方用金钱换取卖方制定的对其有利的公共政策。但现实中存在交易双方违约、政治捐资更多流向同盟方议员、未提供大量捐资的利益集团获得充分照顾等现象无法用利益交换说解释。

其二是信息支持说。信息支持说认为在利益集团与议员间起桥梁作用的是信息，而非政治捐资。Hansen（1991）指出，利益集团由选民组成，同议员相比，在获得选民的意见等信息方面具有比较优势。议员为了获得连任，需要利益集团掌握的选民信息的支持，而利益集团在为议员提供信息支持的过程中能够使其决策行为朝着有利于本集团的方向发展。但信息支持说存在一些问题，如利益集团为了集团利益而隐瞒真实信息，造成议员决策扭曲；现实中议员有许多获取信息的其他渠道，冲淡利益集团提供信息获得政策支持的效果等。

其三是立法补贴说。由 Hall 和 Deardorff（2006）提出。议员将自身拥有的有限资源在不同的政治议题中进行分配，在某一阶段，其分配的目标可能是连任。利益集团则通过游说活动，用金钱、信息、知识等资源去影响议员的预算约束而并非议员的效用函数（偏好），因此，政治捐资和信息支持都是对议员立法活动的补贴。

（二）利益集团的活动方式

利益集团主要是通过“院外活动”来影响政府的公共决策。院外活动就是指逗留在政府休息室里缠住政客进行游说。院外活动分为两级，即州一级的活动和联邦一级的活动，二者分别影响各州议会和国会的政策决策。游说人员频繁地和政客们接触，通过情感上和精神上的交流、经济资源的投入等方式与他们建立起相对稳定的联系，从而对政客们的决策过程施加不同程度的影响，换取对自己有利的政策。

基于行业建立起来的利益集团，为了获得政府对本行业所生产产品更高的保护，一方面用信息、行业知识等有价值的情报积极与国会议员进行沟通，另一方面，对议员在金钱、奢侈品等物质方面给予支持，甚至逐渐演变成赤裸裸的贿赂。事实上，我们很难分清正常的政治捐资和贿赂之间的区别，因为这两种行为都是给予国会议员一定数量的金钱。当然，美国国会意识到了院外活动的重要性和一些丑闻的负面影响，于是在 1946 年通过了管制院外活动的法案，这项联邦法要求那些从事有报酬的院外活动的个人或组织进行登记，把用于试图影响审议事项的通过或试图使提案失败的活动费用上报备案。

此外还有一些基于某种信念和信仰，或者是具有共同的兴趣和爱好而形成的利益集团，并非基于行业组成，如反酒吧同盟、退伍军人协会等。其中有一些利益集团的信念与信仰与国际贸易具有一定的相关性。有些人是极端的环保主义者，认为国际贸易会使环境污染加剧，因而反对国际贸易；有些人十分关注社会公平，为因进口竞争而失业的低技术工人打抱不平；还有些人痛恨自由主义，一切与自由相关的事物他们都反对：自由结社、自由恋爱、资本自由流动、自由贸易……这些人在政府决策过程中同样发挥着重大的作用。

（三）利益集团的特点

利益集团在参与政治活动的过程中，其形式和存在时间的长短具有很大差别。有些组织是为短期应激而建立起来的，在问题解决后会马上解散，具有较强的灵活性和嬗变性。一些利益集团在不同时期会以不同的面貌出现在政治舞台上，以利益为中心，利益变化则支持的政策也随之变化。随着政治、经济、社会和军事状况的变化，利益集团的目标也会发生变化，对待贸易政策的态度也可能会在不同时期截然相反。例如，美国劳工联合会-产业工会联合会（AFL-CIO）是美国一个很有影响力的利益集团，代表美国产业工人的利益，在 20 世纪 60 年代末之前的很长时期一直支持自由贸易。然而自 60 年代末以来，美国劳工联合会-产业工会联合会放弃了其长期信奉的自由主义贸易政策，并且支持国会的配额议案。工人们对自由贸易转变态度，一方面是因为急剧上升的进口渗透率使他们感到了很大的竞争压力，为了保住饭碗，他们不得不支持贸易保护。另一方面，1962 年美国政府实行了贸易辅助调整（TAA）计划，产业工人原以为该计划能对关税减让和工作替代效应为他们带来的消极影响做出补偿，但直到 1969 年也没有一项辅助工人进行调整的决议产生。工人们彻底对该计划失望，于是转变了对贸易政策的态度，并不断对政府官员施加压力以寻求贸易保护。

还有一些组织基于长期共同利益建立起来，其成员可能是面临着相同的长期目标、可能是面临着相同的复杂而难以快速解决的问题、可能是处于相同的背景或行业中，这样的组织表现出极大的稳定性。

公共政策的制定同时受到短期组成的利益集团和长期组成的利益集团的影响。

（四）利益集团与政党和政府机构的关系

政党同利益集团之间既有区别又有联系。区别在于两者在政治形式上具备的功能不同。政党能为各项公职提名候选人，而利益集团不能。联系在于，一个人可能既属于某一政党又属于某一利益集团；或是有共同目标的政党和利益集团可能会产生互助关系。例如，如果政党的成员同时也是某个利益集团的成员，那么这个利益集团也可以称作这个政党的“一翼”；选举出来的公职人员既是政党成员，也有可能同某些利益集团有着密切联系；虽然利益集团并没有提名自己的候选人，却可能公开支持某个政党或该党的候选人，为其提供各种支持；或者，一个利益集团可能会想方设法地周旋于两党之间，希望同时成为两党的"朋友"，获得两党给予的帮助。

政府机构与利益集团之间的关系甚为密切，政府行动会影响利益集团的利益，而利益集团又成为政府行动的主要参与者。例如，乌拉圭回合一个重要的结果①是将 WTO 管辖范围扩展到了知识产权领域，WTO 的成员要按照《与贸易有关的知识产权协定》的要求对知识产权进行保护。20 世纪 90 年代末，美国拥有一项治疗艾滋病药品的知识产权，但艾滋病泛滥的非洲国家根本无力支付美国制药厂商的高昂要价。为了救治患病的国民，加纳和巴西选择从印度大量进口疗效类似、但价格更低的治疗艾滋病的药品，导致美国生产治疗艾滋病药品的大型跨国公司被迫降价，制药业利益集团严重受损。于是，USTR 向 WTO 争端解决机构投诉，认为巴西等国的购买行为对美国厂商的知识产权构成了侵犯，违反了《与贸易有关的知识产权协定》，声明一定要杜绝这种侵权行为。这种坚定态度的背后除了对知识产权的维护外，还暗藏着 USTR 办公室与美国制药业（利益集团）如同"姐妹机构"般的亲密关系。

（五）美国主要的利益集团

美国利益集团众多，本案例只介绍对美国贸易政策的决策和形成产生重要影响的那些集团。这样的集团有三类，它们分别代表着工商企业、工人和坚持某些原则的人们。

工商界一般是由专门代表其成员利益的协会出面与政府机关接触的。主要的全国性组织有两个：全国制造商协会和美国商会，它们声称自己是为整个企业界说话的，也的确在贸易政策的形成过程中发挥着重大的作用。

代表工人的利益集团主要是上文提到的美国劳工联合会-产业工会联合会，它是两个集团的联合体。美国劳工联合会（简称劳联）于 1886 年成立，它是主要以行业为基础而组织起来的各种工会的联合组织，它赞成放任主义，在历史上有很长的时期反对政府干涉劳工事务。随着大规模工业的发展，产业工人的地位越来越重要，于是 1938 年产业工会联合会（简称产联）应运而生。1955 年，这两个联合会合并为劳联-产联，但仍然是行会和产业工会的松散的联合体，各有其自主权。由于代表的是与国际贸易密切相关的产业工人的利益，劳联-产联异常活跃，对美国贸易政策的形成产生了非常大的影响。

此外，一部分人基于其所崇尚的意识形态组织起来，便形成了所谓的"原则组织"。他们为了使自己的原则被广泛接受，不惜一切代价去宣传自己的观点，甚至试图通过游说国会议员使自己的原则与信条上升为国家意志。美国保守派联盟、美国保守选民同盟以及美国国家安全委员会是极为重要的原则组织，它们要么谋求社会的稳定，要么关注国家的安全。

---

① 这里称之为"结果"，而不是像很多国内学者那样称之为"成果"，是因为越来越多的人意识到，把知识产权纳入 WTO 的管辖范围，实际上完全是以损害发展中国家利益为代价来维护发达国家利益的产物。关于这个问题较新的研究成果，参见 Christopher May, "Intellectual Property Rights," In Dominic Kelly and Wyn Grant, eds., *The Politics of International Trade in the Twenty-first Century: Actors, Issues and Regional Dynamics*, Palgrare Macmillan, 2005.

二、利益集团参与美国对华贸易政策制定的背景

（一）对外政策制定机制的变化

在 20 世纪 90 年代前，美国外交政策最重要的目标是保证国防安全，与不同阵营的国家展开政治、军事斗争。在此期间，总统对外交政策的制定起支配作用，国会和利益集团的精英则居于附属。20 世纪 90 年代冷战结束后，随着美国对外战略目标的调整，政府对外政策的制定过程也相应发生了变化，由精英主义模式转变为多元主义模式，较以往更具有灵活性和调整的空间。

政策制定过程发生的这种结构性变化，为各种非政府组织和游说集团参与国家对外贸易政策的制定提供了有利的条件。

（二）美国对华政策的派别分歧

后冷战时期，美国的对外政策存在三个派别，各派别在对华政策问题上持不同看法。

第一个派别以美国前总统乔治・布什和前国务卿基辛格等人为代表，认为美国政府面对的国际状况要求它与传统的同盟合作，对俄罗斯、中国和印度等则应保持谨慎态度。第二个派别以海兰德、帕布坎南和佩罗等人为代表，被称为“美国第一”或“新孤立主义”学派，又被称为保护主义学派。该派别认为政府应该更多地关注国内问题，主张美国从国际事务中撤退，削减美国的对外支出，停止涉及世界自由贸易体系内容的国际谈判。第三个派别认为，美国应该通过更加积极地参与国际政治、经济和军事事务去维护和扩大本国在国际社会上的利益，运用自身的影响力去对那些不符合国际规范的国家施加压力，将妥协和协调降到最低限度。

具体到对华政策问题上，第一个派别主张采取谨慎、协调的态度，避免国家间敌对，以相对和平的方式维护美国的利益。第二个派别认为，中国一旦实现了经济现代化，将会成为美国在国际社会上的某种威胁，因此美国政府应采取强硬态度，依靠军事力量去抑制中国的日益崛起。第三个派别的态度更为强硬，考虑到意识形态问题，认为只有在中国改变政治制度后，美国才可能与中国建立建设性的关系。

美国政府和理论界在对华政策方面的不一致性，使美国政府的对华政策常常处于摇摆状态，为利益集团参与决策创造了条件。

（三）美国国内对中美贸易趋势产生了不同看法

随着中美贸易的迅速发展，大量中国日用品进入美国市场，适应了美国产业结构调整的需要，并对美国以纺织业为代表的已丧失优势的劳动密集型产业形成了巨大的冲击。美国劳工界和传统劳动密集型产业的人士认为，中国对美国的产品出口损害了他们的利益，试图通过国会立法去阻止中国廉价日用品的进入。这种看法反映了面对全球性的经济国际化趋势，美国国内贸易保护主义势力的抬头。但美国也有许多工商界人士看到这种趋势给自己带来的好处，认识到中国存在巨大的市场潜力，与中国保持贸易往来能使自己获得巨大的经济利益。这些工商界人士反对美国政府不公平的产业与贸易政策，也反对劳工集团和产业界部分人士抵制产业结构调整和贸易保护主义的行为。为了保护自

身利益，工商界利益集团向国会展开了大规模的游说，由此引发了利益集团在中美贸易问题上的论战。

（四）关注美国对华政策的利益集团的参与

后冷战时期，围绕美国对华政策问题进行游说的利益集团有很多，其中最具影响力的有以下四类。

首先是企业集团，如美国全国制造商协会、美国商会、企业圆桌会议、美国贸易紧急委员会和美中企业协会等。他们在对华关系问题上主张继续给予中国贸易最惠国待遇。其次是劳工集团。20 世纪 80 年代以来，美国劳工集团常持限制对外贸易的立场。他们认为，中国对美国的出口影响了美国人自身的就业，并以中国存在严重的人权问题为由主张抵制中国产品的进口。再次是公共利益集团。许多公共利益集团关注一些非经济性或非职业性的问题，其中与美国对华政策相关的问题有控制生育问题、堕胎问题和技术扩散问题等。此外，还有外国政府和外国企业。一些外国政府和外国企业也参与到游说美国政府的行列中，他们雇用职业游说人员为自己工作，影响美国政府的对华政策。

这些利益集团及他们为保护自身利益、实现自身目标而采取的种种行为，构成 20 世纪 80 年代末以来美国关于中国贸易最惠国待遇问题争议的社会基础。①

（五）经济上的变化

1979 年既是中美建交元年，又是中国实施改革开放政策后的第一年。从这一年起，中国的国内市场与国际市场长期隔绝的状态被打破了，中国在一定程度上放弃了传统的进口替代战略，开始谋求发挥自身的比较优势来参与国际分工。此后，中国又实行了一系列有利于扩大开放的政策，最突出的是 1988 年推出的一揽子外贸改革，极大地推动了中国对外贸易，尤其是出口贸易的发展。1978 年中国的进出口总额为 206.4 亿美元，其中出口额为 97.5 亿美元，而 1989 年进出口总额增至 1 116.8 亿美元，出口额更是增加到 525.4 亿美元。正是因为中国实行了改革开放政策，所以美国政府意识到：与中国开展贸易既是必要的，又是可能的，大力发展双边贸易的时机来临了。

1989 年，美国国内充斥着这样的声音："较之美国对中国的需要，中国对美国的需要更为强烈"。而随着时间的推移，到 1994 年，美国人的语气发生了显著的变化，此时美国人普遍意识到："我们要么在中国的市场上扮演重要的角色，要么就忘记自己是一个全球竞争者。"②

这一阶段，中国坚定不移地发展外向型经济，利用自身劳动力充足的特点，大力发展劳动密集型产品的对外贸易、积极开拓海外市场，而主要的出口对象之一便是美国。中国物美价廉的纺织品、玩具、家具不断抢占美国市场，受到美国人民的欢迎。很多美国人发现，他们已经无法离开"中国制造"而生活；很多进口商发现，他们可以通过"中国制造"而大获其利，如果不给予中国最惠国待遇，或者对中国产品实施严格的贸易

---

① 谭融．利益集团与美国对华贸易政策：中国贸易"最惠国待遇"案例研究．吉林大学社会科学学报，2004（4）．

② Jim Hoagland, "Latest Trade Darling," *Washington Post*, March 23, 1994.

壁垒，将会使自身遭受严重的损失。如表 14－2 所示，中美贸易总额由 1989 年的 122.73 亿美元直线上升到 2001 年的 804.84 亿美元，而美国对华进口则由 1989 年的 44.12 亿美元猛增至 2001 年的 542.82 亿美元。由表 14－3 所示，1989—2001 年间，美国从中国进口的主要产品是机械类产品和轻工业产品。

同时，美国的很多企业也积极开拓中国市场，他们发现中国的购买力越来越强，而且对国外产品的需求不断升级，因此美国各类出口企业基于自身的利益，十分关注中国市场、中美关系以及美国对华贸易政策的走向。波音公司、通用汽车、摩托罗拉和伊士曼化学品公司都十分积极地支持与中国进行正常的贸易并反对单边主义的对华制裁措施，因为一旦中国采取报复措施，来自中国的巨额订单将会消失，并落入其竞争对手——欧洲企业的手中。美国政府在制定对华贸易政策过程中，必然也会考虑中国市场的重要性，因为贸易战一旦打响，丧失的中国市场份额将会对整个国家的经济产生极为不利的影响。1989 年，美国对华出口额 78.61 亿美元，2001 年，出口额一路攀升至 262.02 亿美元，其中出口较为集中的几种产品是机电产品、肥料和高新技术产品（表 14－4）。

表 14－2　1989—2001 年中美贸易额　　单位：亿美元

年份	进出口	出口	进口	差额	年份	进出口	出口	进口	差额
1989	122.73	44.12	78.61	—34.49	1996	428.40	266.85	161.55	105.30
1990	117.70	51.80	65.90	—14.10	1997	489.93	326.95	162.98	163.97
1991	141.70	61.60	80.10	—18.50	1998	549.37	379.76	169.61	210.15
1992	174.90	85.90	89.00	—3.10	1999	614.26	419.46	194.80	224.66
1993	276.50	169.60	106.90	62.70	2000	744.67	521.04	223.63	297.41
1994	354.30	214.60	139.70	74.90	2001	804.84	542.82	262.02	280.80
1995	480.30	247.11	161.18	85.93					

资料来源：根据中国海关总署发布的数据整理。

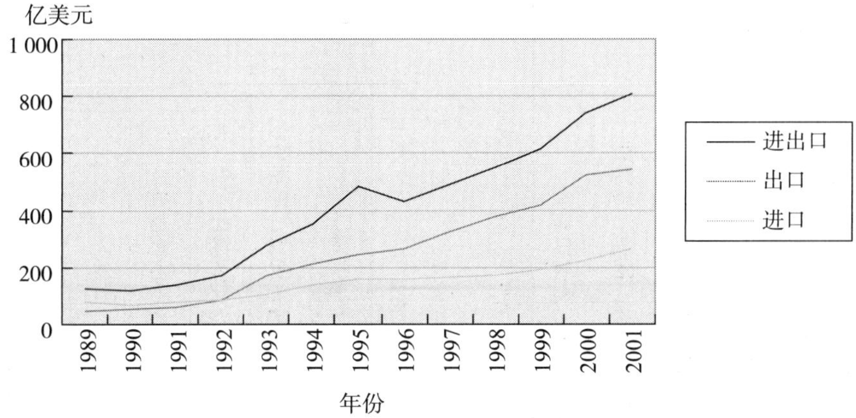

图 14－1　1989—2001 年中美贸易折线图

表 14-3 1989—2001 年美国自华进口额前五位产品种类及进口额

单位：亿美元

产品种类	1989	1990	1991	1992	1993	1994	1995	1996	1997	1998	1999	2000	2001	总计
电机、声讯设备、电视设备	16.3	19.3	25.8	34.3	44.4	65.2	78.9	89.1	105.6	127.7	150.5	195.6	197.3	1 150.0
玩具；游戏及体育用品；零部件	17.3	21.4	26.1	36.9	41.7	51.5	62.2	75.0	93.6	105.5	110.8	123.8	122.2	888.0
鞋类、胶鞋及其零部件	7.2	14.8	25.3	34.0	45.2	52.6	58.2	63.9	74.1	80.1	84.3	91.9	97.6	729.4
核反应堆；气锅；机械；零部件	3.3	4.7	6.6	10.6	15.6	23.7	36.2	44.8	59.9	76.2	101.7	134.1	137.2	654.5
服装及附件（不含编织品）	15.9	21.1	23.0	30.7	37.9	35.1	32.8	35.1	41.6	38.1	37.5	41.7	41.5	432.1

注：因四舍五入原因，数据存在误差。

表 14-4 1989—2001 年美国对华出口额前五位产品种类及出口额

单位：亿美元

产品种类	1989	1990	1991	1992	1993	1994	1995	1996	1997	1998	1999	2000	2001	总计
核反应堆；气锅；机械；零部件	10.4	8.6	10.6	11.8	18.2	19.2	21.9	23.0	24.8	27.2	25.7	34.8	40.7	276.9
航天器、飞船及其零部件	5.4	7.5	10.8	20.6	22.3	19.1	11.8	17.1	21.2	35.9	23.2	16.9	24.5	236.1
电机、声讯设备、电视设备	2.4	2.6	2.8	4.6	9.0	9.2	12.7	14.3	15.2	17.5	19.9	27.0	34.3	171.6
肥料	4.9	5.4	9.8	6.3	2.9	9.4	12.0	8.9	10.5	10.6	9.3	6.7	4.2	101.1
光学、摄影器械；医疗手术器械	2.7	2.3	3.2	4.4	4.7	3.9	4.5	4.9	6.3	6.8	7.9	8.1	12.5	72.0

注：因四舍五入原因，数据存在误差。

三、利益集团在中国最惠国待遇问题上的角逐与作用

接下来，本案例通过讲述给予中国最惠国待遇（Permanent Normal Trade Relations，简称 PNTR）的决策过程来说明美国国内利益集团在中国最惠国待遇问题上的角逐与作用。

贸易最惠国待遇是国与国之间相互给予关税优惠的一种制度和构成国际贸易协定的基本条款。美国的贸易法规定，对于非市场经济国家，美国政府必须在考察其移民政策后方能决定是否延长它们的最惠国待遇；是否延长其最惠国待遇必须一年一讨论，由总统和国会两院共同决定这一问题。根据美国在冷战时期形成的《1974 年贸易法杰克逊-瓦尼克修正案》，美国可以给予非市场经济国家贸易最惠国待遇，但这类国家必须满足三个条件：第一，不剥夺本国公民移居外国的权利；第二，不对移居外国者征收过高的关税；第三，不对有移居外国愿望的公民征收过高的税。中国于 1979 年取得对美国贸易的最惠国待遇地位。直至 1989 年以前，这一地位是一种惯例，一直为美国国会所接受。然而 1989 年以后，是否延续中国对美贸易的最惠国待遇成为美国对华政策的一个重要问题，也成为不同利益集团政策角逐的焦点问题之一。利益集团形成两大联盟，一个是工商界和农业利益集团的联盟，主张无条件延长中国贸易最惠国待遇地位；另一个是由劳工集团、意识形态集团和其他组织结成的联盟，主张根据情况有条件地延长中国贸易最惠国待遇地位。两大联盟围绕这一问题展开了长达十多年的论战。

从 1980 年到 1989 年 5 月，美国总统一直对中国行使放弃权，要求给予中国最惠国待遇地位，而国会也一直没有反对，对华给予最惠国待遇的年度审议每年都顺利通过。后来情况发生了变化，很多国会议员要求根据《1974 年贸易法杰克逊-瓦尼克修正案》，撤销中国的最惠国待遇地位。

到了 1990 年，许多国会议员抨击布什总统的对华态度“过于骄纵”，对其实行的对华政策十分不满，于是把一年一度的对华最惠国待遇审议作为武器来表达对中国某些政策的不满和对布什总统的不满。从 1989 年到 1991 年初，国会对布什政府的对华政策持批评的态度，但态度较为温和。1991 年 3—4 月，美国国会、媒体和利益集团开始公开批评布什政府的对华政策，批评中国，并公开对是否继续延长中国贸易最惠国待遇、中国的贸易最惠国待遇地位是否应免受审查的问题持负面态度。1991 年 7 月以后，国会通过了有条件地延长中国贸易最惠国待遇的议案，但布什否决了此议案。此后，国会和反华利益集团对布什政府的对华政策进行了激烈的批评。1990—1992 年间，布什两次否决国会通过的关于中国贸易最惠国待遇问题的立法。① 布什支持者中的民主党参议员主要来自美国的农业州，这些州在对华贸易中有着巨大的利益，所以较为赞同布什的对华贸易政策。部分两党参议员也组成联盟，支持布什政府的政策②，提出在给予中国贸易最

① “Congressional Quarterly,” *Weekly Report*, 1991.

② Robert G. Sutter. *U. S. Policy Toward China: An Introduction to the Role of Interest Groups*. Lanham: Rowman & Littlefield Publishers. Inc, 1998.

惠国待遇政策上后退将对美国的利益带来负面影响。在这些参议员背后，美国生产和出口谷物的农业集团发挥着重要作用。美国的人权集团、劳工组织和军事武器控制组织则结成广泛的联盟，反对继续延长中国的贸易最惠国待遇。它们的观点得到美国国会众议院多数议员的支持。

1992 年是大选年，共和党内阁的对华政策成为民主党频繁抨击的对象。克林顿在竞选过程中向选民昭示其坚持“扩大民主”的信条，并公然宣称：“我不想孤立中国，但我相信我们的国家具有更高的目标，因此我们应该为全球民主运动做些什么，而不能纵容专制、对专制袖手旁观。”①克林顿竞选时提出将限制给予中国贸易最惠国待遇的承诺，符合一些赞成限制中国最惠国待遇政策的利益集团的利益。后来在克林顿政府的组成过程中，那些赞成有条件地给予中国贸易最惠国待遇的利益集团的代表得到了实惠，与克林顿政府形成了联盟般的关系。

1993 年 3 月，克林顿总统颁布行政命令，继续给予中国贸易最惠国地位。但此后不久，克林顿宣布将从 1994 年开始把中国的最惠国地位同人权联系起来。人权组织为了维护自己的纲领，强烈要求总统撤销给予中国最惠国待遇，或者要求总统将最惠国待遇同人权状况挂钩。以人权组织为代表的非经济利益集团不仅巧妙地渗透到行政部门的决策过程中，而且在国会拥有坚定的支持者，它们给总统带来了前所未有的压力，我们将这种压力称为“原则约束”。在“原则约束”下，克林顿总统于 1993 年 5 月发布了一条行政命令，声明 1994 年中国最惠国待遇的延长将与附加的七项人格条件相关。

明显可以看出，这条“行政命令”干涉了中国的内政，是侵略性单边主义的典型体现，而其背后则体现着总统对来自人权组织的“原则约束”的服从。克林顿在竞选总统时曾经批评布什总统在对华贸易政策上的软弱，并承诺他将改善这种状况，于是克林顿入主白宫之后，被自己当时的承诺束缚了手脚，不得不在中国最惠国待遇和人权问题上表示出强硬的姿态。至此，我们可以看出，“原则约束”和竞选总统的需要导致了 1993 年 5 月行政命令的出台。

这一时期，中国经济和市场的发展使美国的企业家们越来越清楚地看到开发中国市场的广阔前景。企业界领袖、美国电话电报公司驻中国的首席代表威廉·沃里克对国务卿克里斯多弗说：“如果我们不在中国市场上确立主导地位，那么我们就不再是全球市场的参与者。”②《财富》500 强的总裁声称大约有 157 000 名工人在生产着向中国出口的产品。③ 工商界的代表波音公司和摩托罗拉集团也极力向政府说明对华贸易对于美国制造业的重要性。美中贸易商业联盟出资 1 200 万美元对国会进行游说，并投入 150 万美元进行相关的媒体宣传。197 位高科技企业主管联名给国会写信。微软董事会主席比尔·盖茨在《华盛顿邮报》撰文要求国会通过中国的最惠国待遇。《纽约时报》《华盛顿邮报》等主流刊物也纷纷发表社论，要求国会作出负责任的决定。以劳联-产联为首的工会组织发起了美国贸易史上最大规模的游说活动。它们在国会山举办了几十场会议，动员会员

① Ed Walsh, “Clinton Indicts Bush's World Leadership,” *Washington Post*, October 2, 1992.

② Jim Hoagland, “Latest Trade Darling,” *Washington Post*, 1994.

③ S. A. Wanohara, “Breathing Space: Clinton Delays on Conditions to China's MFN Renewal,” *Far Eastern Economic Review*, 1993 (13).

向国会议员发出了无数信件，并派出协调员分工协作，向各选区议员施加压力。14 000名工会成员涌进国会大厦，气势逼人……

工商业利益集团真正感到了压力：因为在布什总统执政时期，尽管社会各界对是否给予中国最惠国待遇争论得异常激烈，但布什总统总能起到一锤定音的作用，他屡次使用总统否决权，否决了国会终止给予中国最惠国待遇的议案；但克林顿上台之后，情况发生了变化，工商业利益集团认识到，克林顿极有可能不会再像布什那样行使否决权，维护工商业集团的利益，终止给予中国最惠国待遇第一次真正具有了可能性。于是，以美中贸易商业联盟为代表的工商业组织采取了有史以来针对对外政策的最具进攻性的游说活动，我们称工商业组织给克林顿总统带来的压力为商业约束。

在过去，类似的商业约束也存在过，一些工商业组织或大企业为了实现扩大贸易的目的而成立商业联盟，并积极进行游说行动，然而，那些行动通常是由行政部门领导人协调的。此次支持对华贸易的活动则不同，因为这一回是一大批商业利益集团为了一个重要的扩大贸易的目标走到一起，它们担心失去大量的现有业务，于是团结起来采取了一系列政治行动。

企业界的广泛游说使克林顿政府逐渐看清美中之间相互利益关系的现实。1994年5月，经过通盘考虑，克林顿总统宣布继续给予中国最惠国地位，并宣布美国不再把中国的人权状况与是否给予中国贸易最惠国地位问题相挂钩。此后的五年中，围绕给予中国最惠国待遇（1998年起改为“正常贸易关系”）问题，总统、国会、利益集团之间一直都存在着激烈的斗争与冲突，但每次审议均以继续给予中国最惠国地位而告终。2000年3月，克林顿建议国会给予中国永久性正常贸易关系地位。2000年，美国国会在关于中国贸易最惠国待遇问题上再次取得突破性进展，5月24日众议院以237票赞成197票反对，通过了与中国建立永久性正常贸易关系的议案。

在众议院通过与中国建立永久性正常贸易关系的议案后，参议院的共和党人采取了拖延的办法，将法案在参议院搁置了三个多月，一方面，以此在政策问题上与克林顿讨价还价，另一方面，以此在竞选活动中给民主党增加混乱。最终改变参议院共和党人态度的，首先还是美国商界利益集团给予的巨大压力，其次则是克林顿当局的努力。

2000年9月19日，参议院以83票赞成15票反对通过了给予中国永久性正常贸易关系的议案，美国国会有关中国最惠国待遇的争论终于告一段落。①

四、利益集团对美国对华贸易政策的影响

（一）20世纪70年代—90年代

20世纪70年代以来，美国国内利益集团参与对外政策决策的途径越来越多，它们充分利用美国多元化的政治体系，不断探寻出参与对外政策制定过程的通道（Nakayama，2006）。然而，不同利益集团在对华贸易问题上有不同的立场，它们都会采取一定行动，使政府制定出令自身满意的政策。工商业利益集团希望同中国自由地开展贸易，

① Robert O'Neill，“China Trade Bill Caps Year of Global Concerns，” *National Journal*，2000.

以此来获取中国廉价的原材料和劳动力，或者向中国出口自己的产品。而一些非经济利益集团，比如那些要求提高环境标准的集团和人权组织，则反对同中国开展贸易，它们认为中国的环境问题、人权问题十分严重，不符合人类发展的原则和规律，与中国开展贸易将使美国丧失自身的准则。这两方面的力量都对美国政府对华贸易政策决策产生了一定程度的影响，但在 20 世纪 80 年代，工商业利益集团的活动更为成功。尽管当时中美正常贸易关系刚刚起步，而且美国大型企业对华投资数额也很小，但工商业利益集团已经看到了中国产品和市场的重要性，因而在影响对华贸易政策方面表现得十分积极主动，于是在斗争中占据了上风，它们有效地说服政府制定出有利于同中国开展贸易以及向中国投资的政策。①

这一时期，美国的战略需要是形成对华贸易政策的主导因素，而利益集团的影响作用较小，边际地影响了对华贸易政策的决策和形成。

（二）20 世纪 90 年代

这一阶段，中国同美国的各种利益集团之间具有更大的利害关系，各利益集团参与政治生活的途径进一步拓宽，因而利益集团在对华贸易政策的决策和形成方面，发挥了更为重要的作用。

克林顿执政时期，行政部门开始同利益集团之间建立一种更为友好的新型关系，这可以从行政部门同人权组织间关系的变化中体现出来。在克林顿上任之前，人权组织经常与行政部门发生争执，阻碍其政策的推行；而克林顿入主白宫之后，人权组织对内阁表现出十分友好的态度，而且内阁还积极地向这些组织寻求政策建议，相当多的建议成为了内阁提出的议案的组成部分。人权组织还在国会中拥有自己坚定的支持者，最典型的两个人物是众议员南希·佩洛西和参议员乔治·米切尔，他们在老布什执政期间就曾积极地推动反对给予中国最惠国待遇的立法。可见，人权组织具有了参与行政机构决策的新途径，并且能得到国会的不断支持，因此它们能够有效地向行政机构施压，使其尊重人权组织的行动纲领。② 所以，在克林顿执政时期，围绕给予中国最惠国待遇的斗争异常激烈，而反对者的理由主要是中国的人权问题——这充分体现出人权组织利益集团的重要作用。

该阶段，除了人权组织积极活动之外，工商业利益集团也大举行动。其中，拥有上千个成员的美中贸易商业联盟在对华贸易政策的形成过程中扮演着最重要的角色。这个大型的联盟包括美国全国制造商协会、全国零售业同盟、商业圆桌会议、全国对外贸易理事会，以及美国商会。据《商业周刊》报道，美中贸易商业联盟代表了几乎美国所有的大中型出口商③，这样一个大型工商业组织在克林顿竞选成功而尚未就职之际，给其

---

① 这一时期，美国人权组织的活动也并非毫无成果。1985 年，在人权组织的干预下，美国政府决定撤回对联合国人口活动基金会（UNFPA）的全部捐款，理由是该组织向中国的人口工程提供了帮助，而中国的计划生育政策是不符合美国的人权标准的。当然，美国政府的这一举动更多地是针对联合国的一项活动，而并非直接针对中国，且同中美贸易无关，所以我们认为这一事件没有改变该阶段美国对华贸易政策的性质。

② John W. Dietrich，“Interest Groups and Foreign Policy：Clinton and the China MFN Debates，” *Presidential Studies Quarterly*，1999（2）.

③ “China：The Great Brawl，” *Business Week*，June 16，1997.

写了一封信，力劝克林顿给予中国最惠国待遇，并建议其采用更多行之有效的手段来发展同中国的长期关系。上文提到的克林顿总统经过通盘考虑，于 1993 年和 1994 年两次宣布继续给予中国最惠国待遇，并宣布美国将不再把中国的人权状况与最惠国地位问题挂钩，就是考虑到美中贸易商业联盟的意见，为了发展同中国的长远关系而做出的抉择。

20 世纪 90 年代后期，工商业利益集团同国会紧密联系，有效地影响了对华贸易政策的制定。特别地，1999 年末到 2000 年春，在政府决议是否给予中国永久性正常贸易关系的过程中，工商业组织再一次卷入其中，并且完全控制了斗争的局势，使得参众两院均以压倒性多数通过了总统提出的给予中国永久性正常贸易关系的建议。可以说，在这一问题上，美国的工商业集团扮演了替中国充当游说者的角色。

从国内利益集团的角度来看，这一阶段工商业集团战胜了人权组织，使美国继续保持了友好的对华贸易政策。

（三）20 世纪 90 年代后

这一阶段，美国工商业利益集团在中国的利益和挑战发生了重大的变化。在 20 世纪 90 年代，对美国的工商业利益集团来说，利用中国廉价的劳动力和开辟广阔的中国市场是压倒性因素，不同的工商业组织对此都毫无异议。而在中国入世之后，贸易不平衡、汇率问题、知识产权保护、失业和不公平贸易成为工商业集团更为关注的问题，不同的工商业组织都有各自特定的利益取向，没有人再把中国置于重要的战略性地位之上（Nakayama，2006）。

工商业利益集团内部对华态度存在着很大的分歧，中小企业控诉“中国制造”给其造成了严重的损失，而大型跨国公司则在中国建立了越来越多的工厂，前者成为中国不公平贸易的主要申诉者，而后者为了更好地维护自身利益，不断游说政府制定有利于同中国发展经济贸易关系的政策，其各种游说活动又对政府官员的思想乃至决策产生了极为重要的影响。2005 年 3 月，左格比国际问卷对 100 名国会职员进行了民意测验，其中 54%的人认为中国是全球经济的一个严重威胁，只有 19%的人对中国持赞许态度，造成这种现象的原因是美国中小型制造商对中国产品提出的申诉越来越多，他们在政府官员耳边不断抱怨中国产品对其造成的伤害，使制定政策的官员们倾向于戴着有色眼镜看待中国。

这一时期工业企业和商业企业的对华态度也明显不同，而且在较短的时期内发生了剧烈的变化，但究其根本，都是为了维护本企业或本集团的利益。工商业利益集团共同目标的丧失，导致了它们为中国游说、使贸易政策朝着有利于中国的方向制定的作用大打折扣。正如一位中国贸易游说者所说，当工商业利益集团内部有一组明确的共同目标时，它们才更容易联合起来并且被加以利用。

纵观两届总统期间利益集团在中国贸易最惠国待遇问题上的角逐，利益集团主要在三个方面发挥了作用：第一，协助政府进行辩论主题的设计。工商业利益集团使辩论主题由早期的人权问题逐渐转移到美中双边关系问题，强调双边关系对美国商业利益的影响。第二，利益集团为政府的政策分析提供了大量可供参考的信息。第三，利益集团在帮助政府审视政策发展的趋势与利弊关系方面发挥了重要作用。从中国最惠国待遇案例中可以看出，当利益集团追寻的目标不符合世界潮流，也不符合美国的整体利益时，其政策主张终究要被挫败。此外，利益集团自身的凝聚力和在游说中的协调一致性也有利于使其政策主张最终得以实现。

中国最惠国待遇案例表明，美国的利益集团在外交政策上已不仅仅持消极态度，不再局限于在决策系统的外圈活动，他们也积极参与政府对外政策的制定，成为美国政府对外政策制定过程中的影响因素之一，在美国政府的对华贸易政策中发挥着越来越重要的作用。

参考文献

[1] 高乐咏，王孝松．利益集团游说活动的本质与方式：文献综述．经济评论，2009（3）.

[2] 谭融．利益集团与美国对华贸易政策：中国贸易“最惠国待遇”案例研究．吉林大学社会科学学报，2004（4）.

[3] Ed Walsh，“Clinton Indicts Bush's World Leadership，” *Washington Post*，October 2，1992.

[4] Jim Hoagland，“Latest Trade Darling，” *Washington Post*，1994.

[5] John W. Dietrich，“Interest Groups and Foreign Policy：Clinton and the China MFN Debates，” *Presidential Studies Quarterly*，1999（2）.

[6] Robert G. Sutter. *U. S. Policy toward China：An Introduction to the Role of Interest Groups*. Lanham：Rowman & Littlefield Publishers. Inc，1998.

[7] Robert O'Neill，“China Trade Bill Caps Year of Global Concerns，” *National Journal*，2000.

[8] S. A. Wanohara，“Breathing Space：Clinton Delays on Conditions to China's MFN Renewal，” *Far Eastern Economic Review*，1993，（13）.

[9] “China：The Great Brawl，” *Business Week*，June 16，1997.

[10] “Congressional Quarterly，” *Weekly Report*，1991.

案例 15

科技创新与贸易政策——从中美经济实力对比讲起

本案例教学目标：

1. 了解中美两国在科技实力方面的对比情况；
2. 了解中美两国在经济、人口、产业领域的发展特征；
3. 理解中国科技发展同美国发起贸易摩擦之间的联系；
4. 了解中国应对美国遏制的措施。

近年来，中国在人工智能、5G、云计算等领域取得了显著成就，涌现了一批以华为、百度、阿里巴巴、腾讯为代表的具有较强国际竞争力的企业，而美国的科技创新水平相对稳定，整体增长速度较低，中国科技水平的迅速提升引起了美国的担忧与恐慌。

为继续保持在国际社会的领先地位，美国政府自 2018 年对中国发动贸易战，以华为、中兴为首的中国科技企业开始成为美国政府制裁的对象，截至 2020 年 8 月末，共有 10 个批次 296 家中国企业受到美国制裁，制裁领域从 5G、人工智能等信息技术核心产业链扩展至电信运营商、云服务商以及相关的高校和科研机构，其制裁手段包括贸易、投资以及人员交流限制等多种措施。

中美贸易战本质是一场科技战，美国疯狂打压中国，搞所谓的“技术脱钩”，实质是打压中国的科技进步，防止中国构建自己的技术供应链体系，迟滞中国的经济发展，进而维护美国的科技霸权，确保美国在大国竞争中的霸权地位和绝对领先优势。

本案例以科技实力为主，对中美经济实力进行对比分析，介绍了中国在高科技领域取得的成就，进而揭示中国科技实力赶超带给美国的恐慌，并介绍美国因此对中国实行的加征关税、技术封锁等一系列限制政策，最后为中国应对贸易战、促进科技创新与经济发展提出了相关建议。

一、中美经济实力对比

(一)科技实力对比

1. 宏观视角

(1) 研发投入。

2013 年，中国的研发经费总额超过日本，成为世界第二大研发经费投入国家，且中国的研发投入增长迅速，与世界第一大研发经费投入国家美国之间的差距也正在不断缩小。2018 年美国研发经费支出为 5 738 亿美元，中国研发经费支出为 2 969 亿美元，较 1995 年增长约 56 倍，年均增速为 19.2%。中美两国研发投入占 GDP 比重可见图 15－1。

充足的研发投入是进行科技研发并将其付诸应用的前提，中国研发投入的增加不仅体现了国家及企业对科技创新的重视，更为高质量的科研产出提供了现实条件。

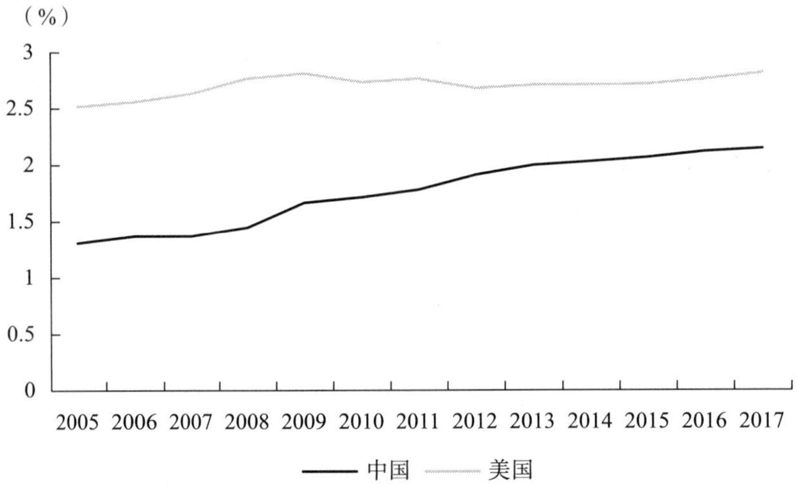

图 15－1 2005—2017 年中国与美国研发投入占 GDP 比重

(2) 人力资本。

除了研发经费的支持，各类科研成果离不开一支强大的工程师与科学家队伍。2014 年，自然科学与工程学学士学位获得人数排名前三的国家与地区分别为中国（145 万）、欧盟八国（57 万）、美国（38 万），中国已经成为世界第一；而博士学位获得人数排名前三的国家与地区分别为欧盟八国（4.92 万）、中国（3.18 万）、美国（2.98 万），中国居世界第二。由此可见，与美国相比，中国在高学历人才供给数量方面存在一定的优势，这为中国的技术创新提供了较为充足的人才储备。

(3) 论文发表。

研发产出是一国科技实力的重要体现，其中，论文是基础研究成果的精华，高质量的论文代表着一国在基础科研领域的实力。从科学与工程领域发表的论文数量来看，2016 年排名前三的国家或地区分别为欧盟（61.4 万）、中国（42.6 万）、美国（40.9 万），中国首次在数量上超过美国。从论文质量角度看，2016 年科学与工程领域发表的引用率位于前 1%的高质量论文中，美国相对比例指数为 1.9，中国为 1.01，尽管中国与美国在论文质量方面仍有一定差距，但中国近几年高引用率论文的比例已有所提升。

能否发表于顶级刊物是检验论文质量的另一有力依据，分数计数是衡量一国论文发表于顶级刊物能力的一种自然指数。从 2017 年各国分数计数的排名来看，美国为第一名（19 579），中国为第二名（9 088）。一方面，中国与美国之间的差距正在逐年缩小，另一方面，中国与第三名德国（4 363）、第四名英国（3 608）、第五名日本（3 053）的差距正逐渐拉大。整体而言，中国近年来在基础科研领域进步明显，为高新技术创新奠定了基础。

（4）发明专利。

发明专利是一国科技创新水平的代表，在全球范围内都被认作是衡量创新行为的重要指标。中国近年来在专利方面发力明显，在申请数量和授权数量上均超过美国。2016 年世界发明专利申请量前三名分别为中国（126 万）、美国（52 万）、日本（46 万），而世界专利授权量前三名分别为中国（32 万）、日本（29 万）、美国（28 万）。根据世界知识产权组织（WIPO）数据，2017 年全球专利批准 140 万例，其中中国占比最高，占全球比重 30%，美国占比为 23%。由此可见，在美国专利申请量相对稳定的情况下，中国专利申请量以迅速增长的态势大幅赶超美国，并在授权数量方面也占有一定优势。2005—2018 年中美两国专利申请量对比可见图 15-2。

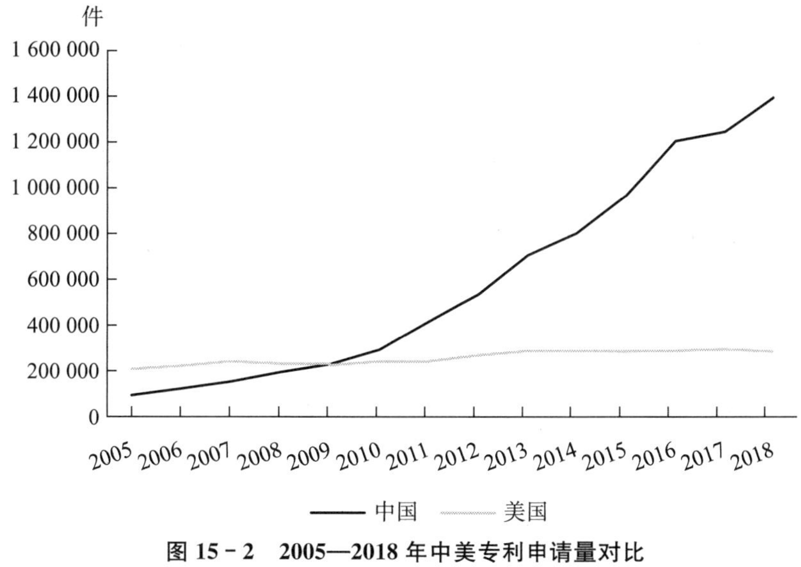

图 15-2　2005—2018 年中美专利申请量对比

2. *产业视角*

（1）信息与通信技术。

信息技术由于在保障国家安全与军事实力、拉动相关产业发展方面有着至关重要的作用，通常被认为是衡量综合国力的重要标志。站在细分领域的角度，集成电路、软件和互联网服务、通信分别承担着信息的计算、加工处理和传输功能，这三类技术也成为各企业和各国竞争发展的重要高地。

在集成电路设计领域，中国近年来取得不小的进步。2010 年全球前十大集成电路设计厂商中尚无一家大陆企业入围，除了台湾地区的联发科技排名第五，其余九家均为美国企业。而2016年华为海思与紫光集团双双进入前十（见图15-3），中国企业在集成电路设计领域的全球市场份额也由2010年的5%左右提升一倍至约10%。同时美国企业份额则从69%下降至55%左右。尽管短期内美国在集成电路设计领域的霸主地位难以撼动，但中美两国实力此消彼长，差距正在缩小。

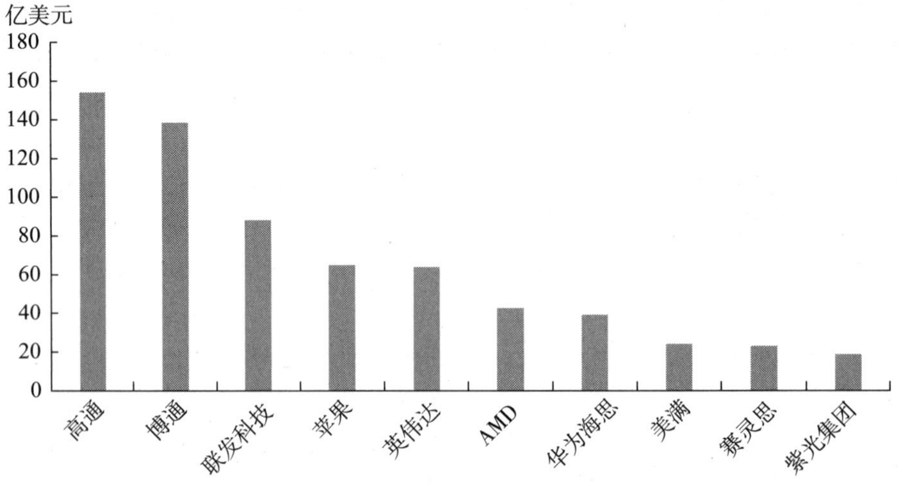

图15-3 2016年全球集成电路设计企业营业额

在软件与互联网服务领域，根据普华永道思略特发布的“2017全球创新企业1 000强榜单”，其中软件与互联网服务企业按照研发投入排名的创新十强榜单中，中国凭借百度、阿里巴巴、腾讯占据其中3名，美国企业——亚马逊、谷歌、微软、甲骨文、Facebook占据了5名（见图15-4）。整体而言，中美之间存在一定的差距，但凭借中国软件与互联网服务企业对科技研发的重视，中国在该领域的进步较快。以云计算为例，目前全球基础设施云服务市场中，亚马逊AWS市场占有率接近35%，其余为微软Azure、IBM、谷歌，阿里云排名第五，且发展速度较快。

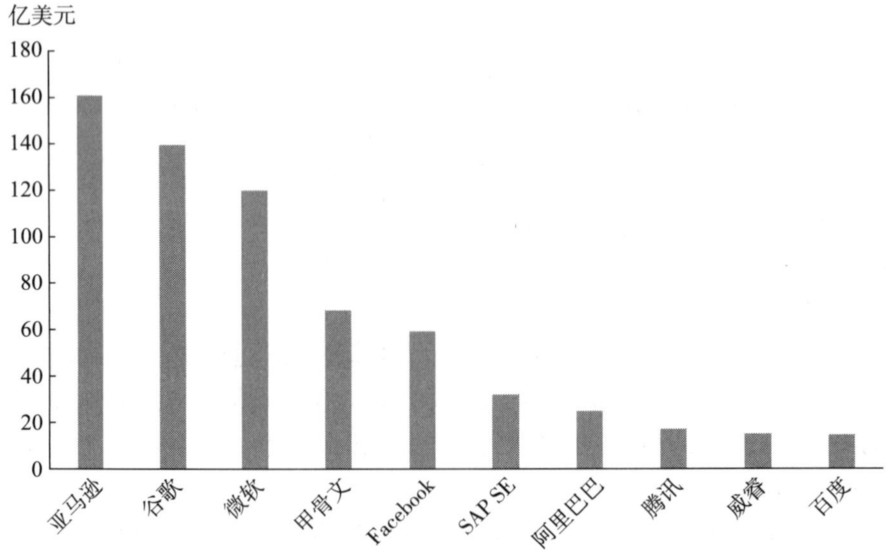

图15-4 软件与互联网服务企业创新十强研发支出额

在通信方面，当前全球四大通信设备巨头为华为、诺基亚、爱立信、中兴，中国占据其二。华为 2017 年销售额为 925.5 亿美元，研发投入 137.9 亿美元，大幅超越传统通信设备巨头爱立信与诺基亚（见图 15-5）。与美国无线通信巨头高通相比，华为的收入与研发投入体量同样领先。在过去十年内，华为在研发领域累计投入近 4 000 亿元人民币，目前拥有超过 7 万份专利，其中超过 90%是发明专利。

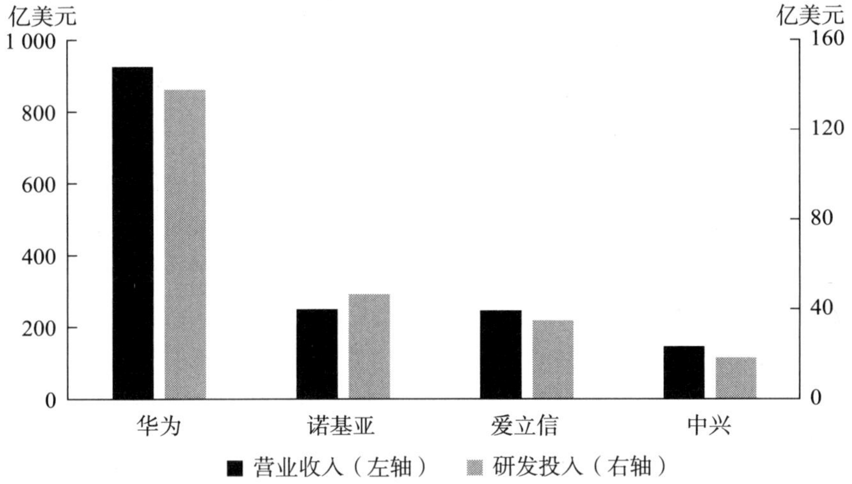

图 15-5　2017 年全球四大通信设备巨头营业收入与研发投入

在 5G 通信技术的标准制定上，以华为为代表的中国企业也开始崭露头角。在 2017 年 11 月美国里诺举行的 3GPP RAN1＃87 会议中，华为主导的 Polar 码成为 eMBB 场景下控制信道编码最终方案，而高通主导的 LDPC 码成为数字信道编码方案，中美平分秋色。这也是作为通信物理层技术的信道编码标准制定以来第一次由中国企业推动，显示出中国在全球通信领域话语权的提高。5G 芯片方面，华为在 2018 年世界移动通信大会（MWC）上发布了全球首款 3GPP 标准的 5G 商用基带芯片巴龙 5G01，可以提供 2.3Gbp 的传输速度，支持高低频，也支持独立或非独立方式组网。华为也成为首个具备“5G 芯片-终端-网络能力”的 5G 解决方案提供商。在国家 5G 测试项目中，华为在第二阶段领先爱立信、诺基亚贝尔等厂商率先完成全部测试项目，并且在小区容量、网络时延等性能指标上领先。

（2）人工智能。

人工智能是继互联网后的新一代通用目的技术，对经济社会发展和国际竞争格局产生了深刻影响。当前，中国人工智能研发和产业发展迅速，从人才投入、投融资等主要投入指标和论文发表、专利申请等主要产出指标来看，都已具备较强的竞争力和发展潜力。

从人工智能人才投入来看，截至 2017 年 6 月，全球人工智能初创企业共计 2 617 家，其中，美国拥有 1 078 家，从业人员约为 78 700 人，位居全球首位。中国拥有人工智能初创企业 592 家，从业人员约为 39 200 人，位居全球第二位。从人工智能人才数量上升潜力来看，中国 STEM（科学、技术、工程和数学）毕业生数量居世界首位，投入人工智能领域的人才数量上升潜力较大。据世界经济论坛数据，2016 年，中国 STEM 毕业生人数达 470 万，其中，博士毕业生约为 3 万。同期，美国 STEM 毕业生数量为 56.8 万，仅为中国的 12.1%。大量的 STEM 毕业生为中国培育人工智能学术和产业人才提供了充足的人才供给。

从人工智能投融资角度来看，在总量方面，2013 年至 2018 年第一季度，中国人工智能投融资总额累计占全球比重为 60.0%。同期，美国占比仅为 29.1%。在数量方面，中国人工智能投融资笔数占比近年来有所下降，2013 年至 2018 年第一季度，中国人工智能投融资笔数累计占全球比重为 31.7%。同期，美国占比则高达 41.3%。这说明中国投资更为集中，单笔融资规模较大。中国在人工智能领域投融资的增加为中国人工智能提供了坚实的资金支持。

从人工智能领域的论文产出来看，1998—2017 年，中国人工智能领域论文发表累计总量为 14.18 万篇，占全球比重 23.5%，仅次于美国的 14.91 万篇。中国人工智能论文产出量自 1998 年以来保持快速增长，年复合增长率达 24.32%。在论文质量方面，2017 年，中国人工智能论文质量指数（按领域权重引用影响力指数衡量）约为 1.3，与美国的 2.5 有较大差距，但中国人工智能论文质量优于全球平均值 1，且中国论文质量自 2008 年以来整体呈现持续上升趋势。

从人工智能领域的专利数量来看，截至 2016 年美国人工智能专利数量占全球比重约为 35%，中国约占 20%，且近 5 年中国专利申请量增速保持全球第一。

（3）航天。

从政府活动（包括政策支持力度、预算开支情况、国际合作情况等）、人员和航天器（宇航员人数、相关学科大学及以上储备人才数量、在轨航天器数量等）、相关工业（制造能力、发射能力、地面操控能力等）这三方面能力进行评定，2017 年中国航天实力指数为 27.93，较 2016 年有所提升；美国航天实力指数为 89.3，居全球首位，但近年来有所下降。

空间技术是航天技术中非常核心的部分。近十年，我国的空间技术发展迅速、成效显著。我国是全球为数不多的能够独立实施登月计划、载人航天计划、空间站计划等的国家，整体而言，我国航天攻克的核心技术数量较多，且涉及范围广。

空间应用是指以卫星应用为主，其他相关产业为辅的空间衍生服务产业。2017 年全年卫星行业市场规模约 2 686 亿美元，美国收入占比持续多年超过 40%，但近年来增速放缓、占比有所下降，与此同时，中国则以每年超过 20%的收入增速发展。在空间应用中，中国在卫星服务与地面设施方面具备较为明显的后发优势。卫星导航与物联网、5G、大数据等高新科技的发展带来导航产业的蓬勃发展，从全球视角来看，我国导航系统发展最为迅速，从 2012—2015 年市场份额提升了 4%，下面以导航系统为例比较中国北斗与美国 GPS：第一，北斗更加安全、高效。北斗由我国自主研发，无论军事还是民事方面均可实现安全、自主可控。北斗采取分布开通，即发射部分先使用，与 GPS 必须整体系统建成才能投入使用对比，更高效灵活。第二，对比 GPS 的双频信号，北斗使用三频信号带来更可靠与精准的定位能力，数据处理能力也进一步增强。第三，北斗拥有原创的短报文通信服务，适用于紧急情况下的位置文字通报功能。

3. 企业视角

（1）世界 500 强企业分布。

世界 500 强企业即《财富》评选的全球最大五百家企业。从世界 500 强企业的国别分布来看，在加入世贸组织后，中国上榜企业数量借中国经济高速增长的“东风”快速上升，已从 1996 年的 4 家增长至 2017 年的 115 家。而美国长期维持的上榜企业数量优势则在近年来逐渐减弱，2017 年的数量为 132 家，中美之间的差距已非常小（见图 15 - 6）。2017 年，排名前五的企业中，美国企业只有沃尔玛（第 1 位）一家，而中国则有 3 家企业，分别为国家电网（第 2 位）、中国石化（第 3 位）、中国石油（第 4 位）。

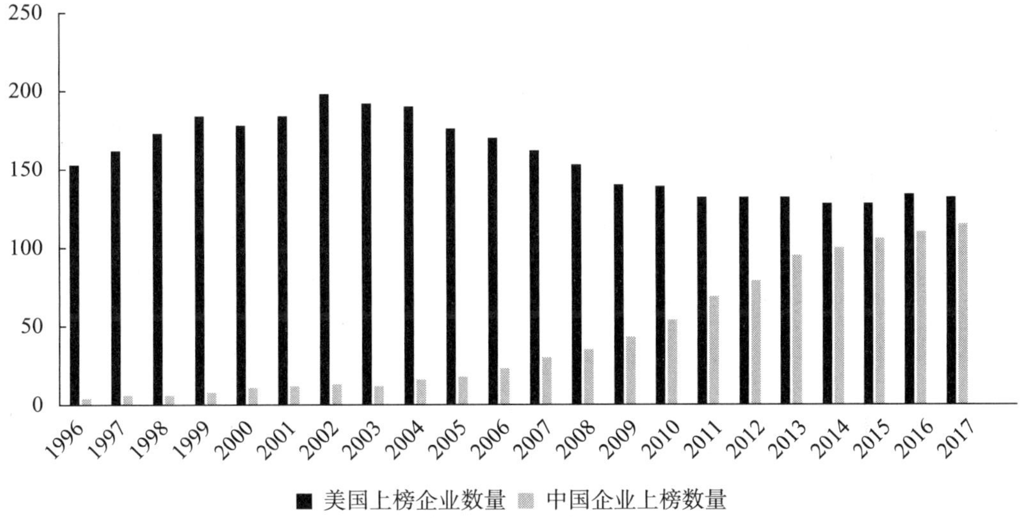

图 15 - 6 1996—2017 年中美世界 500 强上榜企业数量

（2）企业创新能力。

从企业研发投入来看，我国企业近年的创新能力迅速提升。在全球研发投入排行中，进入前 2 500 名的中国企业数量从 2014 年的 205 个上升至 2017 年的 376 个，而同期美国企业的在榜数量则略有下滑（见图 15 - 7）。将研发投入排名前百的中美企业情况进行对比，在高端创新投入领域中，中国奋起直追，与美国的差距呈现缩小的趋势。

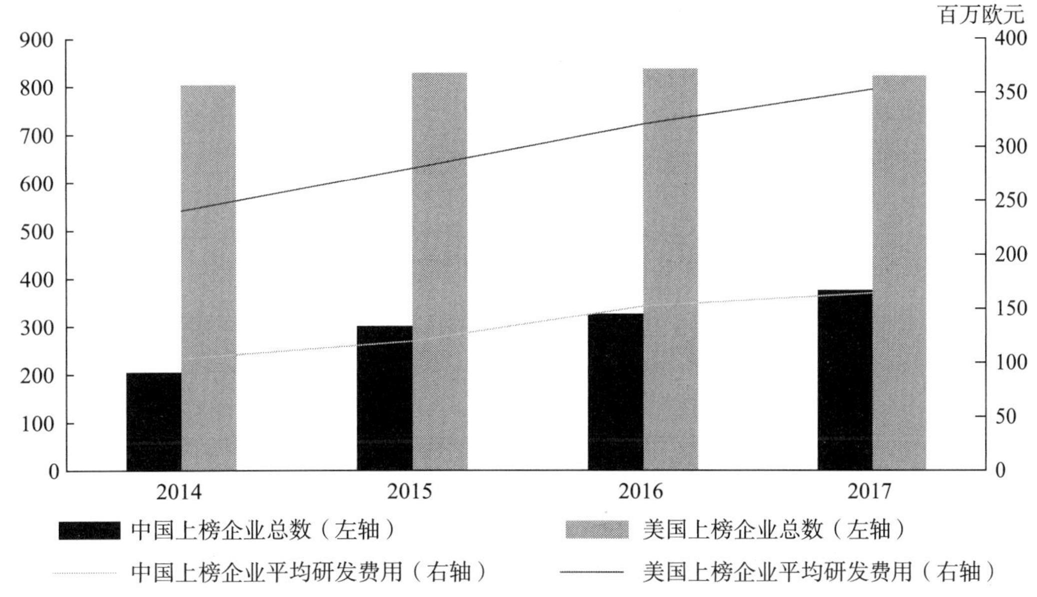

图 15 - 7 2014—2017 年全球企业研发费用排行榜前 2 500 名中美两国上榜企业总数和平均研发费用

从企业《专利合作条约》（PCT）专利申请数量来看，美国申请量比较稳定，中国申请量呈现出持续增长的态势，中美 PCT 专利申请数量之间的差距已非常小（见图 15－8）。从 PCT 申请量的全球占比来看，美国申请数量占全球比重正在逐步下降，而中国正处于创新加速期。

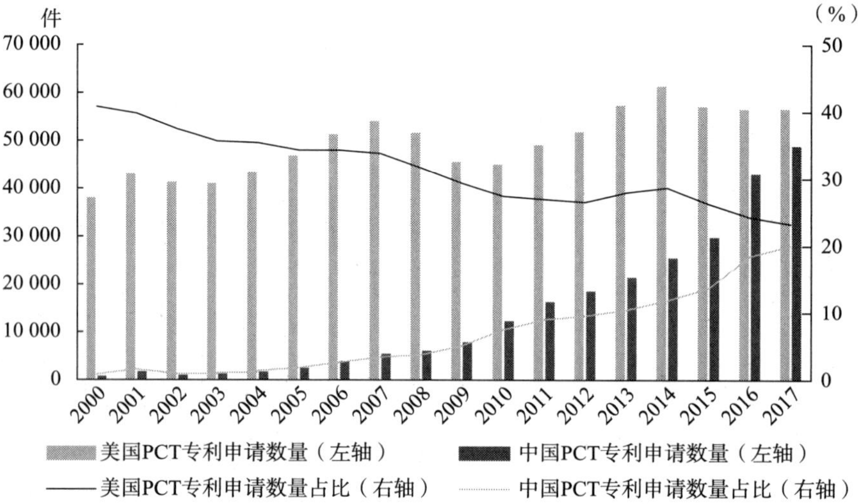

图 15－8　2000—2017 年中美 PCT 申请数量及占全球比重

（二）其他经济实力对比

1. 经济规模与增速

（1）经济规模。

从经济总量来看，经过过去二十多年的发展，中国的国内生产总值在世界经济中的比重大幅上升，而美国在高总量之下，增量规模有限，增速相对平缓。如果以 2011 年的国际元（购买力平价）衡量，中国的经济总量提升更加显著，在 2017 年已经超越美国，成为世界上规模最大的经济体①（见图 15－9 和图 15－10）。

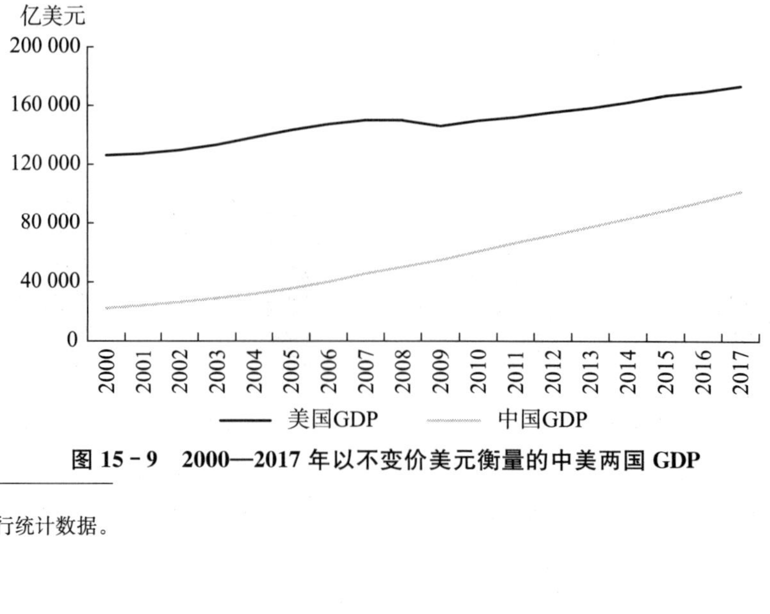

图 15－9　2000—2017 年以不变价美元衡量的中美两国 GDP

① 世界银行统计数据。

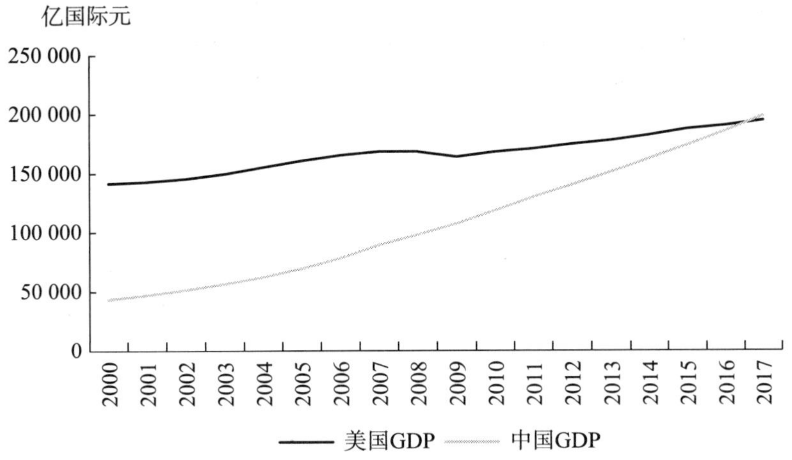

图 15-10　2000—2017 年以不变价国际元衡量的中美两国 GDP

（2）经济增速。

从经济增长情况来看，作为后发国家和新兴经济体的主要代表，中国抓住入世机遇，扩大开放，积极融入全球经济体系，在过去二十多年始终充当着世界经济增长的引擎，是全球经济增长的最大贡献者，而美国作为老牌发达国家和工业化后期国家，经济增长动能不足，同期的实际 GDP 增长已经相对有限。全球金融危机期间，美国实际增速转负，而中国在逆周期调节政策下仍然保持了高增长，体现出中国经济强大的韧性。近年来，中国经济“增速换挡”，步入高质量发展阶段，但从增速的绝对水平来看，仍然远远领先美国。2017 年，中国实际 GDP 增速达 6.95%，而美国仅为 2.22%（见图 15-11）。

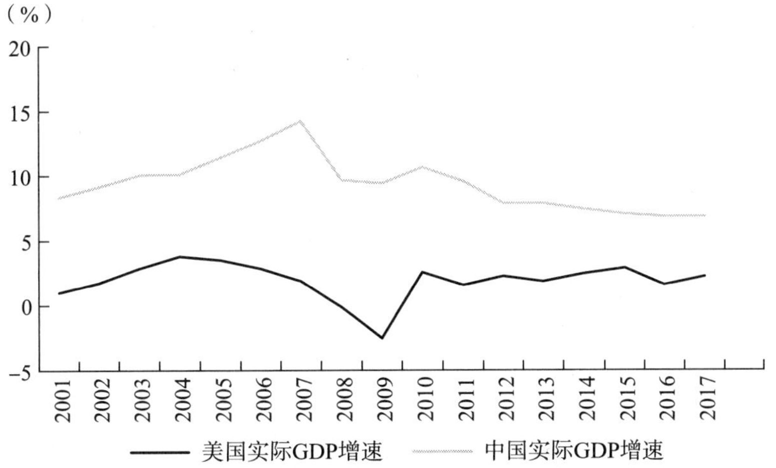

图 15-11　2001—2017 年中美两国实际 GDP 增速

2. 人口规模与结构

（1）人口规模。

2017 年，中国人口总量约为 13.91 亿，美国人口总量约为 3.25 亿，中国人口总量约为美国人口总量的四倍。新中国成立以来，人口基数大、人口增长快是我国经济发展韧性和高增长动能的重要来源。

按购买力平价计算，中国的经济总量已超过美国，中国庞大的市场体量和外向型经济模式，不仅有利于微电子和航空航天等技术的本地化，还能更好地促进科技创新和推广应用，如中国的电动汽车、电子支付等均走在世界前列，都是典型的创新应用案例。对许多行业而言，市场的规模有决定性意义，“中国人口是美国的 4 倍多，最大的人工智能市场将出现于何处不言而喻”。

（2）人口结构。

从人口的总体结构来看，中美两国在过去二十多年均经历了劳动人口比例下滑，老年人口比例上升的过程，但由于中国的老龄化水平低于美国，中国当前的劳动人口比例尚且高于美国，美国“橄榄型”人口结构已基本稳定，见图 15－12。从人口抚养比来看，中国的人口抚养比呈先下降再上升的趋势，近年来抚养压力上升，而美国已进入较为稳定的阶段，但始终呈现出中国的人口抚养比低于美国的人口抚养比的特点。

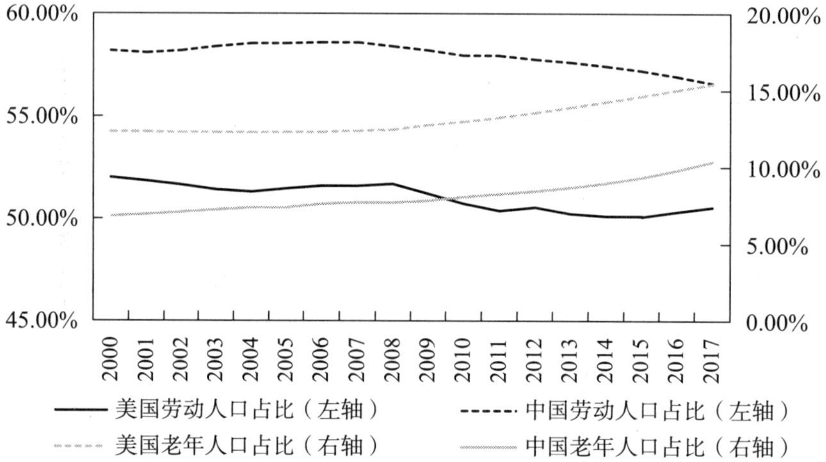

图 15－12　2000—2017 年中美两国劳动人口和老年人口占比

3. 制造业

（1）制造业增加值比较。

世界银行数据显示，2017 年中国制造业增加值达到 3.46 万亿美元，而美国制造业增加值仅为 2.17 万亿美元（见图 15－13）。根据世界投入产出数据库（WIOD）于 2016 年编制的投入产出表测算可知，中国制造业生产的产品用于出口的比重达到 63.31%，而美国制造业产品出口比重仅为 42.87%。通过对比可知，中国制造业不仅体量远远大于美国，而且产品大部分用于出口，而美国制造业产品更多的是为了满足国内消费，因此，中国已经成为名副其实的“世界工厂”。

（2）产业链完整度比较。

目前，中国已经形成了世界上最大、最长且相对完整的产业链，且在这条产业链上的很多环节与产品的生产上，中国都是全球第一名。按照工业体系完整度来算，中国已拥有 39 个工业大类，191 个中类，525 个小类，成为全世界唯一拥有联合国产业分类中全部工业门类的国家。而美国工业体系完整度为 94%，居世界第二。在世界 500 多种主要工业产品当中，中国有 220 多种工业产品的产量都居全球第一。在对外贸易竞争中，

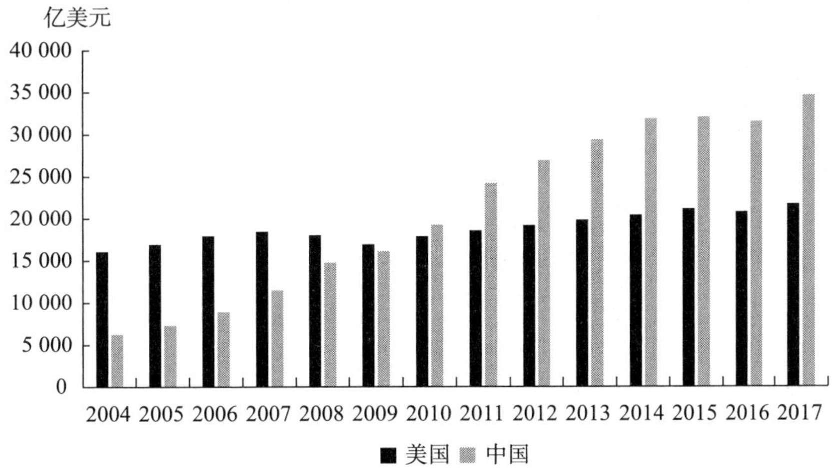

图15－13 2004—2017年中美制造业增加值

更完善的工业体系能够减少工业配套生产成本，有利于生产质优价廉的产品，加强国内产品在国际贸易中的竞争优势。横向来看，中美两国的产业链趋向于区域化聚集，已经形成了若干世界级的产业链集群。未来全球产业的竞争将会是产业链对产业链的竞争、产业集群对产业集群的竞争，因此，建立完整的工业体系和更完整的产业链对于提升国家的核心竞争力具有重要的作用。

从以上中美经济实力对比，尤其是科技实力对比中可以看出，美国科技发展历史早，整体实力强，在现有研发成果方面仍占有优势。但中国政府与企业对科技创新高度重视，在科研人才储备、研发产出增速等方面均超过美国，并在经济体量、国内市场规模等方面占有明显的优势，中国科技水平提升潜力巨大，为将来的科技赶超奠定了基础，而这给美国带来了很大的恐慌。

二、中国赶超带给美国的恐慌

科技是第一生产力，是国家实力的关键。历史上英国、美国等国家，无一不是抓住某次关键的科技革命机遇而成功崛起，成为世界的科技与经济中心。

在当今信息时代，科技竞争优势背后所蕴含的是一个国家谋求财富和维护安全的能力。在此背景下，各国都对本国的科技发展给予了高度的重视。中国2017年发布《新一代人工智能发展规划》，谋划人工智能发展布局。美国2018年宣布组建人工智能特别委员会，国防部成立国防部联合人工智能中心。一些国际战略家认为，技术已经成为影响人类社会最重要的因素之一，新一轮科技变革将会对人类社会和国际体系产生根本性影响，也会导致国家间力量格局发生变化。中国科技的赶超态势主要给美国带来了以下四点恐慌：

（一）国家安全挑战

1. 信息安全

科技实力意味着国家掌控数字资源和维护数字空间安全的技术能力，作为数字空间流动的战略资产，信息和数据安全直接关系到个人隐私、企业竞争力和国家信息安全。随着大数据时代的到来，个人信息和数据对国家安全的重要性与日俱增，如果与大多数公民有关的医疗数据、生物识别数据等隐私数据被敌对国家或他国政府捕获，经过人工智能大数据分析，就可能会产生巨大的安全风险——信息操纵。

以字节跳动收购美国本土网站 Musical. ly 并推出新版本的 TikTok 为例，美国政府认为 TikTok 收集用户个人信息数据不仅会侵犯个人隐私，还可能对美国的网络安全以及国家安全造成影响，因此以“威胁国家安全”为由多次要求字节跳动将 TikTok 卖给美国公司，否则将禁用 TikTok。

由信息安全引发的供应链安全是中美竞争的另一个焦点议题。设备的安全性和可靠性既事关承载其上的信息和数据安全，同时又是一国科技创新水平的重要体现，对于促进数字经济的发展至关重要。

2. 军事安全

从军事安全层面来看，美国国防部发布的 2019 年度《国家情报战略报告》指出，中国日益增强的军事技术实力已对美国的国家安全利益构成威胁。战略与国际研究中心的资深研究员萨缪尔·布莱南表示，中国正在利用新兴技术来发展军事实力、增进国家利益，美国的国家安全利益则相应地受到损害。新美国安全中心的学者马丁·拉瑟等指出，在网络通信、人工智能、新材料等新兴军民两用领域，率先取得关键技术突破的国家有可能掌握非对称军事优势，而中国已在量子技术、人工智能等领域取得较为显著的技术突破，并在诸多技术领域推动军民融合发展，大幅地提升了中国的军事实力，由此会逐渐改变中美在印度太平洋地区军事力量的对比，使美国处于相对不利的地位。美国外交政策委员会副总裁理查德·哈里森也警告称，美国在与中国的 5G 竞争中落后，这将会使美国在可能的新一轮军备竞赛中处于不利位置，中国潜在的 5G 优势对美国来说代表着严重“危险”。

（二）经济利益挑战

从经济层面来看，美国智库认为中国科技实力的发展对美国的经济利益造成巨大损害。一方面，大部分智库学者认为中国运用所谓的“非法”与“不公平”的手段实现了科技实力的提升，这些手段包括使美国企业利益受损的所谓“强制性技术转移”政策、网络技术窃取行为、侵犯知识产权行为以及对高科技产业进行大规模政府补贴等。另一方面，美国学者认为随着中国高科技企业技术水平的提升与产品竞争力的提高，中国企业开始在全球市场同美国展开竞争，将挤压美国高科技企业的国际市场空间，从而对美国企业形成一定的压力。

中国的相关政策旨在通过重点发展人工智能、信息技术、生物技术和航空航天等高科技产业，打造具有国际竞争力的制造业，使中国的核心技术自给率在 2025 年达到 70%，并在 2049 年使中国成为世界制造强国。对此，萨姆·布莱宁指出，这会大幅挤压美国在全球价值链中的空间，不利于美国长远的商业利益。

（三）价值观挑战

从价值观层面来看，美国部分学者担心中国在意识形态上通过通信与监控技术等，向外输出所谓的“威权主义”，威胁美国乃至整个西方世界的自由民主价值观。新美国安全中心跨大西洋安全计划高级研究员埃里卡·弗朗茨等表示，数字技术既可以提高政府效能，又能强化对信息的管控，而中国正在利用数字技术对内进行“非民主”的控制，同时也在对外输出所谓的“威权主义”，美国需要对此保持警惕。

美方认为，短视频软件是文化输出的一种常见方式，面对此类软件在美国的迅猛发展，美国十分担忧此类软件对使用者的文化观、价值观产生影响，因此，美国以“保护国内意识形态”为由，对中国的相关企业进行制裁。

（四）国际地位挑战

美国实力的衰弱和现存国际体系面临的百年未有之大变局，是解释美国对中国的技术赶超感到恐慌的重要因素。部分美国学者认为中国科技实力的崛起对美国形成了竞争乃至全方位的威胁，在战略层面上则表现为中国对美国的全球霸主地位形成了强有力的挑战。

人工智能、5G、云计算等新兴技术的发展，将会掀起新一轮科技革命，对人类社会政治、安全、经济带来巨大而深远的影响。当前，中国在新兴技术领域已经取得了一定成就，尤其是在5G等关键领域还有所领先，中美在新兴科技领域差距的缩小使美国感到深深的担忧。为了继续保持在国际社会的领先地位，美方战略界人士形成共识，要采取多种手段打压中国科技发展。

三、美国对中国的限制政策

（一）加征关税

为践行贸易保护主义政策，美国针对中国开辟了两条主要战线：一是援引《1962年贸易扩展法》的232条款，以“危害国家安全”为由向进口到美国的钢材和铝材等征收关税，即“232措施”；二是美国政府根据《1974年贸易法》的301条款，对中国知识产权等问题征收惩罚性关税，即“301措施”。其中“301”战线是主战场。

美国围绕“301”战线与中国展开了多轮对抗。2017年8月14日，美国总统特朗普签署行政备忘录，指示美国贸易代表对所谓“中国贸易行为”进行审查。在随后出台的长达217页的“301调查”报告中，美国针对中国的产业政策提出诸多诘责，指责中国政府在外资准入、培育发展战略性新兴产业等政策上对外资企业造成了不公平竞争；认定中国存在强制技术转移与窃取知识产权等不公平贸易行为。2018年6月15日，美国政府更新了将对从中国进口的约500亿美元商品加征25%的关税的商品清单。2018年7月10日，美国贸易代表办公室公布对额外2 000亿美元中国输美产品加征10%关税的清单，中方对此做出了必要反制，坚定维护自身正当合法权益，2018年8月1日恼羞成怒的美国贸易代表发表声明称拟将2 000亿美元加征关税税率由10%提高至25%。

科技脱钩是目前美国与中国科技竞争的主要政策目标，为了保证其在科技领域的领先，特朗普政府对我国加征关税的清单，大多瞄准科技类十大重点领域，其推动形成中美“高科技脱钩”的战略意图非常明显。一方面，减少对中国科技类产品的进口，能够保护美国国内高科技企业，有利于其拓展国内市场，同时还能起到进一步促进高科技产品研发的作用。另一方面，对中国高科技产品征收关税，使得美国对中国科技类产品的需求减少，出口减少将加剧中国企业竞争，同时也会影响供应链上下游相关企业的发展。为避免关税壁垒以及中美贸易关系的不确定性带来的影响，外商投资者从中国撤离，一些观望的外商也会因此流失，对中国经济发展造成不利影响。此外，关税的征收不仅直接减少了中国产品的出口量，还可能导致国际贸易保护主义势力抬头，在国际社会上引起其他国家的效仿，引发连锁反应，从而对中国的科技类企业造成沉重打击。

（二）出口控制制度

美国在二战期间建立的出口控制制度，主要是为了防止敌对国家获取美国技术和产品，经历了不断演变后，成为本轮对华封杀最有力的工具。

2018 年 8 月，美国总统特朗普签署《出口管制改革法案》，限制 14 种技术类别对华出口，涉及人工智能、量子计算、芯片、芯片制造设备和软件等。在美国政府施压下，谷歌、微软、英特尔、高通和博通等美国知名 IT 企业以及英国安谋科技公司等拒绝向华为和中兴等中国企业供应软件、技术和设备。后又将制裁范围扩大，越来越多的企业被列入技术制裁清单，包括中国最大的芯片制造商中芯国际。此外，美国还通过长臂管辖权迫使其他国家的企业遵守美国政府的规定，如向荷兰施压，迫使阿斯麦公司不再对华出口最先进的芯片制造设备。

2020 年 5 月，美国商务部发布公告，将针对华为出口管制规则中 25%的美国技术含量标准降低至 10%，以严格和战略性地限制华为获得所有美国软件和技术生产的产品；2020 年 7 月，美国商务部工业和安全局宣布，将 11 家中国企业列入实体清单，这 11 家公司将无法购买美国原创产品，包括商品和技术。2020 年 8 月，美国商务部工业和安全局进一步升级了对华为及其在实体清单上的非美国分支机构使用美国技术和软件在国内外生产的产品的限制，并将华为在全球 21 个国家或地区的 38 家分支机构纳入实体清单，对所有受出口管理条例（EAR）约束的项目都规定了许可证要求，全面封禁华为从第三方采购芯片。

拜登上台后，主张以“小院高墙”策略对华进行技术封堵。所谓“小院高墙”方式，即在高端芯片、人工智能、生物科技等若干关键技术领域加强保护能力，使美国对华科技竞争更具选择性，但在这些领域要采取更加严格的举措。美国商务部将强化实体清单等机制，财政部牵头的外国投资委员会及其国家安全审查小组也将进行扩充，并与国防部、中央情报局等机构深化协调，增强打压中国科技企业和科研机构的精准性。

美国对中国的技术封锁使得中国企业的技术发展在短时期内受到很大阻碍，削弱了其国际竞争力，造成巨大的经济损失。但从长期来看，中国企业从此类事件中汲取了深刻的经验教训，大力加强自主科技研发，对提升中国企业的科技竞争力起到了积极的推动作用。

（三）外资安全审查制度

外资安全审查制度是东道国对外国投资企业的投资行为采取的审查制度，并对一些恶意投资行为采取限制措施。美国政府认为，中国的经济和科技实力迅猛增长，已然成为对美国威胁最大的国家，为了防止中国企业通过对美投资来获取美国的核心技术，美国政府采取了一系列措施扩大国家安全审查的范围，限制来自中国的人工智能等关键技术产业的投资，以维护自己科技霸主的地位。其中，TikTok 案就是美国外资安全审查的典型案例。

2017 年 8 月，字节跳动以 10 亿美元的价格收购了美国本土短视频分享网站 Musical. ly，并推出了新版本的 TikTok。截至 2020 年 5 月，TikTok 全球下载量已超 20 亿次，其中在美国的安装量达到 1.65 亿次，占全球总量的 8.25%。TikTok 发展势头迅猛，已跻身美国互联网巨头之列。

2019 年 11 月，美国外资投资委员会展开针对 TikTok 的国家安全审查。2020 年 7 月 20 日，美国众议院通过由共和党议员肯·巴克提出的一项法案，禁止联邦雇员在政府设备上使用 TikTok，认为 TikTok 所收集到的美国用户信息将会被用来对美国进行网络攻击，TikTok 将严重威胁美国国家安全。2020 年 7 月 31 日，美国总统特朗普称，他将禁止 TikTok 在美国运营。2020 年 8 月 3 日，特朗普又借口所谓的“国家安全”再次威胁，除非 TikTok 在 2020 年 9 月 15 日前卖给美国公司，否则就面临关闭。对此，外交部发言人汪文斌表示，美方泛化国家安全概念，在拿不出任何证据的情况下，对有关企业做有罪推定并发出威胁，违背市场经济原则，暴露了美方所谓“维护公平自由”的虚伪性和典型的双重标准，也违反了世界贸易组织开放、透明、非歧视的原则。2020 年 8 月 6 日，特朗普签署了行政命令，提出如果字节跳动不在 45 天内出售 TikTok，那么就将被美国封禁。2020 年 8 月 14 日，特朗普再次签署一项与 TikTok 相关的新行政令，要求字节跳动在 90 天内剥离 TikTok 在美业务。微软公司、甲骨文公司、沃尔玛先后加入竞购并和字节跳动展开谈判。最终，甲骨文和沃尔玛入股 TikTok，字节跳动将继续掌握 TikTok 的控股权，而数据中心则存放在甲骨文。

在美国政府看来，一方面，TikTok 上存储的个人信息数据会侵犯用户隐私、对美国网络安全造成冲击、威胁美国国家安全；另一方面，TikTok 作为一款短视频软件，也会对用户的文化观、价值观产生一定程度的影响，因此 TikTok 可能在意识形态领域对美国进行文化输出和渗透。为了维护国家安全，降低对外投资所带来的威胁，外资安全审查制度是美国维护本国国家利益的一项重要方式。

（四）人员安全审查

高科技技术属于知识密集型领域，为限制中国高新技术的发展，美国加大了两国科学家之间的交流审查力度，通过签证制度甚至威胁恐吓的方式阻止双方科学家参加国际会议。从 2018 年 6 月 11 日起，美国限制了部分 STEM 专业中国留学生的签证，受限领域包括机器人制造应用、航天航空、高科技制造业等，这些领域的研究生、博士生再次申请签证时，将不能一次性拿到 5 年签证，成功获批后签证有效期也只有 1 年。2019 年 4 月 10 日，美国商务部宣布将包括广东工业大学等多所高校在内的 37 家中国企业和学校列入美国企业应谨慎对待的“未经核实”实体的危险名单。

（五）联合盟友

1. 经济联盟

特朗普政府以保护国家安全和数据安全为名，一方面试图游说其盟友拒用华为的5G设备，另一方面也加紧抵制华为参与全球产业规则的制定，大力呼吁各国政府和行业盟友加入其中，对华实行外交围堵。2019年5月，美国联合全球32国政府和业界代表共同签署了《布拉格提案》，警告各国政府关注第三方国家对5G供应商施加影响的总体风险。此后，美国在欧洲开展一系列外交活动，与波兰、爱沙尼亚、罗马尼亚、芬兰等国发布了一系列包含5G内容的联合声明，其中部分声明直接提到"来自中国企业的5G安全风险"，试图将《布拉格提案》的内容落实到双边协议中，用双边规范将华为等中国企业排除在欧美市场之外。

2. 政治联盟

拜登上台后，注重修复与盟友的关系。第一，拜登政府进一步强化印太战略。主张以日本、韩国、澳大利亚、菲律宾、泰国五个条约盟国为基础，以美国、日本、印度、澳大利亚四国机制为主体，大力吸收区域内外伙伴国，打造制衡中国的地区架构，进一步加大对华军事安全威慑，提升在"灰色地带"与中国进行竞争的能力。

第二，拜登政府还大力构建应对中国的美欧跨大西洋阵线。拜登在慕尼黑安全会议上的讲话中提出，美欧必须共同投资于技术创新，塑造主导技术进步的规则，制定网络空间、人工智能、生物技术等领域的行为规范。2021年3月，拜登政府与欧盟、英国等发布暂停互相加征关税的联合声明，通过谈判解决现存争端，以联合应对来自中国等非市场经济体的挑战。2021年5月初，拜登以视频方式参加北约东欧成员国峰会，会后发布联合声明称，"中国在全球的崛起对欧洲-大西洋的安全产生了影响，我们必须以联盟的身份共同解决这些问题。"

3. 意识形态联盟

特朗普执政时期，特朗普政府将意识形态斗争、价值观冲突等视为大国竞争的关键组成部分，并妄图重新激活冷战时期遏制苏联的有关经验和做法，在政治上对中国强化正面攻击、内部分化和国际孤立。

拜登上台后，拜登政府显著提升了人权和意识形态问题在对华政策中的重要性，把经济、技术、安全等领域的对华竞争进一步嵌入意识形态竞争，如限制美国高科技企业为中国提供相关设备，建立"可信任供应链"等。此外，拜登政府炒作所谓"技术威权主义"，称科技企业需"确保它们的算法和平台不会被用于增强国家的监控力量"。

综合来看，美国企图通过其维护"科技霸权"的强大工具箱对中国的科技发展带来全面的打压，尽管中国政府及企业及时采取了合理的应对措施，但美国的限制客观上的确为中国的科技发展带来了较大的负面影响，因此中国仍在积极寻找更具针对性、更有效的应对措施。

四、中国应对美国限制政策的措施

（一）加强对美交流沟通，开创科技合作双赢局面

中国应从官方、智库以及民间等多层面加强同美国的交流和沟通，化解双方分歧，

增进相互理解，推动中美关系重回建设性的发展轨道。

中美两国的科技实力均位居世界前列，中美之间依然存在相互依赖的关系，尽管受到新冠疫情等因素冲击，2020 年中美两国货物贸易额逆势增长 8.3%，达 5 800 多亿美元。正如国务委员兼外交部部长王毅所言，中美关系不是你输我赢的零和博弈，任何一方的成功都不必以另一方的失败为代价。中美在气候变化、环境保护、航空航天以及能源汽车等高科技领域仍然有合作的可能，这为中国与美国的理性交流保留了一定的空间。

在此过程中，中国可以从理念与实践两个层面来争取消除美国对中国的负面观点。在理念层面，中国需要以不卑不亢的态度，对美国的负面观点进行有理有据的驳斥，例如技术威权主义、强制性技术转移政策以及网络技术窃取等。在实践层面，中国应积极寻找更多的中美共同利益，促进中美利益的再融合，提出两国良性竞争的原则和规则，开创同美国进行科技合作的双赢局面，如：全面完善知识产权保护法律体系，加强对外国知识产权人合法权益的保护；杜绝强制性技术转让，完善商业秘密保护；深化同美国高科技企业的合作，推动更多科技领域的对外开放，并在更多领域允许外资控股或独资经营，继续吸引美企在华进行投资和设立科技研发中心，为中美科技关系的良性发展注入持续动力，用切实可见的合作红利缓解美方的竞争与脱钩冲动。

（二）积极利用贸易规则，推动构建贸易新秩序

一方面，中国需要加强国际法律研究，积极利用贸易规则。政府应推动高校及有关部门对相关国际法律和国际地区的贸易规则研究，学习有关贸易摩擦案件的处理方式及仲裁经验，形成丰富、成体系的研究内容及应对方案，积极利用法律手段维护我国经济利益。同时，要加快在企业普及国际贸易规则及地区相关法律法规，加快培养领域专才，为企业国际化保驾护航。最后，要吸取贸易战的经验教训，进一步发现我国经贸领域存在的法律和规则漏洞，健全我国经贸领域的法律法规和应对机制。

另一方面，还要反对不理性的贸易保护行为，推动贸易新秩序构建。进入 21 世纪以来，世界多极化发展加速，世界经贸领域竞争加剧。各国为了自身利益，贸易摩擦固然不可避免，但应通过理性合法的方式进行保护。对非理性、非法的多输贸易保护行为要通过国际经济组织和仲裁机构给予制止，必要情况下予以对等反制，切实保护我国经济利益。同时，政府应通过众多国际峰会和舞台，呼吁构建新的多边贸易规则，促进多赢贸易新秩序的建立。

（三）提升自主创新能力，降低对美技术依赖

党的十八大以来，以习近平同志为核心的党中央强调创新是引领发展的第一动力，把创新摆在国家发展全局的核心位置，通过构建市场经济条件下关键核心技术攻关的新型举国体制，加强基础和应用科学研究，统筹部署创新链、产业链和大力培养优秀科技人才等举措，中国的自主创新能力得到了显著的提升。

在美国主张加强对华技术遏制、与中国在技术领域脱钩的背景下，中国只有不断增强自主创新能力，才能够妥善应对未来可能会发生的不利局面。现阶段，我国在全球价值链的利润分配中仍处于劣势，为使产品生产向全球价值链的高端迈进，我们要积极推进产业转型升级，推动新旧动能的转换，实现互联网、大数据、人工智能、现代制造业

的深度融合，推动中国经济高质量发展。只有坚持自主创新，中国才能逐渐摆脱对国外高技术和零部件产品的依赖，成为世界工业和科技强国，在国际科技竞争中占据制高点。

未来，中国还需从以下四方面着手继续增强自主创新能力：第一，加快核心产业技术的研发，提升关键技术和颠覆性技术的自主研发能力，争取新技术领域的话语权；第二，在鼓励自主创新的同时，完善知识产权保护政策；第三，加强科技创新人才的培养，为自主创新提供充足的人才储备；第四，在政策上，为科学技术和高端制造业的发展提供更宽松的环境。

（四）推进区域经济合作，积极争取新“中间地带”

为最大限度利用好全球创新资源，全面提升我国在全球创新格局中的地位，中国应以全球视野谋划和推动创新，积极拓展第三方科技合作空间，尤其是注重扩大由广大发展中国家构成的新“中间地带”，全力遏阻美国打造与中国展开对抗的统一阵线。为此，中国要实施更加开放、更为包容的国际科技合作战略，充分认识相关国家在对华政策上与美国的差异，有针对性地展开合作。

一方面，中国同德国、法国等欧洲国家在科技领域仍然具有较大的合作空间。中国同欧洲国家并不存在直接的地缘战略竞争，同时，中国和欧洲国家在推动全球化和自由贸易，继续坚持多边主义和以规则为基础的国际合作，着力进行全球气候治理等多方面都是重要的合作伙伴。因此，中国应该扩大同欧洲国家的共同利益，继续深化与相关国家在科技领域的合作。

另一方面，在欧美市场之外，中国也有广阔的科技合作空间。以网络通信产业为例，拉丁美洲、非洲、中亚、南亚、东南亚和中东等地区都存在广大的市场空间。这些国家信息基础设施相对落后，对信息基础设施建设的需求大。中国网络通信企业可以搭乘“一带一路”倡议的顺风车开拓国际市场，通过提升“一带一路”沿线国家信息基础设施建设水平，提高国家间沟通往来效率，促进各国信息互联互通。

参考文献

[1] 安同良，王文翌，徐志坚，等．中国制造业企业专利策略的微观决定机制：江苏的经验．管理学家，2009（1）.

[2] 安同良，周绍东，皮建才．R&D 补贴对中国企业自主创新的激励效应．经济研究，2009（10）.

[3] 陈爽英，井润田，龙小宁，等．民营企业家社会关系资本对研发投资决策影响的实证研究．管理世界，2010（1）.

[4] 郭国峰，温军伟，孙保营，等．技术创新能力的影响因素分析．数量经济技术经济研究，2007（9）.

[5] 李春涛，宋敏．中国制造业企业的创新活动：所有制和 CEO 激励的作用．经济研究，2010（5）.

[6] 李平，崔喜君，刘建．中国自主创新中研发资本投入产出绩效分析．中国社会科学，2007（2）.

[7] 诺思．经济史中的结构与变迁．上海：上海人民出版社，1994.
[8] 姚洋，章奇．中国工业企业技术效率分析．经济研究，2001 (10).
[9] Alfaro L.，A. Chanda，S. Kalemli-Ozcan，et al.，"FDI Spillovers，Financial Markets，and Economic Development，" IMF Working Paper，2003，No. 186.
[10] Allred B. B.，W. G. Park. "Patent Rights and Innovative Activity：Evidence from National and Firm-level Data，" *Journal of International Business Studies*，2007 (6).
[11] Angelmar R.，"Market Structure and Research Intensity in High Technological Opportunity Industries，" *Journal of Industrial Economics*，1985 (1).
[12] Arrow K. J.，"Economic Welfare and the Allocation on Resources for Invention，" in Nelson P. R. ed. *The Rate and Direction of Inventive Activity*，NBER，Princeton，1962.
[13] Blundell R.，Griffith R.，and Van Reenen J.，"Market Share，Market Value and Innovation in a Panel of British Manufacturing Firms，" *Review of Economic Studies*，1999 (3).
[14] Branstetter L. G.，Fisman R.，Foley C. F.，"Do Stronger Intellectual Property Rights Increase International Technology Transfer? Empirical Evidence from US Firm-Level Panel Data，" Department of Economics of Columbia University Working Paper，2004.
[15] Chen Yongmin，P. Thitima，"Intellectual Property Rights and Innovation in Developing Countries，" *Journal of Development Economics*，2005 (78).
[16] Marcus N.，P. Howard.，"Industrial Policy in an Era of Globalization：Lessons from Asia Peterson，" Institute for International Economics Working Paper，2003.
[17] McCalman P.，"Reaping What You Sow：An Empirical Analysis of International Patent Harmonization，" *Journal of International Economics*，2001 (1).
[18] Rodrik D.，"Industrial Policy for the 21st Century，" Kennedy School of Government of Harvard University Working paper，2004.
[19] Scherer F. M. *Industrial Market Structure and Economic Performance*，Second Edition. Boston：Houghton Mifflin，1980.
[20] Scherer F. M. *Innovation and Growth：Schumpeterian Perspectives*，Cambridge：MIT Press，1984.
[21] Schneider P. H.，"International Trade，Economic Growth and Intellectual Property Rights：A Panel Data Study of Developed and Developing Countries，" *Journal of Development Economics*，2005 (2).
[22] Yli-Renko H.，E. Autio，and H. Sapienza，"Social Capital，Knowledge Acquisition and Knowledge Exploitation in Young Technology-based Firms，" *Strategic Management Journal*，2001.

案例 16

数字货币三连问

本案例教学目标：

1. 从数字货币的起源和技术说起，从货币理论的角度分析了市场上主要数字货币的性质，并讨论了数字货币在各国不同监管政策下可能的发展；

2. 特别介绍了数字人民币的性质、流通方式和监管办法；

3. 掌握数字货币的基本属性，理解发展数字人民币的重要意义。

数字货币这个概念，近些年越来越被人们熟知，还一度成为金融热词。我们常常会在财经新闻里看到比特币暴涨、比特币暴跌这样的内容，最近一个比较大的新闻则是成都的矿机被全面关停，挖矿的“最后堡垒”失守。虽然数字货币和比特币这些概念很火，成为了人们的餐桌话题，但人们对这些概念的理解又似乎很模糊，讨论的往往是其引起的热闹的现象。那么，我们不妨来一个三连问：数字货币从哪儿来？是什么？会向什么方向发展？数字货币的概念最早是从比特币来的，那么，我们就先说说比特币是从哪儿来的。

一、比特币的创造

比特币最早是一个网传叫中本聪的人设计开发的，英文名是 Bitcoin，于 2008 年 11 月 1 日提出，2009 年 1 月 3 日诞生。它被设计开发出来以期成为一种无国界的数字货币，在网络上支付并记账确认。这种货币和早期充当一般等价物的黄金白银等不同，它本身不具有作为商品的使用价值，也不提供服务，但是在网络世界可以购买货物和服务，也可以用于支付，所以将它翻译成比特币是有道理的。比特币不像贵金属那样从自然界开采出来，而是靠参与中本聪设计的游戏获得奖赏，即比特币。这是一个“计算”的游戏，每计算出一对哈希数，就可以得到一枚比特币。这个游戏的特点是，开始容易，但会越来越难。一开始参与游戏的人很可能只是出于兴趣，利用工余或者课余时间参与挖矿，但是这个游戏的发展开始走向比特币被人们作为货币接受的方向，奖励的依据更多地来自在比特币支付中为交易双方记账的第三方的记账工作量。因为比特币数量有限（比特币的游戏规则以及比特币有限的原因可以参看附录 1 和附录 2），而且其购买力越来越强，所以吸引了更多的人参与。这些人很像当年淘金热时参与挖矿的人，于是人们把他们叫做“矿工”，把参与计算和记账叫做“挖矿”。“挖矿”的产出基于计算能力，也叫算力，所以“挖”到后面产出越来越少时，比特币的产出就得靠硬件了，那些 24 小时不停计算的机器就叫做“矿机”。之后，在自家车库里放一个矿机挖矿已经不够了，于是就发展到大量矿机一起工作，这时用电成本成为重要考量，那些电费便宜、矿机轰鸣却不会扰民的地方就成了挖矿的好地方，比如加拿大。在减排和环保的新发展模式下，我国新疆、内蒙古、成都等地就吸引了大量利用清洁能源挖矿的投资者。

比特币的设计开发，最开始有很多吸引人的理念。比如，比特币的产生是基于算力的，而不像金矿的贮藏地那样存在偶然性，因而比较公平且有技术含量，更代表了未来的方向。比特币是一种加密货币，便于保存，在网络上的支付是匿名的，更便于隐私保护（关于比特币如何加密，以及比特币的匿名性，可以参看附录 3 和附录 4）。比特币利用区块链技术，是去中心化的，可以点对点直接交易（关于区块链技术和去中心化，可以参看附录 5 和附录 6），而不依赖中心化的记账和清算系统比如银行，比特币是对中心化的一种“反动”。甚至有人提出比特币是跨国界的，可以防止全球金融被一个国家的货币政策影响，就像 2008 年美国的次贷危机，不仅波及其他国家，而且此后美联储的量化宽松政策也会影响其他国家的货币政策独立性。谢平、石午光在《数字货币新论》里总结道：“在比特币发展早期，它得到了技术狂热分子、反政府主义者、非法交易者的支持”。这些理念被持币炒币的“币圈”不断宣传，各种研究介绍比特币的组织和机构也纷纷成立，这些都促成了比特币的全球热。当然，对比特币“火爆”促进最大的，可能还是比特币价格的飙升。

比特币天生具有数字化、互联网的特质，其发展也极具金融特点。比特币与数字化和互联网的关系自不必说，我们来看看它的金融特点。由于挖矿的难度增加，成千上万的矿机一起日夜不停地挖矿，哪只矿机能挖出来就是概率问题，去博小概率的投资就成了赌运气。为了增加确定性，人们开始众筹挖矿，挖矿收益由出资者按出资份额瓜分，也有些人赚取管理费。在与比特币有关的活动中，炒币非常普遍。可以炒币的平台在世界各国蓬勃发展，有些平台甚至可以融资炒币，且杠杆非常高，以至于比特币值的波动多次导致成批的账户被平仓（关于炒币平台的发展以及炒币的风险，可以参看附录 7 和附录 8）。比特币作为民间货币被追捧，挖矿又越来越难，必然会催生各种类似的数字货币被设计和开发出来与之竞争，以太坊和莱特币就是其中发展最快的两种币（关于以太坊以及发币机制，请参看附录 9 和附录 10）。因为在政府监管的股权市场上融资限制较多，很多与互联网相关的企业为了更便捷地获得投资，开始踊跃地在各种平台上发币，这些币往往用比特币来标价，但是发币企业的最终目的是获得在现实生活中使用的法定货币。一段乱象之后，人们开始讨论这些币的持有者到底会获得什么权益，最后得出了发币者凭空发币的结论，这类币因此获得了一个总名称“空气币”（关于空气币的发行和发展请参看附录 11 和附录 12）。

二、比特币的性质和特征

回答了三连问的第一问，我们来看看比特币、数字货币的定义及其特征。比特币是最早的数字货币，大家都知道数字货币和一国央行发行的法定货币或主权货币不一样。非主权货币其实不止一种，是个“大家族”，而且因为这些币在发行、支付、记账、结算、监管等方面的相似性上有不同范围的交叉，给出一个统一的定义和分类就比较困难。欧洲中央银行将非主权货币的大家族称为虚拟货币，并根据这些币与法定货币的兑换关系将其分为三类，一类是可以在某个平台上用作支付但与法定货币之间不可兑换，即无法用法币购买，也无法将之兑换成法币在现实生活中使用的，比如魔兽币；一类是可以用法币购买，在平台上使用但无法兑换回法币的，比如 Q 币、Facebook 币；而比特币则属于第三类，可以和法币实现相互兑换。非主权货币是一个新生事物，发展比较快，对其研究和分析也在不断发展。随着数字货币在基础设施和技术上的优势为人们普遍接受，主权货币也发展出新的形态。比如几乎每个智能手机里都有的支付宝和微信钱包，除了不可以提取现金之外（对央行的监管也提出了新的挑战），其背后仍是主权货币，而最近加速发展的数字人民币，则是基于新的基础设施建设和新规则的主权货币。一度获得市场关注和支持的、由 Facebook 提出的天秤币，计划以排除人民币的一篮子货币（包括美元、欧元等不同份额的主权货币）为基础发行，虽然基于其庞大的用户数量，Facebook 有勃勃雄心将之发展成某种世界货币，但最终并未获得合法地位，其对主权货币的挑战，尤其是对现有国际货币体系的挑战也许是形成阻碍的最重要的原因。

比特币与法币可以自由兑换，可以购买商品和服务并脱离银行体系点对点支付甚至跨境支付，有公开透明的记账，可以作为财富被持有，按照传统的经济理论，应该被认为具有货币的属性。但是，在今天的经济生活中，货币所起到的作用较经典货币理论更加丰富，围绕主权货币及银行系统所开展的金融活动（比如保险、信贷）为个人和企业提供了不断创新的服务，而央行的货币政策对宏观经济的调节作用也日益显著，加之金融市场监管的重要意义，“法外之币”确实很难说是一种完整的货币方案，因此也有经济学家提出比特币等数字货币只能算是一种“准货币”，我国央行数字货币研究所前所长姚前即持有这种观点。

无论是货币还是准货币，以比特币的市场表现来看，它都不适宜被作为货币看待。谢平认为耶麦克的研究比较具有代表性。耶麦克从记账单元（价值尺度）、交易媒介以及财富储存和转移三个方面进行分析，更多的经济学家也提出了更多的证据，丰富了相关的研究。在价值尺度方面，比特币的波动过于激烈，不宜作为货币。早期，比特币挖矿容易，一个程序员用一周时间可以挖出上千枚比特币，而一个叫拉斯洛的程序员在 2010 年 5 月 18 日，以 10 000 枚比特币买了两个比萨，而截至 2022 年 2 月，一枚比特币价值约 5 万美元。特斯拉一度表示可以接受比特币支付，这么算下来当年这两个比萨的价格可以买一万辆特斯拉。那么，假如现在要给一个比萨标价，小数点后“0”的个数很可能会被数错。比特币不仅长期看币值波动大，其单日的涨跌也令人心惊，如果用K线图表示，会出现“扎针”的形状，就是突然暴涨，然后瞬间跌落。而作为交易媒介，比特币的缺陷在于其缺乏广泛的应用。到目前为止，仍然没有足够多的商家愿意接受且方便接受比特币支付，在可以预见的未来，我们还无法想象用比特币支付可以像用支付宝或者微信在网络购物或者线下缴费一样方便。统计表明，比特币具有严重的集币现象且缺乏流动性，98%的比特币用户只拥有不到10个比特币，而90%以上的用户一年交易少于10次。在财富储存和转移方面，比特币因为币值上涨和点对点交易的特点，具有相当的优势。目前主权货币的国内支付依靠银行系统，而跨境支付主要依赖权威机构，于是不法交易的财富转移更青睐现钞和贵金属，但数额巨大时较为显眼。因此比特币越来越成为不法交易的媒介，打击犯罪往往同时收缴犯罪团伙的大量比特币，这类新闻在各国经常出现。我们也很容易理解为什么一旦有国家出现政局动荡，比特币就会升值，因为存于该国的货币可能会被中心化的银行系统冻结，难以汇出，但是一个硬盘就可以装下任何数量的比特币财富，随身携带。除了以上三个方面的货币特征，在货币政策上，比特币可以抗通胀，但因其发行的依据脱离经济活动，也可能会带来通缩；在国际货币职能上，比特币的去中心化在一定程度上也是去美元中心化，对比特币这类数字货币的追捧反映了反对美元税和反对随意的金融制裁的想法。

三、以比特币为代表的数字货币的前景

三连问的最后一问，以比特币为代表的数字货币以后会如何发展？这里仅能提供个人的猜想。首先，比特币利用了区块链技术，交易费用降低和交易效率提高，这些基础设施方面的技术优势会被政府和权威机构看到，有可能会启发各国在新技术运用上的竞争，带来更加公平和高效的货币解决方案，改变金融面貌。其次，比特币的发行和运行机制可以复制，而运用场景有待开发，因此私人发行的货币可能会存在竞争，尤其是携有大量用户、流量，有运用场景的大型科技公司，会开发新的数字货币系统参与竞争，比如马斯克的狗狗币几乎就是复刻比特币。据统计，全球现在有接近一万种数字货币在参与竞争。再次，主权货币与私人发行的货币也会竞争，表现为主权数字货币的加快研发和运用推广、政府对数字货币的封杀以及数字货币在百年不遇的世界变革中的顽强突进。最后，货币不仅是经济现象，其发展也离不开社会变迁和政治博弈。数字货币的未来，也不是从货币理论一个视角可以完全解释的，虽然数字货币已经触发了货币理论的发展，但争论一直未停止，激进、审慎和保守的看法普遍存在。我个人的看法是，由于货币连接每一个人，在各种主权、非主权数字货币的较量中，选择权在人民。比特币等私人发行的货币因其门槛高、不稳定、无法偿、难普惠，无法最终取代主权货币（虽然个别小国有此趋势，萨尔瓦多已将比特币法币化），而数字主权货币如果进一步替代现金，会挤压主权货币的匿名使用场景，从而给私人数字货币以生存空间，各国央行应对挑战的智慧还将继续接受考验。

四、数字人民币的性质及其发展

可以用同样的三连问思考一下数字人民币。数字人民币 e-CNY 是主权货币，是电子化使用的人民币，价值和人民币相同。2014 年央行开始研究数字人民币，2016 年央行成立研究所，开始第一代系统搭建，2017 年与商业银行合作开发，2020 年开始试点使用，截至 2021 年 6 月 30 日，数字人民币试点场景达 132 万个，覆盖零售、餐饮、交通、生活缴费和政务等，开立个人钱包超过 2 000 万个，对公钱包超过 300 万个，比较全方位地试验了数字人民币替代现金使用的功能。

数字人民币由央行发行，中心化管理，双层运行。从技术上讲，数字人民币的发行、流通、记账、监管等与人民币并不完全一致，但最本质的是，数字人民币在法律地位和经济价值上与人民币完全一样。央行把数字人民币定义为 M0，是零售型货币，目的是基于普惠愿望提高支付效率。对一个使用数字人民币钱包的人来说，他可以通过下载 APP 或者通过硬件（芯片）获得加密数字人民币，小额使用匿名，大额使用可追溯，线上线下均可使用，支付即结算。举个例子，一个外国人来中国旅游，消费时用微信或支付宝支付，需要先办电话卡、银行卡，并不现实，如果他兑换一些人民币现钞，大概率在很多消费场所都不方便使用。但是假如他在机场兑换电子钱包，那么用电子钱包就可以向商铺、酒店、出租司机等付款，跟使用现金是一样的。这个例子同样适用于农村那些并没有在银行开立账户的人口，他们可以获得数字人民币款项（比如扶贫款、田间地头小额交易收入、手工品加工收入），并像现金一样使用方便，前提是各种消费场合都可以接受数字人民币支付。满足这些前提需要非常广泛的基础设施建设，无论是新建还是与原有设施兼容，不过我们有理由对此抱有信心。

我国央行在主权数字货币的理论研究和系统开发、试点推广上处于世界领先地位，且持充分开放的交流意愿和积极的合作态度，从研发之初就积极参与金融稳定理事会、国际清算银行、国际货币基金组织等国际组织的多边交流，探讨前沿问题，制定体系标准，并加入了国际清算银行创新中心牵头的多边央行数字货币桥（m-CBDC bridge），也在双边交流中积极与他国探索数字货币实践，推进数字货币在跨境支付等方面的发展。数字人民币在中国的推广运用会产生什么样的情景，将会由央行、央行指定的技术开发和运行机构、商户和数字货币使用者共同决定，很难想象会发展出怎样的一个数字新世界，但非常期待。

附录①

附录 1

在数学中存在一类问题，这类问题只能通过盲猜和试错的方法寻找答案。在比特币的具体实现当中，上述数学问题的大致形式，是寻找一个数 x，使得对于一个给定的哈

① 本部分由黄正诚、高辰飞撰写。

希函数 h，函数值 h(x) 的最后若干位都是零；这里所要求的零的个数被称为挖矿的难度。根据共识算法，挖矿的难度会随着挖矿的速度进行调整。因此，如果每一名用户都不断尝试为这个问题寻找答案，且用户的算力都差不多，那么他们就有大致相同的概率成为第一个找到答案的人。第一个找到答案的用户，可以向网络广播自己找到的答案，并申请成为下一位记账人，而其他用户在验证完答案后，就可以采用这名用户记的账。作为奖励，用户们会允许记账人为自己创造一定数量的比特币，并计入账本。这种共识算法被称为工作量证明（PoW）。在比特币的术语中，尝试解题的过程被称为挖矿，而进行大量解题运算的用户则被称为矿工。虽然在现实中并非每个用户都是矿工，矿工们的算力也不是均匀分布的，但长期的实践证明，这种共识算法非常有效。

附录 2

稀缺性是必须的，因此比特币的设计者中本聪通过一系列的技术设置，将比特币的上限设为 2 100 万枚。随着加入挖矿的节点增加，算力增加，难度增加，比特币挖出的速度每四年减半。照此计算，到 2140 年比特币将被全部挖出。

附录 3

数字货币最基本的技术需求，是用加密算法保证每一笔转账中，用户的身份和自己拥有的货币数额都不可能被伪造。通俗地讲，就是要防止任何用户花自己没有的钱。在比特币诞生之前，满足这种条件的加密技术就已经非常成熟了，并在互联网中得到广泛使用。在不讨论技术的前提下，只能说加密和攻击总是在角力，也曾发生过数字货币被盗窃的案例。

附录 4

假如在实名制下，微信或支付宝产生了一次支付，可以通过追溯交易记录，确定交易双方的真实身份，假如用现钞进行交易，则无法留存此类线索。数字货币不要求实名，个人可以开立不限数量的账户，交易时双方也不用知道对方的真实身份，这被理解为匿名。事实是，账户总是与某个真实个人存在对应关系，所以这种匿名是对真实身份的掩盖，无法完全消弭个人与账户之间的联系，也无法抹掉交易痕迹。

附录 5

在实际应用中，仅仅使用加密技术并不能解决“一币多付”的问题。如果一个用户用同一笔钱进行多次支付，每一位收款者只能确认付款者有这笔钱，但不能确认这笔钱是否被同时支付给别人。因此，数字货币的用户之间必须存在一个公开且不可更改的账本，账本上要记录历史上的每一笔转账，以防止一币多付的现象。用户在转账时，需要在网络上发出广播告知所有人，只有被记入账本的转账才是有效的。

由于网络存在比较大的延迟，不一定每一名用户都能收到所有的转账广播，收到广播的顺序也有所差异。因此，即使每一名用户都是诚实的，维持账本也非易事。为了解决这个问题，数字货币使用区块链的数据结构来存储账本。一个区块链有一个单一的初始区块，此后每一个区块都附加在一个已经存在的区块后面。最初的币来源于初始区块，而初始区块则是由该币的第一名用户发布的。在区块链中，如果一个区块后面没有附加其他区块，那么这个区块被称为区块链的一个“头”。在分布式场景中，不同的用户可能同时向区块链中添加区块，因此区块链会产生不同的分支。从初始区块到某一个头经过的路径，被称为一个“链”，每一个链本身是一个账本。用户将会采用最长的链作为有效的账本。在这个模型中，负责记账的用户将自己在网络上收到的一定数量的转账广播收集成一个区块，再把这个区块附加到区块链中。在添加区块时，诚实的用户承诺一定会将新的区块添加到自己所能看到的最长的链上。

但在现实中，不诚实的用户在添加区块时，可能会故意把区块添加到一个较短的链上，并试图以此达成一币多付的目的。怎样才能让区块链账本抵御恶意用户的攻击呢？这个问题的解决方案就被称为共识算法。共识算法是让每一笔账都由一个完全随机挑选出的用户来记录。理论上，只要保证一半以上的用户是诚实的，账本被伪造的概率就是微乎其微的，可以忽略不计。遗憾的是，现实中并不存在真正的随机挑选用户的方法，但比特币的发明者们发现，这个随机过程是有可能大致模拟的。这样一来，通过加密算法、区块链账本和基于工作量证明的共识算法，比特币就完成了去中心化记账的任务。值得一提的是，工作量证明并非唯一可行的共识算法，目前一些数字货币区块链（如以太坊）正在尝试使用权益证明的机制（参看附录 9），而一些中心化程度较高的区块链（如 Diem）则使用权威证明的机制。相比于工作量证明，这些机制的主要优势在于耗能很低，但在实际应用中的可靠性还需要更多的观察。

附录 6

银行是中心化的，交易的指令在中心和分支间传递，信息由中心归拢。可以简单理解为任何一个银行内部各层级、各分支之间，或一个银行与另一个银行之间的所有交易，都会系统地统计在总行的数据中，从记账的角度看，每一笔账都会被层层汇总。但数字货币不服从任何中心化的系统，它们存在于不同的区块中，并被共识证明其真实性。

附录 7

数字货币交易平台，顾名思义，是提供各种数字货币之间及法币和数字货币之间交易的平台。早期，国内的数字货币交易平台同时支持“法币交易”“币币交易”两种平台化交易模式，用户体验类似于买卖股票。2017 年后，由于我国禁止法币与数字货币之间的平台化交易，其法币交易业务转变为点对点模式，即平台只提供信息撮合和交易鉴证的服务。法币交易需要交易双方通过银行转账、支付宝转账等方式自行在平台外完成，平台提供数字货币的托管及放款，用户体验类似于早期货到付款式的在线购物。近年来，随着我国对数字货币的监管趋严，点对点模式亦受到打击，各大银行、第三方支付平台禁止为有参与数字货币交易嫌疑的转账提供服务，进一步关闭了法币与数字货币之间的通路。

与法币交易受到严厉打击不同，币币交易自由度较大。由于难以监管，各种基于币币交易的衍生品层出不穷，期货、期权、融资融币等在现实世界存在的金融工具，在币币交易领域遍地开花，且复杂程度较现实世界有过之而无不及。同时，由于数字货币7×24 的连续交易，市场变化非常快，素有“币圈一日，人间三年”的说法。

在国外，法币与数字货币之间的交易亦受到较严格的监管。在美国，境内数字货币交易平台开户的用户必须为美国居民，拥有社会安全号码及可被验证的美国联系方式和地址等，向数字资产收税的可能性也正在讨论。

想要获得数字货币，可能的路径只有两条：一是自己挖矿，获得新产生的币；二是通过交易或者接受赠与获得已在流通的数字货币。既然数字货币是去中心化的，那么在茫茫人海中找到交易对手且要解决双层耦合，依然需要一个聚集意向人士的平台，所以需要去中心化的数字货币交易平台。

国内外出现过许多数字货币交易平台。国内较有影响力的平台有火币、币安、OKEX等，但此处国内平台主要指其创始人及团队为中国人的平台，随着国内对数字货币交易的打击趋严，其服务器甚至运营团队大都转移至日本、东南亚等政策相对友好的地区，并随着政策的发展获取当地的数字货币交易相关牌照。以币安为例，目前币安分为美国区和国际区。美国区受美国监管政策约束，只向美国居民提供服务；国际区向其他没有限制的国家和地区提供服务，但由于中国的法规和监管限制，故不向中国居民提供服务。

相比国内平台受到打击，美国的数字货币交易平台逐步阳光化，向拥抱监管发展。美国最大的数字货币交易平台Coinbase于2021年4月14日在美国纳斯达克上市。

Coinbase的上市并非没有代价。由于合约业务（即期货等衍生品业务）波动巨大，容易造成巨量爆仓，Coinbase引起监管部门的关注，在与美国证券交易委员会及美国商品期货交易委员会等监管机构长期沟通妥协后，Coinbase放弃了合约业务，目前主要收入来自已经被美国证券交易委员会认定为非证券通证的比特币和以太币的交易佣金。这令Coinbase损失了合约市场，但为Coinbase登陆资本市场铺平了道路。值得注意的是，Coinbase此次上市没有采取首次公开发行的方式，而是采用直接公开发行，即没有在公开市场发行新股进行融资，而是直接将所有老股在公开市场挂牌交易。这种方式一方面反映出Coinbase良好的现金流和盈利能力；另一方面避免了和投资银行合作承销发行股票，显示出某种“民主化”的数字货币理念。

附录8

在中国，目前数字货币交易具有巨大的法律和监管风险。除了监管风险之外，投资数字货币与投资其他资产相比，亦有其特有风险。

第一，集中度风险。数字货币的技术特点和发展历程，造成了大量数字货币集中于早期参与数字货币实践的少数用户手中，从而导致数字货币的价格容易受少数大鳄影响和控制，波动剧烈。对于小币种及空气币，这种持仓集中现象更为显著。

第二，平台庄家风险。数字货币交易平台存在既是平台又是参与者的情况，与股票、外汇、期货等传统交易所相比，缺乏中立的托管和清算机制。数字货币的基本储存方式是储存于持有者的数字钱包中，并且可以通过对方的公钥地址直接转账。而持有者要进行币币交易，则需要将自己的币转账至交易平台的账户，平台继而在持有者的账户中记录持有货币的类型和数量，持有者才可以在平台上进行币与币直接的连续竞价交易。在这种情况下，平台一方面持有了所有交易者的实际数字货币（类似于银行），同时可以看到所有交易者的持仓、下单情况；另一方面，平台发行自己的数字货币（如火币的HT、币安的BNB），自身也参与数字货币交易，同时还参与融资融币和杠杆交易，从而形成了既是平台又是交易参与者的情况。这种情况在国内的数字交易平台，如火币、币安、OKEX等中比较常见。因此，对于普通投资者而言，投资数字货币处于非常不利的地位。

第三，挤兑风险。由于交易者的数字货币托管于平台的账户中，如果平台出现黑客攻击、平台破产等风险时，用户提币会出现挤兑风险。

附录 9

完整了解以太坊的运作机制、历史改进和现状，需要花费较多的时间和精力，有兴趣的朋友可以访问 etherum. org 及 ethfans. org 深入学习。前者是为以太坊社区打造的公共且开源的网站，是通往以太坊的门户；后者是以太坊爱好者创建的中文技术社区。

以太坊是一种基于区块链的操作系统。如果把比特币比作智能手机的发明，那以太坊的发明相当于安卓系统的出现，是给予更多的潜在功能和应用一个技术实现的基础设施。以太坊的概念首次在 2013—2014 年间由程序员维塔利克·布特林受比特币启发后提出，大意为"下一代加密货币与去中心化应用平台"，是一种通过支付小额费用向任何人发送加密货币的技术，基于它还能创建永不停机、人人可用的各种应用。简单来说，以太坊是一种基于区块链体系的、在没有中央协调者的情况下也可以运行的操作系统。

以太坊可以通过智能合约实现功能拓展。相比于比特币原始的脚本语言，以太坊支持"图灵完备"的编程语言，可以在以太坊虚拟机（ethereum virtual machine，EVM）上执行所有计算。因此，以太坊用户可以在区块链上部署复杂的代码（智能合约），以实现各种各样的功能。与比特币一样，以太坊用户在区块链上拥有一个地址（公钥），其所持有的数字货币对应着这个地址。而智能合约，实际上是用户创建的一个包含代码的新地址（新账户），独立存在，成为储存在以太坊区块链上的一个程序，用适量的以太币即可激活并运行。比特币实现了分布式的数据存储，以太坊则实现了分布式的数据存储和计算。从整体来看，以太坊就像一台计算机，而上面运行的计算机程序就是智能合约。智能合约的运行都需要消耗以太坊的底层代币 Ether，简称 ETH（以太币）。ETH 目前已成为市值仅次于比特币的第二大数字货币，同时也是多种区块链技术应用和小币种的基础。

以太币与比特币存在若干不同点。如前所述，比特币是区块链思想的一次探索性尝试和验证，也是一种新的货币理念的探索，其开创性和先发性成就了它在数字货币世界的基础性和统治性地位。据 CoinMarketCap 的统计，截至 2021 年 9 月初，比特币市值约 9 460 亿美元，占所有数字货币市值的 41.47%；以太币市值约 4 605 亿美元，占比 20.19%。比特币的作用单一，仅作为货币使用；以太币具有货币作用，同时也是支撑以太坊及其上程序运转的基础燃料。与比特币相比，以太币有以下几点不同：

（1）出块时间更短。以太坊的出块时间间隔约 14 秒，而比特币约为 10 分钟。这代表在以太坊网络中，交易得到确认的频率更高，速度更快。

（2）区块更小。比特币区块大小的上限以字节为单位，目前约为 1MB。以太坊则用衡量智能合约计算复杂度的单位来标示区块的大小，这个大小被称为"区块 Gas 上限"，而且区块 Gas 上限可以逐块变化（比特币的区块上限是一定的）。截至 2021 年 2 月，以太坊的区块 Gas 上限已达到 1 250 万 Gas。单块数据量是 45 KB。

（3）以 EVM 运行智能合约。如前所述，比特币以原始脚本语言运行，以太坊以 EVM 来运行智能合约。智能合约有三种通用语言，都可编译成智能合约并在 EVM 上运行，包括 Solidity（类似于 Javascrip，是目前最流行的、具有强大功能的脚本语言）、Serpent（类似于 Python，在以太坊发展早期比较常用）、LLL（类似于 Lisp，仅用于较为早期的语言编写）。

附录 10

和比特币一样，以太坊矿工在创建区块（挖矿）时，需要求解一个数学难题，这个求解过程需要投入大量计算机硬件设备，消耗大量电力。这种区块验证模式称作工作量证明（PoW）。在以太坊的路线图上，有一个叫 Casper 的协议计划，它将改变耗电的工作量证明机制，转变为更节能的权益证明机制（PoS），这个改变会在以太坊的“宁静”版本中发布。所谓权益证明，即用参与者在一个资金池中的资金比重来确定其出块概率，参与者之间不再比拼谁先算出符合难度的哈希值，自然也就不需要投入大量电力来计算了。

在以太坊采用 PoS 之前，比特币和以太币的发币机制还是很相近的。最大的不同在于，比特币的发行大约每 4 年减半；以太币最初的设计是发行量保持不变，但在 2017 年 10 月区块奖励由 5 个 ETH 削减到 3 个，2019 年由 3 个 ETH 削减到 2 个。

从工作量证明到权益证明再到权威证明，随着成本节约和效率提高，私人货币发行中的民主也逐渐受到资本和权威的侵蚀。

附录 11

空气币是利用以太坊智能合约创建的、没有实际用途的以太坊代币（token）。以太坊支持用户创建部署智能合约，智能合约的用途多种多样，包括创建新的数字资产，而这些基于以太坊网络和协议创建的新的数字资产，即被称为以太坊代币。以太坊代币的应用场景很多，可以用这些代币来代表其他的数字资产或现实资产。基于以太坊的可拓展性，近几年发展了多种多样的基于区块链的应用探索，包括去中心化的金融资产交易所（DeFi）、艺术产品的数字化发行（NFT）等等。

由于以太坊代币的发行门槛很低，初学者亦可根据教程和工具发行以太坊代币。因此一些人虚构了以太坊的应用项目，发行一些没有实际意义的代币，并通过初始货币众筹（initial coin offering，ICO）向大众募集 ETH，这些没有实际意义的代币即空气币。发行空气币本质是一种具有欺诈性质的行为。

若有兴趣进一步了解以太坊代币的应用，可以访问 Opensea 或 Nifty Gateway 了解目前 NFT 的发行和交易情况。

附录 12

如前所述，以太坊是一个基于区块链的操作系统，支持编程创建智能合约，通过 EVM 运行。智能合约可以用来创建新的以太坊代币，为了规范化和简单化这个过程，以太坊设定了标准。根据不同的标准，不同类型的应用程序将被标记化，具体取决于应用程序的用途。最常见的标准是目前的 ERC-20 标准，但也有 ERC-223、ERC-721 和 ERC-777 标准。

ERC-20 标准于 2015 年 11 月推出，它使得基于此标准的代币表现出通用的和可预测的形式，进而得以立即兼容所有以太坊钱包。同时，由于交易平台亦了解该标准，可以很容易地整合并立即支持这些代币的交易。ERC-20 是代币的标准接口，发行基于此的代币，需要将一组特定的函数（接口）集成到智能合约中：获得代币总供应量、获得账户余额、转让代币、批准花费代币等。

在具体实践中，用户可以通过以太坊工具插件 Metamask，并通过一些支持网站，实现代币的发行。

参考文献

[1] 谢平，石午光．数字货币新论．北京：中国人民大学出版社，2019.
[2] 中国人民银行数字人民币研发工作组．中国数字人民币的研发进展白皮书，2021.

图书在版编目（CIP）数据

国际金融与国际贸易案例分析/王晋斌等编著. --北京：中国人民大学出版社，2023.4
新编21世纪研究生系列教材. 国际商务硕士（MIB）
ISBN 978-7-300-31511-9

Ⅰ. ①国… Ⅱ. ①王… Ⅲ. ①国际金融-案例-研究生-教材 ②国际贸易-案例-研究生-教材 Ⅳ. ①F831②F74

中国国家版本馆CIP数据核字（2023）第042001号

新编21世纪研究生系列教材·国际商务硕士（MIB）

国际金融与国际贸易案例分析

王晋斌　范志勇　王孝松　徐晓云　编著

Guoji Jinrong yu Guoji Maoyi Anli Fenxi

出版发行	中国人民大学出版社		
社　　址	北京中关村大街31号	**邮政编码**	100080
电　　话	010－62511242（总编室）		010－62511770（质管部）
	010－82501766（邮购部）		010－62514148（门市部）
	010－62515195（发行公司）		010－62515275（盗版举报）
网　　址	http://www.crup.com.cn		
经　　销	新华书店		
印　　刷	天津鑫丰华印务有限公司		
开　　本	787 mm×1092 mm　1/16	**版　　次**	2023年4月第1版
印　　张	16.25 插页1	**印　　次**	2023年4月第1次印刷
字　　数	371 000	**定　　价**	48.00元